2021

赣州经济技术开发区年鉴

《赣州经济技术开发区年鉴》编辑委员会
赣州经济技术开发区史志档案管理中心 编

方志出版社
Publishing House of Local Records

图书在版编目（CIP）数据

赣州经济技术开发区年鉴．2021 /《赣州经济技术开发区年鉴》编辑委员会，赣州经济技术开发区史志档案管理中心编．-- 北京：方志出版社，2021.10

ISBN 978-7-5144-4909-9

Ⅰ.①赣… Ⅱ.①赣… ②赣… Ⅲ.①经济开发区－赣州－2021－年鉴 Ⅳ.①F127.563

中国版本图书馆CIP数据核字（2021）第261969号

赣州经济技术开发区年鉴（2021）

编　　者：《赣州经济技术开发区年鉴》编辑委员会
赣州经济技术开发区史志档案管理中心
责任编辑：李志瑜
出 版 者：方志出版社
地址　北京市朝阳区潘家园东里9号（国家方志馆4层）
邮编　100021
网址　http://www.zgfzcb.cn
发　　行：方志出版社图书经销中心
电话（010）67110500
经　　销：各地新华书店
印　　刷：赣州合信印刷有限公司
开　　本：889×1194　　1/16
印　　张：21.62
字　　数：477千字
版　　次：2021年10月第1版　　2021年10月第1次印刷
印　　数：001～400册

ISBN 978-7-5144-4909-9　　**定价**：240.00元

《赣州经济技术开发区年鉴（2021）》编辑委员会

主任委员　陈水连

副主任委员　许　锐　郭　涛　刘志红　涂　英

委　　员　区纪工委副书记，区法院、区检察院、区财政局、区经发局、区招商局、区住建局、区社管局、区机关党委、区公服中心、市科创中心、区企工局、区农办、区税务局、区消防救援大队、综保区党政办、区市监分局、区政务服务中心、区机关事务中心、区国库支付中心、区综合执法大队、区征迁服务中心、区房管所、区疾控中心、区人社服务中心、区金融服务中心、区城管大队、区应急管理局、区退役军人服务中心、区高铁新区服务中心、区教体服务中心、区新能源汽车办、区自然资源分局、区生态环境分局、区交警大队、区司法分局、区融媒体中心、赣州建控集团、区工发集团、赣州保税实业集团、满园公司、西城公司、科技城建开公司、各乡（镇、街道、管理处）政府主要负责人，区人武部、区公安分局、区总工会分管负责人

《赣州经济技术开发区年鉴（2021）》编辑部

总编辑　徐晓鸿

副总编辑　涂　英　肖　琼

编　　辑　邱　毅　施恩沁　曾　鼎　王　颖　廖宝建　马思媛

霞光映新城（2020年）　（林宗健 摄）

▲ 1 月 22 日，赣州经开区 2019 年工作总结表彰暨 2020 年工作动员会召开 （区融媒体中心供图）

▲5 月 16 日，中国（赣州）跨境电子商务综合试验区首单跨境电商 1210 业务（跨境电商保税备货模式）开通暨首趟跨境电商班列开行仪式举行 （区融媒体中心供图）

▲ 8 月 13—14 日，以“价值互联、链接世界”为主题的 2020 全球区块链创新发展大会在赣州经开区举行　（区融媒体中心供图）

▲ 8 月 15 日，国际数字经济生态峰会在赣州经开区举行　（区融媒体中心供图）

▲7月23日，赣州经开区成立30周年暨升格为国家级经开区10周年新闻发布会在市人民政府新闻办新闻发布厅举行　（区融媒体中心供图）

▲9月29日，赣州经开区2020年第三季度六大攻坚战项目建设“大比武”暨“大干一百天，夺取全年胜”百日攻坚大会战动员部署会召开　（区融媒体中心供图）

▲ 12 月 23 日，以“融入新格局 畅想新未来”为主题的首届欧潭经济论坛在赣州经开区恒科产业园举行 （区融媒体中心供图）

▲ 12 月 28 日，赣州经开区行政审批局（政务服务管理办公室）揭牌仪式举行 （区融媒体中心供图）

2020 年国机智骏赣州工厂 （周崐 摄）

▲ 4 月 2 日，赣州经开区举行“防疫情、稳经济”政银企签约仪式暨融资平台推广工作会，现场签约 218.43 亿元，进一步帮助赣州经开区中小微企业缓解融资困难，助力企业复工复产，助推赣州经开区高质量发展 （区融媒体中心供图）

▲ 7 月 17 日，孚能科技（赣州）股份有限公司在上交所挂牌上市，成为江西省首家科创板上市企业 （区融媒体中心供

▲9月17日，江西中电汽车有限公司整车下线仪式暨与北奔重型汽车集团合作签约仪式在赣州经开区举行。江西中电汽车有限公司EM12新能源物流车实现整车下线　（区融媒体中心供图）

▲9月23日，“庆祝赣州经开区成立30周年暨升格为国家级经开区10周年”项目集中开（竣）工活动在赣州讯康电子科技有限公司举行，总投资551.48亿元的55个项目实现集中开（竣）工

（区融媒体中心供图）

▲ 10 月 16 日，“粤企入赣、合作共赢”2020 年赣州经开区（粤港澳大湾区）产业招商推介会在深圳成功举行，现场签约 18 个项目 360 亿元　（区融媒体中心供图）

► 11 月 11 日，由凯马汽车与东风股份合作的“东风御风 EM26 纯电动封闭物流车”在凯马汽车赣州生产基地成功下线　（区融媒体中心供图）

◄ 11 月 30 日，赣州经开区举行第 10 批次项目集中签约仪式。现场签约项目 9 个，总投资 353 亿元
（区融媒体中心供图）

▲ 12 月 24 日，孚能科技（赣州）股份有限公司与吉利科技集团有限公司签订战略合作协议

（区融媒体中心供图）

▲ 12 月 28 日，赣州经开区 50 亿重大项目产业基金发布会暨 2020 年第七次政银担企对接会召开

（区融媒体中心供图）

2020年赣州西站夜景（林宗健 摄）

◀2月2日，赣州经开区医务、警务、城管等工作人员在赣州西高速出口为出站车辆司乘人员测量体温

（廖万茂 摄）

▶2月7日，赣州经开区疫情防控工作人员在赣州西站进站口向旅客普及防控知识

（廖万茂 摄）

◀2月8日，赣州经开区疫情防控工作人员在杨坑农贸市场提醒蔬菜摊主做好防护措施

（廖万茂 摄）

▲2 月 13 日，赣州西高速口疫情防控检疫点撤销，区际交通有序恢复　（区融媒体中心供图）

◀2 月 17 日，大田精密车间抓紧复工复产
（区融媒体中心供图）

▶2 月 19 日，凯马复工复产产线正忙　（区融媒体中心供图）

◀ 2月26日，江西曼妮芬有限公司职工在口罩生产一线忙碌　（廖万茂　摄）

▶ 3月9日，在做好疫情防控的前提下，赣州经开区E5、E6地块返迁房建设如火如荼　（廖万茂　摄）

▲赣州经开区各学校在做好疫情防控的前提下有序复学。图为5月11日，黄金实验小学学生复学场景　（区融媒体中心供图）

▶ 10 月 17 日，2020 年江西省劳动模范和先进工作者表彰大会召开，赣州经开区 6 名劳模受到表彰
（区融媒体中心供图）

◀ 12 月 29 日，赣州经开区首届创新创业大赛决赛在恒科产业园落幕 （区融媒体中心供图）

◀三江乡推动“四个千亩”产业发展，农民收入得到提高。图为 7 月 4 日，南坑村采莲场景
（三江乡供图）

▲ 12 月 31 日，市保育院经开院区举行揭牌仪式，与会人员参加游园活动，并为儿童赠送新年礼物 （区融媒体中心供图）

杨梅渡大桥（2020 年）　（周崐　摄）

1990 年，28 台高大的推土机第一次开进荒芜贫瘠的青光岭，巨大的轰鸣声向世人宣告：赣州经开区迈出了开发建设的第一步。从建区之初的 300 万元启动资金、十几家作坊式工厂，到 2000 年总产值 4.38 亿元、工业销售收入 4.15 亿元，建设者们在这座未来的产业新城中艰辛探索、奠基立业。

（三十年跨越专栏图片由区融媒体中心提供）

▲ 1990 年 10 月 5 日，赣州市经济技术开发区工程开工建设

▶ 1992 年 12 月 28 日，落户赣州黄金岭经济开发区第一家国有企业——赣州电池厂竣工投产剪彩

▶ 1995 年，赣州黄金岭经济开发区首次在境外招商

▲ 20 世纪 90 年代蟠龙镇街道

▲ 20 世纪 90 年代区内区第一批外资企业

2000年至2009年，赣州经开区围绕以人为本、提升品位、注重质量、高效规范、勤政廉政、科学发展的理念，开拓创新、善谋实干，基础设施逐渐完善，生活服务、休闲娱乐更加丰富，经济社会发展走上“快车道”。

▲2000年5月15日，赣州黄金开发区挂牌成立

▶2004年6月30日，赣州经济技术开发区揭牌授印仪式举行

◀2006年7月21日，赣州经开区行政办证中心正式启用，初步实现行政审批和社会事务“一站式”办理

◀2004年6月30日，赣州经济技术开发区十大项目开工典礼举行

▶2008年9月，分布在客家大道西段两侧的行业大型专业市场
（肖荣祯 摄）

▶2009年1月9日，赣州经济技术开发区“项目建设年”启动暨35个项目开工（竣工、投产）仪式举行。图为仪式活动分会场之一的金力永磁一期项目竣工投产仪式现场

◀ 2007 年 5 月 30 日，赣州出口加工区开工仪式举行

▶ 2008 年 5 月 6 日，赣州出口加工封关运行仪式举行

▲赣州出口加工区（2008 年 8 月）

▶2008 年 8 月 23 日，赣州经开区举行香港产业园揭牌仪式

◀香港产业园总开发面积约 50 平方千米，分南北两区，其中北区规划面积约 21 平方千米。图为 2008 年的香港工业园北区

▲2008 年 8 月 29 日，香港工业园推介会在香港举行

▶2001年11月18日，中国赣州首届脐橙节暨招商引资洽谈会在黄金开发区举行

◀2002年7月18日，赣州南北蔬菜水果水产土特产大市场正式启动开业

▲2004年，赣定高速通车，极大改善赣州经开区交通条件

▲ 2008 年 3 月 26 日，新黄金机场在赣州经开区建成通航　（周崐　摄）

▲ 2009 年 9 月，赣州经开区黄金中学（现赣州市第五中学）交付使用　（叶章发　摄）

▲翠湖山庄（2008 年）　（李传材　摄）

◀华坚国际鞋城（2008 年）

▲2009 年，赣州市第一家五星级酒店——锦江国际大酒店在赣州经开区开业运营

2010年3月21日，赣州经开区升格为国家级经开区。升格以来，历届区党政领导班子坚持贯彻落实中央、省委、市委决策部署，积极开拓创新，全区高质量跨越式发展成效显著，综合实力显著提升。在2020年国家级开发区综合考评中，赣州经开区排名第56位、位居全省第二，在全省100个开发区争先创优综合考评中连续2年位居第三。

赣州经开区牢记工业发展使命，工业主营业务收入从几千万增长到千亿级，从十几家作坊式工厂发展到约4万户市场主体、1.5万多家企业、1000多家工业企业。

▲2019年8月6日，国机智骏在赣州新能源汽车科技城实现整车下线

▲2019年8月6日，山东凯马汽车在赣州新能源汽车科技城实现整车下线

▲孚能科技（赣州）股份有限公司（2017 年）

◀同兴达智慧工厂（2018 年）

▶立德电子工作人员在检测液晶显示屏（2018 年）

◀赣州澳克泰工具技术有限公司（2016年）

▶中国南方稀土集团（2017年）

▲2019年，富尔特产品——烧结钕铁硼稀土永磁材料被认定为国家级绿色设计产品

◀ 2017 年 10 月 18 日，趣店集团成功在美国纽交所上市，成为赣州市首家成功赴美上市的企业

▶ 2018 年 9 月 21 日，江西金力永磁科技股份有限公司首次公开发行 A 股上市仪式在深圳证券交易所举行

◀ 2019 年 1 月 18 日，全省 2019 年“映山红行动”首家上市企业——品钛集团主体签约落户赣州经开区

至2020年，赣州新能源汽车科技城、电子信息产业园、赣州综合保税区三大产业平台建成面积31.3平方千米，投入资金175亿元，园区配套基本到位；35个工业标准厂房科技园在建面积369万平方米，完成主体建设面积200万平方米，企业可直接“拎包入住”。

◀ 2020年的赣州新能源汽车科技城 （聂峰群 摄）

▶ 2020年的赣州开发区电子信息产业园 （区企工局供图）

◀2016年10月19日，赣州综合保税区正式通关运行

▲赣州经开区现代化标准厂房为初创企业提供“拎包式”服务。图为2017年赣州经开区标准厂房

▲2019年，恒科产业园一期全面建成投入运营

赣州经开区坚持以脱贫攻坚为统领，紧盯“两不愁三保障”，农村面貌发生巨大变化，生产生活水平明显提高。2020 年，全区 5405 户 19014 人建档立卡贫困人口全部高质量脱贫，建档立卡贫困户家庭人均纯收入由 2014 年的 2444 元增长至 2020 年的 15927 元，增长 551.67%，与国家、省、市同步建成全面小康社会。

◀ 三江乡采取“基地 + 合作社 + 农户”模式，发展规模特色农业，引导全乡农民通过土地流转，整合资源，抱团发展。图为 2016 年三江乡伍村村果蔬种植扶贫示范基地

▶ 2016 年，贫困户搬进保障房

◀ 2017 年，凤岗镇长田村村民用上安全饮水

▶2017 年，贫困户在扶贫车间内做手工活

◀2018 年，赣州经开区学生在赣州市第八中学领取奖学、助学款

▶2018 年，赣州经开区 2 个“十三五”省级贫困村全部摘帽退出，实现高质量脱贫

赣州经开区对标粤港澳大湾区，全面优化营商环境，围绕企业从项目引进、落地、投产、入规、达产、上市等各个环节，全方位提供“雨露滋润”，奋力把赣州经开区打造成为投资赣州的“首选地”、创新创业的“最优选”。

▲2016年12月12日，赣州经开区企业综合服务中心启用

▲2018年2月5日，赣州市首个税务机器人在区企服中心办税大厅投入使用，赣州经开区开启“互联网＋政务服务”新模式

▲2019年10月24日，赣州经开区举办“无证明”营商环境新闻发布会，创建江西省首个“无证明”营商环境

赣州经开区坚持民之所盼、政之所向，扎实办好民生实事，全力做好基础设施建设，不断推动产城融合。成为全省唯一同时拥有机场、高铁站、高速路和公路港等立体化交通网络的国家级经开区。

▲ 2015 年 9 月，赣州市文清外国语学校（赣州市文清实验国际学校）建成开学

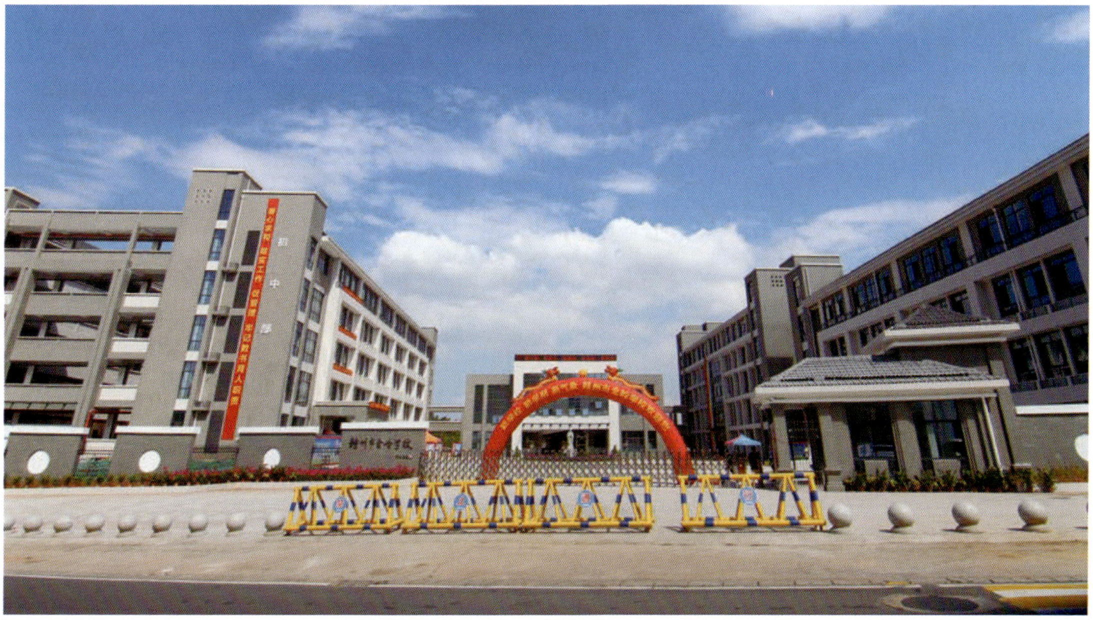

▲ 2019 年 8 月，创办全区第一所九年一贯制城区公办学校——赣州市金岭学校

▲ 2017 年 12 月 21 日，赣南医学院第一附属医院黄金院区暨赣州市医疗急救中心空地立体化医疗救援服务正式启用

▲ 2018 年 4 月 20 日，三江乡卫生院与赣南医学院第一附属医院举行成立医联体合作单位揭牌仪式。至此，全区所有公立卫生院和社区卫生服务中心全部加入赣南医学院第一附属医院医联体

▲ 2018 年 1 月 6 日，赣州经开区金凤梅园正式开园。图为金凤梅园全景　（熊峰　摄）

▲ 2019 年 12 月 21 日，“凤凰于飞 情定梅园”赣州经开区首届集体婚礼在金凤梅园举行

▲创业立交（2020 年）　（樊国梁　摄）

▲杨梅渡立交（2020 年）

◀黄金立交（2020 年）

▲2008 年 3 月 26 日，赣州黄金机场建成通航

▲建设中的赣州高铁西站（摄于 2018 年 1 月）

▲2019 年 9 月 29 日，赣州黄金机场 T2 航站楼正式启用 （周崐 摄）

▲2020 年的高铁西站 （聂峰群 摄）

▲赣州黄金岭开发区第一条主干道——金岭路（摄于20世纪90年代）

▲杨梅渡大桥周边原始地貌图（摄于2008年8月）

▲金岭东路两侧高楼林立（摄于2020年7月）

▲杨梅渡大桥周边现状图一角（摄于2020年6月）

编辑说明

一、《赣州经济技术开发区年鉴（2021）》以马克思列宁主义、毛泽东思想、邓小平理论、“三个代表”重要思想、科学发展观、习近平新时代中国特色社会主义思想为指导，坚持辩证唯物主义和历史唯物主义的立场、观点和方法，全面、系统、客观地记载赣州经济技术开发区（简称赣州经开区）年度内自然、政治、经济、文化、社会和生态等方面的基本情况与重大事件，为国内外各界人士了解、研究、投资赣州经开区提供服务。

二、《赣州经济技术开发区年鉴》由中共赣州经济技术开发区工作委员会、赣州经济技术开发区管理委员会组织，《赣州经济技术开发区年鉴》编辑委员会指导，赣州经济技术开发区史志档案管理中心（《赣州经济技术开发区年鉴》编辑部）编纂。《年鉴》于2018年创刊，每年出版一卷。《赣州经济技术开发区年鉴（2021）》为第4卷，收录时间为2020年1月1日至12月31日，为保证记述事物的完整性，记述时间适当上溯或下延。

三、《赣州经济技术开发区年鉴（2021）》分篇目、类目、分目、条目4个层次，设有特载、专记、大事记、地情概览、政治、经济、城乡建设与管理、社会事业、生态文明、乡　镇　街道　科技城　高铁新区、附录等11个篇目。

四、全书条目标题统一用黑体字体加【】表示。正文中部门单位机构名称使用简称，全名已在“组织机构和领导名单”中标明。

五、本年鉴所载稿件均由赣州经开区有关职能部门提供，并经过严格审核。统计数据由各主管部门提供；因统计口径和统计时间的原因，有些数据与统计资料公布的数字可能不尽一致，采用时请斟酌。

六、本年鉴收录赣州经开区党工委、管委会，赣州综合保税区，各乡（镇、街道）、赣州新能源科技城，区直、驻区各部门（单位），区属各国有企业领导名单均以2021年1月1日至12月31日在职者为准，有任免的分别予以说明。领导名单根据各地、各部门（单位）提供的提料编辑。

七、大事记同一时间有多条内容的，只在第一条开头写明时间，其余用“△”符号表示与第一条时间相同。

赣州经济技术开发区图

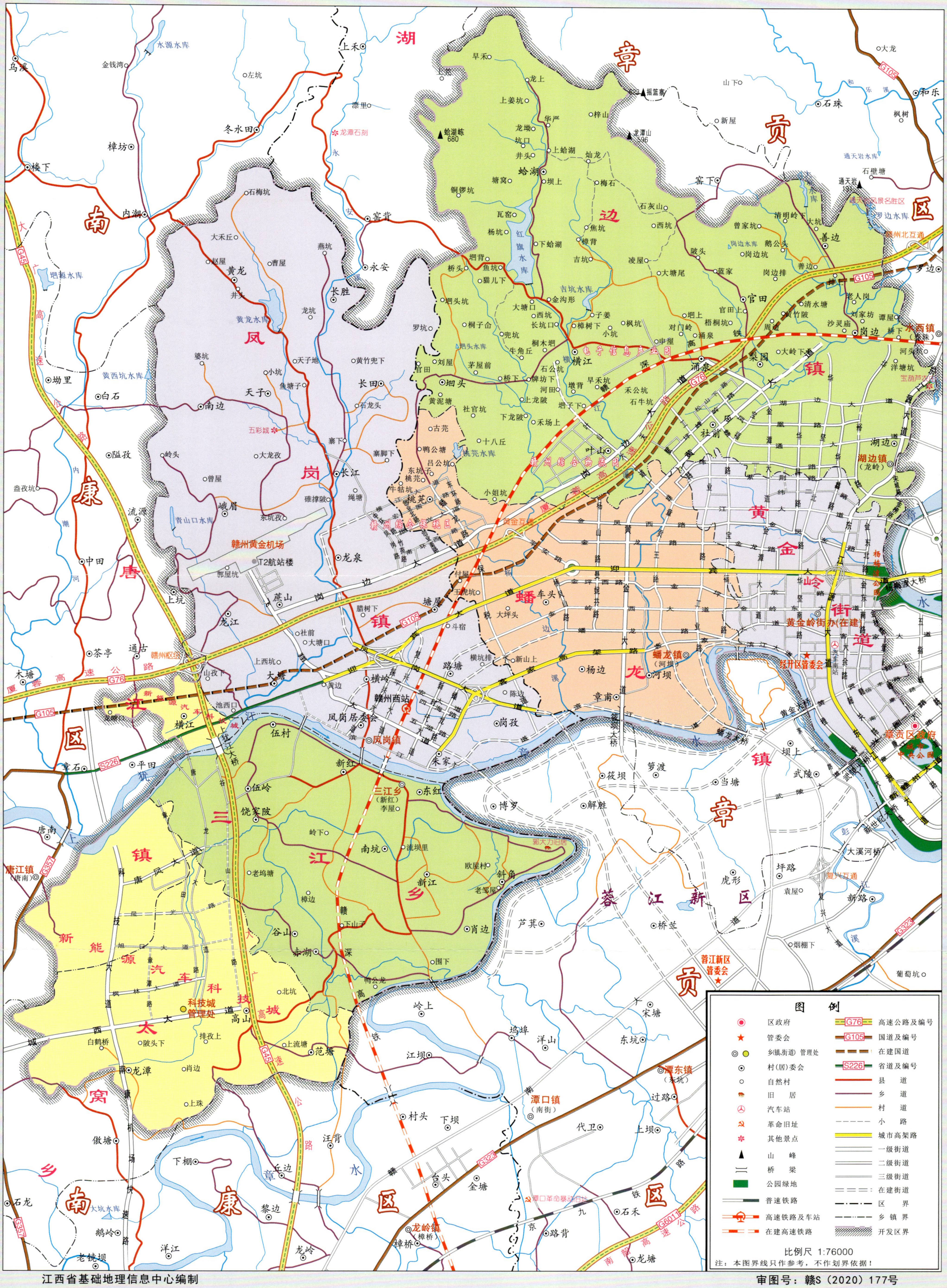

江西省基础地理信息中心编制

审图号：赣S（2020）177号

目 录

特 载

专 记

大事记

地情概览

经 济

城乡建设与管理

社会事业

生态文明

乡 镇 街道 科技城 高铁新区

附 录

索　引

聚焦六大主攻方向 建设“一极两地四中心”奋力打造全国一流的现代化国家级经开区

——在2020年工作总结表彰暨2021年工作动员会上的讲话

区党工委书记陈水连

这次会议主要任务是：深入贯彻中央和省、市有关会议精神，回顾总结2020年工作，表彰先进，研究部署“十四五”和2021年工作，动员全区上下进一步解放思想、坚定信心，鼓足干劲、奋力拼搏，全面开启建设“一极两地四中心”新征程，浓墨重彩绘就全国一流现代化国家级经开区新画卷。

一、回眸“2020”：我们在危机中育先机、变局中挑大梁，留下了一串串珍贵的奋斗足迹

2020年是极不平凡、极其不易的一年。面对突如其来的新冠肺炎疫情，在中央、省、市坚强领导下，全区上下坚持以习近平新时代中国特色社会主义思想为指导，深入贯彻习近平总书记视察江西和赣州重要讲话精神，全面贯彻新发展理念，扎实做好“六稳”工作，全面落实“六保”任务，夺取了疫情防控和经济社会发展的“双胜利”，实现了“十三五”圆满收官，为“十四五”发展奠定了坚实基础。在2020年218个国家级开发区综合考评中排名第56位、位居全省第2，在全省100个开发区争先创优综合考评中连续2年位居第3位，在全市六大攻坚战流动现场会中取得了第3名的好成绩，时隔三年再次挺进前3。获评2020中国经济营商环境十大创新示范区、国家外贸转型升级基地。

（一）拼搏奋斗成为经开区的“第一性格”。全区上下奋勇向前、共克时艰，一手打好疫情防控阻击战，一手打好经济复苏保卫战，夺取了疫情防控和经济社会发展“双胜利”。我们逆流而上，划出了一道先抑后扬的“优美曲线”。预计GDP增长5%；工业营业收入860亿元、增长20%；规上工业增加值增长5%；财政总收入增长3.3%，其中一般公共预算收入增长1.4%；固定资产投资增长8.2%，其中工业

2021 年 2 月 6 日，赣州经开区 2020 年工作总结表彰暨 2021 年工作动员会召开 （区融媒体中心供图）

固定资产投资增长 7%；社会消费品零售总额 231.3 亿元、增长 4.4%，其中限上消费品零售额 94.5 亿元、增长 7.9%；实际利用省外资金 135.4 亿元、增长 9.6%；实际利用外资增长 11.47%。多项主要经济指标总量稳居全市第一，交出了“一季度稳中有压、二季度回升向好、三季度逆势上扬、四季度圆满收官”的优异答卷。我们分秒必争，上演了一场与时间赛跑的“抢夺大战”。扎实做好“六稳”“六保”工作，抽调 443 名干部全力帮扶企业复工复产，用不到 20 天时间，全区所有规上工业企业在全市率先实现全面复工复产。配套出台 37 个“六稳”“六保”政策文件，劲吹系列纾困惠企暖风，全年累计为企业减负 31.85 亿元，减税降费 2.64 亿元。我们夙兴夜寐，攻出了一波大干项目的“热火朝天”。各级领导干部深入一线调度指挥，安排近 100 名干部常驻 58 个重点工地开展“同办公、同吃住、同推进”三同活动，六个百日攻坚大会战实现“战战告捷”。坚持“项目为王”，全年安排项目 522 个，总投资 2705 亿元，106 个市级调度重点项目全面开工，完成年度投资 368.14 亿元、年度投资完成率 204.2%，36 个省大中型项目全部开工建设。2020 年集群式项目“满园扩园”行动 141 个项目扎实推进，实现 56 个项目开工、40 个项目竣工投产、30 个项目达到时序进度，全年目标完成率达到 89.4%。这些亮眼的答卷雄辩地证明，我们靠奋斗书写过去，也必能靠奋斗赢得未来！

（二）主攻工业成为经开区的“第一标识”。坚持把发展工业作为我们的立区之本、强区之基，在全市“两城两谷两带”的坐标系中高位隆起，工业主战场的地位愈加巩固。我们的双首位产业进入了链式发展的“新赛道”。2020 年新能源汽车产业营收 131.83 亿元、增速 27.33%；电子信息产业营收 258.37 亿元、增速 37.84%。全区新能源汽车、电子信息产业营收分别占全市约 80%、40%，产业集聚度升至 77.27%。特别是国机智骏、凯马汽车、中电汽车三家整车企业实现下线投产，全年总销量突破 1 万辆，“经开造”开进了千家万户、跑遍了大街小巷。我们的龙头企业进入了加速裂变的“孕穗期”。2020 年新增入规企业 149 家，其中工业企业 54 家，全区规上工业企业总数达 241 家，创历史新高。全年培育营收超 10 亿元企业 16 家，超 50 亿元企业 3 家。

赣州卷烟厂2020年营收预计98亿元，即将跨入100亿元大关；赣州同兴达、立德电子营收双双突破50亿元，是全市营收首次突破50亿元的电子信息企业；孚能科技入选中国民营企业榜单500强，获批国家企业技术中心，并与吉利集团达成120吉瓦时战略合作；金力永磁营收接近25亿元，成为特斯拉供应商；澳克泰、孚能科技、国机智骏被评为“江西省智能制造标杆企业”，获批数量占全市的50%。全区上市挂牌企业达11家，数量居全市第1，特别是孚能科技在科创板上市，打响了全省进军科创板的“第一枪”，获市政府通报嘉奖。培育独角兽企业1家、种子独角兽企业1家、瞪羚企业4家，获评企业总数占全市的43%。我们的产业平台进入了更迭换代的“升级版”。总面积71.7平方千米的新能源汽车科技城、电子信息产业园、赣州综合保税区三大产业平台，已建成31.3平方千米，累计投入资金175亿元，园区配套基本到位。35个工业标准厂房科技园在建面积369万平方米，完成主体建设面积200万平方米，企业可直接“拎包入住”。

（三）多姿多彩成为经开区的“第一风景”。如果说过去经开区的代表色是“工业灰”和“泥土黄”，那现在经开区的城市面貌绝对让人刮目相看。“现代蓝”“生态绿”“人气红”等交相辉映，交织成一幅多彩动人画卷。我们的“现代蓝”更加靓丽。助力赣州成功蝉联全国文明城市荣誉，成功创建国家卫生城市。2020年，全区建成区面积增至53.07平方千米，人口38万，城镇化率75.97%，海绵城市建设面积占建成区的23.38%。项目报建量、合同造价占全市约1/5、占中心城区五区接近一半。高质量完成《赣州市迎宾大道城市设计》等规划，迎宾大道两侧城市更新全面启动，14家企业签订搬迁协议，3宗地完成挂牌出让。“三位一体”现代交通体系加速构建，全区行政村通客车率达100%，G105改线工程经开区段提前4个月通车，获市政府通报嘉奖。我们的“生态绿”更加厚重。2020年空气质量优良率97.8%、上升4.5%；$PM_{2.5}$年均浓度25微克/立方米、下降16.67%，优良率、$PM_{2.5}$均优于省、市考核目标值。武陵大桥市级考核断面地表水水质优良率100%（达到或优于III类），中心城区第二水厂饮用水水源水质达标率100%。全年未出现劣V类水，未发生涉及土壤的环境事故。我们的“人气红”更加浓郁。成功举办首次创新创业大赛，打造八大“双创”集聚区，在孵企业2250多家，创业就业人数近16000人。工业旅游直通车运营良好，已接待各类研学游客100万人次，中国第二个皮皮鲁主题乐园成功落户；赣州“城市之眼”落户嘉福万达广场、星洲润达两大综合体，规划总商业面积达32万平方米，将建成城市新会客厅；汉字文化主题园、五彩城花博园、共享农庄成为网红打卡地。现在的赣州经开区，“吃、住、行、游、购、娱”等要素不断聚集，已经成为市民安居乐业的新宠儿。

（四）改革开放成为经开区的“第一法宝”。坚持把改革开放作为破解发展难题的“金钥匙”。我们的国企改革迈出了里程碑式的“关键步伐”。赣州建控集团成功获得AA+主体信用评级，成为全市第二家、县级第一家取得AA+的国有城投类公司；获国家发改委备案登记发行不超过2.7亿美元的境外债券，是我市国企首次获批发行境外债券；全区获批协议市场化融资金额258.33亿元，已到位金额178.45亿元。区工发集团正式发布50亿元重大项目产业基金，初步构建起了“1+N”基金生态体系。赣州保税实业集团成功升级为市属国企平台，全年完成进出口报关1279单、约46.4亿元，为区内企业提供供应链金融服务超40亿元。我们的政务服务打通了惠及万家的“绿色通道”。挂牌成立区行政审批局，实现13个部门131个审批事项集中办理；高标准建设“赣服通”赣州经开区分厅，实现221个事项“一网通办”；对接融入省市“好差评”系统，群众满意率达100%；“无证明”营商环境试行良好，取消调整各类证明事项135项；深入推进“一链办理”改革，为企业提供从开办到项目落地全过程代办服务，企业开办时间压缩至1个工作日，新设立市场主体网上注册率达93.41%，“最多一次办结”事项占比达95.82%。我们的开放型经济架起了拥抱世界的“链接桥梁”。成功举办首届欧潭经济论坛、（承办）2020“芯长征”半导体高峰论坛、2020全球区块链创新发展大会、“粤企入赣、合作共赢”2020年赣州经开区（粤港澳大湾区）产业招商推介会等系列招商活动，全年签约项目119个、签约资金1453.56亿元，引进投资1亿元以上项目84个，其中投资10亿元以上项目22个、投资50亿元以上项目6个、投资100亿元以上项目4个，招大引强成果丰硕。赣州综保区在全省率先常态化开行赣州至香港货运直通车线路，在全国第四批跨境电商综试区中第一个开通跨境电商业务，跨境电商平台“赣州保税商城”正式上线运营，投资120亿元的“一带一路”赣州千亿新粮谷项目成功落地。2020年，全区实现进出口总额增长46.5%，其中出口总额增长42.2%。其中，赣州综保区实现进出口增长348%，增速列全国第8位、全省第1位。

（五）营商环境成为经开区的“第一名片”。坚持以服务的“一心一意”换取企业的“心心相印”，奋力把我区打造成为投资赣州的“首选地”、创新创业的“最优选”。我们的创新活力空前奔涌。全区高新技术企业总数达154家，占全市的1/5。全区现有国家级科技创新平台19个，数量居全市第1。全区规上工业企业研发费用9.02亿元；全区新增专利申请1948件、增长21.52%，新增专利授权1280件、增长40.81%。我们的金融短板加速补齐。创新出台了《赣州经开区金融服务业发展扶持奖励办法》《赣州经开区关于加强金融工作的实施意见》《促进供应链金融发展的若干措施》，规划建设了数字金融产业园、区块链技术产业园，举办7次政银担企对接会，现场签约金额共计615.65亿元，各银行机构为我区中小微企业提供资金支持1762笔、金额224.12亿元；通过供应链解决企业融资需求40.71亿元；引导企业通过资本市场获得支持100.3亿元；各担保机构为我区企业提供担保增信19.35亿元，为我区企业发展注入了源源不断的金融活水。我们的要素瓶颈加快破解。全年完成征地5993.9亩，签订房屋拆迁协议2228栋82.5万平方米，拆除房屋1542栋53.93万平方米，搬迁企业64家，迁移坟墓2460穴。拆除“两违”建筑20.37万平方米。消化批而未用土地7199亩，盘活闲置低效用地约1200亩。新增各领域高层次人才41名，其中国家级高层次人才10名，行业急需紧缺人才319名，全区现有各领域高层次人才806名。全年化解政府债务27.02亿元，金融、房地产市场保持平稳健康发展，各类风险总体可控。

（六）民生福祉成为经开区的“第一关注”。坚持民之所盼、政之所向，扎实办好了一批民生实事，人民群众得到更多实惠。我们攻克了决胜小康的“贫困堡垒”。全区5405户19014人贫困人口全部高质量脱贫，粮食作物播种面积5.73万亩，初步建成蔬菜、水产、脐橙等4个千亩基地，全区村集体经济总收入达6306万元、增长80%，村均经营性收入96.5万元。我们聚焦了群众关切的“急难愁盼”。投入44.92亿元兴办39件109项民生实事。特别是聚焦“返迁安置慢”“入园难”“就医难”等老大难问题，开工建设返迁安置房项目26个，竣工分配返迁安置房项目14个，建成161万平方米，完成分配7083套、安置2766户，分配安置数超前5年总和；13所中小学、幼儿园建成投入使用，新增义务教育阶段学位9000余个，彻底消除“超大班额”问题，5家医院陆续建成。我们构筑了疫情防控的“铜墙铁壁”。用一个月不到的时间控制住疫情，将确诊感染人数定格在3例，从2月1日起全区确诊感染病例实现“零新增”；常态化抓紧抓实“三站一场”和境外疫情防控工作，累计排查“三站一场”往来旅客近335万人次，牢牢守住了赣州中心城区“西大门”。6名先进个人和2个集体获全省表彰。我们夺取了扫黑除恶的重大胜利。三年共打掉涉黑涉恶犯罪团伙15个，破获刑事案件260起，处理犯罪嫌疑人248名，查封、冻结、扣押涉案资产1.12亿元，“打伞率”40%。此外，“河（湖）长制”“林长制”责任全面压实，社会治安、安全生产、食品药品安全和信访维稳形势向好，社会治理创新推进，社会保障更加完善，社会大局和谐稳定，人民群众获得感、幸福感、安全感显著提升。

（七）忠诚担当成为经开区的“第一基因”。习近平总书记视察赣州时，经开区是第一站，第一站的地方就应该有第一站的气象。一年多来，我们牢记嘱托、感恩奋进，大力传承红色基因、弘扬苏区干部好作风，营造了忠诚干净担当的浓厚干事氛围。我们抓党建、强引领，基层堡垒更加稳固。承接全市非公与社会组织领域“三化”建设现场会，打造了“10分钟为民服务圈”信息管理系统；征兵工作“五率”量化考评排名全市第1、全省第5；我区获批建设海峡两岸产业合作区，区工商联分会获评全国“四好”商会，统一战线更加牢固；持续保持惩治腐败高压态势，立案审查调查38起38人，查处“四风”问题50起101人，提前1年实现巡察“全覆盖”。我们抓整改、促提升，巡视整改更加高质。省委巡视反馈的29个问题，涉及的97项整改措施，已完成70项，占比72.2%。我们奖奔牛、鞭蜗牛，干事队伍更加发奋。开展六个百日攻坚大会战搅动干事热情，出台《“奔牛奖”“蜗牛奖”奖惩认定工作暂行办法》，颁出两轮共26个“奔牛奖”、13个“蜗牛奖”，通过正面激励和反面警示双轮驱动，全区上下的战斗力、凝聚力、向心力更加强大。

在肯定成绩的同时，也要清醒认识到，全区经济社会发展还面临一些困难和问题，主要表现在：一是经济总量还不够大，工业营业收入距千亿目标还差140亿元，仅占南昌高新区的23.1%、南昌经开区的54.2%、九江经开区的61.4%、小蓝经开区的60.8%，“赶”的任务还很重。二是产能释放还有“时间差”，2017年以来签约落地项目295个，实现竣工投产135个，投产率只有45.8%；产业链条还不够健全，园区企业相互配套率偏低，“补”的需求还很大。三是龙头企业数量还不够多，现有的1000多家工业企业，中小项目居多，重大型、带动型、旗舰型项目少，还没有一家营收过100亿元的“巨无霸”企业，“育”的节奏还不够快。四是要素供给还不够优，金融、用地、用工、人才等要素瓶颈一定程度上制约了园区发展和企业壮大。特别是亩均效益还不够高，全区每平方千米土地生产总值只有1.72亿元，与全国国家级经开区平均水平6.43亿元差距较大。五是城市能级还不够高，城市“旧伤疤”较多，配套设施不够健全，区内还没有一家大型商业综合体正式开业，“工作在经开区，消费在章贡区”的局面还没得到根本扭转。六是民生领域欠账还比较大。截至目前，返迁安置方面，还有2895户64万平方米亟须化解；教育、医疗方面，还没有正式启用区级人民医院，部分区域入学压力大、优质医疗资源缺乏的问题仍然突出；社会养老方面，全区60岁以上老年人口数约3.2万人，目前仅有4所养老机构，总床位数330余张，无法满足多样化的养老服务需求。七是部分干部作风不够扎实，主动担当意识和攻坚克难能力还有待增强，等等。所有这些问题，必须在今后的工作中，全力以赴加以解决。

二、起航“2021”：我们要把握新机遇、融入新格局，在“一极两地四中心”的蓝图上开辟新天地

2021年是实施“十四五”规划、开启全面建设社会主义现代化国家新征程的第一年，也是中国共产党成立100周年。站在两个一百年奋斗目标的历史交汇点，我们要提高政治站位，胸怀“两个大局”、把握发展大势，清醒认识面临的机遇和挑战，在新征程中找准坐标、精准出击，坚定不移沿着习近平总书记指引的方向奋勇前进，以更高标准和要求擘画赣州经开区“十四五”发展蓝图。从全球来看，当今世界百年未有之大变局加速演进，外部环境更加复杂多变，但和平与发展仍然是时代主题，今年全球经济有望实现恢复性增长，国际力量对比持续向于我国有利的方向发展。从全国来看，面对疫情严重冲击，

我国顶住了压力，成为全球唯一实现正增长的主要经济体，展现出了强大的抗风险能力和非凡的韧劲，经济长期向好的基本面没有改变，继续发展具有多方面优势和条件，实现中华民族伟大复兴前景光明。从全省来看，2020年江西省GDP达到25691.5亿元，是2015年的1.5倍，排位由2015年的全国第18位上升到第15位，年均增长保持了中高速，进入了蓄势待发的快速发展期。从全市来看，构建新发展格局、新一轮赣南苏区振兴发展、对接融入粤港澳大湾区、省域副中心城市建设、国家区域中心城市等战略交汇叠加，2020年全市地区生产总值（GDP）为3645.20亿元、增长4.2%，总量全省第二、增速全省第一，进入了发展的“快车道”。从我区来看，市委五届十次全会强调，要下大力气提升开发区发展水平，在选人用人、招商引资、绩效考核等方面改革创新，使开发区成为经济发展活力最强的地方。上级对开发区的重视程度前所未有，极大地激发我们干事创业的信心决心。我区是全省唯一同时拥有机场、高铁站、高速公路、快速路、公路港的国家级开发区，特别是随着今年赣深高铁实现通车，将为我们带来新一轮市场和开放机遇，我区的区位条件、产业基础、城市能级等优势将在区域竞争中更加凸显，前方春光明媚、未来风景如画。为此，我们一定要坚定信心、昂扬斗志，牢牢扭住发展这个第一要务，在新征程中开辟新的广阔天地、夺取新的更大胜利。

做好今年工作的总体要求是：以习近平新时代中国特色社会主义思想为指导，全面贯彻党的十九大、十九届二中、三中、四中、五中全会，以及中央经济工作会议、省委十四届十二次全会、省委经济工作会议、市委五届十次全会精神，坚决贯彻习近平总书记视察江西和赣州重要讲话精神，聚焦“作示范、勇争先”的目标定位和“五个推进”的重要要求，坚持稳中求进工作总基调，以推动高质量发展为主题，以深化供给侧结构性改革为主线，以改革创新为根本动力，以满足人民日益增长的美好生活需要为根本目的，深入落实省委“二十四字”工作思路，纵深推进新时代赣南苏区振兴发展、对接融入粤港澳大湾区桥头堡和省域副中心城市建设，巩固拓展疫情防控和经济社会发展成果，扎实做好“六稳”工作、全面落实“六保”任务，聚焦科技创新、工业倍增升级、乡村振兴、新型城镇化、现代服务业、基础设施建设，突出工业主业，高质量发展双首位产业，建设“一极两地四中心”，致力打造全国一流的现代化国家级经开区，努力在构建新发展格局、深化改革开放、统筹城乡发展、增进老区人民福祉、传承红色基因上作表率，确保“十四五”开好局、起好步，以优异的成绩庆祝建党100周年。

主要预期目标是：紧扣用2—3年时间进入并持续巩固全国国家级经开区前50强、用5—7年时间进入全国国家级经开区前30强目标，聚焦六大主攻方向，加快推进652个项目建设，其中新建项目384个、续建项目268个，总投资3447.84亿元，年度计划投资728.38亿元，带动经济社会发展，实现GDP增长9.5%以上；工业营业收入1015亿，增长20%；规上工业增加值增长10%；财政总收入增长3.4%，其中一般公共预算收入增长2.7%；固定资产投资增长10%左右，其中工业固定资产投资增长10%左右；社会消费品零售总额254亿元，增长10%，其中限上消费品零售额103亿元，增长9%；实际利用省外资金150亿元，增长10.5%；实际利用外资增长12%；进出口总额增长40%，其中出口总额增长40%。城镇、农村居民人均可支配收入分别增长8.2%、9.8%；居民消费价格总水平涨幅控制在3%左右；城镇调查失业率控制在5.5%左右；粮食产量稳定在900万公斤左右；节能减排完成省市下达任务。

上述目标，全面贯彻了新发展理念，统筹考虑了发展的需要和实现的可能，既遵循经济规律，又跳起来摘桃子。各地各单位要以目标锚定方向、以目标鼓舞斗志、以目标引领工作，千万不能得过且过、自我放低要求。

总体战略定位是：建设“一极两地四中心”。“一极”，即打造赣州高质量跨越式发展第一增长极；“两地”，即建设新格局下全国有影响力的制造产业基地、全省重要的开放型经济发展高地；“四中心”，即打造创新创业引领中心、区域性自贸中心、优质营商环境示范中心、高品质生活新中心。

——打造赣州高质量跨越式发展第一增长极。市委五届十次全会指出，要使开发区成为经济发展活力最强的地方。我区要立足第一增长极定位，发挥开发区工业主战场作用，推动各项工作走在全市最前列，以一方之力为全局尽责、以一域之光为全市添彩。主要表现在3个方面：一是发展速度快，成为全市的“领跑者”。各项经济指标增长速度均要持续高于全省、全市增长速度，“十四五”时期，我区GDP年均增速要达到9%，领跑全市，强力带动全市经济增长，为全市发展注入强劲动力。二是发展质量高，成为全市的“强引擎”。加快产业转型升级，各项科技创新指标在全市领先，今年R&D经费占GDP比重提升至3%，授权专利总量超3600件，高新技术企业数量占全市比重要上升至22%；到2025年，R&D经费占GDP比重提升至3.5%，授权专利总量超5000件，高新技术企业占全市比重要上升至30%。三是经济总量大，撑起全市的“半边天”。今年新能源汽车产业总值占全市比例要达到85%以上、电子信息产业总营收占全市比重要达到50%，产业聚集度达80%；到2025年，新能源汽车产业总值占全市比例要达到90%以上，电子信息产业总营收占全市比例要达60%以上。持续做大经济总量，今年全区规上工业营业收入占全市比重超过23%；到2025年，全区规上工业营业收入占全市比重超过30%。

——建设新格局下全国有影响力的制造产业基地。大力推进工业倍增升级，在全市工业经济发展中扛大旗、挑重担、做贡献。一是产业规模大。今年工业营业收入超1000亿元，其中新能源汽车产业实现200亿元、电子信息产业实现350亿元；到2025年，实现工业营业收入翻番，达2000亿元，其中新能源汽车产业实现800亿元、电子信息产业实现800亿元，工业主要指标占全市比重越来越高。长期目标，要打造5个千亿产业集群（即营收超2000亿元的新能源汽车整车产业、营收超千亿的锂电池产业、营收超千亿的电机和电控产业、营收超千亿的电子信息产业、营收超千亿的粮谷深加工产业）。二是龙头项目多。今年培育营收超百亿元龙头企业2个、超50亿元龙头企业8个；到2025年，培育营收超百亿元龙头企业10个、超千亿元的头部企业1个以上。三是辐射带动强。发挥龙头企业、创新资源等集聚优势，推进资源共享、功能互补和梯度转移，推进与兄弟县（市、区）的产业配套合作，重点在新能源汽车领域加强与大余、兴国、上犹等地新能源汽车零部件产业基地的合作，在电子信息领域加强与信丰、龙南等产业基地的合作，不断扩大产业集聚与扩散效应。

——建设全省重要的开放型经济高地。抢抓国家新一轮支持赣南苏区振兴发展重大机遇，主动融入“一带一路”、粤港澳大湾区建设、长江经济带发展等国家重大战略，加强与广州开发区、深圳龙华区等地合作，用好赣州综合保税区、海峡两岸产业合作区赣州产业园等平台，积极承接沿海发达地区中高端产业转移。今年全区实际利用外资、进出口总额、出口总额占全市比重分别达13%、21%、21%；到2025年，全区实际利用外资、进出口总额、出口总额占全市比重分别达20%、30%、30%。

——打造创新创业引领中心。引进一大批“国字号”“省字号”科技创新平台，组建一大批重点实验室、产业研究院、世界500强上榜企业投资研发中心，建设一大批国家级科技创新平台，引进一大批高端人才，推动涌现一大批专利、PCT等科技成果转化，今年全区高新技术企业超200家，到2025年，全区高新技术企业超350家，数量占全市的30%。深入推进工业标准厂房“梧桐树”计划，建成标准厂房2000万平方米，吸引更多创新创业主体，加快补齐“众创空间—孵化器—加速器—科技产业园”孵化链条，打造科技创新创业集聚中心。

——打造区域性自贸中心。充分发挥我区区位和交通优势，以及赣州综合保税区特殊功能优势，以赣州综保区为主体，加快自贸小镇建设，形成以国际贸易服务、金融服务、总部服务、物流仓储和国际调拨为主的商业、商务、文化、休闲多元功能集成的综合性功能集聚区。今年赣州综合保税区一线外贸进出口达到60亿元，增长89.87%以上；到2025年，赣州综保区一线外贸进出口达到150亿元，年均增长达25%以上，实现外贸增速稳居全省前列。

——打造优质营商环境示范中心。持续深化“放管服”改革，全力破除企业发展的“痛点”“堵点”“难点”，让一流营商环境成为我区的金字招牌，成为全市乃至全省政务服务满意度最高的地方。今年新增规上企业175家以上，其中规上工业企业60家以上、商贸企业30家以上、大个体10家以上、服务业15家以上、建筑业45家以上、房地产法人15家以上，市场主体7000家以上。

——打造高品质生活新中心。加快推进医院、公园、圩镇、综合体、邻里中心、人才住房等配套设施建设，打造“产城人”深度融合的现代化园区。今年建成区面积达56.78平方千米，城镇化率达78.02%；到2025年，建成区面积达64平方千米，城镇化率达86.79%。

重点做好以下6个方面的工作：

（一）强力推动工业倍增升级，建设新格局下全国有影响力的制造产业基地

工业是高质量发展的重要支撑，是我区的最大优势、最强支撑。要坚定不移、集中主要精力抓下去，决胜“主攻工业、三年再翻番”，加快打造“2+N”产业体系（即大力发展新能源汽车、电子信息双首位产业，及稀土和钨后端应用、新材料、数字经济、区块链赋能和粮谷深加工等N个硬科技核心领域优势产业）。要深入开展集群式项目“满园扩园”行动，实施168个工业倍增升级项目（较2020年增加27个、增长19.15%），其中新建项目84个、续建项目84个，总投资2204.66亿元（较2020年增加782.32亿元、增长55%），今年计划完成投资381.2亿元、增长9.96%。具体来说，就是建设“三区一谷”（即全国重要的新能源汽车产业集聚区、泛珠三角重要的电子信息产业集聚区、全省先进的硬科技核心领域集聚区、“一带一路”赣州千亿新粮谷）。

1. 建设全国重要的新能源汽车产业集聚区。新能源汽车产业实施项目49个（较2020年增加14个、增长40%），其中新建项目25个、续建项目24个，总投资1137.88亿元（均为社会投资，较2020年增加368.88亿元、增长47.97%），力争全年新能源汽车产业营业收入超200亿元、增长51.7%。要大力实施“一牌两链”产业培育计划（即一个地标品牌、一个核心零部件配套全产业链、一个产业生态链），着力打造四千亿元产业集群。一是打造千亿新能源整车产业，打响地标品牌。①打造汽车文化地标。引导国机智骏紧跟新一轮汽车下乡等政策导向和农村市场需求，有针对性地开发价格低、功能全的代步车型，打造成为宜居城市的“代步工具”。②提升资本运作能力。推动国机智骏启动A轮融资，启动IPO上市进程，力争2022年成功上市。③引进战略投资者。引进大型基金公司和民营资本，解决资金问题。④全力推动释放产能。支持国机智骏与一汽等大型汽车企业以及新能源汽车头部企业建立合作关系，盘活国机智骏剩余产能。⑤坚持乘用车、商用车、专用车“齐步走”。推动金瑞麒智能驾驶产业园一、二期项目实现投产；国机智骏、凯马汽车、中电汽车全年产销突破4万辆，2025年整车营收超两千亿元。⑥加大充电桩建设和智慧化管理力度。今年新建充电桩230个，并将全区所有充电桩纳入全市电动汽车充电基础设施信息平台，实现“一键找桩”。二是打造锂电池产业和电机电控两个千亿产业，构建“三电”等核心零部件优势配套全产业链。推动成立赣州市新能源汽车产业联合会，实现我市汽车整链协同创新发

展。①打造千亿锂电池产业集群。强化孚能科技赣州总部地位，全力推动吉利科技集团与孚能科技合作的120吉瓦时动力电池项目落户我区，用五年时间在赣州再造一个“宁德时代”。力争孚能科技今年营收超50亿元、2025年超千亿元，亿鹏科技营收2025年超100亿元，打造营收超千亿元的锂电池产业集群。加快孚能科技储能电池项目单独与我区签约，在全省率先开展储能（电站）电池项目建设。②打造千亿电机、电控产业集群。重点培育总投资260亿元的中车产业园项目、总投资80亿元的中车生一伦电机项目，努力建成全国乃至全世界最大的电机研发、制造企业。加快推进总投资50亿元的国电投传动系统项目建设，积极推动中车集团、国电投集团、中船集团等大型央企更多项目落地，推动电机、电控产业2025年营收超1000亿元。③推动与周边县区产业协同发展。推动汽车内饰与赣州服装纺织产业带配套，汽车电子与赣州电子信息产业配套，协调推动大余、兴国、上犹等地新能源零部件产业基地与我区配套，实现产业联动发展。今年引进新能源汽车配套项目20个，我区新能源汽车产业配套率提升至20%。三是推动新能源汽车小镇建设，做优产业生态链。打造集智能网联测试、赛车赛事、研发检测、汽车文化、汽车娱乐、汽车后市场于一体的新能源汽车小镇，今年上半年完成汽车小镇规划编制、招商引资和项目签约，下半年启动建设。

2. 建设泛珠三角重要的电子信息产业集聚区。延伸新型电子材料、集成电路、新型显示、智能终端、汽车电子产业链条，推动“芯、屏、端、网、器”全产业链融合发展。电子信息产业实施项目65个（较2020年增加20个、增长44.44%），其中新建项目28个、续建项目37个，总投资712.36亿元（均为社会投资，较2020年增加315.53亿元、增长79.51%），力争全年电子信息产业营业收入超350亿元、增长35%，营收占全市超50%。一是发展“自主芯”。全产业链发展芯片材料、芯片设计、芯片制造及封装测试等细分产业，持续强化以睿宁新材等为重点的芯片材料领域及以讯海数码等为重点的芯片封装测试领域，力争在靶材、硅片等关键材料方面取得实质性进展，大力推动中车产业园功率芯片（IGBT）、投资4.5亿美元的英锐半导体等项目开工，加快芯聚微电子、睿宁新材料二期、核加控股半导体、徐从康柔性透明电子器件封装等项目建成投产，打造江西“芯谷”。二是做大“百变屏”。积极推进TFT—LCD及触摸屏的研发制造，在高世代TFT—LCD生产线及AM—OLED等新型显示制造项目上求突破，积极引进显示模组、显示面板、玻璃基板、彩色滤光片、偏光片、液晶材料等产业链重大项目，鼓励引导同兴达科技、立德电子、海富莱等现有液晶显示模组重点企业扩大生产规模，年内实现同兴达科技营收超100亿元、立德电子超70亿元、海富莱超50亿元、宝明显示超50亿元，促进同兴达科技三期、宝明显示二期等项目扩建投产，打造营收规模超500亿元的新型显示产业示范基地。三是抢占“智能端”。聚焦智能手机、平板电脑、笔记本、智能电视、智能可穿戴设备等终端知名制造领域，争取引进华为、VIVO等重大项目和高端技术项目落地，加快推进科比特无人机产业园、海得智能科技等项目建设，推动纵凯智能终端二期、轰天炮光电、弘耀达二期、鼎益丰科技等项目建成投产，形成品牌整机、方案设计、核心零部件、代工生产、供应链体系一体化终端产业集群，打造泛珠三角智能终端产业示范基地。四是布局“智联网”。聚焦5G、通信设备、物联网、区块链、大数据等重点特色领域，鼓励金信诺光纤光缆、讯康电子、研创光电等光传输、通讯电子企业延伸产业链，积极发挥赣州区块链技术产业园平台优势，大力推进区块链应用产业发展，立足裕丰智能等物联网企业优势，赋能传统制造产业，推动区块链产业园、投资110亿元的九木大数据中心等项目开工建设，大力引进射频功率放大器、5G滤波器、终端天线、智能传感器等领域的企业，打造软硬融合、体系完整、特色突出的新一代信息网络产业集群。五是发力“核心器”。着力扩大江元电子、光宝力信、柏瑞凯电子、欧陆通电子、万宝至马达、鑫冠科技等现有企业优势，培育江元电子营收超20亿元，金信诺电缆营收超10亿元，促进云霞电子、柏瑞凯电子、鑫冠科技二期等项目建成投产，进一步夯实共模电感、微型变压器、精密电阻、固态电容、微型马达、电源适配器等新型电子元器件基础，逐步向片式化、微型化、高频化、低功耗、智能化等方向发展。

3. 建设全省先进的硬科技核心领域集聚区。既要注重双首位产业，也要推动“老树发新芽”“小苗育大树”，协调推进我区N个优势产业发展。一是在稀土和钨后端应用上“拓空间”。发挥国家离子型稀土资源高效开发利用工程技术研究中心、江西理工大学稀土学院等高校院所科研优势，支持区内金力永磁、富尔特、荧光磁业、澳克泰等稀土和钨行业骨干企业加大科技创新投入，拓展开发精深加工和后端应用产品。力争3年内金力永磁营收突破50亿元，成为全国钕铁硼行业龙头；富尔特创建创新绿色发展特色示范点，澳克泰跻身国内一流硬质合金刀具企业行列。力争今年稀土和钨产业营收超120亿元，实现稀土和钨产业转型升级高质量发展。二是在数字经济融合上“赋新能”。组建赣州区块链研究院，召开2021全球区块链创新发展大会。大力推进区块链技术产业园建设，赣州区块链金融产业沙盒园力争引进华为区块链等科技金融公司，培育发展裕丰智能等一批“区块链+智慧农业”“5G+农业”等落地场景应用及上下游产业链企业，力争今年数字经济增加值增长40%以上。三是在高端前沿新材料上“填空白”。扶持睿宁新材、能之光材料、立昌科技等现有新材料企业发展壮大，深挖潜力，力争今年新增科技成果落地转化项目5个以上，到2025年，打造营收超500亿元的高端前沿新材料产业。

4. 建设“一带一路”赣州千亿新粮谷。加快推进“一带一路”赣州千亿新粮谷项目，完成3000平方米厂房改造施工并投产，年加工进境粮食200万吨，形成集国际农业合作、农业科技、粮谷保税深加工、口岸信息化、跨境物流、产业金融等多功能为一体的“国际化综合粮谷产业园区”，打造年加工粮谷500万吨的“千亿粮食产业集群”，力争年内完成申报进境粮谷指定监管口岸工作。

（二）持续构建更高水平的开放格局，建设全省重要的开放型经济高地

习近平总书记强调，要全面提高对外开放水平，建设更高水平开放型经济新体制，形成国际合作和竞争新优势。我们要大力实施开放型经济“2433”计划（即做优内资内贸、外资外贸两个增长点，实施“四个一”招大引强行动计划，打好苏区振兴牌、湾区对接牌、国外循环牌“三张牌”，做强赣州新能源科技城、电子信息产业园、赣州综合保税区三大产业承接平台），不断提升我区开放型经济发展层次和水平，构筑全方位开放新格局，打造开放型经济高地。

1. 做优内资内贸、外资外贸两个增长点。内资内贸方面。积极培育在线消费、体验消费、时尚消费等新热点，引导更多社会资本进入医疗健康、教育培训、养老家政、工业旅游等新型消费领域，力争民间投资占比超过60%。今年实际利用省外项目资金总量力争完成150亿元，增长10.5%，实现总量和增幅全市排名第1，在全省10个国家级开发区增幅排名第3；完成社会消费品零售总额254亿元，总量全市排名第2，同比增长10%，增幅排名进全市前3名，其中限上消费品零售总额力争完成103亿元，总量排名全市第1，同比增长9%、增幅排名摆脱全市后8名，新增入库企业数20家，新增企业数量全市排名第1。外资外贸方面。今年要引进外资企业15家，培育海关AEO高级认证企业2家，全年实际利用外资实现3亿美元、增长12%，实现总量全市排名第1，增幅全市排名第1，其中现汇进资1.5亿美元。实现外贸进出口145亿元，实现总量全市排名第1，同比增长40%，占全市进出口总额的1/5；其中出口总额113.7亿元，实现总量全市排名第1、增长40%，高新技术产品出口总额67.5亿元，占进出口总额比重

达 45%。

2. 实施“四个一”招大引强行动计划。招商引资是扩大开放的重要抓手，“四个一”行动计划是招商引资工作的重要突破口。今年一季度要完成“一院”“一办”“一军”“一杠”组建，其中，招大引强追梦办这个月底前要成立，社会化招商盟军 3 月中旬前要聘请到一批专业咨询机构和招商顾问，产业经济政策研究院 3 月下旬前要完成组建。组建后要立即运作起来，拿出魄力和决心，围绕“2+N”产业体系，主攻粤港澳大湾区，放眼长三角、海西经济区、京津冀等重要区域招商，持续推进“粤企入赣”“央企入赣”“三请三回”，紧盯“5020”项目，追求 100 亿、500 亿，甚至 1000 亿级的地标性龙头项目，全力招引世界 500 强、中国 500 强、行业领军企业。全年要引进各类项目 130 个，其中工业项目 70 个、总部经济项目 10 个、金融类金融项目 12 个、人才项目 8 个，世界 500 强、中国 200 强、央企、上市企业或瞪羚等潜力项目 10 个。引进投资 1 亿元以上项目 60 个，其中 10 亿—50 亿元项目 11 个、投资 50 亿—100 亿元项目 10 个、投资 100 亿元以上项目 5 个，实现大项目顶天立地、小项目铺天盖地。今年签约招商引资项目注册、开工、投产、进资率分别达到 90%、50%、30%、25% 以上；2020 年纳入全市调度招商引资项目注册、开工、投产、进资率分别达到 95%、80%、60%、50% 以上。

3. 打好“三张牌”。一是打好“苏区振兴牌”。要用好用足用活上级支持政策，牢牢抓住国务院即将出台“新时代支持革命老区振兴发展的意见”机遇，用好“援县促市”对口支援机制，争取更多中央预算内投资、政府专项债等资金支持，争取我区更多产业发展需求纳入国家部委新一轮配套政策文件，引进若干家营收超 100 亿元甚至超 1000 亿元的头部央企。二是打好“湾区对接牌”。要主动作为、不等不靠，在基础设施、产业承接、体制机制等方面全方位对接融入粤港澳大湾区，利用赣州市深化与广深珠合作契机，持续开展“粤企入赣”系列活动，推动东莞数控刀具协会、潜丰控股等框架协议正式签约，力争今年引进大湾区项目 40 个、签约资金超 300 亿元。抓住与广州开发区结对共建机遇，对接一批广州开发区意向转移产能和企业。加快推进海峡两岸产业合作区赣州产业园建设，今年新增 10 家台资企业到我区投资。三是打好“国外循环牌”。充分发挥赣州市作为“一带一路”节点城市的优势，推动“一带一路”赣州千亿新粮谷等一批重大项目建设，力争培育成营收超 100 亿元的头部企业，推动外企来我区投资和区内企业走向国外。

4. 做强三大产业承接平台。加快推进新能源汽车科技城、电子信息产业园、赣州综合保税区提档升级，着力建设“两型三化”园区。新能源汽车科技城要重点做好 3 件事：①纵深推进“七横五纵”路网互联互通。投入 23.18 亿元建设 33 条道路，其中年内要实现龙径江路（唐龙大道—谷山路）、车都大道（唐凤大道—城西大道）PPP 项目、星光路（章良路—车都大道）、新能源汽车科技城章良组团内部道路 PPP 项目、洋田路（谷山路—章潭路）PPP 项目、新能源汽车科技城洋田组团内部道路 PPP 项目、白桦路（谷山路—唐龙大道）等 7 条道路完工，14 条加快建设，4 条开工建设，8 条开展前期工作。推动飞翔快速路、客家大道、城西大道等三条快速路今年内延伸进新能源汽车科技城。②加快唐龙科技园、洋田科技园等配套产业园建设，加大土地报批力度，为未来新能源汽车关键零部件项目落地提供空间。③协调优质学校、医院、商业等优质资源落户科技城，完善凤凰居·章田人才住房、科技城医院、科技城学校、洋田小学等公共服务设施，启动唐凤商业综合体建设，确保江西理工大学科技城新校区 9 月份投入使用，完成龙门架等标识性建筑建设，进一步做旺园区人气，推动产城融合。电子信息产业园要重点做好 3 件事：①加快畅通“两横三纵”路网。投入 14.09 亿元建设 49 条道路，其中，年内要实现章江东路（杨梅渡大桥—清河路）、长泾路（黄岗路—岗边大道）、华裕路（东江源大道—金东北路）、金东北路（华裕路—香江大道）、纬二路（东江源大道—金东北路）等5条道路通车，7条道路完工，28条加快建设，4条开工建设，4条完成前期工作。②围绕增强园区配套能力，加快推进涌泉商业综合体开工建设，加快推进叶山加压站、长汀加压站建设，实施湖边110千伏变电站增容改造工程。③围绕提升园区形象，加快园区公园绿地、防护绿地、生态水系规划建设，加快实施涌泉大道箱涵水系景观提升工程，涌泉大道西侧、黄金大道南侧公园绿地工程，加快破解穆斯林公墓区搬迁等节点问题。赣州综合保税区要加快凤塘路（改线105—飞翔大道）、峨眉路（改线105—飞翔大道）等道路建设，启动综保区二期征地拆迁；配合做好国际邮快件监管中心、进境水果指定监管场地建设；深入推进“一镇一链一谷一园一基地一平台”建设，其中“一带一路”赣州千亿新粮谷和自贸小镇一期争取年底基本建成；推进跨境电商产业园建设，引进京东、菜鸟等龙头电商项目，力争全年完成跨境电商业务50万单。大力推进工业标准厂房“梧桐树”计划。加快工业标准厂房“梧桐树”第一个三年计划51个科技园1000万平方米的工业标准厂房建设，今年新增工业标准厂房“梧桐树”计划项目17个，总投资183.3亿元，总占地面积2039亩，总建筑面积279.5万平方米。推动工业标准厂房向4.0升级，打造“垂直工厂”，提升外立面形象，层数不低于4层，容积率不低于2.0，形成集研发制造、双创、结算、运维、售后等为一体的产城人文社区。要提高工业标准厂房准入门槛，完善退出机制，新能源汽车科技城标准厂房用于电池、电机、电控等核心零部件企业入驻，研发标准厂房必须专项用于研发。加快打造“1+5+X”现代化邻里中心。率先在新能源科技城试点，由区属平台公司组建综合运营商，建设运营“1+5+X”邻里中心，即以一个邻里中心为主，配套教育、医疗、助老、商业、文体5类服务形态及衍生业态，打造从“油盐酱醋茶”到“衣食住行闲”的10分钟社区生活圈。

（三）大力实施科技创新战略，打造创新创业引领中心

习近平总书记强调，加快科技自立自强，是确保国内大循环、塑造在国际大循环中新优势的关键。我们要深入实施创新驱动发展战略，把我区打造成为区域性科技创新引领中心。今年实施科技创新项目26个，总投资215.36亿元，今年计划完成投资55.48亿元。具体来说，要大力实施“一工程、三计划”（即科技“白菜心”工程、人才“蓄水池”计划、创新创业平台“能级提升”计划、“节地增效”行动计划）。

1. 实施科技“白菜心”工程。一是要加大资金支持力度。今年全区科学技术财政支出要保持在4亿元以上、增幅10%以上，R&D占GDP比重超过3%，年内新增专利申请1800件以上、授权专利1000件以上、PCT专利申请80件以上，技术合同交易额6.9亿元，高新技术产业增加值占工业增加值比重45%。二是要完善科技创新机制。完善支持科技创新系列政策，设立区科技发展引导基金，鼓励企业、高校和科研院所协同创新，力争今年新增高新技术企业55家以上，科技型中小企业40家以上，省级以上企业技术中心2个以上，抓好5个重大技改项目，推动重点企业实施技改投资100亿元以上、增长10%以上；支持企业组建创新联合体，规上企业研发机构建有率达到40%。三是要加大梯次培育力度。大力实施“预见独角兽”计划，今年实施科技创新培育型项目171个，培育科技型领军企业2家以上、独角兽企业1家以上、种子独角兽企业2家以上、瞪羚企业6家以上；深入实施中小企业成长工程，新增“专精特新”企业15家以上、“小巨人”企业3家以上、制造业“单项冠军”企业1家以上；新增省级以上名牌产品数17个以上。四是要大力实施“两型三化”管理提标提档行动。培育智能制造标杆企业3家以上，建设智能工厂和数字化车间10个以上，新增省级两化深度融合示范企业3个以上。今年力争启动建设电镀产业园，满足园区

企业电镀废水收集处置需求。

2. 实施人才"蓄水池"计划。深入推进"苏区之光"人才计划、"赣才回归"工程，完善区科技创新"人才库"，加快人才住房等配套建设，充分发挥高层次人才俱乐部作用，让人才引得进、留得住、干得好。建立"首席科学家"制度，启动"欧潭麒麟"计划，设立"博大贡献奖"，评选"欧潭麒麟"10名。探索建立校企"订单式"人才培育机制，今年举办2个以上订单班、冠名班；鼓励职业（技工）院校组织学生到园区企业顶岗、跟岗实习3个月以上，按实习人数给予院校一次性推荐实习补贴；引导中职学校、技工院校应届毕业生到园区企业就业，按就业人数给予院校一次性就业补贴，今年发放创业担保贷款5000万元。充分发挥赣州高层次人才产业园和赣州人力资源服务产业园作用，今年引进或培育各领域高层次人才40名以上，其中国家级高层次人才6名以上，新增纳入省级以上人才工程人数35人以上，行业急需紧缺人才150名以上，各领域高层次人才力争突破850名，为企业解决用工2万名。

3. 实施创新创业平台"能级提升"计划。发挥科技创新孵化联盟作用，发挥现有19个国家级科技创新平台引领作用，每年筛选出3家运营成效显著的科技企业孵化平台重点培育，每年新增国家级科技创新平台2个以上，省级以上创新创业平台4个以上，争取获评省级科技创新创业孵化平台1个以上，院士专家工作站、海智计划工作站各1家以上，外资研发机构5家以上，重点培育自建或申报市级研发机构项目85个；引进培育5家以上专业科技服务机构。实行重大科技项目攻关"揭榜挂帅"，对意向引进的大院大所建好物理空间，让大院大所"拎包入住"，推动大湾区科研院所、高等院校和龙头企业在我区设立技术转移中心分中心、国家重点实验室分支机构，推进更多中字头 、国家级"大院大所"落户我区。推进军民融合创新示范区及产业基地建设，加快中车生一伦等一批军民融合示范项目建设，每年新建2个以上创新服务综合体和"双创"基地。

4. 深化实施"节地增效"行动计划。一是扎实推进低效闲置土地清理工作。今年全区清理盘活批而未用土地10000亩以上，向上争取用地指标5000亩以上。同时，全年拆除违章建筑376处26万平方米。二是深入推进迎宾大道两侧城市更新。通过"工改居"等多种模式，全力推进迎宾大道两侧102家企业城市更新工作，今年内完成搬迁企业20家以上。三是大力推行"标准地+承诺制"供地。探索"标准地"代办联动机制，进一步压缩工业投资项目审批时限，加速项目落地投产。四是强化"亩产论英雄"考核。将纳入"亩均效益"综合评价的工业企业分为ABCD四类，充分应用"亩产效益"综合评价结果，对A类企业优先支持发展，对B类企业以普惠性政策支持为主，对C类企业层层传导低效用地整治压力，倒逼D类企业转型升级或将厂房和土地让渡给A、B类企业，对主动转让的实行退地奖励。园区新引进项目亩均投资强度超400万元、营业收入超400万元、亩均税收超25万元。五是严格落实供地政策审核。树立"大项目供地，小项目租标准厂房"导向，投资5亿元以下的项目不再供应土地。对"两高一低"项目禁止供地。对上年度工业企业"亩产效益"综合评价为最差类项目、我区计划通过专项整治实施关停取缔的重污染高耗能企业和"小散乱污"企业限制或禁止新增产能用地。

（四）构筑内陆双向开放高地，打造区域性自贸中心

习近平总书记强调，要把构建新发展格局同实施国家区域协调发展战略、建设自由贸易试验区等衔接起来，在有条件的区域率先探索形成新发展格局，打造改革开放新高地。我们要发挥赣州综保区特殊功能优势，发展"无缝对接"多式联运，打造区域性自贸中心，力争今年实现"一个大幅增长，两个位次前移，三个加速提升"（即实现综保区外贸进出口大幅增长，增速达89.87%以上，总量完成60亿元，总量和增幅

在全国全省继续位次前移，增幅保持在全国全省前列，自贸小镇、高铁货运产业园、空港产业园综合实力和影响力加速提升，两年内综保区营业收入突破100亿元）。

1. 建设自贸小镇。项目占地约117亩，总建筑面积约24万平方米，3月份要完成设计工作，4月份要启动工程招标工作，5月份实现开工建设，一期年内基本建成。以“自贸小镇”为形象，建设国贸大厦、国际商务酒店、020免税商店、跨境电商展示中心、进境粮谷交易中心、钨和稀土国际交割中心、进出口型科技企业孵化器、加速器，形成以“国际贸易服务、金融服务、总部服务、物流仓储和国际调拨”为主的“商业、商务、文化、休闲”多元功能集成的综合性功能集聚区，建设成江西南部最具国际竞争力的国际化空港城。实施跨境电商“十百千”工程，今年完成跨境电商单量50万单，实现供应链金融业务45亿元以上；加大公共仓配套建设，引进3家以上中小电商企业入驻开展跨境进口商品保税业务。

2. 建设赣州空港产业园。坚持“赣州航空港—综保区”空地一体化建设，利用赣州黄金国际机场国际航空货运场所建设契机和综保区开放平台，加速打造赣州空港产业园。项目占地约2546亩（其中综保区二期2046亩、空港物流园约500亩），总投资101.8亿元，一季度完成项目规划和国际航空货运监管中心可行性研究，3月份启动征地拆迁，6月30日前完成土地报批、收储等工作，并启动建设。抓紧启动建设远程国际货站、国际航空货运监管中心，启动建设综保区和赣州黄金机场专用通道建设，实现综保区和航空港“无缝对接、联动发展”；组建航空货运公司，开通赣州至周边主要城市的联程联运货运快线，以及香港、东南亚、日韩等地的国际货运班线等国际航空货运，壮大航空物流。在赣州综保区申报建设各类指定口岸、监管场所，培育高附加值如电子信息、珠宝首饰、生物医药等产业的物流和销售服务中心，电子产品和集成芯片返区保税维修中心，探索打造集运营、检测、维修、金融等功能为一体的航空产业集群，建设成江西南部最具国际竞争力的国际化空港城。

3. 建设赣州高铁货运产业园。项目占地约1200亩，4月前要完成项目方案编制，10月前要完成招商，年底前要开工建设。依托赣州高铁西站，发挥高铁物流优势，产业园主要建设高铁货物装卸、仓储、分拨、配送区，电商冷链区，配套商业区等，引进商贸物流等方面龙头企业落户，加快推动物流、商流、信息流和资金流的有效融合，打造集货代总部、物流配送和集散、保税物流、航空物流等功能的综合物流功能区。

（五）全链条激发企业活力，打造优质营商环境示范中心

习近平总书记强调，要持续打造市场化、法治化、国际化营商环境。我们要对标粤港澳大湾区，全链条优化营商环境。围绕企业从项目引进、落地、投产、入规、达产、上市等各个环节，全方位提供“雨露滋润”，帮扶企业从“小树苗”成长为“参天大树”，将我区打造成为全市乃至全省的优质营商环境示范中心。

1. 服务环境要热情似火。牢固树立“人人都是营商环境、个个都是经开形象”的理念，自觉做营商环境的守护侠、促进派，奏响“你投资、我服务、共发展”的协奏曲。一是挂点帮扶要身心俱下。坚持每月5号“企业服务日”制度，全区29名县级以上领导、283名干部挂点联系560家重点工业企业。要优化干部挂点帮扶考核机制，着力解决干部挂点“身下心不下”问题。二是扶大扶强要尽锐冲锋。实施“十五百千”冲锋计划，推动同兴达科技、立德电子、宝明显示、江钨新材、海富莱电子、孚能科技、国机智骏、凯马汽车、江元电子等一批优质企业做大做强，确保今年工业营业收入过1000亿元，培育18家过10亿元企业、8家过50亿元企业、2家过100亿元企业。要全面落实减税降费政策措施，为企业发展减负松绑。要出台入规入统政策措施“加强版”，将2020年新

投产企业及营业收入超1000万企业作为重点培育对象，确保全年新增规上企业175家以上，其中工业企业60家以上、商贸企业30家以上、大个体10家以上、服务业15家以上、建筑业45家以上、房地产法人15家以上。三是政商关系要亲清与共。经常性开展政商对话，每年组织召开企业座谈会、客商联谊会。加快成立职业教育协会、餐饮协会等行业协会，统一管理、考核和奖补，引导和服务各个行业健康有序发展。每年召开欧潭经济论坛等高峰论坛，做好年度经济人物、经济社会发展“十大亮点”、欧潭英才、十大工匠等奖项评选，不断浓厚亲商安商的社会氛围。全区领导干部要严格落实政商交往正负面清单，理直气壮地在阳光下与企业家交往。只要企业遇到困难，我们就要心底无私地为企业“排雷”；只要企业发展需要，我们就要心清如水地为企业“站台”。

2. 金融环境要迸发活力。以赣州建设区域性金融中心和普惠金融改革试验区为契机，紧紧扭住“金融创新”这个有力引擎，推进金融要素向我区加速集聚。一是要做大金融创新平台能级。深入实施国资国企改革创新三年行动，完善以管资本为主的国有资产监管体制，进一步健全现代企业制度，不断做强做大做优区属国有企业。赣州建控集团今年要实现总资产900亿元以上，争取2年内总资产突破1000亿元并取得AAA信用评级，3年内实现上市，2025年资产达到2000亿。全年完成市场化融资200亿元，其中发行债券90亿元，比如企业债30亿元，美元债2.7亿美元，公司债、中期票据、短融、超短融、保债计划等60亿元。要主动接轨国际资本市场，积极推动主权基金加快落地；加快推进“第三方支付牌照”、市场化融资ABS、向亚洲银行贷款三个“零突破”。要加快向园区综合服务运营商转型，不断壮大建筑全产业链主导产业。今年3月前完成监理公司组建，进一步补齐建筑产业链条。区工发集团要加强与江西金发、江西金融资产、省信用担保等金控集团的战略合作，优化集团资产结构，年内实现总资产100亿元以上，力争2年内取得AA信用评级。要持续聚焦基金主业，加速构建50亿元重大项目产业基金“1+N”基金生态体系。今年要新组建基金5支，总额20亿元；新增市场化融资5亿元，提供供应链金融服务10亿元。要围绕夯实集团持续经营能力基础，做好融资租赁牌照申请基础工作。今年上半年完成区人才集团组建。赣州保税实业集团年内要实现总资产50亿元以上，力争2年内取得AA信用评级。今年要新增市场化融资8亿元，为区内企业提供供应链金融服务50亿元以上。要探索建设我区的海外工业园，拓宽经济新增长点和跨境融资新渠道。二是要提高企业直接融资能力。大力推进企业上市“映山红行动”计划，力争全年新增境内外上市企业2家以上、新增新三板挂牌企业1家以上，年内完成省证监局辅导备案企业2家以上，股改5家以上，年内企业直接融资新增150亿元以上。要重点推动播恩集团创业板上市工作，力争一季度完成递交上市申请材料工作。要指导国机智骏做好IPO前期基础工作，4月10日前实现中恒天智骏在产权交易所公开挂牌。要深入实施“预见独角兽”计划，力争年内入选省级上市企业后备库10家、入选市级上市企业后备库15家。要大力实施推进企业股份制改造三年行动，积极指导好朋友科技、荧光磁业、钜磁科技等企业加快股改。三是要提升金融服务实体效能。通过金融机构下企业、带领企业访银行、开展每季度政银担企对接会等多种方式，力争全年帮助企业市场化融资268亿元以上，新增贷款增长20%以上。要加大各类“信贷通”产品宣传推广力度，发放各类“信贷通”14.87亿元，其中“主导产业信贷通”1亿元，“财园信贷通”11.9亿元，“小微信贷通”4300万元，“创业信贷通”3000万元，“科贷通”4400万元，创业担保贷5000万元，农村产业振兴信贷通3000万元。要加快建设“两园一院”，数字金融产业园每年引进5—10家具有全国影响力的金融科技头部企业和3—5家总部型金融机构，今年一季度要启动建设运营，区块链技术产业园要加快开工建设，欧潭金融研究院要加快组建。要加大金融风险防范力度，持续防范和打击非法集资，确保新增发案数、涉案金额、涉案人数零增长。

3. 政务环境要便捷高效。一是办事流程要再优化。所有的办事环节，材料能精简的一律精简、能合并的一律合并、能共享的一律共享，以政府权力的“减法”换取市场活力的“加法”。要探索开展“告知承诺制”改革，实现“诚信者即来即办”。要推行窗口服务制度化，全面落实首问负责制、窗口无否决权制、一次性告知制、限时办结等制度。二是办事方式要更便捷。持续深化“一网一厅一窗”放管服改革，除特殊原因外，依申请类政务服务事项全部进驻服务大厅办理，“一窗受理”率达 100%，涉企依申请政务服务事项网上可办率达到 100%。要推动区行政审批局尽快实质运行，建成“赣服通赣州经开区分厅”4.0，基本实现高频政务服务事项“一网通办”“市内通办”“跨省通办”。推行免费邮寄模式，让企业群众“少跑腿、不跑腿”。三是市场门槛要再降低。全面实施市场准入负面清单制度，实现负面清单之外“零门槛”。要探索“不见面”开标模式，4 月 10 日前实现“不见面”开标。四是服务效果要更可感。开展全区政务服务“好差评”系统建设，今年 3 月 20 日前区政务服务“好差评”系统建设区、乡（镇）两级覆盖率达 100%，好评率 90% 以上。要加快“12345”政务服务热线建设，实现政务服务诉求“一号式”受理，平台按时办结率要达到 100%、回访满意率 95% 以上。要设立“惠企政策热线”，探索推行惠企政策“免申即享”，由“人找政策”变为“政策找人”。

（六）提升区域协调发展新水平，打造高品质生活新中心

习近平总书记强调，要发挥中心城市和城市群在区域协调发展中的带动引领作用。我们要立足中心城区规划定位，策应市级“六个区域性中心”建设和五区一体化发展，全力建设现代之城、生态之城、融合之城、幸福之城，加快建设国家级产城融合示范区，为赣州建设省域副中心城市、Ⅰ型大城市、国家区域中心城市贡献更大力量。

1. 建设“现代之城”，迅速提升城市品质。按照“四精”要求，实施 345 个新型城镇化项目（较 2020 年增加 68 个），其中新建 220 个、续建 125 个，总投资 1041.32 亿元（较 2020 年增加 193.43 亿元），年度计划投资 240.47 亿元（较 2020 年增加 48.74 亿元），其中社会资金 165.59 亿元，财政资金 74.2 亿元。一是要提升板块建设水平。扎实推进城市功能与品质提升三年行动，加快建设“一眼两镇两园”，嘉福万达广场要于今年底前正式开业，点亮“城市之眼”。配合市级加快高铁新区建设，新建旅游集散中心（长途客运站），年内建成市现代会展中心，加快形成高铁商务区。二是要畅通交通体系。实施 31 个基础设施项目（较 2020 年增加 3 个），其中新建 23 个、续建 8 个，总投资 267.88 亿元（较 2020 年增加 125.34 亿元、增长 87.93%），年度计划投资 47.14 亿元（较 2020 年增加 17.37 亿元、增长 58.35%）。按照“内畅外联”要求，加快区域交通基础设施建设，打造“两桥十二路”，进一步贯通城区交通路网，拓展城市框架。配合市级做好黄金机场三期改扩建、赣深高铁、长赣铁路及创业路（高架段）、东江源大道快速路北延等项目建设有关工作。提升用能保障水平，夯实园区能源保障支撑。三是要加快智慧城市管理系统建设。将数字综合管廊融入城市物联网系统，杜绝“蜘蛛网式”线缆，告别城市“马路拉链”。推进黄金大道（筱坝大桥—金凤西路）地下综合管廊项目建设，年内完成总工程量的 30%。四是要推进现代服务业扩容提质。实施 46 个现代服务业项目（较 2020 年增加 11 个、增长 31.43%），其中新建 34 个、续建 12 个，总投资 434.11 亿元（较 2020 年增加 79 亿元、增长 22.25%），年度计划投资 162.23 亿元（较 2020 年增加 69.2 亿元、增长 74.4%）。①要构建现代流通体系，加快推进万吉智慧供应链产业园二期、顺丰创新产业园、赣州综合物流园（传化志申物流）

等项目建设，顺丰创新产业园要确保今年10月实现运营。②要大力发展文化旅游产业，推进五彩城花博园二期、台湾部落民俗文化村二期、企业认种共享农庄二期等项目建设。大力发展“工业+旅游”新业态，把金凤梅园、区城展馆、章贡酒业、赣州国际企业中心、恒科产业园、菲尔雪等“串珠成链”，完成旅游直通车30班次以上。③要大力引进金融中心、总部经济区、商贸综合体等项目，加快科技城综合体、杨梅综合体、涌泉综合体、紫荆邻里中心、中恒富春园等5个综合体项目建设，建设一批夜间经济特色街区，年内新增星级酒店3家以上，全面完成老旧农贸市场改造，推进大宗消费、重点消费升级。

2. 建设“生态之城”，持续优化人居环境。良好生态环境是最普惠的民生福祉。一是要深入打好污染防治攻坚战。大力开展“五气”同治、“清河行动”、污染土壤修复治理、长江经济带生态环境污染治理“4+1”工程。年内高耗水行业节水型企业建成率、工业危险废物规范处置利用率、污水集中处理率及国家或省（市）规定需安装污染源在线监控设备的企业安装、联网率均达100%。严格落实河（湖）长制、林长制，年内完成900亩低质低效林改造和500亩油茶提升改造任务，切实保护河湖生态环境。二是要着力推动生态增值。加快公园、绿地、水系建设，配合市级推进百里滨江生态绿廊建设。高标准规划建设杨边、玉兰湖等一批公园、文体中心、书房、书馆等公共空间，建成市民“网红打卡地”，推动经开区整体气质由粗犷向精致转变。三是要大力改善人居环境。常态化推进全国文明城市、国家卫生城市建设，深化爱国卫生运动和城乡环境整治。大力推进海绵城市建设，加快雨污管网建设和改造，持续抓好赣深高铁等沿线环境整治。要大力实施增绿计划，对闲置土地和暂时未供应的空地实施“拆墙透绿”工程，对高铁、高速、高架沿线的公共绿地和公园用地进行覆绿和绿化提升工程。

3. 建设“融合之城”，推动城乡统筹发展。要充分发挥我区在产业、区位及需求等方面的优势，坚持走以城带乡、以工促农的发展道路，加快脱贫攻坚与乡村振兴有效衔接，促进农业高质高效、乡村宜居宜业、农民富裕富足。今年推进乡村振兴项目36个（较2020年增加11个），其中新建项目15个、续建项目21个，总投资141.71亿元（较2020年增加122.5亿元、增长637.6%），年度计划投资13.5亿元（较2020年增加8.94亿元、增长195%）。一是要巩固提升脱贫攻坚成果。落实脱贫攻坚5年过渡期要求，坚决做到“四个不摘”，确保现有帮扶政策、资金支持、帮扶力量总体稳定。完善脱贫不稳定户、边缘易致贫户动态监测机制，持续跟踪收入变化和“两不愁三保障”巩固情况，提高防范和化解致贫、返贫风险能力。健全解决相对贫困长效机制，协同推进城镇扶弱助困工作。二是要培优育强现代农业。纵深推进特色农业产业三年行动计划，今年实施农业产业提质增效项目11个，其中新建8个、续建3个，总投资133.7亿元，年度计划投资11.3亿元。提升农产品价值，依托裕丰科技，大力发展全产业链“智慧农业”，打造成为细分领域的全国第一；依托赣州区块链技术产业园，打造基于区块链技术的农产品追溯系统，唱响赣州经开区乃至赣南农产品品牌；加快推动东坚米业粮食仓储项目、穗丰小麦面粉加工等一批新扩建项目建设，确保年内竣工投产；以区内齐云山茶油、东坚米业、菲尔雪等企业为主体，持续推进农业工业化，打响农产品精深加工品牌。三是要全面推进乡镇建设。大力推进乡镇建设三年行动计划，分三年实施88个建设项目（今年竣工16个）、15个产业项目（今年竣工2个），安排美丽宜居乡村建设项目11个（其中新建6个、续建5个），总投资2.99亿元，年度计划投资1.55亿元，着力完善基础设施、提升功能品质、强化产业支撑、提高治理水平，加快建设新时代“五美”乡村。实施好赣南民居风格改造工程，所有行政村、社区要完成路灯安置，持续推进农村人居环境整治。持续加强乡风文明建设，积极开展乡村治理体系建设试点，打造乡村善治的“赣州经开区样板”。

4. 建设“幸福之城”，着力提升群众获得感幸福感。深入践行“以人民为中心”发展思想，持续加大民生投入，总投资224.09亿元，年度计划投入81.58亿元，着力办好7大类40件120项民生实事。一是要坚持就业优先战略。实施更加积极的稳企业保就业政策，突出做好高中毕业生、农民工、贫困劳动力、退役军人等重点群体就业创业。二是要着力增加优质公共服务供给。纵深推进城乡学校建设三年行动计划，加快完成香江路中学等9所中小学校主体施工，建成赣州市第六中学并投入使用，建成新力帝泊湾幼儿园等6所小区配套幼儿园；加快赣州职业教育园区建设，持续改善办学条件。纵深推进卫生计生服务能力提升三年行动计划，年内建成区人民医院、科技城医院、骨科医院并交付试运营。完善公共文化体育设施，加快文化艺术中心、中恒体育公园等项目建设，打造综合性文化服务中心示范点2个，建成1个“城市书房”。完善城市养老设施布局，加快金凤梅园养老中心项目建设，建设健康养老项目3个以上，农村互助养老比例达到80%以上。强化群众出行安全保障，新改扩建农村公路25千米，完善道路安防设施30千米，新建3座人行天桥。三是要深入解决群众急难愁盼问题。纵深推进返迁安置房建设三年行动计划，目前在建返迁房项目25个，今年要适时再开工6个，香江安居小区等6个项目完成分配，涌泉棚改项目等8个项目正式竣工交付。加快推进棚户区改造，推进老旧小区七一九社区南区改造，三年内完成所有2000年前建成的老旧小区改造任务。四是要持续营造安全稳定环境。加强防范和化解重大风险，着力化解政府债务风险，重点监管的房地产信访问题上半年必须化解到位。深入开展集中治理重复信访、化解信访积案专项行动，年内完成上级交办的62件重复信访治理案件“清零”目标，力争三年任务两年完成。深入推进市域社会治理现代化试点，提升网格化、信息化管理水平。推进扫黑除恶长效常治，坚决防范和打击各类违法犯罪。严格落实安全生产责任制，建立健全应急管理体制机制，扎实做好防灾减灾救灾工作。这里再重点强调一下疫情防控工作，要压实主体责任，加强联防联控，完善应急预案，强化网格化管理，加强对返乡人员、冷链物流从业者，特别是中高风险地区返乡人员的摸排和健康管理，牢牢守住疫情防控关口。要加大宣传力度，引导群众就地过年，严格管控聚会、集会等聚集性公众活动，确保全区广大群众过一个安全、健康、祥和的春节。

三、展望新征程：我们要永葆初心、牢记使命，为“十四五”发展提供坚强有力的政治保证

做好“十四五”和今年的工作，关键在党，关键在人。我们要一以贯之，以更高要求、更高标准加强党的全面领导和党的建设，把各级党组织锻造得更加坚强有力，为奋进新征程提供坚强政治保证。

（一）实施“铸魂工程”，打造最讲党性、最讲政治、最讲忠诚的经开区。政治是统帅、是灵魂，政治工作是一切工作的生命线。各级党组织要切实增强政治意识，善于从政治上认识问题、推动工作，不断提高政治判断力、政治领悟力、政治执行力。一是要提高政治能力。始终心怀“国之大者”，始终关注党中央在关心什么、强调什么，时刻关注人民群众在期盼什么、向往什么，把本地本部门工作融入党和国家事业发展全局，把讲政治落实到围绕中心服务大局的具体行动中，切实增强“四个意识”、坚定“四个自信”、做到“两个维护”。二是要强化理论武装。进一步完善学习常态化长效化机制，持续深入学习习近平新时代中国特色社会主义思想，扎实开展中共党史学习教育，巩固深化“不忘初心、牢记使命”主题教育成果，严格落实各级党（工）委（党组）中心组和基层党组织学习日制度，持续抓好巡听指导制度落实，引导广大党员干部养成读三级党报、看新闻联播、读《求是》杂志、用“学习强国”的好习惯，让学习新思想融入工作生活，成为赣州经开区的新时尚。三是要狠抓贯彻执行。对党中央和省委、市委各项决策部署闻令而行、听令而动、令行禁止，特别要加强党对经济工作的全面领导，完善党工委研究经济社会发展战略、研究重大政策的工作机制，确保上级各项决策部署在赣州经开区落地生根、开花结果。

（二）实施“塑形工程”，凝聚团结奋进的磅礴伟力。开启“十四五”新征程，必须动员和激发方方面面的力量。我们要大力弘扬主旋律、激扬新奋进，把广大干部群众组织起来、动员起来、凝聚起来，形成人人各担其责、个个各尽其力的生动局面。一是要打好宣传思想“主动仗”。严格落实意识形态工作责任制，加大网络舆情监测和处置力度，维护意识形态各领域安全。要紧扣纪念建党100周年系列活动，每月开展重点新闻选题策划、每季度邀请媒体到我区开展集中采访，用好微信、抖音、快手等新媒体，讲好经开区故事，传播经开区声音。二是要下好价值引领“先手棋”。大力弘扬社会主义核心价值观，全面推行基层阵地资源整合和新时代文明实践建设工作落地落实，开展好文明村镇、文明单位、文明家庭、文明校园等创建工作及各种群众性精神文明创建和志愿服务活动，激活红色基因、弘扬苏区精神，切实增强群众的认同感。三是要奏响共同奋斗“协奏曲”。巩固深化大统战工作格局，依法加强宗教事务管理，狠抓党管武装各项制度落实，全面完成党校改扩建三年行动任务，发挥好工会、共青团、妇联等群团组织作用，凝聚强大工作合力。

（三）实施“强基工程”，筑牢坚强有力的战斗堡垒。基础不牢、地动山摇。我们要以完善上下贯通、执行有力的组织体系为重点，更好地发挥基层党组织的战斗堡垒作用和党员的先锋模范作用，推动基层党组织全面进步、全面过硬。一是要巩固深化“三化”建设。深化基层党建质量提升行动，分领域统筹抓好农村、城市社区、机关、学校、医院、国企、“两新”组织党建工作，狠抓硬件设施完善、制度落实规范、党员素质提升，切实增强基层党组织的政治功能和组织力。二是要选优配强村（社区）“两委”班子。开展好村“两委”换届选举，选优配强村（社区）“两委”班子特别是党组织书记，整顿提升软弱涣散党组织，确保党组织书记平均年龄达到45周岁以下，“两委”交叉任职比例超过60%；加强换届后的教育培训，让他们成为抓乡村振兴、抓村集体经济发展的行家里手；建立村（社区）干部报酬逐年稳步增长机制，不断激发基层发展活力。三是要探索党建促工业发展新路径。聚焦党建促工业发展成效不明显问题，在项目建设、招商引资、扶持企业等重点工作中设立临时党组织，实现党的组织和党的工作覆盖，探索“四聚焦四清单”党建促工业发展路径，把党的政治优势、组织优势转化为推动全区工业发展新引擎。四是要打造党建特色品牌。探索推进村集体领办、创办实体企业，实施公司化经营等村集体经济发展新模式，确保村集体经济经营性总收入年增长率15%以上；深化“两新”党组织“三个一”特色做法，不断提升“两新”党建工作水平。

（四）实施“壮骨工程”，锻造堪当重任的干部队伍。政治路线确定之后，干部就是决定因素。我们要深入贯彻落实新时代党的组织路线，全面做好干部培育、选拔、管理、使用工作。一是要树立鲜明用人导向。坚持“以实绩论英雄，按业绩比优劣，凭贡献排高低”，注重在“六大主攻方向”、工业和开放型经济主战场等急难险重一线发现、锤炼、选用干部，常态化开展“奔牛奖”“蜗牛奖”评选，通过奖优罚劣、奖勤罚懒、奖罚分明，真正让吃苦的吃香，四平八稳的不稳。二是要深化人事制度改革。探索开展“以岗定酬”试点，探索打破“行政编—事业编—区聘—雇员”之间的身份壁垒，破除机制藩篱，疏通进出通道，实行岗位竞聘，不拘一格盘活干事队伍。统筹做好全区公务员、参公人员职务与职级并行工作，制定领导干部轮岗交流办法、机关干部回避办法，推动干部职工公正履职。制定区属国有企业领导人员和中层管理人员选聘管理办法、区属国有企业中层管理人员选任办法，规范国有企业选人用人管理。按照上级关于国家级经开区机构改革和事业单位改革部署要求，及时推进我区机构改革工作。完善干部激励机制，健全干部团圆机制，加大对干部生活的关心力度。三是圆满完成换届工作。今年是区乡村集中换届之年，要严把政治关、廉洁关、能力关，选优配强各级领导班子，大力选拔培养年轻干部，不断优化干部队伍年龄、学历、专业结构，提升专业化能力。要严肃换届纪律，坚决杜绝跑门子、搭天线、找关系等歪风邪气。

（五）实施“清风工程”，建设风清气正的政治生态。实践证明，只有在清正廉洁上过得硬，抓工作才有底气，老百姓才会服气。各级党组织要坚决扛起全面从严治党政治责任，把严的主基调长期坚持下去，推动我区政治生态持续向上向好。一是要持续深化作风建设。深化拓展为基层减负工作，大力践行“一线工作法”“践诺工作法”，锲而不舍落实中央八项规定及其实施细则精神，深入整治“怕、慢、假、庸、散”作风顽疾，纠治形式主义、官僚主义，做到文不过夜、事不隔天、会不开长，让干部职工有更多时间和精力抓落实。要厉行勤俭节约，树牢长期过“紧日子”思想，严控“三公”经费支出，勤俭办一切事业。二是要切实加强政治监督。深化政治巡察，充分发挥巡察利剑和密切联系群众纽带作用，精准落实政治巡察要求，深化巡察整改和成果运用，加强巡察上下联动，推动巡察向村级延伸。加强对贯彻新发展理念、构建新发展格局、推动高质量发展、巩固拓展疫情防控和经济社会发展成果、巡视整改等部署落实情况的监督检查。发挥巡察利剑作用，制定年度巡察工作计划，坚决完成省委巡视反馈问题整改任务，及时开展省委巡视反馈问题整改“回头看”。三是要保持反腐高压态势。严格执行资金项目“3+1”系列管理办法，高质量一体推进不敢腐、不能腐、不想腐，紧盯重点领域和“关键少数”，严肃查处征地拆迁、工程建设、招标投标、政府采购、财政资金使用等方面的腐败问题，持续整治群众身边腐败和不正之风，让群众在反腐“拍蝇”中增强获得感。深化标本兼治，做实以案促改、以案促治，持续建设风清气正的政治生态。

回首过去的一年，我们一起经历大风大浪、大战大考，趟过了激流险滩，穿过了荆棘丛林，也迎来了雨后彩虹。大家都辛苦了，每个人都了不起！我为大家点赞，更为大家自豪。雄关漫道真如铁，而今迈步从头越。让我们更加紧密地团结在以习近平同志为核心的党中央周围，在省委、省政府和市委、市政府的坚强领导下，大力发扬为民服务孺子牛、创新发展拓荒牛、艰苦奋斗老黄牛精神，牢记嘱托、感恩奋进，咬定青山不放松、脚踏实地加油干，为把我区打造成“一极两地四中心”、加快推动高质量跨越式发展而不懈奋斗！

攻坚克难闯新路 而立之年再出发

——写在赣州经济技术开发区成立三十周年暨升格为国家级经开区十周年之际

1990年7月，赣州经济技术开发区前身赣州黄金岭经济开发区挂牌成立。2010年，该开发区正式升格为国家级经济技术开发区，更名为赣州经济技术开发区。

一张白纸绘蓝图，一腔热血趟新路。没有平台、没有人才、没有资金，面对一系列难题，赣州经开区蹒跚起步，用30年日夜兼程和不懈奋进，走出了欠发达地区经济技术开发区不平凡的崛起之路。

30年来，尤其是升格为国家级经济技术开发区10年来，赣州经开区上下艰苦创业、锐意开拓，坚决打好六大攻坚战，突出主攻工业，建设“一区三基地”（赣州工业发展龙头示范区、全国重要的新能源汽车产业基地、全国知名的电子信息产业基地、全国闻名的产城融合创新示范基地）。该经开区在2019年全国国家级经开区综合发展水平考核评价中居第51位，在全省开发区争先创优综合考评中名列第三。

三十而立。如今的赣州经开区，已成长为对外开放的高地、工业发展的龙头、产城融合的标杆，正朝着建设“一区三基地”的目标奋勇前行，向全国一流的现代化国家级经开区加速迈进。

集群推进 做强主导产业

围绕新能源汽车和电子信息双首位产业，育龙头、补链条、建平台、保要素、强集群。新能源汽车科技城、电子信息产业园、综保区三大工业承载平台功能日臻完善；全面推进“链长制”，新能源汽车产业已聚集国机智骏、凯马汽车、中电汽车、中商国信、中车生一伦等整车及关键零部件项目82个，2019年实现主营业务收入120亿元，占全市新能源汽车产业产值78%，被评为江西省战略性新兴产业集聚区；电子信息产业汇聚了名冠微电子、同兴达电子等142家企业，形成了以“一芯、一屏、一终端、一链条”为主的产品体系，2019年实现主营业务收入超235亿元，占赣州电子信息产业带“半壁江山”。

引导传统产业向双首位产业靠拢，向精深加工、永磁电机、电控和汽车用稀土轻量化材料等终端产品领域发力，金力永磁连续三年产值保持30%以上增速，稳居国内钕铁硼行业第二，富尔特电子获评国家级绿色工厂；引进院士等高层次人才793名；高新技术企业总数133家，占全市的1/5；规模以上企业总数有212家，主营业务收入超10亿元企业有13家，占全市近1/3；工业主营业务收入等11项主要经济指标连续多年全市第一，工业龙头高高昂起。

敢为人先 推进改革开放

率先在全省启动开发区体制机制改革；率先在全市实施人事制度改革。持续深化“放管服”改革，创建全省首个“无证明”营商环境。强化银企对接，组建产业基金，每年为企业解决融资需求超100亿元。

坚持“大招商、招大商”理念，吸引名冠微电子功率芯片、日本京瓷等一大批世界500强、央企、龙头企业落户。尽管受新冠肺炎疫情影响，今年上半年，赣州经开区却签约引进项目61个、总投资565.59亿元，其中投资10亿元至50亿元项目10个，签约金额、大项目数量均列全省国家级开发区前列。

年财政收入从原来的几百万元到现在的超50亿元，增长1000多倍，稳居全市第一；实际利用省外资金超

2020年7月17日，孚能科技（赣州）股份有限公司在上交所挂牌上市　（区金融局供图）

120亿元，实际利用外资超2亿美元，进出口总额超70亿元，平均每年增速保持在20%以上。赣州综保区获国家税务总局、财政部、海关总署支持开展企业增值税一般纳税人资格试点，2019年实现进出口货物总值30亿美元，在全国保税区排名前移16位。抢抓“一带一路”、粤港澳大湾区、海西经济区等国家重大机遇，与非洲、欧洲等地区相关国家开展了广泛合作，改革高地、开放窗口效应不断凸显。

产城融合 打造魅力之都

主动融入五区一体化，规划面积从0.53平方千米扩展到现在的227.76平方千米；交通路网从仅有迎宾大道一条大动脉到现在的主干道、城市快速路纵横穿梭；城市人口从20余万增加到近40万。中海、保利、碧桂园、恒大、万达等知名房地产企业抢滩登陆，商业综合体、公园、小游园云集，城镇化率从40%提升至68%，吃住行游娱购等全要素不断聚集。

现代服务业蓬勃发展。赣州综合物流园被评为重点商贸物流园区，赣州传化南北公路港获评全国优秀物流园区；推进企业上市“映山红行动”，孚能科技顺利上市，至今共有上市挂牌企业11家。全国首个区块链金融产业沙盒园平稳运营，入驻区块链、金融科技类企业达70余家。汇聚国家级科技创新平台18个，数量居全市第一，恒科产业园等五大创新创业集聚区落户各类企业700余家。金融机构发放贷款总数列全市前列，物流企业总吨位、仓储面积、税收总量居全市第一，构建了完善的多元化现代服务业产业体系。

聚焦民生 回应群众关切

优先保障和改善民生，每年至少投入逾10亿元资金办好一批民生实事。建成学校120所、医院13所，群众上学难、就医难问题得到有效缓解。建成农贸市场13个、公厕50余座、社会停车场12个，大力推进返迁安置房项目建设，建成200余万平方米返迁房。高标准打造53.7平方千米的北部农旅产业园，已建成3条旅游公路，康华医养结合等6个农旅项目正加快建设，五彩城花博园、台湾部落民俗文化村雏形初现，逐步成为中心城区的“后花园”。

贫困发生率从10.98%降低至0.13%。在县（市、区）党委和政府脱贫攻坚工作成效考核中，连续2年在全省12个功能区综合排名第一。空气优良率、PM2.5年均浓度连续多年好转；土壤环境风险安全可控，于2019年8月获评国家绿色园区。

城市社区“10分钟为民服务圈”改革深入推进，城市社区治理实现赋权、下沉、增效。纵深推进扫黑除恶专项斗争，连续两年获评“全市扫黑除恶专项斗争先进单位”。2019年获评全省信访工作“三无”开发区。

（2020年7月23日　江西日报）

专记

省委巡视问题整改工作综述

按照省委统一部署，2020 年 5 月 21 日至 7 月 21 日，省委第六巡视组对赣州经济技术开发区进行巡视。2020 年 8 月 20 日，省委第六巡视组向赣州经济技术开发区党工委反馈巡视意见。根据巡视工作有关规定，现将巡视整改进展情况予以公布。

一、提高政治站位，坚决扛起巡视整改政治责任

（一）深入学习贯彻习近平总书记关于巡视工作重要论述，切实增强巡视整改政治自觉。自省委巡视反馈以来，区党工委始终把抓好巡视整改作为当前最严肃最紧迫的重大政治任务，第一时间召开区党工委巡视整改动员部署会，及时组织召开区党工委理论学习中心组巡视整改专题学习（扩大）会，党政领导班子落实省委第六巡视组巡视反馈意见整改专题民主生活会，深入学习贯彻习近平总书记关于巡视工作、意识形态、全面从严治党等系列重要论述，并组织开展学习交流，查摆问题、剖析根源，牢牢把巡视整改抓在手上、放在心上、落实在行动上。深化抓好巡视整改工作的认识，督促全区各级党组织和党员干部深刻认识到抓好巡视整改是解决问题、改进工作，促进赣州经开区高质量跨越式发展的重要契机，是践行初心、强化宗旨、提升群众获得感幸福感安全感的重要举措，自觉把全面接受、彻底整改巡视反馈问题作为增强“四个意识”、坚定“四个自信”、做到“两个维护”的实践检验，作为当前和今后一个时期的重要政治任务，坚定政治立场，强化政治担当，落实政治要求，增强抓好巡视整改的使命感和责任感，坚决把思想和行动统一到中央对巡视工作重要要求上来，统一到省委和市委决策部署上来，着力推动省委巡视反馈问题全面改、深入改、彻底改、改到位。

（二）坚决履行整改政治责任，层层传导整改压力。把巡视整改工作纳入重要议事日程，多次召开区党工委会议专题研究，督促各整改责任单位主要负责人切实履行整改责任，按照职责分工，制定整改落实措施，确保整改工作取得实效。组织开展落实省委巡视反馈意见整改“百日攻坚大会战”活动，对整改工作进行再部署、再推进、再攻坚。区党工委书记切实履行整改“第一责任人”责任，带头研究部署、带头整改推进、带头督导落实，多次专题调度，先后 4 次主持召开区党工委落实省委巡视反馈意见整改工作推进会，多次前往问题点位一线督导、实地调度、现场办公，打通“堵点”，破解“痛点”，攻克“难点”，确保巡视反馈问题快速整改、清仓见底。区党政领导班子成员切实履行“一岗双责”，聚焦分管领域和分管部门，分别召集相关部门（单位），逐条逐项研究调度，多次到一线解决问题、推动整改。

（三）加强组织领导，从严从实推进巡视整改。第一时间建立巡视整改组织构架，成立区党工委落实省委巡视反馈意见整改工作领导小组，由区党工委书记任组长，区党政领导班子成员为小组成员。领导小组下设办公室，由区党工委副书记兼任办公室主任，区党工委委员、纪工委书记、监察组组长兼任办公室常务副主任，抽调9名业务骨干组成整改工作专班，全面统筹推进巡视整改工作，切实发挥区党工委落实省委巡视反馈意见整改工作领导小组牵头抓总、统筹协调作用，积极研究部署、加强调度推进、严格督查问责，深入推动整改落实。区党工委落实省委巡视反馈意见整改工作领导小组对责任进行逐一分解，对整改方案进行讨论研究，确定整改措施和方法步骤，制定《省委第六巡视组巡视反馈意见整改工作方案》，提交区党工委会研究通过，并先后将整改方案报省纪委省监委第三监督检查室、省委巡视办审定。审定后，以区党工委的名义下发到全区各地各部门，明确整改工作的组织领导、总体思路、时间安排、整改目标、整改措施、责任领导、责任单位、完成期限等内容。

（四）建立健全工作机制，抓严抓实监督问责。区党工委始终坚持制度建设，注重标本兼治、建章立制，从源头上深入整改，做到解决一个问题，堵塞一批漏洞，完善一套制度。紧盯省委巡视反馈问题整改时间节点，把各地各部门整改任务纳入重点督办考核事项，督促区党工委巡视整改办、区纪检监察机关和组织人事部门加强监督检查、考核问责，向区党政领导班子成员和责任单位下发《履职提示》《工作提示函》《督办函》15个。区纪检监察机关和组织人事部门充分发挥整改日常监督作用，派出21个督查组到各责任单位对巡视整改工作进行全面监督检查，及时将督查情况进行通报反馈。

二、巡视反馈意见整改落实情况

（一）“贯彻落实党中央重大决策部署和省委工作要求，经济主战场高质量发展”方面

1. 关于“主攻工业方面”的问题整改情况

一是坚持招大引强，紧盯央企、世界500强企业、行业龙头企业，大力开展“央企入赣”“粤企入赣”“三请三回”。开展“招大引强百日攻坚大会战”，全力招引“5020”乃至超百亿、千亿元项目。2020年8月20日以来，新签约项目45个，签约资金469.69亿元；引进投资50亿—100亿元项目1个、投资100亿元以上项目2个。深入推进“项目建设提速年”活动和集群式项目“满园扩园”行动，开展项目建设百日攻坚大会战，安排近百名干部常驻58个重点工地“同办公、同吃住、同推进”，建立健全项目建设“奔牛奖”“蜗牛奖”奖惩机制，坚持每周一通报、每周评选擂主、“十件大事”和每月一调度，加快推动招商项目早开工、快落地、早投产。克服疫情影响，工业主要经济指标逆势上扬。预计2020年全区工业企业实现营收860亿元，同比增长20%。二是全力构建“2+N”现代产业体系。大力发展新能源汽车、电子信息双首位产业，稀土和钨后端应用、新材料、数字经济、区块链赋能和粮谷深加工等多个硬科技核心领域优势产业。新能源汽车产业方面，规划建设35.2平方千米新能源汽车科技城，完成道路通车约40千米，形成“五横五纵”基础交通路网。唐龙公园已基本建成、科技城学校建成、科技城医院门诊楼已实现封顶、人才公寓正在开展主体施工、科技城标准厂房实现封顶、污水处理厂全面完工，现进入联调联试阶段。目前引进整车及零部件配套项目93个，国机智骏、凯马汽车、中电汽车三家整车企业实现下线投产，全年总销量超1万辆。电子信息产业方面，规划建设32.5平方千米的电子信息产业园，推进“两横三纵”等主次干道建设，推进配套水电、亮化绿化工程及标准厂房建设，其中华昌科技园实现

交付。汇聚电子信息规上企业62家，高新技术企业45家，营收超10亿元5家，初步形成“芯、屏、端、网、器”产业体系。2020年1—11月，全区新能源汽车和电子信息规上企业99家，实现营收331.82亿元，同比增长17.83%，高于全区规上工业营收平均增速9个百分点。预计2020年实现营收390.20亿元，同比增长34.10%，高于全区规上工业营收平均增速15个百分点。三是全力培育龙头企业。出台《赣州经开区龙头企业营业收入超百亿元、全区营业收入超千亿元的若干扶持措施》《关于支持赣州经开区中小企业持续健康发展的十条政策措施》和《赣州经济技术开发区金融服务业发展扶持奖励办法》等企业扶持政策，大力开展扶持企业百日攻坚大会战行动。2020年1—11月，规上工业企业营收超1亿元的企业112家，预计2020年规上工业企业营收突破1亿元的企业116家，占比提升至50%。大力实施企业上市“映山红”行动，组织开展“走进上交所、深交所”活动，全区上市挂牌企业11家，数量居全市第一。大力实施“预见独角兽”计划，培育独角兽企业1家、种子独角兽企业1家、“瞪羚”企业4家，获评企业总数占全市的43%。大力推进企业入规入统工作，预计2020年新增规上工业企业54家，创历史新高。四是围绕“主攻工业，三年再翻番”目标，突出打好主攻工业攻坚战，坚决落实《江西省促进开发区创新发展三年倍增行动计划（2020—2022年）》，主要经济指标连年稳居全市第一，加快向千亿园区目标迈进。在全省开发区2020年上半年争先创优综合考评中，赣州经开区位列第三。

2. 关于“产业集聚度、产业链方面”的问题整改情况

一是着力提高产业集聚度。成立产业链推进工作领导小组，新能源汽车产业围绕“整车+零部件+研发+检测+汽车文化”、电子信息围绕“芯、屏、端、网、器”开展精准招商，2020年新增双首位产业企业41家。同时，推动区内企业向双首位产业靠拢，形成配套。对区内企业产品目录进行更新，举办企业配套交流会，成功推动部分区内企业形成配套。二是大力实施强链补链延链工程。新能源汽车产业方面，以做强整车项目为牵引，带动产业链发展。举办“江西省新能源汽车网约出行产业峰会”。加快整车项目下线投产，凯马汽车与东风股份合作的“东风御风EM26纯电动封闭物流车”以及中电汽车成功下线。紧盯产业链薄弱环节开展精准招商。着力增强供应链联系，实行上下游配套企业双奖制度，计划每年召开“供应链大会”，吸引上下游企业入驻赣州经开区相互配套。三是推动电子信息产业提档升级，形成拥有一定核心技术优势、自主可控的产业链供应链。2020年，引进智能终端类项目7个，总投资33.5亿元；新开工智能终端类项目3个，总投资20亿元。2020年1—11月，全区电子信息产业实现营业收入222.02亿元，同比增长14.32%。预计2020年，全区电子信息产业实现营业收入258.37亿元，同比增长37.84%。

3. 关于“土地集约利用方面”的问题整改情况

一是完善项目准入机制，修订投资合同范本，所有招商引资项目均须通过区招商引资项目评审会审议；完善批后监管共同责任机制，组织相关部门进行固定资产核验，并安排领导及干部挂点帮扶引进项目。提升“双首位”产业发展质量，对接粤港澳大湾区，招引“双首位”产业项目。二是全力提升土地集约利用水平。完成2020年“亩产效益”综合评价工作，开展工业投资项目“标准地+承诺制”改革，采取“大项目供地、小项目进标准厂房”原则，加大土地报批力度，为引进大项目做好贮备。加快征地拆迁进度，努力解决用地瓶颈。三是开展土地集约利用水平专项整治行动，加大批而未用和闲置低效土地处置力度。

4. 关于“科技创新方面”的问题整改情况

一是加大企业科技创新支持，出台《赣州经开区进一步支持科技创新的若干措施》政策，召开宣传会和研发投入业务知识培训会。制定《赣州经济技术开发区国家级经开区综合发展水平考核评价工作考核

细则》，组织申请2020年度区级科技创新券，年内已实现兑付。计划实施“白菜心”工程，每年安排“高精尖”产业发展促进资金，并为大力引进大院大所建好物理空间，让大院大所“拎包入住”。二是举行全区技术合同交易政策集中宣讲，开展全区技术合同交易集中调研，2020年全区技术合同交易总额6.77亿元。三是加大创新平台建设力度，全区建成双创平台孵化面积101万余平方米，吸引2300余户创客落户。1家企业获评国家企业技术中心、省级制造业单项冠军，1家企业获评省级企业技术中心，1家企业获评省级“专业化小巨人”企业，14家企业获评省级“专精特新”企业，全区省级以上研发机构申报总数29个。发挥孵化器联合会作用，制定《赣州经济技术开发区科技孵化器认定和管理办法（试行）》《赣州经济技术开发区众创空间认定管理办法（试行）》。预计2020年，全区专利申请总数1948件，同比增长21.52%；专利授权数1280件，同比增长40.81%。全区高新技术企业总数154家，占全市的1/5，位居全市第一；“四上”高新技术企业主营业务收入占全区“四上”企业主营业务收入比重将突破30%，比去年提高5个百分点以上。

5. 关于“园区基础设施建设方面”的问题整改情况

一是加快新能源汽车科技城、电子信息产业园、综合保税区三大产业承接平台提档升级，完善供水、供电、供气、道路和邻里中心、综合体等基础设施建设，满足企业需要。总投资19亿元、全长19.01千米的G105改线工程（经开区段）提前4个月通车。二是规范消防验收，印发《关于进一步加强建设工程消防验收、备案和抽查管理工作的通知》，对正在实施消防工程的项目下发消防验收、竣工验收备案提示函。已完成华昌科技园一期二期的消防验收备案及竣工验收备案。三是大力实施工业标准厂房“梧桐树”计划，华昌科技园一期二期完成竣工验收，2栋宿舍已投入使用，园区超市、食堂已营业，华昌新材料科技园项目竣工。近2年建设35个科技园570万平方米，已开工面积369万平方米，完成主体建设面积200万平方米。四是启动“一眼两镇两园”建设。“一眼”，即城市之眼。以金坪旧城改造项目内星洲润达城市综合体和嘉福万达广场为主体，打造成集商业、居住、商务、娱乐、教育、休闲等功能为一体的全市规模最大、业态最全、人气最旺的商业综合体；“两镇”，即新能源汽车小镇和自贸小镇；“两园”，即赣州空港产业园和赣州高铁货运产业园。

6. 关于“人才引进方面”的问题整改情况

一是增强人才培养引进针对性。充分发挥赣州高层次人才产业园、赣州人力资源服务产业园等平台的作用，吸引更多高层次人才、行业紧缺人才落地赣州经开区。围绕“双首位”产业引进和培养行业急需紧缺人才319名，各领域高层次人才51名，其中国家级人才13名（11名为区“双首位”产业）。全区现有各领域高层次人才806名，其中国家级人才41名。积极推荐区内各类人才申报国家、省、市人才工程，3人入围国家、省政府特殊津贴考察对象（全市7名）；3人入选赣州市第四届“十大科技创新人物”，2人入选赣州市第四届“十大科技创新人物”提名奖，入选人数占全市的四分之一。筹建欧潭金融研究院，成功举办“首届欧潭经济论坛”，进一步营造全区尊才爱才的良好氛围。加快赣州职教园区建设，加强与赣州职业技术学院和江西理工大学合作，为园区发展提供源源不断的人才。二是规范院士工作站运行。出台《赣州经济技术开发区院士工作站建设管理办法（试行）》，积极指导已建院士工作站企业对接院士，推动企业发展。三是稳步推进章田人才公寓、凤凰居飞翔人才公寓建设，并积极与金融机构开展融资对接。

7. 关于“做好‘六稳’工作、落实‘六保’任务方面”的问题整改情况

一是常态化开展好“企业服务日”活动，督促挂点责任人深入挂点企业走访调研，及时协调解决企业困难问题，并对“企业服务日”活动落实情况常态化

督查，对未按要求开展的挂点单位进行通报。印发《赣州经开区“六稳”“六保”政策汇编》等政策文件37个，全力抓“六保”促“六稳”。二是出台《赣州经济技术开发区关于进一步优化营商环境更好服务市场主体的若干措施》，通过深化“一网一厅一窗”改革，推动政务服务“一窗受理、一个流程、一次办好”的“一枚印章管审批”模式，努力实现企业、群众办事最多跑一次、甚至一次不跑的目标。健全完善企业问题“一口受理”工作机制，建立协调解决企业反映问题长效机制，严格执行限时办结和挂号销账制度。三是做好企业用工服务。加大就业服务政策宣传力度，常态化发布企业招工信息，组织各乡（镇、街道、管理处）为区内缺工企业输送本地劳动力，开展大型招聘会3场，政策宣讲会1场，为企业招工1.5万人。同时，发挥人力资源产业园作用，为企业提供劳务派遣服务。四是做优金融环境。制定出台《赣州经济技术开发区金融服务业发展扶持奖励办法》等文件；搭建政银担企桥梁，召开银企对接宣讲会7次；拓宽融资渠道，帮助企业解决资金需求392.29亿元；推动企业股改上市，组织区内后备库企业开展“走进上交所”“走进深交所”活动。做大做强三大融资平台，高起点规划建设数字金融产业园，解决企业融资难、融资贵、融资慢问题。五是强化责任落实。对未履行挂点帮扶职责的党员干部给予党内警告处分。进一步压实挂点帮扶责任，向挂点帮扶单位发放《工作提示函》，并制定《赣州经开区建筑业企业帮扶工作考核细则》，纳入年度绩效考核。印发《建筑业发展政策汇编》，督促挂点单位指导企业用好用活政策，落实帮扶责任。

8. 关于“入学难、看病难方面”的问题整改情况

一是深入推进城乡学校建设三年行动计划，投入23亿元建设学校21个，进一步增加学位供给、降低教育费用、满足群众普惠教育需求。建成投入使用中小学13所，义务教育阶段新增学位9000余个，彻底消除“超大班额”问题。着力解决高中教育阶段入学难问题，与赣州市重点高中赣州第一中学合作办学招生347人，填补全区没有公办高中的空白。二是大力实施卫生计生服务能力提升三年行动计划，加快医院项目建设进度。按医疗机构设置标准，设立一级公立医院5所，省管三级甲等医院院区1所，市管民营医院3所，区管民营医院4所，村卫生健康服务室42所，社区卫生服务站8所，诊所138所。同时，加快区人民医院门诊住院综合大楼、湖边镇卫生院住院楼、黄金岭街道社区卫生服务中心服务大楼、科技城医院门诊楼建设。三是着力解决入园难问题，与区民办幼儿园签订协议，明确“民转公”幼儿园按公办幼儿园收费标准进行收费，普惠性民办幼儿园收费标准不高于所在区域同等级公办幼儿园收费标准的1.5倍。目前，新增公办幼儿园5所，遴选租赁民办园举办公办园11所，并与其签订协议，明确按公办幼儿园收费标准进行收费，增加公办学位5375个；对7所无证幼儿园整改，其中关闭6所，达到办证标准并发证1所。

（二）关于“贯彻落实全面从严治党战略部署，园区管理”方面

9. 关于“主体责任压实方面”的问题整改情况

一是区党工委常态化落实全面从严治党主体责任，2次专题研究全面从严治党工作。同时，把习近平总书记关于全面从严治党的重要论述作为区党工委理论学习中心组学习会的重要固定内容，常态化安排领学，组织开展专题学习1次，并参加市委组织的学习习近平总书记关于全面从严治党重要论述专题读书班。二是规范运用党风廉政建设履责提示，向区领导班子成员发送《履责提示》提示问题并抄报区党工委主要领导，推动履行党风廉政建设“一岗双责”。对已办结违纪违法案件均提出是否追究“两个责任”的意见，对相关党组织和党员领导干部进行党内问责，并点名道姓在全区通报曝光。

10. 关于“拆迁安置方面”的问题整改情况

一是召开以“加快推进返迁安置房建设”为主题的区党工委理论学习中心组学习（扩大）会议，部分区党工委理论中心组成员和基层党（工）委主要负责人围绕“加快推进返迁安置房建设”作交流发言。同时，要求全区各级党组织常态化组织学习习近平总书记坚持以人民为中心的发展思想，每年至少开展专题学习1次，并组织交流研讨。二是进一步规范完善征地拆迁各项制度，出台《赣州经济技术开发区集体土地征收及房屋征收补偿安置工作指导意见》和《赣州经济技术开发区国有土地征收及房屋征收补偿安置工作指导意见》。三是加快推进返迁安置房建设，建立由区领导牵头，有关单位负责人及一名副科级联系人组成的挂点推进组，协调解决有关问题。四是深入开展征迁政策、法律知识培训和警示教育，并督促各乡（镇、街道、管理处）组织征地拆迁工作人员开展征地拆迁领域警示教育工作。五是全力加快安置步伐，加快推进返迁安置房（保障性住房）项目建设三年行动计划，通过3年时间解决返迁安置历史遗留问题。

11. 关于“区纪工委监督责任落实方面”的问题整改情况

一是一体推进“不敢腐、不能腐、不想腐”，对腐败问题零容忍。对征地拆迁、项目建设、查违控违等重点领域和关键岗位保持常态化监督；拓宽信访举报渠道，强化问题线索受理和处置，同时督促职能部门落实主管责任，及时发现问题并完善制度，发挥好对职能部门的再监督作用，与职能部门建立问题线索通报机制，发现一起，严肃查处一起。区党工委每一轮巡察，都要将被巡察单位涉及的征地拆迁、项目建设、查违控违等重点领域和关键岗位作为监督重点内容予以关注。加大监督检查和审查调查力度，区纪工委监察组对发现问题的相关责任人进行立案查处、给予党纪政务处分。二是推动以案促改，针对重点岗位腐败案件，区纪工委发出《纪律检查建议书》和《监察建议书》，督促有关单位健全完善制度，并持续进行动态跟踪。进一步健全完善制度，制定出台《赣州经济技术开发区集体土地及房屋征收补偿安置工作指导意见》和《赣州经济技术开发区国有土地上房屋征收与补偿指导意见》，有效堵塞土地及房屋征收工作的制度漏洞。三是加强廉政警示教育，编制《近期查处的违纪违法典型案例》，并组织全区各级党组织开展警示教育。组织新提拔重用领导干部开展廉政谈话和廉政知识测试，提高其廉洁从政意识。推动警示教育向基层延伸，组织全区村（社区）党组织书记、村（居）委会主任开展党风廉政建设专题培训、参观警示教育基地。组织开展集中、现场清退违纪款等活动，充分发挥警示教育作用。

12. 关于“园区‘两违’方面”的问题整改情况

大力整治园区“两违”问题，开展涉及擅自改变工业用地性质专项整治。同时，强化人防建设管理，严格把关人防审批，依法依规征收防空地下室易地建设费。

13. 关于“违反中央八项规定精神方面”的问题整改情况

一是强化日常监督，向全体区领导、各单位（部门）主要负责人发送中秋、国庆廉洁提醒短信。开展狠刹餐饮浪费歪风专项监督，针对发现的问题下发《纪律检查建议书》和《工作提示》，并移交问题线索。保持常态化监督，进一步畅通信访举报渠道，公开信访举报电话和邮箱等举报方式，建立区纪工委全员接访制度。查处相关问题，并对相关责任人给予党纪政务处分、进行典型案例通报和点名道姓通报曝光，持续形成震慑。二是针对易发多发问题，向主管部门发送《纪律检查建议书》，要求履行好职责，抓好问题整治，并完善管理制度，加强指导监督。三是组织全区各级各部门对违规使用公务油卡问题开展专项整治，并就奖励奖金发放情况进行自查自纠。督促相关职能部门加强日常监督，完善制度、履行好职责，并把津补贴、奖励奖金发放作为审计监督和巡察监督重点内容。

14. 关于“整治‘怕慢假庸散’作风顽疾方面”的问题整改情况

一是重拳整治“怕慢假庸散”作风顽疾，以“零容忍”的态度正风肃纪反腐，建设风清气正的政治生态。查处相关问题，并对相关责任人给予党纪政务处分，进行典型案例通报和点名道姓通报曝光。二是持续深入开展“五型”政府建设，区管委会获评全省、全市“五型”政府建设先进集体。充分发挥督查“利剑”作用，持续加大作风督导力度。开展“大干一百天、决战全年胜”百日攻坚大会战，每周评选擂主、“十件大事”，并设立“奔牛奖”“蜗牛奖”，在全区形成你追我赶、争先创优的浓厚氛围。完善2020年全区绩效考核方案，给“奔牛”加分、对“蜗牛”扣分，并对因作风不实、工作不到位等问题被问责的单位在绩效考核总分中予以扣分处理；将作风建设纳入区党风廉政建设和反腐败工作考核，进一步推动全区作风转变和效能提升。三是大力推行“一次性告知”制度，出台《关于印发〈一次性告知制〉的通知》，通过学习会、考试测评、现场督查等方式，督促各部门认真履行。畅通咨询机制，督促各相关部门及时处理企业群众诉求。出台《赣州经济技术开发区关于进一步优化营商环境更好服务市场主体的若干措施》，通过深化“一网一厅一窗”改革，推动政务服务“线上进一网，掌上进一厅，线下进一窗”，努力实现企业、群众办事最多跑一次、甚至一次不跑。同时，对“大众评公务”调查活动进行优化调整。

15. 关于“招商引资项目推动落地落实方面”的问题整改情况

对2017年至2019年签约的项目进行全面梳理。严格落实项目准入、入园评审等机制，严把项目准入关，在引进前严格企业尽调，在签约后及时督促项目推进，杜绝烂尾工程发生。扎实开展工业集群式项目“满园扩园”行动，在全区开展重点项目干部蹲点工地“三同”活动，选派近百名优秀干部常驻58个重点项目工地，设立重点工作“奔牛奖”“蜗牛奖”，对评为“奔牛奖”的单位在年终绩效考核加分，并优先推荐考察使用干部；对评为“蜗牛奖”的单位在年终绩效考核扣分，以正面引领和反面警示双轮驱动，推动全区项目建设提速增效。

16. 关于“重点领域监督防控方面”的问题整改情况

一是加强征地拆迁领域的监督防控，加大全区拆迁资料的备案抽查力度，抽查相关乡（镇、街道、管理处）“一户一宅”资料及房屋备案资料，针对发现问题，按要求落实整改。二是加大征地拆迁资金跟踪审计力度，对全区6个乡（镇、街道、管理处）的征地拆迁资金审计完成全覆盖，针对发现问题已提出建议并督促限期整改。三是强化以案促改，对查处的征地拆迁领域违纪违法案件开展专题调研，剖析征地拆迁领域违纪违法问题案发原因，查找相关制度漏洞，对相关单位提出意见建议。四是督促职能部门查找分析廉政风险点，针对存在问题先后制定出台《赣州经济技术开发区集体土地及房屋征收补偿安置工作指导意见》《赣州经济技术开发区国有土地上房屋征收与补偿指导意见》，进一步完善征地拆迁领域工作制度。组织全区征地拆迁工作人员进行征地拆迁工作法律知识及违纪违法警示教育培训，进一步增强拒腐能力。五是加大对征地拆迁、项目建设等重点领域的监督检查和追责问责力度，立案查处征地拆迁和项目建设领域相关问题，并移送违纪问题线索，通过处分宣布执行、下发典型案例通报等开展警示教育，起到查处一案、教育一片的效果。

17. 关于“重大项目投资风险防控方面”的问题整改情况

一是在组织区财政局、区招商局等职能部门和区属国有企业开展风险防控相关学习的同时，召开区党工委理论学习中心组（扩大）学习会，邀请专家就“投资风险及其防范”进行专题讲座，并组织学习上级关于打好防范重大金融风险攻坚战的重要精神，进一步提升投资风险防控意识。二是建立健全重大项目投资风险防控机制，制定下发《国有出资监管企业投资管理暂行办法》《关于进一步加强和完善区属国资国企监管的若干措施》，严格执行资金项目“3+1”系列管理办法和“三重一大”决策机制，强化区属国有企业项目投资管理和风险防控。召开全区国资国企监管工作会议，对赣州建控集团管理办法执行情况开展专项检查，确保制度办法落实到位。三是区纪工委下发《工作提示》，督促区国资办履行国有资产监督管理职责，建立健全重大项目投资风险管控机制。

18. 关于“工程项目管理方面”的问题整改情况

加强项目招标程序规范管理，严格执行全区资金项目“3+1”系列管理办法，切实加强对征地拆迁、工程建设、政府采购、财政资金使用、工程质量等重点领域、关键环节的监督管理和风险防控。印发《关于规范赣州经开区限额以下财政性投资项目施工发包管理的通知》，召开学习交流会和宣贯会，进一步规范全区限额以下财政性投资项目施工发包管理。同时，对区属各国有公司下发《工作提示函》，建立限额以下项目建设台账，并由相关部门跟踪核查。

（三）“贯彻落实新时代党的组织路线，基层党组织建设”方面

19. 关于“决策方面”的问题整改情况

加强“十四五”规划思路研究，通过深入调研、开展专项研究、召开座谈会、多渠道论证等方式，及时衔接上级规划，结合区情实际与发展定位，并广泛征求社会各界意见建议，在设定十四五“发展性”预期目标时，既考虑发展需要，又兼顾实现可能；在设定“先行性”预期目标时，既考虑规模扩张，又兼顾质量提升；在设定“保障性”预期目标时，既考虑民生福祉，又兼顾财力许可，做到量力而行、尽力而为。加强公园项目计划编制的科学性、合理性论证，对已开工建设的公园，加快建设进度。

20. 关于“攻坚克难能力和担当精神方面”的问题整改情况

提高攻坚克难能力，组织开展供而未用土地专项整治行动，对供而未用项目完成实地踏勘，建立项目总台账，分类制定措施，向属合同约定开工期内未逾期项目责任单位、用地单位下发促开工函，向涉嫌闲置的用地单位下发《闲置土地调查通知书》，向涉嫌违约的用地单位下发律师函。

21. 关于“资格条件把关和程序方面”的问题整改情况

一是树立正确选人用人导向，始终把政治标准作为干部选拔的第一标准，坚决防止“四个意识”不清醒、“两个维护”有差距的干部带病提拔。制定《区外干部调入办法》，严格执行调动前档案审核制度，对区外调入人员资格条件进行严格把关。二是规范开展招考遴选工作，严格按照规定流程完成2020年面向社会招聘事业单位工作人员、面向全省考选事业单位工作人员、面向社会公开招聘区融媒体中心事业编制人员工作，公开招聘、考选29名事业单位工作人员，已全部到岗。

22. 关于“干部队伍结构方面”的问题整改情况

一是认真贯彻落实中央、省委、市委关于大力发现培育选拔优秀年轻干部的有关要求，按照《赣州经开区发现培养选拔优秀年轻干部工作方案》要求，建立区级年轻干部人才库，进一步加强年轻干部跟踪培养。积极落实职务与职级并行政策，对一批年龄较大的科级干部转任职级公务员，腾出岗位空缺用于选配年纪轻、高学历的干部，并从在百日攻坚大会战获得“奔牛奖”的单位中提拔重用表现突出的干部。二是严格按程序稳步推进聘任制公务员改革工作，坚持“紧缺性、专业化、不可替代”原则，招聘高素质、专业化聘任制公务员，进一步优化干部队伍结构。三是加强年轻干部教育培训，对全区中青年干部进行封闭培训，开展精准扶贫、工业发展等专题研讨班8期859人次，促进年轻干部提升理论水平、增强履职能力、加强廉洁自律。在全区开展重点项目干部蹲点工地“三同”活动，选派近百名优秀干部常驻58个重点项目工地，让干部在项目一线锻炼成长。四是深化

人事制度改革，建立健全雇员、职员、特岗人员激励机制，修订雇员职员岗位聘用管理办法，建立雇员职员试用期满考核制度，降低离职率，进一步强化激励约束。加强雇员职员教育培训，组织新招录的雇员职员开展新入职人员培训，引导雇员职员在攻坚克难一线担当作为。

23. 关于“农村基层党组织建设方面”的问题整改情况

一是扎实推进基层党组织“三化”建设，区党工委书记切实履行抓党建主体责任，把党建工作与经济工作放在同等重要的位置，先后多次召开部署会、培训会、现场推进会，不断提升各领域党务干部业务水平，推动各级党组织形成合力抓“三化”的浓厚氛围。坚持“以点带面、示范先行”，分领域打造11个区级示范点，已完成各领域“三化”建设验收工作。二是加大软弱涣散党组织整顿和摸排力度，并逐村开展整顿工作“回头看”。针对2020年新摸排的软弱涣散党组织，建立台账，通过采取“四个一”整顿措施（1名区党政领导班子成员联村，1名乡镇领导班子成员包村，1名第一书记驻村，1个区级以上机关单位结对），扎实完成整顿工作。制定软弱涣散预警机制，督促各级基层党组织全面进步、全面过硬。三是全面落实村党组织书记区级组织部门备案管理制度，常态化坚持村干部调整区级联审机制。认真开展“一案一整改”回头看和村（社区）“两委”成员资格联审“回头看”，督促抓好“三化”建设，进一步巩固整改成效，防止黑恶势力滋生。四是严格落实“基层党建质量提升行动”要求，加强村党组织在村级各类组织中的领导作用，稳妥推进书记、主任“一肩挑”。72个村（社区）实现“一肩挑”，占比96%。同时，对完成“一肩挑”的村开展村（社区）党组织书记档案交叉审查，督促及时完善村（社区）党组织书记个人档案及履历表，动态跟进履职情况，进一步发挥基层党组织在乡村治理中的引领作用，提升基层自治水平。五是着力加大村（社区）干部培训力度，组织开展全区村（社区）干部培训班2期和全区村（社区）书记、主任专题党风廉政培训班1期，全面提升村（社区）干部廉洁自律意识和整体素质能力。

24. 关于“非公企业党建方面”的问题整改情况

一是将“两新”组织党建工作纳入区党工委重要议事内容、年度工作计划、区党工委基层党建述职评议和年度向区党工委汇报党建工作的重要内容，与其他领域党建工作同部署、同落实、同检查。相继召开非公联建党支部专题整改工作推进会、全区基层党建“三化”建设工作推进会暨村集体经济发展工作推进会、全区基层党建“三化”建设暨党的阵地资源整合和新时代文明实践中心试点工作现场推进会、区“两新”组织党组织书记和党务工作者培训班，同步推进“两新”领域党建工作。根据区党工委统一部署，区党工委第二巡察组对区非公有制经济组织和社会组织党工委开展专项巡察。二是严格落实《赣州经济技术开发区非公有制经济组织与社会组织专职党建指导员管理办法》《关于进一步加强专职党建指导员队伍建设的意见》等文件精神，组织专职党建指导员对下辖党组织开展“一对一”指导，督促各非公企业党组织严格落实“三会一课”等组织生活制度，传达学习党的路线、方针、政策，组织开展各类党建活动。对“两新”组织党组织2020年上半年党建工作及党组织负责人履职情况进行督查通报，并约谈被评为“差”的党支部书记和兼职党建指导员。完成“两新”组织党组织2020年党建工作及党组织负责人履职情况考核工作。三是对联建党支部党建工作进行排查，向各乡（镇、街道、管理处）党（工）委下发督办函，要求安排党建工作经费，开展联合主题党日活动，加大入党积极分子培养力度。开展联建党支部覆盖企业和全区非公企业党建基本情况摸底排查工作。下达2020年赣州经开区非公有制经济组织与社会组织党组织党建工作经费。四是结合非公领域员工和党员流动性大的特点，动员工作年限超过半年的党员转接组织关系，未转接组织关系的流入党员一并纳入日常教育管理。下发《关于进一步加强“两新”领域党组织党员队伍建设的通知》，完善“两新”领域党组织党员队伍建设相关制度措施，建立党务工作者报备制度。

25. 关于“组织生活方面”的问题整改情况

一是按照“四个方面定标准、六个方面立规范”的总体要求，采取扎实有效措施，大力推进基层党建“三化”建设。组织召开全区基层党建“三化”建设培训会，印发《关于进一步推动组织生活常态化制度化的实施意见》，以开展“四日一体”活动为载体，进一步规范组织生活。二是抓好区乡两级党员班子成员挂点联系支部制度落实，下发工作提示，全面梳理区乡两级党政领导班子成员建立党支部工作联系点情况，通过挂点联系指导全面规范各级党支部组织生活。坚持大抓基层鲜明导向，对33个党组织2019年度民主生活会、脱贫攻坚专项巡视“回头看”整改专题民主生活会和基层党组织组织生活会工作开展集中抽查，对发现的问题现场下发《督办函》，并督促完成整改，把整改情况作为年度党建绩效考核重要评分依据。同时，督促各基层党（工）委对所管辖的党支部组织生活情况开展常态化抽查检查，持续规范各级党组织政治生活。三是进一步规范党员发展程序，督促存在问题的党组织把问题整改到位。组织开展2020年全区第二期、第三期党务知识测试并下发通报，通过以考促学的方式，倒逼党务干部熟练掌握发展党员基础知识。组织各基层党（工）委党务干部对新发展党员档案进行交叉审核，发现问题及时整改。

（四）“落实巡视、环保督察等监督发现问题”方面

26. 关于“省委巡视反馈意见方面”的问题整改情况

加快推进返迁安置房（保障性住房）项目建设三年行动计划，通过三年时间解决返迁安置历史遗留问题。全力加快安置步伐，建立由区领导牵头，有关单位负责人及一名副科级联系人组成的挂点推进组，协调推进返迁安置房项目建设有关事项。同时，加大资金保障力度，通过市场化融资等方式解决所需返迁安置资金，大力推进返迁安置房项目建设。

27. 关于“环保督察反馈意见方面”的问题整改情况

一是实施工地扬尘整治攻坚，开展工程质量、生产安全及扬尘治理“6个100%”达标竞赛综合评比工作，并加强部门联动，推进土方施工项目勘查，常态化落实“开、复工验收制度”。

二是开展运输扬尘和道路扬尘整治攻坚，对渣土车辆运输进行报备及优化运输路线。常态化开展渣土车运输专项查处行动，走访渣土车企业对渣土车辆行驶规范进行指导。深化道路扬尘治理“4+2”作业法，即“人工清铲+吸尘车吸尘+洒水车精细作业+雾炮车抑尘+人工补扫”，常态化开展“洗城行动”。全区空气质量优良率97.8%、上升4.5%；$PM_{2.5}$年均浓度25微克/立方米、下降16.67%，优良率、$PM_{2.5}$平均浓度均优于省、市考核目标值。

三、持续深化巡视整改落实，努力开创高质量发展新局面

目前，全区巡视整改工作虽然取得初步成效，但对照整改要求和整改目标任务，还存在问题和差距。下一步，赣州经开区将坚决落实巡视整改工作要求，提高巡视整改政治站位，压实整改责任，紧盯目标任务，瞄准突出问题，以高度的政治责任感、极端负责的态度和超常规的工作举措持续纵深推进巡视整改工作，确保巡视反馈问题条条改到位件件有着落。

一是不断强化政治建设。深入学习贯彻习近平总书记关于巡视、意识形态、全面从严治党、以人民为中心发展思想等系列重要论述，纳入区党工委理论学习中心组常态化学习议题，与深入学习贯彻十九届五中全会精神相结合，坚决克服前紧后松、虎头蛇尾、整改过关等思想，切实提高政治判断力、政治领悟力、政治执行力，进一步增强抓好巡视整改的政治自觉、

思想自觉和行动自觉。

二是坚决彻底推进后续整改。聚焦省委巡视反馈问题，坚持问题导向，压实整改责任，倒排工期、挂图作战，着力推动巡视反馈问题逐一整改落实，对尚未整改到位的整改措施，拿出过硬措施，保持攻坚劲头，下重拳、出狠手，做到问题整改不到位决不收兵，确保巡视反馈问题整改全面改、彻底改、改到位。建立完善长效机制，对已整改到位的反馈问题，及时开展“回头看”，巩固整改工作成效，坚决防止问题反弹回潮，切实把整改突出问题与健全长效机制结合起来，把治标与治本结合起来，既形成“当下改”的实效，又健全“长久立”的机制，进一步堵塞漏洞，用制度管权管人管事。

三是持续推动经济社会高质量发展。深入学习贯彻习近平新时代中国特色社会主义思想、总书记视察江西和赣州重要讲话精神和党的十九届五中全会精神，贯彻落实省委十四届十二次全会和市委、市政府决策部署，坚决打好中央三大攻坚战，突出工业主业，高质量发展新能源汽车和电子信息双首位产业，加快打造“2+N”产业体系，建设“一极两地四中心”，致力打造全国一流的现代化国家级经开区。坚持“项目为王”，大力开展“项目建设提速年”活动，深入实施龙头企业培育计划、集群式项目“满园扩园”行动、工业标准厂房“梧桐树”计划；持续招大引强、招才引智，深入开展“三请三回”“央企入赣”“粤企入赣”活动，深入推进“苏区之光”人才计划、“赣才回归”工程，引进一批国家高层次人才和“5020”项目，让大项目顶天立地、小项目铺天盖地；强化创新驱动，深入实施开发区改革和创新发展三年攻坚行动计划，大力推进企业上市“映山红行动”和“预见独角兽”计划，培育新增一批上市企业、高新技术企业、独角兽企业、种子独角兽企业和“瞪羚”企业，为打造千亿元工业园区注入不竭动力。扎实做好“六稳”“六保”工作，锲而不舍“北上”争资争项，千方百计做活金融文章，加速培育金融要素市场，不断提升资本运作能力，深入推进“降成本、优环境”专项行动和“放管服”改革，落实好纾困惠企政策和招商引资合同兑现，持续优化营商环境。持之以恒解放思想，推动全区各级干部由“老区思维”向“湾区思维”转变，以更高标准和要求谋划赣州经开区发展，在赣州打造对接融入粤港澳大湾区桥头堡中当先锋、作表率。树牢以人民为中心的发展思想，更多地从群众和企业视角去想问题、办事情、作决策，让群众幸福感一年比一年强，企业满意度一年比一年高。扎实做好疫情常态化防控工作，统筹抓好脱贫攻坚、教育医疗、就业招工、人才公寓、返迁安置、食品药品、污染防治、扫黑除恶、信访维稳、安全生产等事关群众、企业切身利益的操心事、烦心事、揪心事，让发展更有温度、幸福更有质感。

四是纵深推进全面从严治党。全面落实新时代党的建设总要求，坚持党要管党、从严治党，不断建立健全“不敢腐、不能腐、不想腐”体制机制，紧盯重点领域和关键环节，强化监督执纪问责，严格干部日常教育、监督、管理，持续开展警示教育活动，着力防微杜渐、抓早抓小，推动“两个责任”严格落实，坚决抵制歪风邪气，不断激发正能量，建设风清气正的政治生态。锲而不舍加强作风建设，持之以恒抓好中央八项规定及其实施细则精神贯彻落实，严格执行资金项目“3+1”系列管理办法，树牢长期过“紧日子”思想，严控“三公”经费支出，勤俭办一切事业；深入践行“一线工作法”“践诺工作法”，大力整治形式主义、官僚主义问题和“怕慢假庸散”作风顽疾，做到“文不过夜、事不隔天、会不开长”，在全区上下营造“马上就办、办就办好”的浓厚干事创业氛围。

（区党工委整改办供稿）

“十三五”脱贫攻坚工作综述

赣州经开区认真学习近平总书记关于扶贫工作重要论述，贯彻落实中央和省、市脱贫攻坚决策部署，坚持以脱贫攻坚统揽经济社会发展全局，实施精准扶贫、精准脱贫方略，落实合理有效的脱贫规划、脱贫路径、脱贫措施。强化人财物要素保障，举全区之力打好打赢脱贫攻坚战，农村面貌发生巨大变化，生产生活条件明显改善，贫困群众获得感、幸福感持续提升，为实施乡村振兴战略奠定基础。2个“十三五”省级贫困村于2018年全部退出，5405户19014人建档立卡贫困人口全部高质量脱贫，建档立卡贫困户家庭人均纯收入由2014年的2444元增长至2020年的15927元，增长551.67%。

赣州经开区党工委、管委会提高政治站位，扛起脱贫攻坚主体责任，落实区、乡、村三级书记一起抓，区党政主要负责同志担起第一责任人责任，建立由党政“一把手”牵头抓总、分管领导具体落实和行业部门、镇村齐抓共管的工作机制。压实部门行业扶贫责任，积极指导、协调、督促行业扶贫“十大工程”有序推进；压实结对帮扶单位和干部的帮扶责任，因村因户施策，推进扶贫政策落实。深化扶贫领域腐败和作风问题专项治理，坚决惩治脱贫攻坚中的形式主义官僚主义问题，查处扶贫领域违规违纪问题88起、处理200人；坚持在脱贫攻坚一线培养锻炼、考察识别和选拔使用干部，提拔扶贫干部43人、重用14人，其中驻村第一书记16人、工作队员5人；深化学习培训，区级培训扶贫干部61期10272人次，乡村各级培训250余期，实现区、乡、村扶贫干部培训“全覆盖”，新任扶贫干部人均培训2轮次以上。

强化教育扶贫资助政策学校校长与乡镇属地双负责保障，发放教育扶贫资助资金32085人次3017.9万元，雨露计划补助3944人次874.89万元，对因病因残不能到校学习的28名建档立卡适龄儿童开展送教上门活动，全区没有因贫失学辍学现象。

投入5.04亿元新建区人民医院、赣州新能源汽车科技城医院及异地乡镇卫生院1所，改扩建乡镇卫生院4所，建成公有产权村卫生健康服务室42所；投入4732.12万元为贫困人口代缴城乡居民基本医疗保险、大病保险和疾病医疗商业补充保险，财政资助贫困人口参保率达100%；落实“四道医疗保障线”、先诊疗后付费、“一站式”结算服务等政策，贫困人口住院2.65万人次21651.01万元，报账19782.37万元，住院报销比例保持在90%适度水平；前移服务关口，开展慢性病、残疾证下乡集中认定或上门办理服务，给予办理门诊特殊慢性病医保系统登记5300余人次；做实贫困人口家庭医生签约履约服务，重点对高血压、糖尿病等慢性病贫困患者提供常态化履约服务，累计签约贫困人口76212人次履约75139人次，实现农村贫困人口“应签尽签”“应履尽履”。

聘请第三方专业鉴定机构逐户定期鉴定房屋安全状况，投入1390万元，通过拆旧建新、维修加固、建设农村保障房等途径，建设农村保障房161套、实施危房改造148户，解决农户住房安全问题。

投入6899.36万元实施集中供水工程、农村饮水安全巩固提升工程、分散改水工程等7处工程。全区新增22个村41947人（贫困人口6952人）用上自来水，自来水普及率提升至94.77%；定期对农村饮用水水质进行检测，监测因旱导致的农民群众饮水问题，加强农村饮水安全工程维修与管护，解决群众的饮水安全问题。修建灌溉水渠18条18.6千米，贫困地区农田水利基础设施得到较大改善。

不断完善农村低保制度，加强与扶贫开发的有效衔接，实现数据互通、资源共享、动态管理比对，实事求是应保尽保、应退尽退，对农村低保标准、特困供养标准和救助水平逐年进行提标，发放低保资金33585人9270.06万元，五保资金2254人946.55万元，发放残疾人“两项补贴”1485人246.28万元，发放临时救助1813户次226.63万元，编密织牢社会保障兜底安全网。

建设草皮基地90公顷、蔬菜基地139.47公顷、小龙虾甲鱼等水产基地68.2公顷，建成蔬菜、水产、草皮、脐橙等千亩基地4个；推进53.7平方千米北部农旅产业园建设，落户大型农旅项目6个；建成农业扶贫示范基地24个，为32个村增加村集体经济收入363.13万元，带动39个村3380户农户增收1413.51万元；鼓励自主发展种养殖业，奖补贫困户12批次10579户次1453.88万元；建立产业发展指导员制度，成立技术指导小组，入户指导1726人次；培育创业致富带头人101名，带动742户1468人增收，449人稳定就业；加强光伏扶贫电站运维管理，253个户用电站发电460万千瓦时，户均增收1.78万元，7个村级电站发电157万千瓦时，村均增收9.6万元；细化村级光伏收益分配办法，设置光伏公益性岗位25个，光伏收益分配中公益岗位与小型公益事业劳务支出占比81.91%。

建立就业扶贫“五大平台”（用工帮扶、技能培训、扶贫车间、扶贫专岗、创业能人），实施“五个一批”（设立专岗安置一批、技能培训带动一批、用工帮扶引导一批、结对励志影响一批、能人创业辐射一批），推动就业扶贫工作，激发贫困劳动力就业积极性；开展大型就业扶贫岗位对接会17场、“送岗下乡”小型对接会89场，认定扶贫车间49家，吸纳贫困劳动力就业513人，开发扶贫公益性岗位1033个，安置贫困人口1218人，发放各类就业扶贫补贴5289.09万元，全区10917名贫困劳动力9070人实现就业，有劳动能力和就业意愿的零就业贫困户动态清零。园区获评“江西省就业扶贫示范园区”，2家企业获评“全国就业扶贫示范基地”，8家企业获评“省级就业扶贫示范点”，10家企业获评“市级就业扶贫示范点”。

以“一网三专两平台”（中国社会扶贫网、专柜、专区、专馆、消费扶贫江西馆、扶贫“832”平台）为抓手推进消费扶贫，落实三分之一工会福利资金用于消费扶贫要求，动员机关单位、园区企业及社会各界加大消费扶贫采购力度，认定经营主体21家扶贫产品50种；举办消费扶贫展销会2期，销售扶贫产品156.8万元；认购甘肃省渭源县等国家贫困县扶贫产品150吨；66家单位激活“扶贫832平台”采购账号，采购扶贫农副产品93.03万元；在区内电商平台销售扶贫产品21期106.36万元；建设消费扶贫专馆1个、专区43个、专柜32个，完成直连直报任务700余万元，扶贫产品“六进”得到有力推进。

按照应贷尽贷要求，对符合条件的、有贷款需求的4530户贫困户发放产业扶贫信贷通贷款24219.41万元；建立产业扶贫信贷通贷后监管制度，对不发展产业的贫困户不予发放贷款，对无产业发展资金需求的贫困户提前收回贷款或改变贷款用途，对贷款到期的贫困户分类做好还款引导工作，规范续贷和展期操作，完成还款4127户22353.22万元，未出现逾期风险。

围绕培育和壮大特色产业、改善小型公益性生产生活条件、增强贫困人口自我发展能力等方面精准安排财政专项扶贫资金，投入各级财政专项扶贫资金13994.9万元，实施脱贫攻坚项目155个，加强扶贫项目资金管理，发挥资金实效，支持打赢脱贫攻坚战。

选派工作队62支、驻村工作队员166名（累计选派驻村工作队员515人）、干部1432名结对帮扶贫困户5405户，明确第一书记和驻村工作队职责清单23条，严格执行请销假制度，第一书记和驻村工作队每月驻村时间不少于20天。区财政为每个驻村工作队每年安排工作经费1万元，为每个贫困村每年安排5万元（非贫困村2万元）的第一书记和工作队帮扶经费；结对帮扶单位每年提供5万元工作经费，为驻村帮扶工作提供经费保障。

鼓励和激发各界力量社会责任，组织186家企业与62个村（居）建立帮扶关系，参与产业发展、基础设施建设、贫困人口就业、爱心捐赠、消费扶贫、扶贫扶志等。园区企业及爱心人士捐资460.5万元用于扶贫事业，向贫困户捐赠物资202.2万元，支援新疆阿克陶县等5个国定贫困县96.6万元用于基础设施建设，形成“专项扶贫、行业扶贫、社会扶贫”有机结合、互为支撑的“大扶贫”格局。

围绕实现所有村集体经济经营性收入稳定在10万元以上目标，按照“抓两头、带中间”发展思路，用好“三个依托”发展举措，实施“党建+村集体经济发展”。2017年消除“空壳村”“薄弱村”，2018年所有村集体经济收入达到5万元，2019年所有村经营性收入达到5万元，2020年所有村经营性收入达到10万元。2020年，全区村集体经济收入6305.82万元，较上年度总收入增长80%，经营性收入5903.08万元，村均经营性收入96.77万元，全区所有村经营性收入均达到10万元以上，18个村收入达到100万元以上，基层党组织在脱贫攻坚中的凝聚力和号召力不断增强。

把发现问题和整改问题作为推进脱贫攻坚工作的总抓手，把中央、省委专项巡视反馈问题和各类考核评估、督查巡察、审计检查等发现问题以及平时工作督促指导发现问题结合起来，举一反三查问题，追根溯源找原因，较真碰硬抓整改，中央脱贫攻坚专项巡视反馈问题39个、省委脱贫攻坚巡视反馈问题11个、中央脱贫攻坚专项巡视反馈形式主义官僚主义问题22个，中央脱贫攻坚专项巡视“回头看”反馈问题27个、“不忘初心、牢记使命”主题教育检视问题6个、中央成效考核反馈问题24个，市县党委和政府脱贫攻坚工作成效考核反馈问题12个，省脱贫攻坚暗访督导组反馈问题32个，均完成整改并持续跟踪问效。

深入学习贯彻习近平总书记在3月6日决战决胜脱贫攻坚座谈会上的讲话精神，统筹推进疫情防控和脱贫攻坚，出台脱贫攻坚重点推进、有效应对疫情影响稳定贫困户收入、统筹安排专项扶贫资金支持非贫困村贫困人口脱贫、推进农业产业振兴信贷通等4个专项文件，4名区领导挂点4个市、区重点推进村，78名乡科级以上干部挂户包干2020年剩余未脱贫人口，投入3769.71万元建设重点推进村项目83个，实现贫困群众稳定脱贫，4个重点推进村发展基础全面提升。

印发《赣州经济技术开发区开展相对贫困监测帮扶工作实施方案（试行）》，摸排认定“两类人群”27户94人，按照一户一策原则精准制订脱贫计划，精准落实产业就业帮扶、防贫保险、兜底保障等帮扶措施，形成帮扶合力，投入39.5万元为全区农户购买防贫保险，推动监测户不返贫、边缘户不致贫，着力控制贫困增量。

以“机关干部下基层、连心连情促脱贫”活动为载体，开展“四大感恩行动”“三讲一评”“脱贫奋进之星”评选表彰等活动，组织全体帮扶干部和贫困群众一起学精神、看对比、找差距、评先进，正向激励与反向约束相结合，增强贫困群众脱贫动力，感党恩、听党话、跟党走，涌现出“田螺哥”“懒得姐”等一批感恩奋进典型。

在区内新闻平台开设多个脱贫攻坚专栏，发布相关稿件1160余条，形式多样宣传扶贫脱贫典型，教育引导贫困户树立勤劳致富、脱贫光荣的思想；在人民网、凤凰网、中青网、《江西日报》、江西电视台、中国江西网、《赣南日报》、客家新闻网、赣州市电视台等中央、省、市媒体宣传精准扶贫工作经验和典型，发布相关稿件50余条，营造浓厚的脱贫攻坚宣传氛围，讲好脱贫攻坚经开故事，传播脱贫攻坚经开声音，展示脱贫攻坚好形象，宣传全区脱贫攻坚好经验、好做法及涌现出来的先进典型。

（区农办供稿）

2020年新冠肺炎疫情防控工作综述

2020年初，突如其来的新冠肺炎疫情，让整个社会仿佛被摁下“暂停键”。疫情发生后，赣州经开区全面打响疫情防控的人民战争、总体战、阻击战。全区各地闻令而动，各部门分兵把守、协同作战；医务人员不畏艰险、昼夜兼程；人民群众和社会各界鼎力支持、共克艰难，用28天实现区内确诊病例全部“清零”。1月24日，赣州经开区启动突发公共卫生事件一级响应；3月12日，调整为二级响应；3月20日，调整为三级响应，并开启疫情常态化防控。经过全区上下艰苦卓绝的努力，全区疫情防控取得重大阶段性胜利。

全区始终保持战备化指挥体系，切实做到“全区一盘棋”。迅速成立应对疫情工作领导小组和疫情防控应急指挥部，下设工作组22个，明确职责分工，建立“领导小组会”“指挥部工作例会”“交办单”等制度，健全区、乡、村三级联防联控体系，定期研判疫情防控形势，及时阻断疫情传播途径。全年召开领导小组会14次、专题调度会2次、指挥部工作例会73次，下发45期《交办单》，包含187项工作任务，整改率100%。

强化公共卫生基础设施建设，着力提升应急处置能力。投入590余万元建成区级核酸检测实验室，并于10月正式投入使用；组建136人的核酸应急采样小分队、4个梯队76人的流行病学调查队伍，开展疫情防控知识培训10余次。

推进“三站一场”管控排查，全力守住赣州“西

2月10日，赣州经开区医务人员在赣州西高速出口为司乘人员检查体温　（廖万茂　摄）

大门”。率先成立重点场所管控组，抽调70余名干部，实现“市区联动、分工协作”的常态长效工作机制。区党工委、管委会主要领导靠前指挥、一线调度，及时协调解决“人员转运、物资保障、流程优化”等棘手问题。注重风险地区动态监管和信息共享，及时调整应对措施，实现一手抓精准管控、一手抓闭环管理，在省、市多次督查调研中，得到上级领导的充分肯定。

严格做好冷链食品、重点货物管控，筑牢外防输入防线。进口冷链食品实行“提前报备、查验四证（海关进口报送单、进口货物检验检疫证明、核酸检测证明、消毒消杀证明）、专库存放、专用通道运输、专人管理、溯源可查”措施，常态化开展冷链食品管控工作。年内，开展冷链食品排查20轮，核酸检测“应检尽检”1841次，结果均为阴性。对境外和国内中高风险地区进赣货物建立待检区，实行分区存放和“先消毒、后分派”制度，跟踪运输、仓储、使用等环节，建立寄递物流供应链全链条、可追溯、一体化管理体系。

紧盯重点场所重点人群，夯实内防反弹基础。紧盯外来农村人员流入，停止各类宴请、庙会、联欢会等聚集性活动，倡导“红事缓办、白事简办”，充分发挥驻村工作队、“村村通”广播、流动宣传车作用，走村入户，教育引导村民自觉遵守疫情防控措施。积极发挥医疗机构“哨点”作用，严格落实预检分诊制和首诊负责制，在预检分诊点对所有病人进行“一看一测一查一问”，对发热患者和住院患者实行核酸检测“应检尽检”。严格落实学校闭环管理，养老院、监所等特殊场所封闭管理。进入商超、农贸市场、电影院等公共场所需戴口罩、测温、扫码，药店购买发热药品落实登记制度。

积极开展宣传舆论引导，强信心、暖人心、聚民心。充分利用各类媒体资源，全方位、多角度、立体式报道疫情防控举措、典型做法、感人事迹，引导全社会积极行动共同打赢疫情防控阻击战。建立疫情防控舆情监测专班，24小时监测涉区疫情舆情。在区手机报、区微信公众号等区内媒体推出新闻报道1000余条；在新华社、人民日报客户端、央广网、学习强国、中青网、《江西日报》、江西新闻客户端、江西电视台、《赣南日报》、赣州广播电视台、客家新闻网、赣州发布、凤凰网、赣州先锋微课堂等中央省市媒体和平台刊发稿件300余篇（条）。

迅速实现全面复工复产复学，坚决夺取“双胜利”。针对工业、建筑工地、农业、商业网点、教育行业分别成立5个专门工作组，明确5位区领导分别负责牵头调度，对每一类行业制定专项工作方案，明确企业复工复产的正面清单、负面清单，落实“一企一策”。安排443名驻企联络员“包干”全区706家企业，组织开展5期企业疫情防控知识培训班，全覆盖指导企业做好疫情防控工作。全面落实省20条、市30条，出台区“防疫暖企”8条政策、27条招工用工补贴政策、《赣州经济技术开发区有效应对疫情影响稳定贫困户收入的若干措施》等政策文件，积极搭建“政银企”融资对接桥梁，从物资保障、投产奖励、税收奖励、减免租金等方面，积极帮助企业应对疫情影响。3月，赣州经开区全面实现复工复产，商业网点复工营业在全市率先实现“3个100%”（4S店等限上企业复工率100%，大型商超、社区便利店等便民网点复工率100%，加油站复工率100%）。对区内25所中学、13所小学、5所中职学校制定“一校一策”，落实师生健康管理，配足配齐防护物资，由4个部门、52位工作人员组成10个联合督查验收组，在复学前从组织管理、健康管理、物资储备、学习生活场所管理、学校环境卫生和健康教育培训等6个方面20项内容进行实地督查验收，5月实现全面复学。

（区社管局供稿）

2020年民生实事发展情况综述

2020年，赣州经开区安排民生实事39件109项，涵盖群众生产生活、精准扶贫、社会保障、医疗保障、教育文体事业、维护社会和谐稳定、住房保障等方面，实际完成投入44.92亿元，完成年度任务目标95项。

人居环境质量不断提升。大力推进住房保障、惠民公园、公厕建设、净水工程、垃圾中转站、道路建设、农贸市场、公墓建设等方面的工作，群众生产生活条件进一步改善，生活环境进一步优化。竣工住宅34栋1857套，完成棚改项目小区配套工程7个；唐龙公园、汉字文化主题园完成年度任务目标；建设完成城区公厕33座、农村公厕9座，进一步满足群众需求；完成5项净水工程及管网建设年度任务目标，城区污水处理能力得到提升；完成华裕路垃圾中转站和科技城垃圾中转站建设，助力文明城市建设；新建农村公路5千米，拓宽改造农村公路10千米；完成杨梅渡路、金元路、赣康路、曼妮芬路、车头路、桃芫路、犹江路、金坪西路、工业路（蟠龙路—客家大道）9条道路的路灯安装；完成蟠龙镇、湖边镇、凤岗镇、三江乡和科技城村内主干道的太阳能路灯安装项目；金邮路扩宽改造工程全部完成；华鑫北农贸市场完工并投入使用；完成百步墩、桃芫、青龙山和峨眉墓区墓穴建设约8000穴；投资约2000万元，完成40个新农村建设点建设；投资约2800万元，开展农村环境整治，建立健全城乡环卫一体化长效机制。

教育事业高质量发展成效明显。全年投资约3.69亿元，新（改、扩）建中小学校及幼儿园15所。其中，区第一保育院、区第二保育院、蓝翔幼儿园、梨园幼儿园、峨眉中学投入使用；科技城学校、科技城洋田小学、科技城幼儿园基本完工。教育扶贫方面，发放建档立卡学生资助资金6939人467.7万元；发放赣州经开区户籍大学生助学贷款1289人1049.15万元；对因身体疾病等原因无法正常入学的19名义务教育适龄学生开展送教上门服务。

社会保障水平稳步提高。制订《赣州经济技术开发区养老服务体系建设发展三年行动计划（2019—2021年）》（赣经开办字〔2020〕55号），完成凤岗、三江敬老院消防设施标准化改造，推进“党建+互助养老”农村养老服务网络建设，完成新建农村互助养老服务设施29个。

医疗保障服务能力切实提升。完成2020年城乡居民医保基金以及贫困人口疾病商业补充保险9421.17万元，区人民医院、科技城医院、湖边镇卫生院住院综合楼、黄金岭街道社区卫生服务大楼全部完成主体封顶。

群众文体生活不断丰富。五彩城花博园一期实现开园，台湾部落民俗村完成10余处景点建设；建成湖边镇、三江乡、凤岗镇社区便民服务、文体场所和便民服务场所11所，进一步方便群众文体生活。

加强社会和谐稳定。新能源汽车科技城、综合保税区的公安业务便民用房全部完工；交通标志、交通标线、交通设施维护、城区交通信号灯建设项目年度任务目标全部完成。

（区社管局供稿）

2020 年营商环境工作综述

2020 年，赣州经开区对标学习国内营商环境先进地区，着力补 2020 年，赣州经开区对标学习国内营商环境先进地区，着力补短板、强弱项，不断提升营商环境水平。12 月，在“2020 中国经济高峰论坛”上获评“2020 中国经济营商环境十大创新示范区”。

推进营商环境提升。出台《赣州经开区关于进一步优化营商环境更好服务市场主体的若干措施》，围绕持续提升投资建设便利度、简化企业生产经营审批和条件、优化外资外贸经营环境、降低市场准入门槛、提升政务服务效能、建立透明公开的法治环境、强化金融创新服务、优化就业创业发展环境、建立优化营商环境长效机制等 9 个方面，出台 52 条具体措施，并组织召开全区优化营商环境工作推进大会，进行文件宣传工作。

促进企业降本减负。编印《2020 版惠企政策摘编》《“六稳”“六保”政策汇编》，对国家、省、市、区惠企政策进行全面梳理、摘篇成册，结合企业服务日等帮扶活动积极开展政策宣讲，主动上门对接，指导企业用好、用活、用足政策。全年通过落实各级惠企政策措施，为园区企业减负超 33.5 亿元。

高标准建设一流政务服务大厅。区政务服务大厅根据实际设置综合服务窗口和专项服务窗口，通过设置“一窗式”窗口实现“前后综合受理、后台分类审批、统一窗口出件”服务模式，逐步建立健全服务标准化体系。年内，开展政务领域“三比一争”活动，组织大厅所有工作人员开展“比担当、比服务、比业绩、争满意”活动，要求各进驻单位领导定期到窗口值班坐班，现场指导、协调、

12 月 9 日，赣州经开区优化营商环境工作推进大会召开 （区融媒体中心供图）

办理审批业务；开展红旗窗口、服务之星和党员示范岗的评选。明确服务规范，遵守一次性告知制、首问责任制、AB岗工作制、错时延时服务制度、窗口无否决权制等相关工作制度，加大对业务人员的培训，增强对各赋权审批权限的实际运行能力。

打造全省首个“无证明”营商环境。按照“法无规定一律取消，法有规定无须提交”的改革思路，通过数据共享、部门核查、当事人承诺等方式实现办事过程无须提供证明材料；对明确取消废止或取消代替的证明材料，加强督促检查，清单之外不得索要证明。在全省第一个创建“无证明”营商环境，通过数据共享、部门协助、当事人承诺等方式，率先实现“无证明”是常态，“要证明”是例外。本级梳理取消调整等各类证明事项135项。其中，废止62项、取消代替73项。

推进“一链办理”改革。全面梳理优化办事全流程，编制“一链办理”事项目录清单和办事指南，由串联变并联，多个服务指南变一个服务指南。精简部门间重复提交的材料，从整体上压缩事项办理时限，变过去企业和群众到不同部门“办几件事”为全链条办理“一件事”，通过“一窗受理、一个流程、一套材料、一次办好”的“四个一”审批模式，制定“一链办理”事项11项，办结时限总体压缩159个工作日，证明材料总体精简37个。

推进“互联网+政务服务”，持续推进“赣服通”3.0经开区分厅建设。建成“赣服通”赣州经开区分厅，上线可办事项221项、可查询事项62项，同时上线企业服务专区、个人和企业专属空间等内容。“公众聚集场所投入使用、营业前消防安全检查”“公众聚集场所投入使用、营业告知承诺许可”2个新增事项实现“网上办”。

扩大“最多一次办结”改革。着力推进网上办，将更多事项纳入“最多一次办结”清单。除有明确特殊要求的外，凡是法律法规没有规定必须到现场办理的事项一律要做到企业和群众办事可以“一次不跑”；凡法律法规明确要求必须到现场办理的事项要想方设法做到“只跑一次”。截至年底，“最多一次办结”事项735项，比例95.8%；“一次不跑”事项472项，比例61.5%；依申请类行政许可事项网上可办率100%。

推进企业开办及注销“一网通办”。倡导“网上办”“预约办”，实施“容缺登记”“一链办理”，进一步深化“放管服”改革，承接外商投资企业核准登记审批权限，截至年底，全区新设立市场主体网上注册率由上年的72.68%迅速增长至94.42%。推行企业开办“一网通办”，将营业执照、印章刻制、初次申领发票、社保登记业务，整合到一个网络平台进行通办，开办时间压缩至1个工作日，最大限度降低企业开办成本；推行企业注销“一网通办”，解决“进门”容易“出门”难的问题，全年办理企业简易注销412家。

拓宽企业融资渠道。创新建设“中小微企业融资撮合平台”，重点利用区块链、大数据、云计算等新技术，实现政银企信息共享。主要通过对各类市场主体信用信息的收集，实现对市场主体信用的“精准画像”，引入银行、信托、基金等金融资源，实现各类市场主体信息与金融机构产品的智能匹配，增强银企对接的精准度，缓解企业融资慢、融资难问题。

（区企工局供稿）

大事记

2020年大事记

1月

2日 赣州经开区第四季度项目建设“大比武”暨六大攻坚战流动现场会召开，对2019年六大攻坚战工作进行集中检阅。区党工委书记李明生出席会议并讲话。区党工委副书记、管委会主任陈水连主持。

4—5日 赣州经开区党工委中心组理论学习（扩大）会暨2020年工作务虚会召开。会议总结2019年工作，研究谋划2020年及“十四五”规划工作思路。

8日 市委副书记、统战部部长刘文华率队到赣州经开区走访调研市工商联副主席（副会长）企业并座谈。市政协副主席、工商联主席华旭明，区党工委副书记、管委会主任陈水连参加。

10日 中国科学院稀土研究院在赣州经开区挂牌成立。中国科学院副院长、党组成员、院士相里斌，中国科学院稀土研究院物理研究所研究员、首席科学家、院士沈保根，省委副书记、市委书记李炳军，省委常委、副省长吴晓军共同为“中国科学院稀土研究院”揭牌。中国科学院重大科技任务局局长于英杰，省政府副秘书长熊科平，省科技厅一级巡视员刘青，省科学院院长熊绍员，市委副书记、市长曾文明，市领导程霜枫、胡聚文、蓝赟，区领导闫勇出席活动。

△ 赣州经开区创国卫工作部署会召开。区党工委副书记、管委会主任陈水连出席并讲话。

11日 赣州经开区2020年首届消费扶贫展销会在“懒得社区”总部举办。区党工委副书记、管委会主任陈水连参加。

12日 省委召开全省“不忘初心、牢记使命”主题教育总结会议。会议以视频会议形式召开，区党工委书记李明生，区党工委副书记、管委会主任陈水连，全体在家区领导以及各单位主要负责人在赣州经开区分会场收听收看会议实况。

14日 赣州经开区2019年度党委（党组）书记抓基层党建工作述职评议会召开。

17日 商务部发布2019年国家级经开区综合发展水平考核评价结果，赣州经开区较2018年国家级经开区综合排名前移56位，跻身全国经开区第51位。

△ 赣州经开区在高铁西站东广场举行300台国机智骏新能源汽车首批30辆交付仪式。区党工委书记李明生，国机智骏公司总裁张欣分别致辞。区党工委副书记、管委会主任陈水连等参加。

18日 中宣部文艺局副局长彭云，省委宣传部副部长黎隆武一行率调研组到赣州经开区调研。市委常委、宣传部部长彭业明，区党工委副书记、管委会主任陈水连等陪同。

20日 赣州经开区“不忘初心、牢记使命”主题教育总结会议召开。

21日 赣州经开区党工委理论学习中心组专题学习会召开，传达学习贯彻习近平总书记在主题教育总结大会上的重要讲话精神、中央政治局“不忘初心、牢记使命”专题民主生活会精神，省、市近期召开的有关会议精神，以及《党和国家机关基层组织工作条例》内容节选。区党工委书记李明生主持会议并讲话。区党工委副书记、管委会主任陈水连传达学习省“两会”和市委五届八次全会精神。区党工委理论学习中心组成员参加会议。

△ 赣州经开区新型冠状病毒感染的肺炎疫情防控工作会议召开，传达学习习近平总书记对新型冠状病毒感染的肺炎疫情重要指示精神、李克强总理重要批示以及省、市防控会议精神，进一步分析研判形势，部署当前全区防控工作。区党工委副书记、管委会主任陈水连出席并讲话。

22日 赣州经开区2019年工作总结表彰暨2020年工作动员会召开。

△ 中国共产党赣州市第五届纪律检查委员会第五次全体会议召开。区党工委书记李明生，区领导郭声琪、符艳冬在主会场参会。区党工委副书记、管委会主任陈水连以及全体在家区领导等，在赣州经开区分会场收听收看第一阶段会议实况。

△ 赣州经开区党工委第152次会议召开。会议传达学习习近平总书记对新型冠状病毒感染的肺炎疫情重要指示精神和李克强总理重要批示精神，研究布置赣州经开区防控新型冠状病毒感染肺炎疫情工作。区党工委书记李明生主持会议。

23日 2020年赣州经开区党风廉政建设和反腐败工作会议召开。

△ 区党工委副书记、管委会主任陈水连到汽车南站、赣州西高铁站、赣州机场T2航站楼等地现场调度新型冠状病毒感染的肺炎防控工作。

24日 区党工委书记李明生到赣州汽车南站、赣州西高速出入口、赣州西高铁站，看望慰问一线疫情防护工作人员、执勤交警民警和环卫保洁人员。

26日 赣州经开区新型冠状病毒感染的肺炎疫情防控工作会议召开。

27日 赣州经开区党工委（扩大）会议暨疫情防控领导小组第一次会议召开。

28日 区党工委书记李明生到锦江酒店、湖边农贸市场、嘉道活禽宰杀市场、华鑫北农贸市场、华坚路大润发超市、地中海酒店等重点场所，现场督导新型冠状病毒感染的肺炎疫情防控工作。

△ 区党工委副书记、管委会主任陈水连到赣州西高速互通口联合检疫站现场调度进入赣州车辆检疫工作，并在区疫情防控工作指挥部召开疫情防控工作调度会。

29日 赣州经开区应对新型冠状病毒感染的肺炎疫情防控工作领导小组第二次会议召开。

31日 区党工委书记李明生到海欣药业、东坚米业、煌德食品、赣隆药业等园区医药企业、大米肉类生产企业及中电汽车重点项目，现场检查企业疫情防控、医药品生产供应、防疫物资储备等工作，并调研企业复工复产情况及筹备工作。

△ 区党工委副书记、管委会主任陈水连到凤岗镇龙江村、赣南医学院第一附属医院旁舒心饭店、金星路9号西湖宾馆、新力帝泊湾小区等地现场督导疫情防控工作。

2月

1日 赣州经开区应对新型冠状病毒感染的肺炎疫情防控工作领导小组第三次会议召开。

2日 市委常委、市政府副市

长、党组副书记胡雪梅到赣州经开区督导疫情防控工作。区党工委副书记、管委会主任陈水连陪同。

△ 区党工委书记李明生到杨坑农贸市场、杨坑返迁房、蟠龙卫生院、赣州西高速出入口、赣州高铁西客站、凤岗镇龙江村、新力帝泊湾等重点区域，一线调度检查疫情防控工作，并看望慰问一线防控干部职工群众，关心关切居家群众生活。

3日 区党工委书记李明生到黄金岭街道粮食城小区、城市快捷酒店、七一九社区、大坪安置小区，督导检查疫情防控工作。

△ 区党工委副书记、管委会主任陈水连到新能源汽车科技城中电汽车、国机智骏汽车、凯马汽车等企业察看疫情防控及复工准备情况，并向企业致以新春的问候。随后，陈水连到三江乡、凤岗镇调度疫情防控工作，检查三江大桥卡点、超市、蔬菜供应点工作开展情况和物资保障情况。

4日 区党工委书记李明生到赣州新能源汽车科技城管理处督导疫情防控工作。

△ 区党工委副书记、管委会主任陈水连到七一九社区南区、圣地亚哥小区、同兴达电子、海欣药业、华昌新材料产业园、东坚米业等地现场督导疫情防控工作。

5日 赣州经开区党工委会议暨区应对新型冠状病毒感染的肺炎疫情工作领导小组第四次会议召开。

7日 省委副书记、市委书记李炳军到赣州经开区检查指导企业复工复产和疫情防控工作。

△ 赣州经开区党工委（扩大）会议暨区应对新型冠状病毒肺炎疫情工作领导小组第五次会议召开。

△ 区党工委副书记、管委会主任陈水连到长红老年公寓、湖边镇敬老院、凤岗敬老院开展督导疫情防控工作，详细了解老年公寓和敬老院的值班值守、生活物资的保障供应及疫情防控举措落实情况。

8日 区党工委书记李明生到中烟赣州卷烟厂、播恩生物、章贡酒业、中电汽车等园区企业，传达习近平总书记重要指示精神和省、市、区关于企业疫情防控、复工复产有关会议精神，听取企业关于疫情防控措施、防控物资保障、复工计划等情况汇报，督导检查企业疫情防控工作，并向各位企业家及企业员工送上元宵节祝福，现场要求企业及员工节日期间不聚餐不扎堆。

△ 区党工委书记李明生代表区党工委、管委会，到圣地亚哥小区、城市便捷酒店、康家新宿酒店、赣州西高速出入口，看望慰问元宵节坚守疫情防疫一线的医护人员、公安干警、干部职工和志愿者及其他参与支援疫情防控的各界人士。

9日 赣州经开区首例新冠肺炎患者华某治愈出院，在湖边镇中心卫生院医护人员的陪伴下离开赣州市第五人民医院。

10日 区党工委会议暨区应对新冠肺炎疫情工作领导小组第六次会议召开。

11日 区党工委书记李明生到菲尔雪食品、万宝至马达、金信诺电缆、鑫冠科技、山香药业、荧光磁业、孚能科技、宝明显示科技、澳克泰工具、美园畜牧、裕丰大成饲料等园区已复工、待复工工业企业，督导检查疫情防控工作，调研企业复工复产情况。

11—12日 区党工委副书记、管委会主任陈水连到富尔特电子、澳克泰、宝明科技、立德电子、东电化稀土新材料、海盛硬质合金、嘉德电子、展宏新材、康瑞农产品、欧陆通电子、华茂钨材等企业及和谐公租房，实地检查督导疫情防控工作落实情况。

13日 区党工委书记李明生到中烟配送中心、传化物流园（顺丰、韵达、京东）、邮政分拨中心，督导检查已复工物流企业疫情防控工作。

△ 区党工委副书记、管委会主任陈水连主持召开孚能科技科创板上市工作调度会，就做好上交所第三轮问询反馈工作进行调度。

14日 赣州经开区应对新冠肺炎疫情工作领导小组第七次会

议召开。

△　区党工委书记李明生到赣州市第五中学分校建设项目、华昌新材料产业园建设项目、湖边城中村棚户区改造安居社区建设项目、生一伦稀土产业集团有限公司中车动力系统生产厂房建设项目等已复工、待复工建设工程项目，督导检查疫情防控工作。

15—16日　区党工委副书记、管委会主任陈水连到田心返迁小区封闭点、家家乐、华欧电子等地督导疫情防控工作。

17日　赣州经开区应对新冠肺炎疫情工作领导小组第八次会议召开。

△　区党工委副书记、管委会主任陈水连到章江棚户区改造B21地块、华昌科技园、涌泉安居棚户区改造项目、中电汽车、中商国信督导疫情防控工作。

18日　区党工委副书记、管委会主任陈水连到恒科产业园、轰天炮光电科技、金凤智谷、峨嵋中学扩建项目和绿地国际博览中心等项目现场，实地督导项目复工及疫情防控工作，详细了解并交办解决项目在规划设计、复工建设中遇到的困难和问题。

19日　省委副书记、市委书记李炳军到赣州经开区调研“千名干部帮千企、防控疫情促生产”工作，现场研究解决企业面临的问题。省工信厅副厅长蒋文定，区党工委书记李明生，副市长胡聚文，区党工委副书记、管委会主任陈水连等陪同调研并参加座谈。

△　区党工委副书记、管委会主任陈水连到赣州亿鹏能源科技、立昌科技（赣州）、山东凯马汽车制造赣州分公司及赣州绿地国际博览中心配套商住三期等挂点联系的重点企业及重大项目，指导企业（项目单位）疫情防控和复工复产工作，落实“千名干部帮千企，防控疫情促生产”的工作要求。

20日　在收听收看全省全面有效应对疫情、高质量推进项目建设电视电话会议后，赣州经开区立即召开会议布置疫情防控和项目建设工作。区党工委书记李明生主持并讲话。区党工委副书记、管委会主任陈水连作工作部署。全体区领导，相关区直（驻区）单位主要负责人参加。

△　区党工委书记李明生到挂点企业和项目现场，调研“千名干部帮千企、防控疫情促生产”工作，研究解决企业面临的问题。

21日　赣州经开区3例新冠肺炎病例全部治愈，存量清零。

△　区党工委书记李明生到赣州三康医院、赣州金岭大药房、赣州康达尔门诊部、黄金岭街道社区卫生服务中心、华润德信行大药房、蟠龙镇中心卫生院、桃芫村卫生室，现场督导医疗机构、药店疫情防控工作，严格检查卫生院、卫生所（诊所）对发热人员有无严格按要求管理，药店有无停售退热药品（器械），有无对购买止咳药类药品（器械）者进行登记。

21—22日　区党工委书记李明生到专业市场、科技产业园区部分企业督导市场复工复业和疫情防控工作，并到赣州监狱调研督导疫情防控工作落实情况。

22日　在集中收听收看市委应对新冠肺炎疫情工作领导小组第八次会议后，赣州经开区对疫情防控和经济社会发展工作进行再部署。区党工委书记李明生主持并讲话。区党工委副书记、管委会主任陈水连等参加。

23日　湖北籍计划返回赣州经开区人员劝返工作布置会议召开。

24日　区党工委副书记、管委会主任陈水连到时代高科、俊科电子、江奥科技园、秋月科技园、综保区标准厂房、谷山标准厂房等项目现场，实地督导项目复工复产和疫情防控工作，详细了解项目复工进度、员工返岗情况及复工复产中遇到的困难和问题。

26日　赣州经开区党工委第159次会议暨区应对疫情工作领导小组第九次会议召开。

△　区党工委副书记、管委会主任陈水连召开全区文化旅游项目复工建设现场推进会。

27日　赣州市通过“屏对屏”的方式举行网络招商推介会暨重

大项目签约活动，签约资金332.8亿元。其中，赣州经开区签约项目6个，签约资金111.33亿元。该次活动以视频会方式进行，市政府设主会场，各地设分会场。市委副书记、市长曾文明致辞，省供销社主任李晓刚通过网络视频的方式出席活动。市委常委、区党工委书记李明生出席主会场活动。区党工委副书记、管委会主任陈水连出席分会场活动并与企业签约。区领导傅小新代表赣州经开区在主会场与企业签约。

△ 区党工委书记李明生到区婚姻登记中心、黄金岭街道社区服务中心、区企业综合服务中心（办证大厅）等公共服务场所暗访防疫工作，检查发现问题和短板，并现场督导，要求立行立改，举一反三抓好整改提升。

28日 国务院台办、国家发改委、工信部、商务部批复设立海峡两岸产业合作区赣州产业园（赣州经济技术开发区）。

△ 区党工委书记李明生到驻区银座村镇银行、赣州银行、中国银行、工商银行、赣州农商银行，督导金融网点防疫工作，到橙工医疗、福永医疗、赣隆药业、金信诺等口罩生产企业，现场调研口罩生产经营情况。

29日 赣州经开区党工委理论学习中心组专题学习会召开。会议传达学习近期中央和省、市关于疫情防控有关会议精神，特别是习近平总书记在统筹推进新冠肺炎疫情防控和经济社会发展工作部署会议上的重要讲话精神。区党工委书记李明生主持会议并讲话。

△ 赣州经开区2020年征地拆迁工作推进会召开。区党工委副书记、管委会主任陈水连出席并讲话。

3月

2日 在集中收听收看全市统筹推进新冠肺炎疫情防控和经济社会发展工作部署会后，赣州经开区召开工作部署会。区党工委书记李明生出席并讲话。区党工委副书记、管委会主任陈水连主持。

△ 区党工委书记李明生到赣隆药业、福永医疗、金信诺等口罩生产项目，察看生产线设备调试，详细了解企业在生产中遇到的困难问题。

3日 区党工委书记李明生到湖边嘉道活禽水产批发市场，三江、凤岗、蟠龙农贸市场和活禽水产交易市场暗访疫情防控工作，并随机督导乡镇疫情防控工作。

△ 区党工委副书记、管委会主任陈水连到格特拉克、浩蓝环保技术、大音机械制造、金牌轴瓦等园区企业，现场检查督导企业疫情防控工作情况。

4日 区党工委书记李明生随机到区内部分“园中园”企业暗访疫情防控工作，并到赣州新能源汽车科技城督导重点项目建设。

△ 赣州经开区境外疫情输入防控工作调度会召开。

5日 区党工委书记李明生到赣州经开区疫情防控应急指挥部召开疫情防控工作调度研讨会，传达学习全市疫情防控和商贸服务业复工复产情况汇报会精神，研究赣州经开区贯彻落实意见，并分析研判赣州经开区当前疫情防控形势，提出指导性意见措施。区党工委副书记、管委会主任陈水连参加。

5—6日 区党工委副书记、管委会主任陈水连到氢源科技、英华利、鑫冠科技、澳克泰、华坚鞋城、家家乐实业、京瓷精密等园区企业和黄金岭街道实地督导境外疫情输入防控工作。

7日 赣州经开区应对新冠肺炎疫情工作领导小组第十次会议召开。

7—8日 区党工委副书记、管委会主任陈水连到传化物流园、中电汽车、南方新能源汽车工程研究中心、昶洧汽车现场督导疫情防控工作，到城市便捷酒店和康家新宿看望慰问坚守在区集中留观点防疫一线的医护等工作人员和集中留观人员。

9日 赣州经开区生态环境保护委员会2020年度第一次全体会议召开。区党工委书记、区环委会主任李明生出席并讲话。区党工委副书记、管委会主任陈水连主持。区领导华晓斌、吴汉波参加。区环委会成员单位及各乡（镇、街道、管理处）主要负责人参加。

10日 省委副书记、市委书记李炳军，市委副书记、市长曾文明，市政协主席刘建平，市委副书记刘文华等市四套班子领导，区党工委书记、区总林长李明生，区党工委副书记、管委会主任、区副总林长陈水连及全体在家区领导，与市直有关单位和赣州经开区部分干部职工一起，到赣州高铁西站新时代广场北侧，带头参加2020年植树节义务植树活动。

△ 省市县三级联动推进重大项目开工大会召开后，赣州经开区紧接着举行全区“项目建设提速年”首批项目集中开工大会。区党工委书记李明生下达开工令。区党工委副书记、管委会主任陈水连讲话。

11日 赣州经开区返迁安置房（保障性住房）项目建设三年行动动员会召开。区党工委副书记、管委会主任陈水连参加。

12日 全区决战决胜脱贫攻坚动员会暨新冠肺炎疫情防控工作部署会召开。

△ 区党工委书记李明生到电子信息产业园，现场督导调度天安智谷、明慧康、叶山大道下穿高铁段、秋葵科技园、泉岗科技园、黄金大道东延，以及电子信息产业园其他“满园扩园”行动项目建设。

△ 全区安全生产工作会议召开。

13日 在收听收看2019年度全市“六大攻坚战”工作总结部署会后，赣州经开区紧接着召开2019年度全区“六大攻坚战”工作总结部署会。区党工委书记李明生出席并讲话。区党工委副书记、管委会主任陈水连主持。全体在家区领导参加。

△ 2019年度全市“六大攻坚战”工作总结部署会召开。会上，赣州经开区3个项目接受“云检阅”，项目分别为赣州市同兴达电子科技有限公司、恒科东方科技企业加速器项目、江西中电汽车有限公司。

14日 赣州经开区举行项目签约仪式，签约项目9个，其中集中签约项目7个，总投资116.51亿元。区党工委书记李明生，中国信息化发展研究院常务副院长姜洪成，区党工委副书记、管委会主任陈水连等出席。

16日 市委组织部、市新能源汽车推广办选派优秀干部驻企帮扶见面会在赣州新能源汽车科技城国机智骏赣州基地召开。副市长胡聚文出席会议并讲话。

△ 随着原告李某向赣州经开区法院提交撤诉申请书，撤回其起诉被告刘某租赁合同纠纷一案，赣州经开区首起涉疫情房屋租赁合同纠纷案成功通过“云调解”解决。

18日 赣州经开区新冠肺炎疫情防控工作专题调度会召开。

19日 区党工委书记李明生到区第二保育院、紫荆路小学、区人民医院、市第六中学和峨眉中学等项目地块，现场调度项目建设工作。

20日 赣州经开区口罩生产企业区块链防伪溯源技术签约仪式在赣州区块链金融产业沙盒园举行。区党工委书记李明生出席，赣州区块链金融产业沙盒园董事长范枋宜等企业代表参加签约仪式。

21日 赣州经开区奖励企业和人才国机智骏汽车交车仪式在国机智骏汽车有限公司成功举行。区党工委书记李明生出席并讲话。区党工委副书记、管委会主任陈水连等参加。

△ 国机智骏赣州区域经销商集中签约仪式在国机智骏赣州基地品质中心举行。区党工委书记李明生，区党工委副书记、管委会主任陈水连参加签约仪式。赣州下辖县、市13家经销商的投资人现场和国机智骏签署经销商加盟协议。

22日 赣州经开区2020年武装工作会议召开。

23—24日 区党工委书记李明生到时代高科项目、正邦智能科技产业园等地督导“满园扩园”行动项目建设情况；到赣州市第五中学、赣州市厚德学校等学校督导复学前的疫情防控准备工作。

25日 区党工委书记李明生到东江源大道立面改造、105国道改线经开区段和赣州国际会展中心、高铁新区沿江截污干管等重点项目建设现场，实地看、听汇报、督进度，协调解决项目建设中存在的问题和困难，全面推进重点项目如期建成。

28日 人民日报社江西分社社长郑少忠一行到赣州经开区就新时代文明实践站“五合一”模式进行专题调研采访。市委常委、宣传部部长彭业明，区党工委书记李明生等先后陪同。

29日 市委副书记、市长曾文明到赣州市第五中学实地调研学校复学准备工作。市政府秘书长杨雍谨，区党工委副书记、管委会主任陈水连，市委教育工委书记邝先元等陪同。

30日 省自然资源厅党组书记、厅长张圣泽一行到赣州经开区调研地质灾害防治等自然资源重点工作。区党工委书记李明生，副市长张逸，市自然资源局党组书记、局长邓海鹰等陪同。

△ 赣州经开区应对新冠肺炎疫情工作领导小组第十一次会议暨学校复学疫情防控工作部署会召开。

△ 赣州市行政审批局出具江西中电汽车有限公司建设项目环境影响评价文件的批复，江西中电工业项目成为赣州首个实行承诺备案制审批的工业项目。

31日 在收听收看省委召开的中央脱贫攻坚专项巡视“回头看”暨成效考核反馈意见整改工作动员部署会、市委召开的中央脱贫攻坚专项巡视“回头看”暨成效考核反馈意见整改工作动员部署会之后，赣州经开区紧接着召开会议进行部署落实。区党工委书记李明生出席并讲话。区党工委副书记、管委会主任陈水连等参加。

△ 黄金岭街道金岭路社区、金星村、杨梅村、黄金村党委揭牌仪式举行。

4月

1日 赣州经开区三江乡首个村级党委——新红村委员会揭牌成立。

△ 赣州经开区中央脱贫攻坚专项巡视“回头看”暨成效考核反馈意见整改工作调度会召开。区党工委副书记、管委会主任陈水连出席。

2日 在收听收看全省、全市深入推进爱国卫生运动暨城乡环境综合整治工作部署会后，赣州经开区紧接着召开全区深入推进爱国卫生运动暨城乡环境综合整治工作部署会。区党工委书记李明生主持并讲话。区党工委副书记、管委会主任陈水连参加。

△ 赣州经开区举行“防疫情、稳经济”政银企签约仪式暨融资平台推广工作会，现场签约218.43亿元。区党工委副书记、管委会主任陈水连出席并讲话。

7日 省委副书记、市委书记李炳军到蟠龙中学指导复学疫情防控工作，实地检查学校疫情防控设施，检查食堂、就餐点、健康观察室等防疫情况。

8日 区税务局办税服务厅正式进驻蓉江政务大厅并投入运行。

9日 赣州经开区首期区块链技术应用对接交流会在赣州区块链技术产业园举行。

△ 赣州经开区向赣州新能源汽车科技城范塘村浙赣蔬菜基地开出全区首张食用农产品合格证。

10日 区党工委副书记、管委会主任陈水连到田心康居社区、蟠龙镇中心卫生院、杨坑村农贸市场周边、黄金岭街道杨梅二期及金榜路社区等地，现场督导“爱国卫生运动月”活动及城乡环境综合整治工作。

11日 赣州经开区举行项目集中签约仪式，现场签约项目9个。区党工委书记李明生，区党工委副书记、管委会主任陈水连，赣州稀土集团董事长谢志宏出席签约现场。

12日 区人武部召开2020年先期整组民兵分队集中点验考核大会。赣州经开区各行各业的4支分队120名基干民兵按专业按编组接受军分区点验考核。赣州军分区司令员刘涛出席。

15日 赣州经开区党工委中

心组理论学习暨区党政领导班子脱贫攻坚专项巡视“回头看”整改集中学习研讨会召开。区党工委书记李明生主持并讲话。区党工委副书记、管委会主任陈水连及区党工委委员作发言。

15—16日 省政协主席、党组书记姚增科到赣州调研疫情防控和经济社会发展情况。省委副书记、市委书记李炳军，市委副书记、市长曾文明，市政协主席刘建平，市领导彭业明、李明生、高世文，区领导符艳冬等陪同调研。其间，姚增科一行到赣州经开区的江西金力永磁科技股份有限公司调研。

16日 江西曼妮芬服装有限公司口罩生产顺利通过产品检测、现场验收、材料审查等环节，经省药品监督管理局批准，正式取得一次性医用无菌口罩医疗器械注册证，成为赣州经开区首家获得二类医疗器械注册证的口罩生产企业。

18日 在赣州经开区第一季度项目建设“大比武”活动暨六大攻坚战流动现场会后，赣州经开区紧接着召开区党工委第164次会议、六大攻坚战指挥部会议暨财经委第二次会议，传达学习习近平总书记近期重要讲话精神和中央重要文件精神，审议有关文件，总结一季度有关工作，研究部署下一阶段的重点工作。区党工委书记李明生主持会议并讲话。区党工委副书记、管委会主任陈水连总结赣州经开区一季度工作成绩并对下一步工作作部署。

20日 区党工委副书记、管委会主任陈水连到湖边镇官田村、凤岗镇长胜村、三江乡饶家陂村调度春耕生产工作。

21日 中国留学人员创业园联盟秘书长郎靖到赣州经开区开展交流座谈会。区党工委副书记、管委会主任陈水连出席。

△ 凤岗镇退役军人王华人收到“江西省模范退役军人”喜报和荣誉证书，为赣州经开区首位获2019年度“全省模范退役军人”荣誉的个人。

23日 赣州经开区党工委第165次会议召开。会议听取全区关于中央脱贫攻坚专项巡视“回头看”整改工作专题汇报，研究部署下一步工作。区党工委书记李明生主持并讲话。区党工委副书记、管委会主任陈水连等参加。

24日 全区扫黑除恶重点行业领域整治推进会召开。区党工委副书记、管委会主任陈水连主持。

25日 赣州市举行“项目建设提速年”重大项目集中开工活动，各县（市、区）设分会场。其中，赣州经开区分会场设在赣州智造谷电子信息产业园（明惠康）项目现场，采取视频连线的方式联动进行。

△ 赣州经开区全区“项目建设提速年”第二季度项目集中开工仪式召开。区党工委书记李明生下达开工令。区党工委副书记、管委会主任陈水连讲话。

△ 华昌电子及新材料产业园举行开园仪式。区党工委书记李明生宣布开园。区党工委副书记、管委会主任陈水连讲话。区领导郭声琪主持。

26日 赣州高铁新区中央商务区举行集中建设启动仪式。区党工委书记李明生出席。

27日 省工商联党组成员、副主席洪跃平率第三评估调研指导组到赣州经开区开展营商环境第三方评估调研。市委副书记、统战部部长刘文华，区党工委书记李明生，市政协副主席、市工商联主席华旭明，区党工委副书记、管委会主任陈水连等先后陪同。

△ 赣州经开区与赣州市第一中学举行联合办学签约仪式，将在赣州经开区建设赣州市第一中学西城校区。区党工委书记李明生，市委教育工委副书记、市教育局局长邓明，市第一中学党委书记王达全出席。区党工委副书记、管委会主任陈水连与市第一中学校长陈智钢分别代表区管委会和市第一中学签署联合办学协议。

29日 江西省促进开发区改革和创新发展领导小组公布全省开发区2019年争先创优综合考评有关情况。根据通报的考评结果，赣州经开区综合得分83.66161分，在全省99个开发区中位列第三。

30日 赣州经开区党工委脱贫攻坚专项巡视"回头看"整改工作领导小组（扩大）会议暨脱贫攻坚挂牌督战工作调度会召开。区党工委书记李明生主持并讲话。区党工委副书记、管委会主任陈水连参加。

△ 赣州经开区召开全区返迁安置房（保障性住房）项目建设推进会，听取项目建设推进、建设进展、移交分配等情况的汇报，并对下一步工作提出要求。区党工委副书记、管委会主任陈水连主持并讲话。

5月

6日 省委书记刘奇到赣州市，重温习近平总书记视察江西重要讲话精神。其间，刘奇一行到赣州经开区江西金力永磁科技股份有限公司调研。省委副书记、市委书记李炳军，区党工委书记李明生陪同调研。

△ 区党工委书记李明生到赣州市第五中学、赣州市第十中学、金星小学、江西环境工程职业学院，督导第二批复学学校新冠肺炎疫情防控措施和复学准备工作。

7日 市委常委、区党工委书记李明生率领有关部门拜访中国通号，与中国通号公司总裁、党委副书记徐宗祥就推进央地合作事宜展开座谈交流。

△ 区党工委副书记、管委会主任陈水连到赣州市第八中学、赣州市天骄小学督导疫情防控和返校复学准备工作。

△ 赣州经开区城市更新工作推进领导小组办公室举行揭牌仪式，并召开城市更新工作动员部署会，正式开启赣州经开区城市更新工作。

△ 省推进创新型省份建设领导小组办公室公布江西省2019年度独角兽（潜在、种子）和瞪羚（潜在）企业入选榜单，赣州经开区6家企业名列其中。其中，赣州好朋友科技有限公司入选种子独角兽企业，江西荧光磁业有限公司、赣州富尔特电子股份有限公司、江西离子型稀土工程技术研究有限公司、江西福格新能源传动技术有限公司入选瞪羚企业，赣州市瑞富特科技有限公司为潜在瞪羚企业。

7—8日 市委常委、区党工委书记李明生率队赴安徽省蚌埠市凯盛科技集团考察。

9日 市委常委、区党工委书记李明生率队到电子科技大学、信息产业电子第十一设计研究院考察。

上旬 2019年赣州质量强市工作考核结果揭晓，赣州经开区质量强市工作考核评分蝉联县（市、区）第一。

11日 区党工委副书记、管委会主任陈水连到湖边村城中村改造项目、蓝翔棚户区改造项目、车头临道公寓楼5—8#楼，现场察看项目推进情况，调度解决瓶颈难题。

12日 赣州经开区组织、宣传、统战、群团和人社工作会议召开。

13日 江西曼妮芬服装有限公司生产的25万只口罩在广州海关通关成功并发往赞比亚。这是年内首批区内企业自主生产并实现出口的防疫物资。

14日 区党工委书记李明生到迎宾大道两侧城市更新工作推进领导小组集中办公地点，调度迎宾大道两侧城市更新工作，看望慰问一线的工作人员。

15日 全区纪念五四运动101周年大会暨"双百一千·团课+"工作启动大会召开。会议传达学习习近平总书记寄语新时代青年重要指示精神，布置"双百一千·团课+"有关工作。区党工委书记李明生出席并上以"传承红色基因，弘扬苏区精神，立志成为担当民族复兴重任的时代新人"为主题的专题团课。全区各基层团（工）委书记及分管副书记，区直（驻区）各部门（单位）、各村（社区）、各学校卫生院、"两新"领域团组织书记，区团工委全体干部职工和区内部分团员青年代表参加。

△ 市人大常委会赵多仙主任一行到赣州经开区，就省级以上开发区建立人大工作运行机制、

基层人大工作开展、人大代表履职等情况进行专题调研。

16日 中国（赣州）跨境电子商务综合试验区首单跨境电商1210业务（跨境电商保税备货模式）开通暨首趟跨境电商班列开行仪式举行。省委副书记、市委书记李炳军出席启动仪式并宣布中国（赣州）跨境电子商务综合试验区首单业务开通、首趟班列开行。市委副书记、市长曾文明主持。市委常委、区党工委书记李明生，市委常委、副市长、南康区委书记徐兵，副市长胡聚文出席。区党工委副书记、管委会主任陈水连参加。启动仪式以视频直播连线形式举行，赣州综合保税区跨境电商监管中心设主会场。

18日 赣州经开区城乡环境综合整治工作部署会召开。区党工委书记李明生出席并讲话。区党工委副书记、管委会主任陈水连作具体部署。

19日 市人大代表、区党工委书记李明生到黄金岭街道金东南居委会人大代表联络站接待选民代表，面对面倾听选民心声，征求基层意见建议，帮助解决实际困难。

△ 市检察院党组书记、检察长江阶虎一行到赣州经开区就非公企业维权服务中心建设情况进行调研并座谈。

20日 市委深入学习贯彻习近平总书记视察江西和赣州重要讲话精神总结部署会召开。会议通过视频形式召开，各县（市、区）设分会场。区党工委书记李明生，区党工委副书记、管委会主任陈水连，全体在家区领导在赣州经开区分会场参加会议。

21日 团中央书记处书记李柯勇，团省委书记马健，团省委副书记易军一行到赣州经开区调研“两新”组织团建工作。区党工委书记李明生，副市长许忠华等陪同调研。

△ 省委第六巡视组巡视赣州经开区工作动员会召开。

△ 区党工委副书记、管委会主任陈水连到大坪明德小学周边托管机构、湖边镇卫生院住院楼建设项目、赣州海盛硬质合金有限公司等地，现场督导检查全国“两会”期间安全生产工作。

22日 市人大代表、区党工委副书记、管委会主任陈水连到蟠龙镇杨坑片区人大代表联络站，接待基层人大代表及选民代表，零距离倾听选民诉求，面对面进行沟通交流，并将收集到的问题梳理归类、现场交办。

23日 省科技厅党组成员、副厅长席宏一行到赣州经开区考察调研。市政协副主席、市科技局局长蓝赟，区党工委副书记、管委会主任陈水连等先后陪同。

△ 区党工委理论学习中心组学习（扩大）会召开。邀请中国联通研究院工业互联网分院副院长聂智峰作题为《人工智能技术发展及应用趋势》的专题讲座。区党工委书记李明生出席并作总结讲话。区党工委副书记、管委会主任陈水连，区党工委理论学习中心组其他成员，赣州综保区各部门（单位）、区直（驻区）各部门(单位)科级以上领导干部、各乡（镇、街道、管理处）党政主要负责人、区属各国有企业中层以上干部及区内企业家代表200余人参加。

24日 全区返迁安置房（保障性住房）项目建设现场推进会召开，现场调度解决章江E5、E6地块，章江B21地块，湖边城中村改造等返迁房项目建设难题。区党工委副书记、管委会主任陈水连主持。

25日 区重大产业项目推进领导小组第二次会议召开，听取立德电子产业园项目、中电汇信智能显示面板玻璃项目、省旅游集团童话大王家庭娱乐中心项目等重大产业项目推进情况，研究下一步推进计划。区党工委书记李明生主持。区党工委副书记、管委会主任陈水连出席。

26日 区党工委书记李明生到金凤梅园、宝塔农贸市场、筱坝大桥断面、武陵大桥断面等赣州经开区创卫技术评估样本点位，现场调度解决重点难点问题，进一步明确创卫工作要求。

27日 省委宣传部副部长、

省文明办主任龚建文一行到赣州经开区调研新时代文明实践站建设工作。市委常委、宣传部部长、市政协主席彭业明，区党工委书记李明生，区党工委副书记、管委会主任陈水连等陪同调研或出席相关活动。

29日 在集中收听收看全省全市领导干部会议后，赣州经开区紧接着召开全区领导干部会议。区党工委书记李明生主持并讲话。他强调，赣州经开区上下要深入学习贯彻全国两会精神，特别是习近平总书记重要讲话精神，全面落实全省、全市领导干部会议部署，切实统一思想、理清思路、细化举措、狠抓落实，全力奋战二季度、实现“双过半”、实现“双胜利”，确保完成全年经济社会发展目标任务。区党工委副书记、管委会主任陈水连等参加。

△ 民盟赣州经开区支委会成立大会召开。会议选举区公管处主任刘丹为主委的领导班子。

30日 赣州经开区举行项目集中签约仪式。区党工委书记李明生致辞。副市长胡聚文出席。区党工委副书记、管委会主任陈水连等参加。仪式上，集中签约项目15个，总投资312.07亿元。其中，10亿元以上项目4个，百亿元以上项目1个。生一伦稀土产业集团有限公司的中车产业园项目总投资260亿元，是赣州经开区历史投资最大的单个项目，也是赣州经开区成立以来第2个投资额超200亿元的工业项目。

6月

1日 市委副书记、市长曾文明，市政协主席彭业明到赣州经开区部分小学和幼儿园，走访慰问少年儿童。区党工委书记李明生陪同。

△ 区党工委书记李明生到金岭学校、区第一保育院及金星小学走访看望少年儿童，为孩子们送去节日礼物和美好祝福，并向广大教育工作者致以诚挚问候和衷心感谢。

2日 省委常委、组织部部长刘强到孚能科技（赣州）有限公司考察调研。省市场监督管理局党组书记、局长王福平，中国银行江西省分行党委书记、行长蔡兴华参加调研。区党工委书记李明生，市委常委、组织部部长王成兵等陪同。

△ 全区中央脱贫攻坚专项巡视“回头看”反馈意见整改工作推进会暨脱贫攻坚普查领导小组（扩大）会议召开。

△ 区党工委书记李明生到杨梅村紫荆康居小区、蟠龙镇政府、澳克泰公司、懒得社区调度消费扶贫工作，并召开座谈会，研究解决具体问题。

3日 省委副书记、市委书记李炳军到赣州经开区赣州市智能产业创新研究院、赣州区块链金融产业沙盒园、国际企业中心调研人才工作。

△ 赣州市华瑞智能科技有限公司正邦智能电子科技产业园项目举行开工仪式，正式开工建设。区党工委书记李明生出席并宣布开工。

4日 副市长许忠华在赣州经开区主持召开全市“六稳六保 稳金融”调研座谈会，对企业上市、打击处理非法集资等相关工作进行部署。

9日 区党工委书记李明生会见中国通号副总裁赵晓东一行，双方就推进央地合作事宜展开交流。

△ 赣州经开区举行“冰心奖儿童图书馆”启动仪式。区党工委书记李明生出席并宣布启动。

10日 国机智骏新能源进藏车队顺利抵达赣州，并在赣州经开区国机智骏赣州基地品质中心举行欢迎仪式。区党工委书记李明生出席。

△ 赣州经济技术开发区安全生产监督管理局更名为赣州经济技术开发区应急管理局。

13日 赣州经开区保文创卫暨新冠肺炎疫情常态化防控工作调度会召开。

△ 全区城镇贫困群众脱贫解困工作领导小组第二次会议召开，学习贯彻省、市城镇贫困群众脱贫解困工作领导小组第二次会议精神，听取区城镇贫困群众

脱贫解困工作情况，审议有关文件，研究部署下一阶段工作。区党工委书记、区城镇贫困群众脱贫解困工作领导小组组长李明生出席并讲话。区党工委副书记、管委会主任、区城镇贫困群众脱贫解困工作领导小组第一副组长陈水连主持。

△ 赣州经开区召开2020年区级总河（湖）长和总林长会议。区党工委书记、区级总河（湖）长、总林长李明生出席并讲话。区党工委副书记、管委会主任、区级副总河（湖）长、副总林长陈水连主持。区领导、区级河长、林长华晓斌参加。

14日 区党工委理论学习中心组学习（扩大）会召开，邀请电子科技大学高巍教授作题为《中国集成电路产业与功率半导体特色工艺综述》的专题讲座。区党工委书记李明生出席并作小结讲话。区党工委副书记、管委会主任陈水连，区党工委理论学习中心组其他成员，赣州综保区各部门（单位）、区直（驻区）各部门（单位）科级以上领导干部、各乡（镇、街道、管理处）党政主要负责人、区属各国有企业中层以上干部及区内企业家代表300余人参加。

△ 赣州经开区召开入规工业企业政策兑现大会，对77家入规企业兑现政策奖励资金820万元。区党工委副书记、管委会主任陈水连出席。

15日 市人大常委会主任、党组书记赵多仙一行到赣州经开区就省级以上开发区建立人大工作运行机制情况进行专题调研。区党工委书记李明生出席相关活动。

16日 区党工委副书记、管委会主任陈水连到长鲔深海餐饮体验中心、赣州树林冷冻食品有限公司现场调度疫情防控工作。

22日 赣州经开区应对新冠肺炎疫情工作领导小组第十二次会议召开。

24日 赣州经开区在赣州市厚德学校开展禁毒宣传进校园活动，现场传达学习习近平总书记对禁毒工作作出的重要指示精神，参观禁毒宣教展板，强调布置赣州经开区禁毒工作。区党工委书记李明生到场指导。区领导、区禁毒委主任郭声琪等参加。

△ 赣州经开区党工委理论学习中心组学习（扩大）会召开，市统计局综合核算科科长兼办公室负责人孙有德应邀讲解GDP核算业务知识。区党工委书记李明生出席并讲话。区党工委副书记、管委会主任陈水连主持。区党工委理论学习中心组成员，赣州综合保税区各部门（单位）、区直（驻区）各部门（单位）科级以上领导干部、区属各国有企业中层以上干部，各乡（镇、街道、管理处）党政主要负责人、统计工作分管领导及相关业务人员，23个区GDP核算基础指标责任单位和其他经济部门相关统计业务人员等参加。

28日 赣州经开区签约落户16个项目，总投资73.8亿元。区党工委书记李明生，区党工委副书记、管委会主任陈水连出席签约仪式。签约项目涵盖半导体装备、互联网平台、总部经济、文化旅游、有色金属等领域，包括总投资20亿元的无锡迪渊特科技有限公司半导体先进装备中心项目，总投资35亿元的童话大王家庭娱乐中心项目、新型稀土永磁材料生产项目、“互联网+外贸”项目、新能源产业数据智能互联网平台等。

△ 赣州经开区2020年集群式项目“满园扩园”行动促开工项目调度会召开。区党工委副书记、管委会主任陈水连出席。

29日 “苏区振兴八周年”全国重点网络媒体主题采访活动在赣州经开区举行。新华网、中新网、中青网、中国江西网等中央、省、市网络媒体的20多名记者先后到国机智骏、赣州综保区，就赣州经开区新能源汽车产业、开放型经济发展等主题进行采访报道。

30日 赣州经开区举行“六稳·六保·稳经济”政银企签约仪式暨普惠金融宣讲会，邀请人民银行赣州中心支行货币信贷管理科副科长郑哲鸿作专题宣讲。区党工委书记李明生出席。区党工委副书记、管委会主任陈水连主持会议。

△ 区建筑业协会成立大会在区住建局举行。区党工委副书记、管委会主任陈水连出席会议并讲话。

7月

1日 区党工委书记李明生到“满园扩园”行动恒科产业园三期、亿源机械三期、电子信息产业园涌泉片区、住友富士电梯、鑫冠电子二期等项目现场，察看项目进度，调度解决问题，督促加快建设。

△ 区党工委副书记、管委会主任陈水连到西城区F—08—02地块项目、绿地城际空间站周边道路项目（北坑路）、河坝预留地项目、登峰大道项目等地，现场召开征收搬迁“百日攻坚”项目推进会。

△ 赣州经开区应急管理局挂牌仪式举行。

7日 省工信厅公布第二批江西省新型工业化产业示范基地名单，赣州经开区新能源汽车及零部件产业示范基地成功入选。

8日 “爱健康 爱未来”中国青爱工程赣州经开区捐赠仪式在大坪明德小学举行。中国青爱工程执行机构——北京青爱教育基金会向赣州经开区中小学捐赠“童宝保”爱心健康包5000套，用于学生日常卫生消毒，助力校园防疫。区党工委书记李明生出席并致辞。

△ 区党工委书记李明生以《弘扬抗疫精神 争做社会主义事业的建设者和接班人》为主题，在赣州市第五中学上思想政治课。全校师生代表280余人参加。

10日 省政协常委、省政协民宗委副主任丁晓群一行到赣州经开区，就生物医药产业发展概况及存在制约生物医药长足发展的瓶颈因素情况开展专题调研。

△ 省委组织部副部长、省人大常委会选任联工委主任徐忠一行到赣州经开区孚能科技（赣州）股份有限公司、赣州市智能产业创新研究院调研人才工作。

11日 省重点建设项目传化·赣州腾宜达赣州传化南北公路港二期工程——传化赣州腾宜达金属物流园正式全面启动运营。

△ 赣州经开区城乡环境综合整治工作推进会召开。区党工委书记李明生出席并讲话。区党工委副书记、管委会主任陈水连主持。

13日 市委常委、政法委书记邓忠平到三江乡伍岭村、三江乡综治中心、赣州经开区法院诉讼服务中心等地，现场调研赣州经开区市域社会治理现代化试点工作并开展座谈。

△ 章贡区水西镇蛤湖村划入赣州经开区湖边镇管理事权交接会在水西镇政府举行。市政府副秘书长温江涛，市民政局党组书记、局长黄丽红出席。区领导卓邦友，章贡区副区长肖立分别代表区管委会和章贡区人民政府签署交接备忘录。会上宣读《赣州市人民政府关于同意章贡区水西镇蛤湖村划入赣州经济技术开发区湖边镇的批复》，章贡区、赣州经开区分别作表态发言。

14日 赣州市人民政府与中国成套工程有限公司签署战略合作协议。双方将在赣州市“一带一路”粮谷、中医药保税加工、进境木材及智能家居制造产业等领域开展全方位合作。省委副书记、市委书记李炳军会见国机集团党委书记、董事长张晓仑一行，并见证签约。市委副书记、市长曾文明，国机集团党委常委、副总经理白绍桐分别致辞。市委常委、区党工委书记李明生，副市长胡聚文，区党工委副书记、管委会主任陈水连等参加相关活动。

△ 赣州经开区返迁安置（保障性住房）项目建设三年行动工作推进会召开。

15日 赣州经开区组织人员对湖边镇叶山鑫发砖厂、赣信砖厂2个长江经济带废弃露天矿山生态修复工作进行初步验收，标志着赣州经开区提前完成生态修复任务。

16日 华东交通大学与赣州经开区“百校行”活动集中签约

仪式在赣州经开区举行。华东交通大学党委书记万明，区党工委书记李明生出席并致辞。华东交通大学党委委员、副校长黄稚龙，区党工委副书记、管委会主任陈水连等出席签约仪式。集中签约仪式上，赣州经开区与华东交大签订助力企业创新推动高质量发展“百校行”活动合作协议书；赣州建控集团与华东交大签订校企战略合作协议书、共建博士园协议、共建产城学院协议、立体车库研发意向合作协议、共建建筑材料联合实验室协议、新型透水砖研发协议、机制砂研发意向合作协议。

△　区法院与区交警大队合作共建的全市首个“机动车专线执行查控系统”启动仪式举行，标志着机动车专线执行查控系统正式投入使用。

17日　孚能科技（赣州）股份有限公司在上交所挂牌上市，成为江西省首家科创板上市企业。省委副书记、市委书记李炳军，孚能科技董事长兼总裁王瑀，中国国新控股有限责任公司董事长周渝波，戴姆勒大中华区执行副总裁马库斯·格兰德共同为“孚能科技”鸣锣开市。上海证券交易所副总经理董国群，省商务厅厅长谢一平，省地方金融监管局局长韦秀长，人民银行南昌中心支行行长张智富，江西证监局局长唐理斌，省苏区办副主任温俊杰，市委常委、区党工委书记李明生，副市长许忠华，区领导傅小新，中国国新控股有限责任公司副总经理黄耀文，华泰联合证券董事长江禹等参加活动。孚能科技此次科创板上市首发募集资金34.37亿元，用于年产8吉瓦时动力电池扩产项目和补充运营资金。

21日　由市精准办、市委宣传部、市委讲师团联合开展的市“决胜全面小康决战脱贫攻坚”巡回宣讲报告会在赣州经开区召开。

21—24日　江西“尊崇军创·建行杯”退役军人创业创新大赛省级复赛在赣州锦江国际迎宾馆圆满结束。

22日　由省委统战部、省工商联组织的全省金融支持民营企业发展现场推进会在赣州经开区举行。省委常委、统战部部长陈兴超，省政协副主席、省工商联主席雷元江出席，省非公有制经济发展领导小组成员、各设区市政府常务副市长、各银行机构主要负责人、部分非公企业主要负责人代表等近300人参会。

23日　赣州经开区安全生产委员会全体（扩大）会议暨安全生产排查整治夏季攻势动员部署会召开。

△　赣州经开区成立30周年暨升格为国家级经开区10周年新闻发布会在市人民政府新闻办新闻发布厅成功举行。区领导宋鹏作主要发布。市委外宣办原主任唐晓青主持。区领导李其成出席相关活动。区财政局、区经发局、区招商局、区住建局、区社管局、区企工局负责人回答媒体记者提问。

24日　市委副书记刘文华到赣州经开区赣州好朋友科技有限公司、江西视鼎科技有限公司、赣州智研院调研人才创办企业情况。

24—26日　世界华人总会会长勾李华率考察团一行到赣州经开区参观考察，并与赣州经开区签订新加坡大通银行合作项目、鹏博士赣州5G大数据产业园合作项目、柬埔寨中国东盟农资商会合作项目投资合作框架协议和战略合作协议。区党工委书记李明生，区党工委副书记、管委会主任陈水连等出席并见证项目签约。

25日　赣州经开区组织领导干部到驻赣某部、赣州军分区国防教育基地参加军事日活动，带头接受国防教育，学习军事技能。区党工委书记李明生，在家区党政领导班子成员，区国防动员委员会成员，区人民武装委员会成员，区基层武装部政治教导员参加。

26日　赣州经开区召开2020年第二季度六大攻坚战项目建设“大比武”活动，对二季度六大攻坚战项目建设进行考核评比，总结上半年工作，部署下半年工作，动员赣州经开区上下坚定信心、大干快上，奋力冲刺“三季度”、决胜“四季度”、夺取“全年胜”，坚决完成全面建成小康社会和“十三五”规划目标任务。区党工委书记李明生出席并讲话。区党工委副书记、管委会主任陈水连主持。

27日 赣州经开区召开2020年征兵工作领导小组会议暨2020年征兵工作会议，区领导、区征兵工作领导小组常务副组长郭声琪，区领导、征兵工作领导小组副组长卓邦友等参加。会议表彰2019年征兵先进单位和先进个人，总结回顾2019年赣州经开区征兵工作情况，部署2020年征兵工作任务。

27—29日 省工信厅党组成员、副厅长钱昀一行到赣州经开区调研降成本优环境工作。区党工委书记李明生，副市长胡聚文等先后陪同。

30日 赣州经开区举行项目集中签约仪式，签约项目8个，总投资21.3亿元。区党工委书记李明生，区党工委副书记、管委会主任陈水连出席。区领导谢卫东主持签约仪式。

△ 赣州经开区召开企业上市“映山红行动”工作汇报推进会。区党工委书记李明生主持并讲话。

△ 省科技厅党组成员、厅长助理陈金桥一行到赣州经开区调研指导“03专项”和VR产业发展等工作。区党工委副书记、管委会主任陈水连等陪同或出席相关活动。

31日 天安智谷科技产业园举行意向企业入驻签约仪式。来自赣粤两地研究院、孵化协会、企业等15家单位就产学研、孵化链条后端、产业转移等与天安智谷达成合作意向并签订协议。区党工委书记李明生，清远市委统战部副部长、市工商联党组书记何久斌等出席。

△ 赣州经开区召开平安经开区建设领导小组（市域社会治理现代化试点工作）第一次会议暨区党工委全面依法治区委员会第二次会议。区党工委书记李明生主持并讲话。区党工委副书记、管委会主任陈水连参加。

△ 赣州经开区召开学习贯彻习近平总书记在企业家座谈会上重要讲话精神座谈会。区党工委书记李明生出席并讲话。

8月

3日 深圳市宝明科技股份有限公司在深圳证券交易所中小企业板敲钟上市。深圳市龙华区委书记、区长王卫，深圳市龙华区委常委、副区长张纳沙，赣州市委常委、赣州经开区党工委书记李明生，宝明科技董事长李军共同为宝明科技敲钟开市。自深圳市宝明科技股份有限公司的全资子公司——赣州宝明显示科技2018年6月落户以来，赣州经开区为企业提供“保姆式”服务，努力把赣州宝明显示科技打造成全市显示领域的龙头企业。

△ 市委常委、区党工委书记李明生赴深圳远致富海智能产业有限公司参观考察，就双方如何合作设立并购基金、协助远致富海被投企业扩大生产产能等事项进行座谈交流。远致富海总裁程厚博出席。

4日 韶关市委书记、市人大常委会主任李红军，韶关市委副书记、市长王瑞军率韶关市党政代表团到赣州市考察。其间，韶关市党政代表团一行到赣州经开区国机智骏、金力永磁、孚能科技等企业进行考察。区党工委副书记、管委会主任陈水连参加有关活动。

△ 省科协党组书记、副主席罗莹到赣州经开区调研，市科协党组书记、主席钟玉良，区领导吴汉波陪同。

6日 省委副书记、市委书记李炳军到赣州综合保税区调研，并主持召开企业家座谈会。市委常委、市政府副市长、党组副书记胡雪梅，区党工委书记李明生，市政协副主席华旭明等参加调研或出席座谈会。

△ 赣州经开区召开医改暨保文创卫工作布置会。区党工委书记李明生出席并讲话。区党工委副书记、管委会主任陈水连主持。全体在家区领导参加。

△ 省政协副主席汤建人一行到赣州经开区调研“高校科技

创新成果转化”和“院士工作站运行”等工作。

△ 赣州经济技术开发区文化市场和民政社会事务综合执法大队、赣州经济技术开发区商务综合行政执法大队、赣州经济技术开发区农林水行政综合执法大队撤销。

13—14 日 由中华国际科学交流基金会、江西省工业和信息化厅、赣州市人民政府联合主办，以“价值互联、链接世界”为主题的2020全球区块链创新发展大会在赣州经开区举行。

14 日 2020全球区块链创新发展大会区块链与金融科技分论坛成功举行。会上，区党工委书记李明生，中国数字经济百人会项目主管、中国电子学会区块链分会副秘书长李冀宁共同为中国数字经济百人会可信数字城市（赣州站）工作组揭牌。

15 日 国际数字经济生态峰会在赣州经开区举行。峰会由赣州市人民政府、中国短视频直播产业联盟KMCN主办，市大数据发展管理局、市工信局、区管委会、赣州区块链技术产业园（赣州区块链金融产业沙盒园）承办，新华网为战略合作方。会议围绕“技术助力革命老区数字化转型”主题，通过学术交流研讨，碰撞思想火花，为赣州乃至全国数字化转型发展建言献策。

△ 退役军人事务部党组成员、副部长朱天舒一行到湖边镇叶山村退役军人服务站调研退役军人服务保障体系建设工作。省退役军人事务厅厅长欧阳泉华，市委常委、副市长李新民，区党工委副书记、管委会主任陈水连等陪同。

△ 退役军人事务部副部长朱天舒到湖边镇叶山村退役军人服务站调研退役军人服务保障体系建设和推动新时代“枫桥经验”等工作。

16 日 赣州经开区外资外贸政策奖补兑现会暨外资外贸工作推进会召开。区党工委副书记、管委会主任陈水连出席。

17 日 赣州经开区基层党建“三化”建设暨村集体经济发展工作推进会召开。区党工委书记李明生出席并讲话。

18 日 赣州经开区召开庆祝2020年中国医师节暨表彰大会，对新冠疫情防控工作中坚守一线、勇于担当的李秀旺等15名“优秀医师”和陈厚华等12名“优秀乡村医生”进行表彰。

△ 省退役军人事务厅副厅长万小根、张勇率全省推广“尊崇工作法”经验交流会与会人员到赣州经开区参观考察。区党工委副书记、管委会主任陈水连陪同。

△ 区党工委书记李明生到澳克泰工具、万丰食品、赣南医学院第一附属医院黄金院区、圣地亚哥小区、中心城区第二水厂等地督导保文创卫工作。

△ 区党工委书记李明生到赣州一中西城校区督导学校校舍及配套附属设施建设进展，调度解决秋季开学存在的困难和问题。

19 日 省退役军人事务厅副厅长万小根、张勇等率省厅处级以上领导干部，全省各设区市退役军人事务局局长及出席全省推广“尊崇工作法”经验交流会的与会人员，到湖边镇叶山村退役军人服务站现场观摩。

20 日 省委第六巡视组向赣州经济技术开发区党工委反馈巡视情况。省纪委副书记、省监察委员会副主任魏晓奎出席反馈会议，对抓好巡视整改工作提出要求。会议向区党工委书记李明生传达省委书记刘奇听取巡视情况汇报时的讲话精神。省委第六巡视组组长曾亦冰代表巡视组分别向李明生和区党工委领导班子反馈巡视情况。李明生主持反馈会议并作表态讲话。

21 日 区党工委副书记、管委会主任陈水连到中海左岸岚庭正式用水工程开挖项目、赣州市绿野包装有限公司、飞翔人才公寓施工项目、三江乡上犹江伍村窝元河段等地现场调度安全生产工作。

△ 赣州经开区第一笔农业产业振兴信贷通500万元成功发放。

22 日 赣州经开区与农业银行赣州分行签订战略合作协议。

根据协议，未来5年，农业银行赣州分行将为赣州经开区提供200亿元融资额度，重点支持赣州经开区基础设施、支柱产业发展、乡村振兴等方面的项目建设。区党工委副书记、管委会主任陈水连，农业银行赣州分行党委书记、行长肖连斌参加签约仪式。

26日 由中宣部组织的“走向我们的小康生活”主题采访团走进赣州经开区，聚焦赣南苏区振兴发展8周年来的深刻变化和重大成效。市委常委、宣传部部长何福洲，区党工委副书记、管委会主任陈水连出席相关活动。

27日 赣州经开区召开全区城镇贫困群众脱贫解困工作部署会。区党工委书记李明生出席并讲话。

28日 赣州经开区省委巡视反馈问题整改动员部署会召开。

29日 中国科学院院士赖远明，中国工程院院士王运敏、杨春和一行到赣州经开区赣州澳克泰工具技术有限公司、赣州好朋友科技有限公司、赣州国家高层次人才产业园及赣州市智能产业创新研究院参观考察并座谈交流。副市长胡聚文等陪同。

9月

3日 区党工委副书记、管委会主任陈水连召开飞翔路快速路征收搬迁工作现场推进会。

4日 副省长罗小云一行到孚能科技、金力永磁调研考察。区党工委书记李明生，副市长胡聚文等陪同。

△ 赣州市第十六中学迎来首批416名高一新生，标志着赣州经开区第一所公办完全中学正式投入使用。

9日 区党工委落实省委巡视反馈意见整改工作领导小组办公室第一次全体会议召开。区党工委副书记、管委会主任、领导小组组长陈水连出席并讲话。区党工委委员、纪工委书记、领导小组成员、整改办常务副主任符艳冬主持。区党工委整改办全体成员参加。

△ 在全省全市应对秋冬季疫情防控工作电视电话会议后，赣州经开区紧接着召开全区应对秋冬季疫情防控工作部署会。区党工委副书记、管委会主任陈水连出席。

△ 区党工委副书记、管委会主任陈水连先后到灌婴小学、赣州市第十中学走访慰问，向教师们致以节日的问候和祝福。

10日 赣州经开区2020年教育工作会议暨庆祝第36个教师节表彰大会召开。区党工委副书记、管委会主任陈水连出席会议并讲话。

△ 市政协一级巡视员肖明华率调研组到赣州经开区就加快推进赣州商贸服务型国家物流枢纽建设开展专题调研。

12日 赣州经开区领导干部大会召开，宣布省委关于赣州经开区党政主要领导职务调整的决定：陈水连任赣州经开区党工委书记，不再担任赣州经开区管委会主任职务；李明生不再担任赣州市委常委、赣州经开区党工委书记职务，另有任用。

14日 赣州经开区脱贫成效专项调查对接汇报会召开。根据安排，9月14—30日，由兴国县人大常委会副主任、脱贫成效专项调查组组长江华率领的兴国调查组一行79人在赣州经开区开展脱贫成效专项调查现场登记，检查脱贫攻坚成效。区党工委书记陈水连出席会议并讲话。

△ 2020年赣州经开区集群式项目“满园扩园”暨“项目建设提速年”百日攻坚行动促开工、促投产项目月度推进会召开。区党工委书记陈水连出席并讲话。会议书面通报赣州经开区列入市级百日攻坚调度项目进展情况。有关企业、单位、乡镇作典型发言和表态发言。

△ 赣州经开区工业企业入规工作推进会召开。区党工委书记陈水连出席并讲话。会议通报2020年促入规工作完成情况，各促入规挂点部门汇报本部门促工业企业入规工作开展情况。区经发局对2020年工业企业入规申报要求、重点注意事项进行讲解。

15日 赣州经开区青年工作

联席会议第一次全体会议召开。

16日 赣州经开区与交通银行江西分行举行政银企座谈会。交通银行江西省分行党委书记、行长唐朔，区党工委书记陈水连，交通银行赣州分行党委书记、行长乐红芳等出席。

△ “赣州经济技术开发区新能源汽车发展办公室”“赣州经济技术开发区应急管理局”机构级别由正科级调整为副科级。

△ “中共赣州经济技术开发区工作委员会非公有制经济组织与社会组织工作委员会”更名为“中共赣州经济技术开发区工作委员会非公有制经济组织和社会组织工作委员会”；由设在区党群部调整为在区党群部挂牌。

△ 赣州经济技术开发区融媒体中心设立，为赣州经济技术开发区管委会直属正科级全额拨款事业单位，归口区党群部管理。

17日 江西中电汽车有限公司整车下线仪式暨与北奔重型汽车集团合作签约仪式成功举行。江西中电汽车有限公司EM12新能源物流车实现整车下线。市委副书记、市长曾文明出席并致辞。省工信厅副厅长辛清华，省发改委二级巡视员范强，副市长胡聚文，江西理工大学党委副书记、校长温和瑞等出席。仪式由区党工委书记陈水连主持。

△ 赣州市城市管理行政执法局赣州经济技术开发区分局更名为赣州市城市管理局赣州经济技术开发区分局。

18日 国家市场监管总局党组成员，国家知识产权局局长、党组书记申长雨率队到江西金力永磁科技股份有限公司调研知识产权工作。副省长孙菊生，省政府副秘书长樊雅强，省市场监管局党组书记、局长王福平，省市场监管局一级巡视员刘建华，副市长许忠华等陪同调研。

20日 赣州区块链技术产业园举行入驻及合作企业签约仪式暨项目推介会，会上成功签约10个项目。区党工委书记陈水连出席并致辞。

21日 赣州经开区召开全国文明城市创建工作调度会，吹响保文工作“集结号”，动员全区上下全力以赴做好文明城市建设常态化管理工作。区党工委书记陈水连出席并讲话。

23日 赣州经开区在赣州讯康电子科技有限公司举行“庆祝赣州经开区成立30周年暨升格为国家级经开区10周年”项目集中开竣工活动，总投资551.48亿元的55个项目实现集中开竣工。其中，睿宁新材二期等28个项目开工，总投资415.1亿元；讯康科技等27个项目竣工，总投资136.38亿元。该次开竣工的项目涉及工业、农业、服务业、基础设施、民生事业各个领域，亿元及以上项目25个、10亿元及以上项目12个、50亿元以上项目2个，其中新能源汽车项目8个、电子信息项目12个。市政协副主席、市科技局局长蓝赟出席。区党工委书记陈水连宣布项目开竣工。

△ 副省长胡强一行到赣州经开区调研脱贫攻坚和现代农业工作并到中电汽车调研。省政府副秘书长宋雷鸣，省农业农村厅副厅长刘光华，省扶贫办副主任饶振华，副市长张逸，区党工委书记陈水连等分别陪同。

△ 赣州经开区召开1—3季度招商引资工作调度会，总结前三季度招商引资工作成效，分析部署下一阶段重点工作。区党工委书记陈水连出席并讲话。

26日 赣州经开区科级干部学习贯彻中共十九届四中全会精神专题班（第二期）在赣州经开区会议中心1号会议厅开班。区党工委书记陈水连作动员讲话并上党课。

△ 2020年“迎中秋”客商联谊会在赣州国机智骏汽车有限公司职工食堂举行。区内企业家们欢聚一堂，欢庆佳节、畅叙友谊、共商发展。区党工委书记陈水连出席座谈会并致辞。

27日 区党工委书记陈水连主持召开书记专题会议，集中听取2020年度赣州经开区第二轮巡察工作情况汇报。

△ 市中心城区第一家扶贫专馆——江西消费扶贫经开区专

馆签约暨揭牌仪式举行。

28日 全省开发区2020年上半年争先创优综合考评结果出炉，赣州经开区位居全省开发区第三名。

29日 赣州经开区2020年第三季度六大攻坚战项目建设“大比武”暨“大干一百天，夺取全年胜”百日攻坚大会战动员部署会召开。

△ “摩卡莎之约”赣州保税进口啤酒文化节在赣州综保区召开，标志着赣州综保区跨境电商线下业态正式开启。区党工委书记陈水连参加。

△ 赣州经开区检察院首次召开拟不起诉案件公开听证会。邀请人大代表、公安机关办案人员和人民监督员对拟作不起诉决定的严某涉嫌故意伤害案进行公开听证。

30日 赣州经开区金融工作会议召开。

10月

11日 区党工委书记陈水连先后到品钛(赣州)科技有限公司、讯海（赣州）数码科技有限公司、赣州海富莱电子有限公司等区内重点外资外贸企业走访调研。

12日 区党工委理论学习中心组专题学习（扩大）会召开，深入学习贯彻习近平新时代中国特色社会主义思想，进一步树牢以人民为中心的发展思想，加快推进返迁安置房建设，不断提高人民群众的获得感幸福感安全感，确保省委巡视反馈问题不折不扣整改到位。区党工委书记陈水连主持会议。

△ 在2020年江西省劳动模范和先进工作者表彰大会赣州分会场，赣州经开区6人受到表彰，他们是赣州市同兴达电子科技有限公司设备主任朱小芸，赣州嘉通新材料有限公司研发中心主任兼副总经理邱建民，孚能科技（赣州）股份有限公司研究院副院长刘丽荣，赣州市东磁稀土有限公司动力设备科科长黄治亮，区市场监管分局党组书记、局长王玉椿，章贡区政府副区长、章贡高新区党工委书记（原赣州经开区招商局局长）李鑫。

△ 区党工委书记、区级总河（湖）长、总林长陈水连到黄金岭街道章江边、湖边镇红旗水库开展巡河（湖）工作，到湖边镇官田村和坳头村开展巡林工作。

13日 省委副书记、市委书记李炳军到赣州经开区调研督导省委巡视反馈意见整改工作，并出席省委巡视反馈意见整改工作领导小组（扩大）会议。

△ 区党工委书记陈水连召开新建、配建人才住房项目建设工作现场调度会，着力解决项目建设中存在的问题，加快推进项目建设，全面完成人才住房工作年度目标任务。

16日 赣州经开区召开精准扶贫工作领导小组（扩大）会议，传达学习全市精准扶贫攻坚战领导小组（扩大）会议精神。区党工委书记陈水连出席并讲话。

△ “粤企入赣、合作共赢”2020年赣州经开区（粤港澳大湾区）产业招商推介会在深圳成功举行，现场签约18个项目360亿元。区党工委书记陈水连出席并致辞。

18日 区党工委理论学习中心组专题学习（扩大）会暨落实省委巡视反馈意见整改工作推进会召开。

△ 团省委副书记胡振燕一行到赣州经开区调研海归人才引进及高层次人才产业园建设工作。

19日 省委副书记、市委书记李炳军到赣州经开区凤岗镇的台湾部落民俗文化村调研。副市长张逸，区党工委书记陈水连陪同调研。

△ 区党工委书记陈水连到湖边镇蛤湖村开展脱贫攻坚和软弱涣散党组织整顿工作调研。

21日 区党工委书记陈水连主持召开区党工委落实省委巡视反馈意见整改工作第三次推进会。

22日 区党工委书记陈水连到田心明德小学、赣州综保区置业有限公司(标准厂房六期)项目、湖边返迁地项目、润泰药业等地，一线督导省委巡视反馈问题整改工作，了解整改进展情况和存在的问题，提出针对性整改措施，确保问题整改按时保质“交账”。

25日 副省长陈小平一行到立德电子、国机智骏、讯康科技等企业开展实地调研。副市长张逸、区党工委书记陈水连陪同。

26日 省委副书记、市委书记李炳军到挂点联系的赣州经开区，开展“入企走访连心”活动。省工信厅党组书记、厅长杨贵平，副市长胡聚文，区党工委书记陈水连等省、市有关部门负责人参加活动。

△ 赣州综保区内企业进口的首批6个集装箱275立方米进口木材顺利入区，标志着进口木材新业态正式落地。

27日 省委常委、副省长吴忠琼率队走访中国机械工业集团有限公司，与国机集团党委常委、副总经理白绍桐等座谈。区党工委书记陈水连出席座谈会。

△ 省纪委监委第三监督检查室一级调研员肖初林一行到赣州经开区督导省委巡视反馈意见整改工作。

29日 赣州经开区前三季度经济运行分析暨百日攻坚大会战第一阶段推进调度会召开。

△ 全区政府债务化解工作调度会召开。区党工委书记陈水连出席并讲话。

30日 赣州经开区举办第六次政银担企暨普惠金融推介交流会。会上现场签约项目38个，签约资金110亿元。区党工委书记陈水连出席并讲话。

△ 区党政领导班子省委第六巡视组巡视整改专题民主生活会召开。

△ 赣州经开区物流协会正式成立。

31日 赣州保税实业集团有限责任公司（简称赣州保税集团）股权划转赣州市国资委签约暨授牌仪式举行。区党工委书记陈水连出席，市国资委党委书记、主任高志坚等参加。会上，陈水连与高志坚共同为赣州保税集团授牌。市国资委党委委员、总经济师刘波和赣州综保区党工委委员、管委会副主任谢卫东，分别代表市国资委和赣州综保区管委会签约。

△ G105改线项目起点至金潭互通段顺利完工，具备通车条件，完成阶段性通车目标。

11月

2日 区党工委召开落实省委巡视反馈意见整改工作第四次推进会。区党工委书记陈水连出席并讲话。

△ 赣州经开区全区基层党建“三化”建设暨党的阵地资源整合和新时代文明实践中心试点工作现场推进会召开。

△ 区党工委书记陈水连到香港工业园污水处理厂、金凤梅园、蛤湖河排污口、仟坤集团建筑工地和嘉福·万达广场项目工地，现场调度省环保督察“回头看”反馈问题整改工作，一线解决整改过程中存在的节点难点重点问题，并提出针对性整改措施。

△ 区党工委书记陈水连在办公室参加第七次全国人口普查登记。

3日 赣州经开区应对新冠肺炎疫情工作领导小组第十三次会议召开。

4日 全区国资国企监管工作会议召开。

△ 区党工委书记陈水连主持召开区党工委人才工作领导小组会议，总结前三季度人才工作，分析存在的问题，提出解决措施，并研究部署下一步工作。

△ 省工信厅党组成员、副厅长江明成率队到赣州经开区重点电子信息企业调研指导。区党工委书记陈水连陪同。

7日 区党工委理论学习中心组学习（扩大）会召开，深入学习贯彻中共十九届五中全会精神，对全区学习宣传贯彻工作进行部署。区党工委书记陈水连主持并讲话。

△ 区党工委书记陈水连到客家文化美食城、区第一人民医院、客家大苑返迁小区和涌泉返迁小区，督导省委巡视反馈意见整改工作，对整改过程中存在的节点难点问题进行再研判、再调度、再部署，并提出针对性解决措施，确保整改工作按时按质“交账”。

8日 省关工委第一副主任王峰、常务副主任王占铭率队到赣州经开区调研关心下一代工作。

8—9日 区党工委书记陈水连到三江乡“十三五”省定贫困村新江村与贫困户同吃同住同劳动，了解群众生产生活情况和脱贫攻坚质量，调研推进全面脱贫与乡村振兴有效衔接。

10日 在收听收看全市推进法治政府建设工作领导小组会议、市食安委（扩大）会议后，赣州经开区紧接着召开全区推进法治政府建设、食品安全工作部署会。区党工委书记陈水连出席并讲话。

△ 区党工委书记陈水连主持召开优化营商环境工作调度会，分析存在问题和差距，研究具体措施，不断提升工作水平。

△ 赣州经开区“金融产品地摊”（普惠金融服务中心）正式运营。

11日 由凯马汽车与东风股份合作的“东风御风EM26纯电动封闭物流车”在凯马汽车赣州生产基地成功下线。东风汽车股份有限公司党委书记郭涛，区党工委书记陈水连，恒天凯马股份有限公司总经理范弘斐出席并致辞。

16日 区党工委书记陈水连主持全区优化小微企业营商环境工作座谈会召开。

△ 赣州经开区启动首届“最美建设者”评选活动。活动以“弘扬工匠精神 筑梦品质传承”为主题，从全区范围内在建项目，从事建筑行业项目部管理人员、劳务工人中，评选出管理类和工匠类“最美建设者”。

17日 省委、省政府召开全省扩大开放推动经济高质量跨越式发展工作大会。会议表彰2019年度高质量发展先进市、县（市、区）和2017—2019年全省开放型经济先进单位。其中，赣州经开区被评为全省开放平台先进单位。

19日 省委宣讲团成员、省委副秘书长、政研室主任、改革办副主任沈谦芳一行到赣州经开区调研。

△ 区党工委书记陈水连到区疾控中心调研新冠肺炎疫情防控与核酸检测实验室建设使用情况。

△ 区党工委书记陈水连到电子信息产业园项目工地开展“三同”（同办公、同吃住、同推进）活动。

△ 赣州经开区百日攻坚大会战重点项目“干部蹲点工地‘三同’”活动动员部署会召开。

△ 赣州经开区消费扶贫集中采购签约仪式在江西消费扶贫经开区专馆举行。仪式上，赣州大成仓粮油有限公司与区教育系统工会、卫生系统工会、区机关事务中心、区住建局、赣州建控集团等单位签订采购协议158.15万元。

20日 赣州经开区召开非公联建党支部专题整改工作推进会，落实省委巡视反馈要求，做好各乡（镇、街道、管理处）党工委非公联建党支部专题整改工作，进一步提升全区非公企业党建工作整体水平，促进非公经济高质量发展。区党工委书记陈水连出席并讲话。

△ 韩国驻华大使馆公使参赞陈宗煜，中国韩国商会常务副会长、大韩商工会议所北京代表处首席代表郑一率考察团一行到赣州经开区考察调研。商务部亚洲司副司长韦彦，省商务厅一级巡视员朱元发，副市长胡聚文，区党工委书记陈水连等出席相关考察活动。

22日 市委副书记、市长曾文明到赣州经开区调研城中村改造和企业发展情况。区党工委书记陈水连，市政府秘书长杨雍谨，市直有关部门负责人等陪同。

△ 区党工委书记陈水连到新能源汽车科技城项目建设工地开展“三同”活动，一线督导项目建设情况，协调解决存在的困难和问题，确保达到序时进度，实现早竣工、早投产、早见效。

23日 区党工委书记陈水连到城市便捷酒店集中隔离医学观察点、宝塔农贸市场、赣南医学院第一附属医院黄金院区，现场督导疫情防控工作，向坚守在疫情防控一线的医护人员、公安干警、值守干部和后勤保障人员等表示慰问和感谢。

△　赣州经开区集群式项目“满园扩园”行动暨“项目建设提速年”百日攻坚行动促开工、促投产项目月度推进会召开。区党工委书记陈水连出席并讲话。

24日　赣州经开区管委会与中国东方资产管理股份有限公司江西省分公司签订战略合作协议。区党工委书记陈水连出席并致辞。

△　区党工委审计委员会第二次会议召开。会议深入学习贯彻习近平总书记关于审计工作的重要指示精神和相关会议精神，听取全区审计工作情况汇报及近几年审计发现突出问题整改落实情况，研究部署下一步重点工作。区党工委书记陈水连主持并讲话。

△　全区征地拆迁领域突出问题整改会议召开。区党工委书记陈水连出席并讲话。

△　省委台办副主任何晞一行到赣州经开区调研台资企业。区党工委书记陈水连参加有关活动。

25日　全区征地拆迁领域突出问题整改会议召开。

△　经济日报社副总编辑郑波一行到赣州经开区采访调研。市委常委、宣传部部长何福洲，区党工委书记陈水连出席相关活动。

△　胡润百富在佛山发布2020年中国500强民营企业榜单。江西省入选企业5家，其中赣州经开区企业孚能科技（赣州）股份有限公司成功入选，列359位。这是区内企业首次入选中国500强民营企业榜单。

26日　区党工委书记陈水连会见赴京参加全国表彰大会载誉归来的全国劳动模范——赣州澳克泰工具技术有限公司研发工程师邱联昌，代表区党工委、管委会向邱联昌表示祝贺，并听取他的工作情况、奋斗故事和受奖感想。

△　全区扫黑除恶专项斗争领导小组全体会议暨扫黑除恶专项斗争推进会召开。会议传达学习习近平总书记近期关于扫黑除恶专项斗争的重要指示精神，落实全国、全省、全市扫黑除恶专项斗争相关会议精神，分析当前形势，对赣州经开区扫黑除恶专项斗争工作进行再动员、再部署。区党工委书记陈水连出席并讲话。

△　《经济日报》社副总编辑郑波一行到赣州经开区采访调研。市委常委、宣传部部长何福洲，区党工委书记陈水连出席相关活动。

29日　全区六大百日攻坚大会战第二阶段推进大会召开。

△　赣州经开区应对新型冠状病毒感染的肺炎疫情工作领导小组第十四次会议召开。

30日　赣州经开区举行第10批次项目集中签约仪式。现场签约项目9个，总投资353亿元。区党工委书记陈水连出席并见证签约仪式。

△　区党工委宣讲团团长、区党工委书记陈水连到三江乡，向乡机关干部、村两委干部、驻村第一书记、帮扶干部和贫困户等宣讲中共十九届五中全会精神。

△　全区推进法治政府建设工作领导小组会议召开。区党工委书记陈水连出席并讲话。

12月

2日　区党工委书记陈水连到凤岗镇、湖边镇，现场调度黄龙水库管理、森林防火、松材线虫病防控歼灭战和低质低效林改造等河（湖）长制和林长制工作。

3日　区党工委书记陈水连到宝塔农贸市场、慕凯国际酒店、湖边镇江边巷和金榜路社区，现场督导创建国家卫生城市技术评估反馈问题整改工作进展情况。

△　全国人大常委会委员、环资委副主任委员龚建明一行到赣州经开区调研。省人大常委会委员、环资委主任委员吴治云，市人大常委会主任赵多仙，副主任郑世飘等陪同。

5日　区党工委理论学习中心组学习（扩大）会暨劳模先进事迹报告会召开。区党工委书记陈水连出席并讲话。

6日　区党工委书记陈水连到赣州国家高层次人才产业园和江西赣州人力资源服务产业园（简称“两园”）调研，了解“两园”建设运营情况和入驻人才项目发展情况，解决存在的困难和问题，并走访看望高层次人才。

7日 区党工委书记陈水连到亿鹏新能源科技二期、G105国道改线经开区段、轰天炮光电项目、华昌电子及新材料产业园、宝明显示科技、台湾部落民俗文化村和五彩城花博园、汉字文化主题园等重点项目建设现场，督导项目建设进展情况，解决项目建设过程中遇到的问题和困难；明确时间节点、重点目标任务和完成时限，推动项目早建成、早投产。

8日 市委副书记、市长曾文明专题调度国机智骏企业发展工作，协调解决具体问题。市领导胡聚文出席会议。

9日 区党工委书记陈水连主持召开区“十四五”规划专家学者和基层代表座谈会，就赣州经开区“十四五”规划编制广泛听取专家学者和基层意见。

△ 赣州经开区优化营商环境工作推进大会召开。

10日 区党工委书记陈水连到区城市更新工作指挥部调度城市更新工作，协调解决推进过程中存在的问题和困难。

△ 区党工委书记陈水连到新能源汽车科技城开展“三同”专项活动，督导项目建设情况，看望慰问夜间加班加点建设的工作人员。

11日 区党工委书记陈水连现场调度电子信息产业园基础设施项目。他指出，完善的基础设施对加速社会经济活动有着巨大的推动作用，要加快推进基础设施建设，力促电子信息产业园道路形成有效循环，为园区项目发展打下坚实基础。

△ 由区管委会和市工信局联合主办，以“聚焦新能源 共创新未来”为主题的江西省新能源汽车网约出行产业峰会在赣州经开区举行。会上，省内24家网约车企业签订3660台国机智骏车辆意向采购协议。全省11个地市30余家网约车企业代表近100人参加峰会，共同探讨、谋划网约出行产业发展。

12日 赣州经开区举行第11批次项目签约仪式。由莆田九木科技有限公司投资110亿元的九木赣州大数据中心项目签约落户。副市长胡聚文，区党工委书记陈水连，莆田九木科技有限公司董事长林庆星、总经理肖芳玲，兴华财通创业投资管理有限公司总经理陈刚、合伙人毛伟东，区领导傅小新、吴汉波，市直、区直有关部门负责人等参加签约仪式。赣州综保区领导温荣喜主持。

14日 区党工委书记陈水连到区检察院党支部、赣州市金岭学校党支部、湖边镇卫生院党支部、满园公司党支部调研基层党建“三化”建设工作，进一步推进全区基层党建“三化”建设工作，压实全面从严治党责任，促进基层党建质量再提升。

15日 全区特色农业产业暨乡镇建设推进会召开。区党工委书记陈水连出席并讲话。

△ 副市长许忠华到赣州经开区调研企业上市“映山红行动”推进情况。

20日 由《环球时报》社、中国亚洲经济发展协会和中国经济新闻联播网联合主办的“2020中国经济高峰论坛”及颁奖典礼在北京举行。会上公布“2020中国经济营商环境十大创新示范区”评选结果，赣州经开区与北京经开区等10家园区成功入选，成为全省唯一获此殊荣的县（市、区）。

△ 赣州经开区首例生态环境损害赔偿磋商会召开，就赣州市某科技有限公司违规堆放含油危废的行为导致土壤污染的生态环境案件进行损害赔偿磋商。

21日 赣州经开区召开生态环保工作部署会。区党工委书记陈水连参加并讲话。

△ 赣州综保区举行“一带一路”首单进境粮谷入区暨美优生物粮谷加工项目投产仪式。区党工委书记陈水连出席。

22日 赣州经开区首届创新创业大赛初赛在金岭科技园顺利举行。40多个参赛项目覆盖新能源及环保产业、电子信息产业、高端装备制造业、新媒体、教育培训、生活服务等多个行业。

△ 国家卫健委、全国老龄办联合发布2020年全国“敬老文

明号”和全国“敬老爱老助老模范人物”表彰决定。其中，蟠龙镇河坝村李林阳获全国“敬老爱老助老模范人物”称号。

△ 赣州（经开区）高层次人才俱乐部成立大会暨第一届第一次会员大会成功举行。会上，赣州（经开区）高层次人才俱乐部正式挂牌成立，并选举产生第一届理事会理事、常务理事、理事长、秘书长及监事、监事长。国家高层次人才、赣州能之光新材料有限公司董事长张发饶当选为第一届理事会理事长。区党工委书记陈水连，市委组织部副部长吴青共同为俱乐部揭牌并致辞。

23日 以“融入新格局 畅想新未来”为主题的首届欧潭经济论坛在赣州经开区恒科产业园举行。英国皇家学会工业院士张祥成，乌克兰工程科学院外籍院士陈士博，上海交通大学汽车工程研究院院长许敏，江西金融发展研究院院长肖峻等专家代表，赣州经开区决策咨询顾问，客商代表等参加。区党工委书记陈水连出席并致辞。

24日 孚能科技（赣州）股份有限公司与吉利科技集团有限公司签订战略合作协议。双方将共同推进动力电池产能的建设，从事电芯、电池模组及电池包研发、制造及销售，提升双方在各自领域的核心竞争力和可持续发展能力。副市长胡聚文见证签约。区党工委书记陈水连出席并致辞。

△ 2020年区安委会全体成员工作会议召开，深入学习贯彻习近平总书记关于安全生产工作重要指示批示精神，部署岁末年初安全生产各项重点工作，确保全区安全生产形势持续稳定向好。区党工委书记陈水连出席并讲话。

△ 区党工委书记陈水连主持召开区党工委审计委员会第三次会议，听取2017年以来全区征地拆迁领域发现问题整改落实情况汇报，研究部署下一阶段整改工作。

△ 区法院依法公开审理被告人宋某非法占用农用地刑事及附带民事公益诉讼一案。该案系赣州经开区首例刑事附带民事公益诉讼案件。

25日 赣州经开区首届电子信息产业劳动技能竞赛结束。该次竞赛由市总工会主办，区总工会、区企工局联合承办，是赣州经开区首次全区性职工劳动技能竞赛。

△ 赣州经开区首届“最美建设者”评选活动颁奖典礼顺利举行，为71名获得荣誉的参赛选手颁发奖项。

26日 区电子信息企业协会成立大会在恒科产业园召开。区党工委书记陈水连出席并致辞。

27日 根据中共赣州市委机构编制委员会文件通知，在赣州经济技术开发区企业服务和工信局基础上组建赣州经济技术开发区行政审批局，增挂“企业服务和工信局、政务服务管理办公室”牌子，仍为赣州经济技术开发区管理委员会副处级内设机构。赣州经济技术开发区行政审批局（企业服务和工信局、政务服务管理办公室）增设3个副科级二级内设机构：政务服务科（12345政务服务热线管理科）、投资项目审批科、市场服务和社会事务审批科。

△ 赣州经开区管委会直属正科级事业单位赣州经济技术开发区企业综合服务中心更名为赣州经济技术开发区政务服务中心，由赣州经济技术开发区行政审批局管理。

△ 赣州经济技术开发区管理委员会副处级内设工作机构“赣州经济技术开发区城市管理局”及其二级内设机构“综合科”撤销。

28日 赣州经开区行政审批局（政务服务管理办公室）举行揭牌仪式。区党工委书记陈水连，市行政审批局党组书记、局长刘洪梅，区领导郭声琪，市行政审批局党组成员、副局长袁犬嵘共同揭牌。

△ 赣州经开区50亿重大项目产业基金发布会暨2020年第七次政银担企对接会召开。会上发布50亿元重大项目产业基金，并签约项目31个，签约资金30.14亿元。区党工委书记陈水连，江

西省投资基金业协会会长柳习科出席并致辞。

△ 平安经开区建设暨区市域社会治理推进会召开。区党工委书记陈水连出席并讲话。

△ 区党工委书记陈水连主持召开区党建工作领导小组第四次会议，听取全年全区党建工作情况汇报，分析解决工作中存在的不足和问题，重点谋划研究下一年工作打算。

△ 国家发改委发布2020年（第27批）新认定及全部国家企业技术中心名单。赣州经开区孚能科技（赣州）股份有限公司技术中心位列其中，成为全市首个动力电池国家企业技术中心。

△ 赣州经开区召开全民反电信网络诈骗工作动员大会。区党工委书记陈水连出席并讲话。

△ 全区各中小学校正式开启课后延时服务，2.5万名学生报名参加。

29日 区党工委书记陈水连组织召开省环保督察“回头看”反馈问题整改现场推进会，调度环保问题整改落实情况。

△ 省人大常委会委员、财经委副主任委员刘翠兰率调研组一行到赣州经开区调研2020年全年经济运行情况。市人大常委会一级巡视员廖长荣陪同。

△ 赣州经开区首届创新创业大赛决赛在恒科产业园落幕。区党工委书记陈水连等出席并为获奖项目、选手颁奖。

30日 区党工委书记陈水连主持召开区党工委财经委员会第五次会议，深入学习中共十九届五中全会精神和省、市有关会议精神，研究赣州经开区“十四五”时期经济社会发展重点事项。

△ 赣州经开区召开应对新冠肺炎疫情工作领导小组第十四次会议暨区疫情防控应急指挥部工作调度会，深入贯彻落实习近平总书记关于疫情防控的重要讲话精神和重要指示批示精神，以及全国、省市有关会议精神，对全区冬春季疫情防控再强调、再部署、再落实。区党工委书记陈水连出席并讲话。

△ 赣州经开区第二届党务技能大赛（决赛）暨机关领域基层党建“三化”建设展示在区会议中心二号会议厅举行。区党工委书记陈水连等出席并为获奖党组织、机关单位颁奖。

△ 赣州经开区专业森林消防大队举行揭牌仪式。专业森林消防大队由区应急管理局统一管理、指挥调度，主要承担森林火灾的预防和扑救任务，协助开展野外火源管理工作，及时消除安全隐患，配合开展森林防火宣传教育，指导群众预防火灾及安全自救等工作。

31日 市保育院经开院区举行揭牌仪式。区党工委书记陈水连，市政府办副主任温海出席仪式并共同为市保育院经开院区揭牌。仪式结束后，与会人员参加游园活动，参观院区设施，了解办学理念，并为儿童赠送新年礼物。

△ 赣州经开区为生产型企业——赣州市卫诚火机制造有限公司发放365万元的出口退税周转金。这是全区发放的第一笔出口退税周转金。

（编辑部）

（本栏编辑：邱毅 曾鼎）

地情概览

园区概要

【建制沿革】 1990年7月23日，赣州行署批准成立赣州市经济技术开发区领导小组。7月25日，赣州市经济技术开发区工程指挥部成立。8月1日，地委、行署在赣南宾馆会堂举行赣州市经济技术开发区成立大会。10月5日，在青光岭举行赣州市经济技术开发区建设工程开工典礼，规划面积1.88平方千米，首期开发0.53平方千米。

1991年12月，赣州市经济技术开发区改称黄金岭经济技术开发区，并成立黄金岭经济技术开发区管理委员会，定为副县级单位，主管单位为赣州市人民政府。1993年8月23日，赣州黄金岭经济开发区经江西省人民政府批准为省级开发区，并正式定名。1994年3月，赣州地委、行署确定赣州黄金岭经济开发区管委会升格为正县级单位。1997年6月5日，江西省民政厅批复，将赣州市水南乡金星村委会，湖边乡杨梅、大坪村委会成建制析出，组建设立黄金岭街道办事处，属赣州市政府派出机构，由赣州黄金岭经济开发区管委会代管。

1993年8月，为加快赣南高新技术产业发展，赣州地委、行署决定在赣州地区畜牧研究所基础上成立赣南科技城。1996年8月30日，在赣南科技城基础上成立赣南高新技术产业开发区。1997年8月27日，赣南高新技术产业开发区经江西省人民政府批准为省级开发区，占地面积1.15平方千米，为正县级事业单位。

1999年7月，赣州地区撤地设市，赣州黄金岭经济开发区上收赣州市管辖。1999年10月，经赣州市委、市政府批准成立赣州市黄金新区开发建设领导小组，决定合并赣州黄金岭经济开发区和赣南高新技术产业开发区。

2000年3月，赣州黄金岭经济开发区和赣南高新技术产业开发区合并更名为赣州市黄金开发区。原赣州黄金岭经济开发区和赣南高新技术产业开发区经省政府批准的有关管辖范围、管理权限、配套政策不变，由赣州市黄金开发区统一管理并执行。2000年5月，赣州市黄金开发区挂牌成立。2000年6月，南康市潭东镇划归赣州市黄金开发区管辖。2000年8月10日，赣州市黄金开发区管委会与章贡区人民政府完成了蟠龙镇、黄金岭街道的事权交接，正式接管两镇一街道；至此，赣州市黄金开发区占地面积119.87平方千米。

2004年6月30日，赣州市黄金开发区更名为赣州经济技术开发区。2004年7月21日，赣州市黄金开发区管理委员会更名为赣州经济技术开发区管理委员会，保留赣南高新技术产业开发区牌子。

2007年5月9日，国务院批准，在赣州经济开发区内设立江西赣州出口加工区，规划面积2.93平方千米。

2008年3月，经市委研究并

报省编委批复同意，设立赣州出口加工区管理委员会。赣州出口加工区管理委员会与赣州经济技术开发区管理委员会合署办公。2008年5月，江西赣州出口加工区海关监管隔离设施及相关配套设施经海关总署等部委联合验收小组验收合格。2008年9月，赣州市委作出决定，章贡区湖边镇、南康市潭口镇划归赣州经济技术开发区管辖；至此，赣州开发区辖蟠龙镇、潭东镇、湖边镇、潭口镇和黄金岭街道四镇一街道，面积219平方千米。

2009年2月，赣州经济技术开发区更名为赣州开发区并成立赣州开发区党委。2009年6月，赣州市委、市政府决定对赣州开发区主要职责、内设机构和人员编制进行调整，成立赣州开发区管理委员会，负责所辖区内经济发展、招商服务、基础设施建设和乡镇行政管理工作，为赣州市人民政府派出机构，按副厅级机构配备干部；保留赣州出口加工区、赣南高新技术产业开发区、赣州经济技术开发区、赣州香港产业园牌子；内设7个工作机构，均为副县级。

2010年3月21日，国务院批复同意赣州开发区升级为国家级经济技术开发区，定名为赣州经济技术开发区。

2014年4月，赣州市委、市政府决定对赣州经济技术开发区主要职责、内设机构和人员编制进行调整，成立中共赣州经济技术开发区（赣州出口加工区）工作委员会、赣州经济技术开发区（赣州出口加工区）管委会，负责对辖区政治、经济、文化、社会及生态等各项事务实行统一领导和管理，为中共赣州市委、赣州市人民政府派出机构，副厅级；保留赣南高新技术产业开发区、赣州香港产业园牌子；内设10个工作机构，均为副处级。2014年9月，设立赣州综合保税区管理委员会，为赣州市人民政府正处级派出机构，不再保留赣州出口加工区管委会牌子。

2016年3月9日，南康区唐江镇的章良村、村尾村、横江村，太窝乡的太窝村、洋田村、龙潭村、中边村、高山村、范塘村9个村划归赣州经济技术开发区管理；2016年3月24日，设立赣州新能源汽车科技城管理处，负责新划入9个村和赣州新能源汽车科技城开发建设管理。2016年8月，潭东镇、潭口镇全域，以及蟠龙镇武陵村、坝上村、当塘村、虎形村、箬渡村5个村和黄金岭街道坪路村、新路村2个村，移交蓉江新区；同月，南康区的凤岗镇、三江乡的事权整建制划归赣州经济技术开发区管理。

2017年4月21日，章贡区水西镇圳头村、横江村2个村整建制划归赣州经济技术开发区管理。

2019年8月7日，设立赣州经济技术开发区高铁新区服务中心。

2020年7月6日，章贡区水西镇蛤湖村整建制划归赣州经济技术开发区管理。

（赖友先）

2016年9月30日，赣州经开区与蓉江新区事权交接会召开
（区融媒体中心供图）

表 1　　2020 年赣州经济技术开发区管辖区域情况表

乡（镇、街道、科技城）	居民委员会（个）	村民委员会（个）	面积（平方千米）	行政区划代码	邮政编码	行政区划隶属
合计	22	61	229.24	360702 360703	341000	章贡区 南康区
黄金岭街道办事处	9	4	16.67	360702005	341000	章贡区
湖边镇	5	12	66.59	360702108	341002	章贡区
蟠龙镇	4	9	27.33	360702107	341003	章贡区
凤岗镇	3	16	60.86	360703101	341412	南康区
三江乡	1	11	29.13	360703204	341412	南康区
赣州新能源汽车科技城	0	9	28.66	360703203 360703100	341411	南康区

【辖区情况】 赣州经开区位于赣州市中心城区西城区，2020 年辖黄金岭街道、蟠龙镇、湖边镇、凤岗镇、三江乡、赣州新能源科技城，总面积 229.24 平方千米。

【水文】 赣州经开区属低山丘陵区，是典型的丘陵地形。全区属长江流域赣江水系，沿线主要河流有上犹江和章水。域内流域面积 10 平方千米以上的中小河流有 7 条，分别为：黄龙河、禾斋河、太和水、下雨塘河、社官背河、哈湖河、刘家坊河。除刘家坊河直接注入赣江外，其余 6 条中小河流均流入章水。

章水——古称豫章水，系赣江一级支流，发源于崇义县。河源位于北纬 25° 27′，东经 114° 01′，自西南向东北流经油罗口水库、大余县南安镇、南康区蓉江街道，纳上犹江于三江乡三江口，至赣州市八境台下汇入赣江，河口位于北纬 25° 53′，东经 114° 56′。流域中上游多山地，下游多丘陵岗地和河谷平原。流域内河系发达，上游河道窄深，河床稳定，多砾石、卵石；中下游河道宽浅，河宽大致在 100—250 米，河床以卵石和粗细沙为主，河道两岸多冲积沙壤土。流域面积 7700 平方千米（包括广东省、湖南省流入的流域面积 599 平方千米），主河道长度 235 千米，主河道纵比降 0.842‰，流域长度 128 千米，形状系数 0.21。流域多年平均降水量 1575 毫米。

上犹江——又名犹川江，曾名益浆水、彭山水，系赣江二级支流，章水一级支流，发源于湖南省汝城县土桥乡金山村叶家，河源位于北纬 25° 37′，东经 113° 43′。自西南向东北流经汝城县益将、集龙，进入江西省境内，沿途流经上犹江水库、南河水库、仙人陂水库、罗边水库，至三江乡三江口汇入章水，河口位于北纬 25° 49′，东经 114° 49′。流域中上游属中低山地形，间有低丘、谷地，森林茂盛，河床多砾石、卵石；下游属丘陵岗地和较广阔的河谷平原，沿河两岸多冲积沙壤土。流域内河系发达，河流水质良好，上游河道窄深，河宽一般为 40 米，下游河道宽浅，河宽一般在 100—200 米，河床多沙。流域面积 4647 平方千米（其中湖南省 510 平方千米），主河道长度 204 千米，主河道纵比降 1.49‰，流域长度 114 千米，形状系数 0.35。流域多年平均降水量 1570 毫米。

黄龙河起点及河源位于凤岗镇黄龙村石梅坑，北纬 25° 54′，东经 114° 46′，终点为凤岗镇长江村碓撑陂，北纬 25° 51′，东经114° 47′，在此汇入禾斋河。黄龙河主河道长度9.1千米，流域长度8.2千米，流域面积15.5平方千米。主河道纵比降9.14‰，流域平均坡度9.90，形状系数0.23。流经赣州经开区凤岗镇黄龙村、天子地村、长江村。

禾斋河起点位于凤岗镇长胜村与水西镇永安村岗山里交界处，北纬25° 53′，东经114° 48′（河源位于赣州市章贡区水西村三十六坳），终点为凤岗镇横江村齐溪口，北纬25° 49′，东经114° 46′，在此汇入上犹江。禾斋河主河道长度21.4千米，流域长度17.6千米，流域面积64.5平方千米。主河道纵比降6.02‰，流域平均坡度6.79。形状系数0.21。流经赣州经开区凤岗镇长胜村、长田村、长江村、龙泉村、横岭村、大塘村。

太和水系上犹江一级支流，起点及源头位于太窝乡龙潭村傲塘，北纬25° 44′，东经114° 44′，终点位于赣州经开区三江乡东红村三江口，北纬25° 48′，东经114° 48′，汇入上犹江。太和水主河道长度15.5千米，流域长度13.9千米，流域面积32.7平方千米。主河道纵比降1.83‰，流域平均坡度1.88，形状系数0.17。太和水流经赣州经开区科技城龙潭村、洋田村、中边村、章良村、三江乡饶家陂村、新红村、东红村。

下雨塘河起点位于塘屋村塘屋组，北纬25° 50′，东经114° 48′，终点为凤岗镇岗孜村马坝背（马坝桥），北纬25° 49′，东经114° 50′，在此汇入章水。下雨塘河主河道长度7.9千米，流域长度6.2千米，流域面积10.1平方千米。主河道纵比降3.03‰，流域平均坡度3.50，形状系数0.26。流经赣州经开区凤岗镇塘屋村、路塘村、岗孜村。

社官背河起点位于湖边镇坳头村桥头组，北纬25° 54′，东经114° 49′（河源位于赣州市章贡区水西镇沙皮安），终点为凤岗镇岗孜村马坝背（马坝桥），北纬25° 49′，东经114° 50′，在此汇入章水。社官背河主河道长度12.4千米，流域长度11.4千米，流域面积32.3平方千米。主河道纵比降4.47‰，流域平均坡度2.03，形状系数0.25。流经赣州经开区湖边镇坳头村、蟠龙镇桃源村、车头村、杨边村、凤岗镇岗孜村。

哈湖河起点位于湖边镇叶山村黄坑里，北纬25° 52′，东经114° 51′（河源位于赣州市章贡区水西镇上禾村大水坑），终点为蟠龙镇寺背村欧潭组，北纬25° 49′，东经114° 52′，在此汇入章水。哈湖河主河道长度18.2千米，流域长度14.4千米，流域面积34.3平方千米。主河道纵比降5.67‰，流域平均坡度6.79，形状系数0.17。流经赣州经开区湖边镇横江村、叶山村、蟠龙镇水碓村、杨坑村、田心村、河坝村。

刘家坊河系赣江一级支流，起点位于湖边镇善边村青明岭下，北纬25° 54′，东经114° 53′（河源位于赣州市章贡区水西镇窑下村龙潭山），终点位于湖边镇岗边村刘家坊，北纬25° 54′，东经114° 55′。流经章贡区水西镇罗边、黄沙，于和乐汇入赣江。刘家坊河主河道长度15.9千米，流域长度9.8千米，流域面积73.1平方千米。主河道纵比降5.67‰，流域平均坡度2.82，形状系数0.76。流经经开区湖边镇善边村、岗边村，章贡区水西镇罗边村、黄沙村、和乐村注入赣江。

【气候】 赣州经开区地处亚热带季风气候区，四季分明，气候温和，雨量充沛，阳光充足，无霜期长。夏秋季酷热，冬春季寒冷，冬夏温差较大，多年平均气温为19.4℃，最热的7月份多年月平均气温为29.5℃，最冷的1月份多年月平均气温为7.9℃，极端最高气温为41.2℃。该区域雨量充沛，但年际年内分配不均，多年平均降水量1426.3毫米，最大年降水量2183.8毫米，最小降水量897.6毫米。每年4—6月为雨季，该时期降水量占全年降水总量的45.2%，而9月至次年2月，6个月的降水量只占全年降水总量的28.2%。该区域常年主导风向为北风，夏季盛行风向为西南风，多年平均风速1.8米/秒，最大风速18米/秒，相应风向为北风。

【土地资源】 由于地质构造关系和受成土等多种因素影响，形成土地类型地域性强、土地利用差异明显、山地多平原少、耕地面积小、耕地后备资源不足、土地绝对数量大、人均占有量少的特点。规划建设用地规模1.15万公顷，耕地保有量3400公顷，基本农田保护面积1100公顷。

（宋静静）

经济社会发展与创新

【人口】 2020年，赣州经开区开展人口变动情况抽样调查工作，年末常住人口214954人，其中城镇人口152547人，乡村人口62407人，常住人口城镇化率70.97%，同比提高0.95%。

【经济运行情况】 2020年，赣州经开区工业营业收入、财政总收入、出口总额、实际利用外资、实际利用内资等多项主要指标连续多年总量排名全市第一。全区实现工业营业收入861亿元，增长20%；规上工业增加值增长5%；固投增长8.2%，其中工业固投增长7%；财政总收入增长3.3%，其中一般公共预算收入增长1.4%；社会消费品零售总额231亿元，增长4.4%；实际利用省外资金135.4亿元，增长9.6%；实际利用外资增长11.5%；进出口总额增长46.5%，其中出口总额增长42.2%。

【体制机制创新】 人事制度改革方面，全区对1301人次进行岗位适时调整，按程序稳步推进聘任制公务员改革工作；“一枚印章管审批”改革方面，区行政审批局12月28日挂牌成立，在全省率先打造“无证明”营商环境，取消调整区本级证明材料131项；“管委会+平台公司”改革方面，赣州建控集团基本完成企业整合重组转型工作；“开发区+主题产业园”改革方面，新能源汽车产业聚集项目80余个，国机智骏汽车、凯马汽车、中电汽车实现整车下线。

【企业技改创新】 通过实施《赣州经开区工业企业技术改造三年行动计划（2019—2021）》，推动全区工业企业全面开展新一轮技术改造，改造提升传统优势产业，培育新经济新动能，全区制造业不断向中高端迈进。利用好政府扶持资金，支持工业企业加大研发投入，同兴达电子、金力永磁、澳克泰等一批行业龙头企业新上增资扩建项目，实施新产品开发、技术改造，加大对企业技术改造的扶持力度，兑现产业发展奖补资金，向上争取各类技改扶持资金。年内，同兴达电子获省级工业发展专项第四批项目扶持计划技术改造专题奖金400万元，赣隆药业等9个口罩生产项目获应急防疫物资生产项目市级补助资金398.1万元，工业技改投资同比增长22.8%，技改投资占工业投资比重57.4%。

【金融创新】 出台《加强金融工作的实施意见》《金融服务业发展扶持奖励办法》《促进供应链金融发展的若干政策》等政策，进一步加强金融工作政策指导，形成金融产业聚集，助推全区经济社会高质量发展。按照“固定时间、固定地点、固定地点、固定模式”，在区企服中心设立“普惠金融服务中心”，设立金融产品宣传区、金融服务区、银企洽谈签约区及配套自助服务区，开展“金融产品地摊”活动。利用区块链、大数据、云计算等新技术，创新建设“中小微企业融资撮合平台”，实现政银企信息共享，对市场主体信用“精准画像”，增强银企对接的精准度，缓解企业融资慢、融资难问题。

【政策扶持创新】 出台《赣州经济技术开发区技术合同交易登记补助奖补暂行办法》《赣州经济技术开发区进一步支持科技创

新的若干措施》等创新政策，从引导全社会研发投入提升、加快推进高新技术产业发展、加强重大关键技术攻关和成果转化、加强创新平台和创新体系建设、支持技术合同交易等多个方面鼓励科技型企业加大创新力度，积极开展科技创新活动。落实《赣州经济技术开发区“预见独角兽计划实施方案”（试行）》《赣州经济技术开发区科技创新券实施办法（试行）》等支持科技创新的一系列政策措施，编印成《政策汇编》发至园区各企业，促进技术、资金、人才等创新要素向科技型中小企业集聚，为促进企业发展提供完善的政策支撑。年内，帮扶园区企业申报各类国家省市科技计划和创新载体项目137个，获得上级科技奖补资金2791.6万元；帮扶23家科技型企业获“科贷通”政策支持，获得合作银行放贷资金6200万元；发放赣州经开区2020年度科技创新券兑现资金290.14万元；兑现58家高新技术企业区级奖补资金1262.08万元。

【高新技术企业认定】 年内，新获批认定高新技术企业75家，其中第一批认定高新技术企业41家，第二批获批认定34家。截至年底，全区高新技术企业总数178家，约占全市高新技术企业总量的1/5，高企总数位列赣州市各县（市、区）第一。

【区域性科研创新中心建设】 赣州经开区围绕赣州市建设省域副中心城市和建设区域性科研创新中心目标，实施创新驱动发展战略，深化科技体制改革，加强科技创新政策保障，着力建设新型研发机构，培养和聚集创新人才，加速科技成果转化，推动以科技创新为核心的全面创新，提升全区科技创新发展综合竞争力。全年全区财政科技支出3.61亿元，同比增长1.7%，占全区一般公共预算支出的9.1%。

赣州经开区获国务院台湾事务办公室认定为海峡两岸产业合作区，获商务部认定为2020年国家外贸转型升级基地；赣州经开区“国家钨与稀土产业计量测试中心”获国家市场监督管理总局批复筹建，赣玛实业有限公司获批组建司法部“物联网重点实验室”；孚能科技获批认定为2020年（第27批）国家级企业技术中心；富尔特公司获评省级海智计划工作站；同兴达电子公司被认定为省级企业技术中心；赣州市智能产业创新研究院、赣州富尔特电子股份有限公司等5家单位获批组建赣州市重点实验室；国机智骏汽车有限公司、赣州好朋友科技有限公司、赣州能之光新材料有限公司、赣州立德电子有限公司等14家单位获批组建2020年赣州市技术创新中心。

赣州经开区赣州中蓝稀土新材料科技有限公司获“国家科技助力经济2020项目”立项，获得国家专项资金100万元；江西省钨与稀土研究院、江西离子型稀土工程技术研究有限公司获批2020年第二批中央引导地方科技发展专项项目和江西省新型研发机构奖励资金40万元；金力永磁获批2020年度重大科技研发专项经费250万元；裕丰智能、德业电子03专项及5G项目获批立项并获得项目经费100万元。

【研发投入攻坚】 推进“研发投入攻坚行动”，充分发挥企业挂点责任人制度优势，利用“企业服务日”等渠道深入园区企业开展研发投入填报、建立研发管理制度和统计填报制度、设立研发辅助账及相关扶持政策宣讲。组织业务骨干人员到研发投入较大的园区重点企业开展一对一指导培训，研发投入提升明显。1—12月，全区规上工业企业上报的B203财务状况表研发费用为90160万元，同比增长5.5%，占同期营业收入的1.2%。

【创新主体培育】 推进科技型企业梯次培育工作，大力实施独角兽、瞪羚企业、高新技术企业、科技型中小企业培育计划，壮大创新主体。2020年赣州经开区重点将国机智骏和中车生一伦列为独角兽企业培育对象，推荐好朋友科技、裕丰智能、国机智骏等16家公司申报省级独角兽、瞪羚企业，培育128家园区企业入库2020年度国家科技型中小企业名单。截至年底，全区成功培育省级独角兽企业1家（孚能科技），省级种子独角兽企业1家（好朋友科技），省级瞪羚企业4家（荧光磁业、富尔特、离子型稀土、福格新能源），省级潜在瞪羚企业1家（瑞富特科技）。孚能科技是全省第一家独角兽企业，也是全省唯一一家科创板上市企业。

【平台运营管理水平提升】 发挥赣州市创业服务中心有限公司、赣州恒科东方实业有限公司等5个国家级科技企业孵化器和众创空间优势，提高专业化服务水平，开展主题式、专业性、特色化建设，谋划推进科技型中小企业加速发展。6月30日，赣州经开区科技企业孵化器联合会成立，进一步加强区内孵化器之间、国际国内其他孵化器之间的交流合作，促进资源共享、优势互补、良性发展，推动赣州经开区创新创业高质量发展。

【孵化器集群建设】 聚焦市“两城两谷两带”建设和区双首位产业发展，把科技企业孵化器和众创空间等作为支持广大科技创新团队创业和中小企业创新发展的重要载体，采取每成功认定1户高新技术企业给予载体5万元奖励激励措施，支持孵化器集群不断壮大。恒科产业园新认定为省级科技企业孵化器，推动其申报国家级科技企业孵化器。截至年底，全区有国家级创新创业平台7个，其中3个国家级科技企业孵化器、2个国家级众创空间、2个国家级中小企业创业创新示范基地。全区建成双创平台孵化面积101万余平方米，吸引2300余户创客落户。

【产学研合作】 赣州经开区持续推进产学研合作和科技成果转化，鼓励金力永磁、东磁稀土、澳克泰、富尔特等企业与清华大学、中科院稀土研究院、江西理工大学、江西省钨与稀土研究院、赣州有色冶金研究所开展产学研合作，支持企业联合高校、科研院所共建研发机构，突出成果应用，帮助企业提高创新能力。重点支持北京理工大学科学技术研究院在区内设立校企联合研究中心、派出科研机构等科技创新平台建设；支持航天科工在区内西克节能公司设立智能制造院士工作站和中国工程院与荧光磁业公司合作共建稀土永磁材料院士工作站等合作事项。截至年底，全区有校企合作项目30余项。

【畅通科技成果转化渠道】 为促进科技成果转化，赣州经开区不断深化与研发机构、智库的合作，建立配套的科技发展相关服务，推动高校和科研院所现有成果在赣州经开区转化。出台《赣州经济技术开发区技术合同交易登记奖补暂行办法》，支持和鼓励企业开展技术交易，促进科技成果转移转化。开展技术交易合同集中调研和政策宣传，挖掘技术合同源，通过技术交易的方式实现科技成果转移转化，发挥市场在资源配置中的决定性作用，实现科技与经济的高效结合，促进科技优势向创新优势、产业优势、经济优势的聚变。兑现市、区两级专利支持政策，鼓励园区企业申报专利并通过成果转化开发新产品，实现专利技术产业化。年内，技术合同交易额（科技口）2.97亿元，同比增长182.8%。专利申请1948件，增长21.52%；专利授权1280件，同比增长40.81%，其中企业发明专利授权269件。

（成福英 黄一珏 张 敏 刘尧源）

组织机构和负责人名录

（本名录信息以截至2020年12月31日的机构设置和人事任免文件为准）

中共赣州经济技术开发区工作委员会

李明生　书记（任至8月）
陈水连　书记（8月任）
郭声琪　副书记
傅小新　副书记
谢卫东[①]　副书记
宋　鹏　副书记(挂职期满,5月任)
刘群英（女）　委员
符艳冬（女）　委员
华晓斌　委员
杨小妹（女）　委员（任至5月）
闫　勇　委员（挂职，任至6月）
郭书珑　委员（9月任）
李其成　委员（挂职，7月任）

赣州经济技术开发区管理委员会

陈水连　主任（任至9月）
郭声琪　副主任
傅小新　副主任
宋　鹏　副主任(挂职期满,5月任)
刘群英（女）　副主任
华晓斌　副主任
杨小妹（女）　副主任（任至5月）
闫　勇　副主任（挂职，任至6月）
刘福海　副主任（任至6月）
李其成　副主任（挂职，7月任）
黎佐绩　二级调研员
卓邦友　二级调研员
雷　鸣　二级调研员（任至12月）
吴汉波　二级调研员
曾　辉　四级调研员

中共赣州综合保税区工作委员会

谢卫东[①]　书记
温荣喜　副书记
毛瑞林　委员、纪工委书记
谢卫东[②]　委员
陈华洪　委员

赣州综合保税区管理委员会

温荣喜　主任
谢卫东[②]　副主任
陈华洪　副主任

党政综合部门

赣州经济技术开发区党政办公室（挂社会治安综合治理委员会办公室牌子）

【职能及组织机构】　赣州经济技术开发区党政办公室（社会治安综合治理委员会办公室），简称区党政办（区综治办），负责内外联系和综合协调工作及办公室机关后勤管理服务工作；负责区党工委、管委会综合文稿的起草、把关工作；负责机关文秘、接待、安全保卫；负责有关工作贯彻落实的督促检查和领导批示及交办事项的催办落实；负责全区目标考核考评工作；负责机要、保密、政策调研、党务政务信息、外事、对台工作；承办政法工作领导小组日常工作；负责信访、维护社会稳定、社会治安综合治理工作；负责与公安、交警、消防、检察院、法院、司法分局等部门的联系与协调工作。负责贯彻执行审计工作的方针、政策和法律法规；负责预算执行情况审计、区管领导干部的经济责任审计、自然资源资产审计、政府固定资产投资项目审计、监管区属国有企业外派监事会等工作。

【领导名单】
陈　柯　主任
高　松　副主任
程贤金　副主任（任至6月）
汤明亮　副主任
郭　涛　副主任（7月任）

赣州经济技术开发区党群工作部（挂机构编制委员会办公室、人力资源和社会保障局、民族宗教事务局牌子）

【职能及组织机构】　赣州经济技术开发区党群工作部（机构编制委员会办公室、人力资源和社会保障局、民族宗教事务局），简称区党群部（区编办、区人社局、区民宗局），主要负责区内党的建设工作；负责区内干部人事、机构编制工作；负责宣传思想政治、精神文明建设、统战、对台、民族、宗教、关心下一代、群团工作；负责开发区内劳动和社会保障工作；负责人大、政协协调联络工作。

【领导名单】
郭德帅　部长（主任、局长）（任至5月）

郭书珑　部长(主任、局长)(9月任)
刘志红(女)　副部长(副主任、副局长)
李　奎　(土家族)副部长(副主任、副局长)
刘昌平　副部长(副主任、副局长)
周　巍　副部长(副主任、副局长)(挂职)
唐远林　区团工委书记
谢丽华(女)　区妇联主席
杨　瑾(女)　二级主任科员、组织和人事科科长

中共赣州经济技术开发区机关委员会

【职能及组织机构】 中共赣州经济技术开发区机关委员会(简称区机关党委),是主管机关事业单位党建工作的副县级行政单位。主要负责机关党建工作(党的政治建设、思想建设、组织建设、作风建设、纪律建设,制度建设)。

【领导名单】
华晓斌　书记(任至6月)
宋　鹏　书记(6月任)
邹泽军　专职副书记

中共赣州经济技术开发区纪律检查工作委员会(挂赣州市监察委员会派出赣州经济技术开发区监察组牌子)

【职能及组织机构】 中共赣州经济技术开发区纪律检查工作委员会(赣州市监察委员会派出赣州经济技术开发区监察组),简称区纪工委(区监察组),主要负责开发区党风廉政建设工作;负责对开发区党员领导干部和区管干部违规违纪行为进行查处;负责受理个人或单位对党员干部违反党纪行为的检举控告,受理党员干部不服纪律处分的申诉;根据市监察委员会授权负责监察工作,依照法律规定履行监督、调查、处置职责。

【领导名单】
符艳冬(女)　书记、监察组组长
周兆东　副书记
肖壬新　委员
廖振华　委员
邱晓峰　委员

中共赣州经济技术开发区工作委员会巡察工作领导小组办公室

【职能及组织机构】 中共赣州经济技术开发区工作委员会巡察工作领导小组办公室(简称区党工委巡察办),主要负责贯彻落实赣州经开区党工委和赣州经开区党工委巡察工作领导小组作出的决策部署;向赣州经开区党工委巡察工作领导小组报告巡察工作情况;统筹、协调、指导巡察组开展工作;承担综合协调、政策研究、制度建设等工作;对上级巡察机构、赣州经开区党工委巡察工作领导小组决定的事项及巡察移交事项进行督办,督促检查巡察反馈情况的落实;配合有关部门对巡察工作人员进行培训、考核、监督和管理;办理赣州经开区党工委巡察工作领导小组交办的其他事项。

中共赣州经济技术开发区工作委员会第一巡察组、第二巡察组(简称区党工委第一巡察组、区党工委第二巡察组)主要负责在中共赣州经济技术开发区工作委员会巡察工作领导小组领导下承担具体巡察任务。

【领导名单】
肖壬新　区党工委巡察办副主任(主持工作)
廖振华　区党工委第一巡察组副组长(主持工作)
邱晓峰　区党工委第二巡察组副组长(主持工作)
杜克鹏　区党工委第二巡察组正科级巡察专员(6月任)
曾　嵘(女)　区党工委第一巡察组正科级巡察专员(7月任)

赣州经济技术开发区机关事务和政府采购管理中心

【职能及组织机构】 赣州经济技术开发区机关事务和政府采购管理中心(简称区机关事务中心),为区党政办管理的正科级全额拨款事业单位。主要负责开发区内机关各项后勤服务保障,负责机关固定资产、政府采购管理以及

开发区内部治安保卫工作；负责区领导司机及车辆管理。

【领导名单】

黄绍斌　党组书记、主任
张　斌　副主任
王名日　党组成员、副主任
李凤群　党组成员、保留原职级待遇
解小杰　党组成员

中共赣州经济技术开发区工作委员会党校（挂赣州经济技术开发区行政学校、赣州经济开发区史志档案管理中心牌子）

【职能及组织机构】 中共赣州经济技术开发区工作委员会党校（赣州经济技术开发区行政学校、赣州经济技术开发区史志档案管理中心），简称区党工委党校（区行政学校、区史志档案管理中心），主要负责贯彻落实中央、省委、市委和区党工委干部教育培训的规划和工作计划，负责对全区科级党员领导干部、党员和党员发展对象、村两委班子成员等进行教育培训；根据中心工作需要举办各类培训班；开展新入职工作人员培训工作；贯彻执行档案法律法规，查处违反《档案法》的行为；负责全区档案业务工作的规划、指导和监督，开展档案理论研究和档案业务培训工作；负责档案馆藏档案资料的管理和查阅，以及进馆档案的接收，到期档案资料的开发利用工作；负责全区党史的征集、编研、出版和宣传教育工作；负责全区地方志和年鉴整理、发布、上报工作。

【领导名单】

徐晓鸿　校务委员会主任（5月任）
涂　英（女）　校务委员会副主任、校长（主任）（5月任）
郭孝尧　副校长（副主任）（任至6月）
肖　琼（女）　校务委员会委员（5月任）

经济综合部门

赣州经济技术开发区经济发展局（挂苏区振兴发展工作办公室牌子）

【职能及组织机构】 赣州经济技术开发区经济发展局（苏区振兴发展工作办公室），简称区经发局（区振兴办），负责苏区振兴发展工作的综合协调工作；负责发展规划工作；负责项目开发和编制工作；负责改革、科技、统计、物价、交通、公路、现代服务业等方面的工作；负责重点工程的编制、调度和管理工作。

【领导名单】

冯　钰（女）　党组书记、局长（主任）
杨昭辉　党组成员、副局长（副主任）
杨　梅（女）　党组成员、副局长（副主任）
廖丕显　党组成员、副局长（副主任）
刘慧萍（女）　党组成员（任至6月）
许永忠　党组成员、主任科员、物价监督检查所所长
王新文　党组成员

新能源汽车产业办公室

【职能及组织机构】 新能源汽车产业办公室（简称区汽车办），主要负责贯彻落实发展新能源汽车产业的方针、政策和法律、法规、规章，执行赣州市及赣州经济技术开发区新能源汽车有关政策、决议；负责赣州新能源汽车科技城建设的综合协调及日常事务工作，特别是征地拆迁、项目建设和相关协调衔接工作；负责组织赣州市新能源汽车产业发展规划的编制和执行；负责积极争取上级资金和政策扶持，对新能源汽车产业引导基金进行管理；负责组建专家顾问团，加强进入新能源汽车项目的可行性论证，做好项目的承接工作；负责赣州新能源汽车科技城内在建项目及相关企业的服务工作；负责赣州新能源汽车科技城建成后的管理和服务工作；负责承办区领导交办的其他新能源汽车相关事宜。

【领导名单】

温世伟　党组书记、主任

陈　琼（女）党组成员、副主任（任至7月）

许满桂　党组成员（5月任）

张　辉　副主任

赣州经济技术开发区招商局（挂商务局牌子）

【职能及组织机构】　赣州经济技术开发区招商局（简称区招商局），主要负责制定开发区招商引资长期规划和年度工作计划，编制招商引资项目库，策划、组织重大招商引资活动；负责开发区招商引资合同签约等有关工作；负责协调和管理利用外资、对内和对外贸易、劳务输出、进出口业务及相关统计工作；负责供销工作。

【领导名单】

李　鑫　党组书记、局长（任至9月）

李三星　党组副书记、招商二局局长

黄爱民　党组成员、副局长（任至6月）

舒国腾　党组成员、副局长

江海平　党组成员、副局长、区贸促会会长

刘慧萍（女）党组成员、副局长（6月任）

敖宇海　党组成员

钟舒毅（女）副局长（7月任）

赣州经济技术开发区企业服务和工信局

【职能及组织机构】　赣州经济技术开发区企业服务和工信局（简称区企工局），负责引进企业的全程服务工作；负责信息化建设、工业、民营企业和园区管理工作；负责数据资源管理、大数据运用和产业发展、信息化、促进数据整合开放共享、与大数据管理有关的网络安全及相关信息保障工作；负责电子信息产业园开发建设，电子信息产业培育等工作。

【领导名单】

熊忠森　党组书记、局长

黄爱民　党组成员、副局长（6月任）

郭惠银　党组成员、副局长（任至5月）

钟万龙　党组成员、副局长

黄照凡　党组成员、副局长（任至5月）

黄朝阳　党组成员、电子信息产业办公室主任（5月任）

张　秀（女）党组成员、副局长（5月任）

赣州经济技术开发区财政局

【职能及组织机构】　赣州经济技术开发区财政局（简称区财政局），主要负责编制和实施财政年度计划，管理各项财政收入，统筹管理开发区内的财政；负责抓好各项税收优惠政策的落实；负责制定开发区财政预决算、预算外资金管理、财务会计监督管理等方面的规章制度；负责开发区国有资产、会计事务、基本建设财务的管理和监督；负责审查和监督开发区行政事业单位的财务收支活动；负责与金融、保险机构的协调联络工作；负责企业上市工作。

【领导名单】

吴小梅（女）党组书记、局长

李春兰（女）党组成员

肖　靓（女）党组成员、副局长

许　琼（女）党组成员、副局长

钟祥飞　党组成员、副局长

邹瑞华（女）党组成员、主任科员

赣州经济技术开发区会计核算中心（挂国库集中支付中心牌子）

【职能及组织机构】　赣州经济技术开发区会计核算中心（简称区会计核算中心），为财政局管理的正科级全额拨款事业单位，主要负责开发区会计管理工作，实施行政事业单位会计委派和国库集中核算工作。

【领导名单】

李春兰（女）主任

肖　婷（女）副主任

赣州经济技术开发区金融工作局

【职能及组织机构】 赣州经济技术开发区金融工作局（简称区金融局），为区管委会直属的正科级全额拨款事业单位，主要负责拟定辖区内金融发展规划计划，指导推动企业上市融资，加强地方金融机构日常监管等工作。

【领导名单】
黄光舜　党组书记、局长
邓　丹（女）　党组成员
钟　豪　副局长（8月任，任至12月）

国家税务总局赣州经济技术开发区税务局

【职能及组织机构】 国家税务总局赣州经济技术开发区税务局（简称区税务局），主要负责赣州经济技术开发区、蓉江新区、赣州综合保税区以及赣州香港工业园内的税收征收管理工作及社会保险费和非税收征收管理工作。

【领导名单】
朱绍伶　党委书记、局长
谢岳祥　党委副书记、副局长（任至9月）
袁应发　党委委员、副局长（10月任）
易美琴（女）　党委委员、副局长
李道昌　党委委员、副局长（10月任）
曾　春　党委委员、副局长
王小清　党委委员、副局长（任至9月）
李兆春　党委委员、副局长
肖　霜（女）　党委委员、纪检组组长
江友标　党委委员、副局长（任至9月）

规划建设部门

赣州经济技术开发区住房和建设局

【职能及组织机构】 赣州经济技术开发区住房和建设局（简称区住建局），主要负责贯彻执行国家和省市关于工程建设方面的方针、政策和法律、法规；负责区财政投资重大基础设施建设的协调组织；负责全区建筑业管理、建筑质量监管、建筑安全生产监督管理、建设项目竣工验收备案工作、建设工程消防设计审查、消防验收备案抽查；具体组织全区建设项目的工程招投标管理；负责人防建设与行业管理；承担供水、供气管理职责。

【领导名单】
翁毅军　党组书记、局长
张绵洪　党组成员、副局长
赖晨鸣（女）　副局长
韩东方　党组成员、副局长
戴立青　党组成员、副局长
黄圣龙　党组成员、二级主任科员（任至9月），四级主任科员（10月任）
廖　钦　党组成员、建设工程质监站站长
黄声春　党组成员、综合和人防科科长

赣州经济技术开发区房地产管理所

【职能及组织机构】 赣州经济技术开发区房地产管理所（简称区房管所），为区住建局管理的正科级全额拨款事业单位，主要负责区内房地产的交易备案工作；负责区内房地产市场监管工作，办理房地产有关手续；负责区内保障性住房、人才住房管理工作；负责区内物业管理工作，指导和规范物业管理市场。

【领导名单】
谢一洪　党组书记、所长
舒志军　党组成员、副所长
高艳玲（女）　党组成员、副所长
陈光荣　党组成员
刘显云　党组成员
胡　东　党组成员
丁　旺　党组成员

赣州经济技术开发区征收搬迁办公室

【职能及组织机构】 赣州经济技术开发区征收搬迁办公室（简称区征迁办），为区住建局管理的正科级全额拨款事业单位，主要负责全区工程建设项目征地拆迁的组织实施工作。

【领导名单】
黎明莉　党组书记、主任
刘德清　正科级干部（9 月任）
黄　静（女）　党组成员、副主任
邓心平　党组成员、副主任
郭起兵　党组成员、六级主办
王春红　党组成员、六级主办
陈上海　四级主办
黄桃春　六级主办
冯有雄　六级主办（5 月任）

赣州经济技术开发区公用事业服务管理处

【职能及组织机构】　赣州经济技术开发区公用事业服务管理处（简称区公管处），为区城管局管理的正科级全额拨款事业单位，主要负责市政工程养护、园林绿化、环境卫生、路灯管理和其他公用事业的管理工作；负责开发区内工业用水、用电接驳协调等工作。

【领导名单】
刘　丹（女）　主任
薛　广　党组书记（5 月任）、副主任
廖麟麟　党组成员、副主任
刘家辉　党组成员、五级主办（1 月任）
孙　勇　党组成员、六级主办
黄海桦　六级主办（5 月任）
郭家洪　党组成员、六级主办（5 月退休）

赣州市自然资源局赣州经济技术开发区分局

【职能和组织机构】　赣州市自然资源局赣州经济技术开发区分局（简称区自然资源分局），为正科级财政拨款参公事业单位，负责辖区内自然资源管理工作。贯彻执行自然资源管理方针、政策和法律法规；履行全民所有土地等自然资源资产所有者职责及所有国土空间用途管制和生态修复职责；负责辖区内自然资源调查监测评价、统一确权登记、资产有偿使用及合理开发利用管制；提出区域内的年度土地储备、土地供应计划和项目供地初步方案；负责统筹国土空间和自然资源生态修复、组织实施最严格的耕地保护制度；负责组织自然资源行政执法工作；负责管理辖区内国土自然资源基层单位工作；承办上级交办的其他事项。下辖黄金岭自然资源所、蟠龙自然资源所、湖边自然资源所、凤岗自然资源所、三江自然资源所。

【领导名单】
刘洪健　党组书记、负责人
张　韬　党组成员、副局长
钟修盈　党组成员、副局长
汤　凡　党组成员
廖春怡　党组成员
林嘉鲁　党组成员
王元光　党组成员
肖承琦　党组成员

赣州经济技术开发区建设工程质量监督管理站

【职能及组织机构】　赣州经济技术开发区建设工程质量监督管理站（简称区质监站），归口区住建局管理，主要负责对开发区范围内建设工程质量和建设安全生产的监督管理。

【领导名单】
廖　钦　站长
林　云　副站长
朱晓峰　副站长
赖福明　副站长

赣州经济技术开发区项目建设办公室

【职能及组织机构】　赣州经济技术开发区项目建设办公室（简称区项目办），为区管委会直属的副处级全额拨款事业单位，主要负责工业园区和出口加工区（综合保税区）等平台的规划、建设和管理工作。

【领导名单】
徐晓鸿　党组书记、主任
邱　敏　党组成员、副主任（任至 5 月）
简清平　党组成员

曲斐斐（女） 党组成员
张华斌 党组成员、副主任(5月任)

社会事务及公共服务部门

赣州经济技术开发区农业农村办公室

【职能及组织机构】 赣州经济技术开发区农业农村办公室（简称区农办），主要负责区内农业农村工作、林业、水利、森林防火、防汛抗旱、扶贫移民等工作；负责开发区多种经营、农业综合开发、粮食、蔬菜、农机、农民体协等工作；承担节水管理职责。

【领导名单】
申志文 党组书记、主任
邓 锴（女） 党组成员、副主任
钟德福 党组成员、副主任
吴盛林 党组成员、副主任
王小宁 党组成员
周秋萍（女） 党组成员、综合科科长

赣州经济技术开发区社会事务管理局

【职能及组织机构】 赣州经济技术开发区社会事务管理局（简称区社管局），负责全区教育、文化、新闻出版、广播电影电视、卫生、职业病防治、人口与计划生育、体育等工作；负责全区民政、退役军人、老龄、残疾人、公墓区建设管理等工作；负责全区人民武装工作。

【领导名单】
王会东 党委书记（5月任）、局长
林 斐（女） 党委副书记、纪委书记（兼）（5月任）、副局长
阳作忠 党委委员（5月任）、副局长
程贤金 党委委员、副局长（6月任）
聂慧洁（女） 党委委员（5月任）、副局长
肖隆飞 党委委员（5月任）

赣州经济技术开发区教研和招生工作办公室

【职能及组织机构】 赣州经济技术开发区教研和招生工作办公室（简称区教招办），于2014年10月成立，为区社管局管理的正科级全额拨款事业单位，负责赣州经开区教育教学研究、教学改革和教学质量以及招生工作。2017年1月，增挂区管理委员会教育督导委员会办公室牌子，承担教育督导委员会日常工作。

【领导名单】
刘清春 主任（任至5月）
郭孝尧 主任（6月任）
邹 赟 副主任
李 春（女） 六级主办

赣州经济技术开发区退役军人服务中心

【职能和组织机构】 赣州经济技术开发区退役军人服务中心（简称区退役军人服务中心），为赣州经开区管委会下属副科级公益一类事业单位，由区社管局管理。主要负责做好退役军人和其他优抚对象来信来访、接待办理、心理疏导、权益咨询、政策解答、法律服务等工作；做好军属、烈属、伤病残军人、带病返乡退役军人优抚帮扶和权益保障、双拥等事务性工作；负责提供就业创业服务和政策咨询，协助开展退役军人适应性培训、职业教育和技能培训等工作。

【领导名单】
吴荣亮 主任
钟 皓 六级主办（副主任）（5月任）

赣州市科技创业服务中心（挂赣州市小企业创业基地、赣州市科技企业孵化基地、赣州市大学生创业园牌子）

【职能和组织机构】 赣州市科技创业服务中心（简称市科创中心），为区管委会直属的副处级全额拨款事业单位，主要负责赣州经济技术开发区辖区内企业创业服务、搭建科技信息网络平台、

组织开展科技交流、科技协作和科技培训工作；负责赣州市小企业创业基地、赣州市科技企业孵化基地、赣州市大学生创业园的建设管理；负责大学生创业、就业的指导和协调，为企业和高层次人才搭建互动交流平台，做好高层次人才引进工作。

【领导名单】

刘　钧　党组书记、主任（5月任）

涂　英（女）党组成员、副主任（任至5月）

刘清春　党组成员、副主任（5月任）

邱九龙　党组成员、副主任

赣州经济技术开发区医疗保险事业管理局（挂城乡居民养老保险管理中心牌子）

【组织机构】　赣州经济技术开发区医疗保险事业管理局（城乡居民养老保险管理中心），简称区医保局，为区党群部管理的正科级全额拨款事业单位，负责实施全区城乡居民基本医疗保险经办业务工作及社会养老保险工作。

【领导名单】

连毓霆　党组书记（2月任）、局长（聘）、二级主办

江宗琢　副局长（任至6月）

蔡　莹（女）党组成员、副局长、四级主办（6月任）

黄　芹　党组成员、保留原职级待遇、四级主办（2月任）

薛　慧（女）六级主办

赣州经济技术开发区企业综合服务中心

【职能及组织机构】　赣州经济技术开发区企业综合服务中心（简称区企服中心），以“集中、精简、高效、便捷”为宗旨，打造集企业办事、便民服务为一体的政府综合性服务平台。主要承担着各审批职能部门的综合管理及协调、牵头推进政务服务领域改革、公共资源交易、中介服务超市和“12345”热线管理等工作职能，承办区管委会交办的其他事项。

【领导名单】

刘利平　党组书记、主任

田　汉　党组成员、副主任

段之棱　副主任

钟　君　党组成员

赣州经济技术开发区计划生育服务站（挂疾病预防控制中心、卫生计生综合监督执法局、健康教育所牌子）

【职能及组织机构】　赣州经济技术开发区计划生育服务站（疾病预防控制中心、卫生计生综合监督执法局、健康教育所），简称区计生站（区疾控中心、区卫监局、区健康教育所），负责经开区内疾病预防与控制、突发公共卫生事件应急处置、疫情及健康相关因素信息管理、健康危害因素监测与控制；负责健康教育与健康促进；受经开区卫生健康行政部门委托，负责开展卫生计生综合监督执法；负责公共场所、学校卫生、放射卫生、职业卫生、消毒产品、餐饮具集中消毒单位、食品安全风险监测、生活饮用水及涉及饮用水卫生安全产品和其他健康相关产品的卫生及生产经营活动进行卫生监督检查；负责职业卫生、放射卫生监测。

【领导名单】

黄　峰　党组书记（12月任）、站长（主任、局长）

蔡　莹（女）党组成员、副站长（副主任、副局长）（任至6月）

张华斌　党组成员、副站长（副主任、副局长）（12月任）

江宗琢　党组成员（6月任）

综合执法部门

赣州市公安局开发区分局

【职能及组织机构】　赣州市公安局开发区分局（简称区公安分局），隶属于赣州市公安局。主要负责预防、制止和侦查违法犯罪活动；负责维护社会治安秩序，制止危害社会治安秩序的行为。

【领导名单】
刘福海　党委书记、局长
（任至 10 月）
陈式松　党委副书记、政委
刘士泉　党委委员、交警大队大队长（任至 10 月）
毛忠春　党委委员、主任科员
张圣伟　党委委员、副局长
张少华　党委委员、副局长
刘　云　党委委员、纪委书记
钟海斌　党委委员、政工科科长
罗　菲　党委委员、副局长
董显光　党委委员、治安大队长

赣州市公安局交通警察支队开发区大队

【职能及组织机构】　赣州市公安局交通警察支队开发区大队（简称区交警大队），隶属于赣州市公安局交通警察支队，负责赣州经开区范围内的道路交通管理。

【领导名单】
刘士泉　大队长（任至 10 月）
卢伟华　教导员
熊　锋　副大队长
钱　明　副大队长
曾　丹（女）副大队长（5 月任）
胡洪俊　副主任科员
徐厚意　秩序科科长

赣州经济技术开发区人民法院

【职能及组织机构】　赣州经济技术开发区人民法院（简称区法院），作为国家审判机关，行使基层人民法院的审判权。派出人民法庭 3 个，分别是潭口人民法庭、湖边人民法庭、蟠龙人民法庭，其中蟠龙人民法庭待建。

【领导名单】
黄　捷　党组书记、院长
董卫华　党组成员、副院长
曾燕星　党组成员、副院长
邓文科　党组成员、副院长
范　兴　党组成员、纪检组组长
范勇军　党组成员、执行局局长
范赣丽（女）党组成员、政治部主任

赣州经济技术开发区人民检察院

【职能及组织机构】　赣州经济技术开发区人民检察院（简称区检察院），是国家法律监督机关，为赣州市人民检察院派出院，依法行使县一级人民检察院职权。

【领导名单】
黄林南　党组书记、检察长
张　伟　党组成员、副检察长
李春生　副检察长
唐艳艳（女）党组成员、副检察长
曾　群（女）党组成员、政治部主任
温　慧（女）检察委员会专职委员（5 月任）

赣州市司法局赣州经济技术开发区分局

【职能及组织机构】　赣州市司法局赣州经济技术开发区分局（简称区司法分局），是赣州市司法局派出机构，主要承担统筹推进、规划驻在地法治政府、法治社会建设责任；承办规范性文件备案审查、合法性审查申请事项工作；负责指导、监督辖区内行政执法的综合协调工作；负责辖区内人民调解、司法所建设，管理辖区内社区矫正、安置帮教、司法行政戒毒；负责人民陪审员、人民监督员选任管理工作；负责公共法律服务体系建设、律师管理、基层法律服务管理、法律援助、法治宣传、司法考试等工作。下设黄金岭街道办事处司法所、蟠龙司法所、湖边司法所、凤岗司法所、三江司法所 5 个派出机构。

【领导名单】
胡　晓　局长（任至 3 月）
刘　巍　副局长（主持工作）

赣州市城市管理局赣州经济技术开发区分局

【职能和组织机构】　赣州市城市管理局赣州经济技术开发区分局（简称区城管分局），为正科级全额拨款事业单位，主要负责市容环境管理、查违拆违、城市管理行政许可及行政处罚、污水管网、城市运行安全、森林防灭火、拆墙透绿、夜景亮化等工作；负责拟订并组织实施赣州经开区城市管理年度计划、市政公用设施年度维护计划；负责赣州经开区市政公用设施正常维护经费的测算、年度维护经费计划安排等工作；负责赣州经开区市政、园林绿化、市容环卫、城区河道、污水处理、余土调剂等管理职责。

【领导名单】

谢建忠　党组书记、局长

李坊慧　党组成员、副局长

李明金　党组成员、副局长

黄忠华　党组成员

曾　欣　党组成员

黄　斌　六级主办

黄温华　六级主办（5月任）

赣州经济技术开发区劳动监察局

【职能及组织机构】　赣州经济技术开发区劳动监察局（简称区劳动监察局），是区管委会直属正科级事业单位，主管部门是区党群部。主要负责拟定全区劳动保障监察制度；依法行使国家劳动保障监督检查、执法监察职权；负责辖区各类用人单位违反劳动保障法律法规的行为；实施日常巡视监察、专项检查、举报专检和年度检查；受理违反劳动保障法律、法规行为的举报和投诉，依法纠正和查处违反劳动和社会保障法律、法规的行为，参与处理因劳动保障纠纷引起的突发事件；宣传劳动保障法律、法规和规章，督促用人单位贯彻执行；负责组织实施全区统一执法行动；指导和监督镇（街道）劳动保障事务所劳动保障监察工作；负责辖区各类用人单位劳动合同的鉴证及有关规章制度的审核；负责受理工伤申请及有关材料的初审上报；承办上级交办的其他工作任务。

【领导名单】

杨辉臻　局长

蔡　林　副局长

黄圣翰　六级主办

赣州经济技术开发区应急管理局

【职能及组织机构】　赣州经济技术开发区应急管理局（简称区应急管理局），主要负责全区应急管理工作。指导全区应对安全生产类、自然灾害类等突发事件和综合防灾减灾救灾工作，负责安全生产综合监督管理；贯彻执行应急管理、安全生产、防灾减灾救灾有关法律法规和方针政策；组织编制全区安全生产和综合防灾减灾、应急体系建设规划；组织参与或起草相关规范性文件，监督实施有关地方标准和规程；负责安全生产工作，分析和预测全区内的安全生产形势，发布全区的安全生产信息，指导协调全区安全生产检测检验，安全评估、安全评价、安全咨询等工作；组织、协调、参与安全生产事故的调查和处理，依法承办生产安全事故的审批结案工作，依法对全区各类生产经营单位贯彻执行国家安全生产法律，法规和国家标准情况进行监督检查；负责新建、改建、扩建工程项目的安全设施与主体工程同时设计、同时施工、同时投产使用、审查、验收、批准和安全监督检查工作；指导应急预案体系建设，建立完善全区事故灾难和自然灾害分级应对制度；组织编制全区总体应急预案和安全生产类、自然灾害类专项预案，综合协调应急预案衔接工作，负责职责范围内生产安全事故应急预案备案工作，组织开展预案演练，推动应急避难设施建设；组织指导协调全区安全生产类、自然灾害类等突发事件应急救援；按职责权限组织协调指导消防、森林火灾扑救、抗洪抢险、地震和地质灾害救援、安全生产事故救援等专业应急救援力量建设，组织推动各部门、乡镇、街道及社会应急救援力量建设；负责防火防汛工作，按规定权限协调指挥经开区火灾预防、扑救和抗洪抢险等工作；负责防震减灾工作，组织指导全区地震监测预警、地震灾害预防和地震应急救援工作；

组织协调灾害救助工作，组织指导灾情核查、损失评估、救灾捐赠工作，下达指令调拨救灾储备物资，管理、分配各类救灾款物并监督使用；负责物资储备工作，会同有关部门制定应急物资储备和应急救援装备规划，建立健全应急物资信息平台和调拨制度，在救灾时统一调度，保障救灾工作；负责全区应急管理、安全生产宣传教育和培训工作。

【领导名单】

王名正　党委书记、局长
吴永祯　党委委员
谢信明　党委委员
谭　侃　党委委员
喻　春　六级主办（5 月任）

赣州市生态环境局赣州经济技术开发区分局

【职能及组织机构】　赣州市生态环境局赣州经济技术开发区分局（简称区生态环境分局），于 2019 年 7 月 22 日挂牌成立。主要负责贯彻实施生态环境保护法律法规规章，贯彻落实国家及省市生态环境保护工作方针政策和决策部署；负责权限内项目环境影响评价的监督管理工作，负责水、气、土、噪声、固体废物与化学品、辐射、生态保护及农村生态环境保护的监督管理，协调解决辖区内的环境问题和环境污染纠纷；调查处理环境污染事故和生态破坏事件，统一领导辖区内生态环境监测与执法力量；承办市生态环境局交办的其他事项。

【领导名单】

罗文忠　负责人
朱亚南　副局长
朱官平　副局长（1 月任）

赣州市市场监督管理局赣州经济技术开发区分局

【职能及组织机构】　赣州市市场监督管理局赣州经济技术开发区分局（简称区市监分局），于 2019 年 5 月 28 日挂牌成立，为赣州市市场监督管理局正科级派出机构，是整合赣州经济技术开发区工商行政管理局、市质量技术监督局直属分局（市质量技术监督局经济技术开发区分局）、市食品药品监督管理局赣州经济技术开发区分局 3 个正科级机构，以及赣州经济技术开发区工商行政管理局和市食品药品监督管理局赣州经济技术开发区分局下属机构组建而成。负责赣州经济技术开发区辖区内市场综合监督管理、宏观质量管理、市场主体统一登记注册和信用监督管理、市场秩序的监督管理工作；负责食品药品安全、产品质量安全、特种设备安全监督管理工作，统一管理计量、标准化、认证与检验检测、知识产权工作；完成市市场监督管理局和赣州经济技术开发区党工委、管委会交办的其他工作任务等。

【领导名单】

王玉椿（女）　党组书记、局长
杨国国　党组副书记、副局长
徐俊彪　党组成员、副局长
李贵湘（女）　党组成员、副局长
唐镇宇　党组成员、副局长
郭世峰　党组成员、副局长
叶才旺　党组成员、副局长
李灿林　党组成员、党总支书记
林永革　党组成员
钟声灵　党组成员
潘　智　党组成员
奚　毅　党组成员（10 月划转经开区执法稽查分局工作）

赣州经济技术开发区消防救援大队

【职能及组织机构】　赣州经济技术开发区消防救援大队（简称区消防救援大队），主要负责依法开展防火监督、火灾扑救和抢险救援工作。下设赣州市经济技术开发区金潭大道消防救援站以及金环路、崇义路、金凤东路、华坚路、黄金大道、岗边大道小型消防救援站 6 个队站。

【领导名单】

冯英平　大队长
朱　亮　政治教导员

卢吉洲　副大队长（1 月任）
刘广林　站长
陈文生　政治指导员（10 月任）

区属国有企业

赣州建控投资控股集团有限公司

【职能及组织机构】　赣州建控投资控股集团有限公司（简称赣州建控集团），主要从事城市基础设施、市政道路、教育、民生建设项目的投资、建设和管理；参与收储土地的整理开发和政府批准的其他重大项目投资、建设任务市政配套设施建设及维护等。

【领导名单】
胡　昊　党委书记、董事长（挂职）
肖日华　党委副书记、董事、总经理（挂职）
简清平　党委副书记（挂职）
曲斐斐（女）　党委委员、纪检书记（挂职）
凌　云　董事、副总经理（挂职）
阳贻春　党委委员、董事（挂职）
赖志华　董事、副总经理（区聘）
张瑞平　党委委员、董事、总工程师
谢　慧　党委委员、董事
钟宏波　党委委员、董事、副总经理（区聘）
毛添钿　党委委员、董事
刘地长　副总经理、职工监事
钟祥飞　监事会主席

赣州经开区工业发展投资（集团）有限责任公司

【职能及组织机构】　赣州经开区工业发展投资（集团）有限责任公司（简称区工发集团），承担发挥资本运营和股权运作杠杆、资源配置和产业重组引导、推进全区主导产业转型升级、服务企业发展、引进重大项目投资、实现“主攻工业，三年翻番”目标任务的职责。

【领导名单】
肖日华　党支部书记、董事长（挂职）
杨泽宸　董事、总经理（挂职）
钟才明　董事、副总经理（挂职）
刘　锋　董事、副总经理
刘事强　总经理助理（6 月任）
王连生　监事会主席（兼）

赣州综合保税集团

【职能及组织机构】　赣州综合保税集团是围绕产业供应链、跨境电商、“一带一路”和开发建设四大产业板块，利用国际国内两个市场两种资源的能力，拓展投融资、跨境电商和市场化经营业务，打造集“一带一路”、跨境电商、产业供应链、创新引导、投融资、外综服务、开发建设等于一体的国际化保税集团。

【领导名单】
谢卫东[②]　董事长、总经理
毛添钿　董事、副总经理
温余燕（女）　董事、副总经理
温　泉　董事
谢　林　职工董事

赣州新能源汽车科技城建设开发有限公司

【职能及组织机构】　赣州新能源汽车科技城建设开发有限公司（简称科技城建开公司），于 2016 年 9 月 1 日成立，是隶属赣州开发区建设投资（集团）有限公司（更名为“赣州建控投资控股集团有限公司”）控股的国有子公司。主要承担赣州新能源汽车科技城城市公共基础设施等项目的融资、投资、建设、运营和管理以及一级土地整理和储备，并负责授权范围内国有资产的经营管理。

【领导名单】
阳贻春　党支部书记、执行董事、总经理
余拔崇　党支部副书记、副总经理（任至 5 月）
曾庆燚　党支部副书记（6 月任）、副总经理
钟志强　党支部组织委员（任至5月）
游亮亮　副总经理（6 月任）
欧阳忠健　副总经理（12 月任）

赣州西城建设开发有限公司

【职能及组织机构】 赣州西城建设开发有限公司（简称西城公司），主要承担西城区（迎宾大道、飞翔路以南）区域内的建设、开发、运营和财政性投资项目的工程代建管理，负责工程项目的立项、设计、招标、建设及竣工验收等全过程管理工作。

【领导名单】

张瑞平　党支部书记、执行董事兼总经理（任至5月）

卢继芬（女）　党支部纪检委员（4月任）、副总经理

黄庆发　党支部组织宣传委员（4月任）、副总经理

刘旦明　副总经理（6月任）

赣州综合保税区建设投资发展有限公司

【职能及组织机构】 赣州综合保税区建投投资发展有限公司（简称综保区建投公司），主要负责赣州综合保税区范围内基础设施建设、投融资、园区运营管理等工作。综保区建投公司设有1个全资子公司（赣州综合保税区置业有限公司）、1个合资公司（赣州综合保税区联合商务服务发展有限公司）。

【领导名单】

毛添钿　执行董事兼总经理

刘有琪　副总经理

温　泉　副总经理

赣州满园建设开发有限公司

【职能及组织机构】 赣州满园建设开发有限公司（简称满园公司），主要承担赣州经开区电子信息产业园辖区内财政性投资项目工程代建管理，含市政基础设施建设开发、返迁房项目建设、供水供电供气工程建设、绿化园林等配套设施开发建设等项目的立项、设计、招标、建设管理等全过程系统性一站式服务。

【领导名单】

谢　慧　执行董事兼总经理

王　玺　副总经理

游亮亮　副总经理

余拔崇　副总经理（6月任）

许培军　副总经理（6月任）

王林玥　副总经理（12月任）

赣州国瑞新能源汽车产业发展有限公司

【职能及组织机构】 赣州国瑞新能源汽车产业发展有限公司（简称国瑞新能源公司），主要从事新能源汽车及相关配套的投资和开发、企业项目投资、市政基础设施建设开发、房地产开发经营、物业管理等工作。

【领导名单】

刘普海　董事长兼总经理

人民团体

赣州经济技术开发区总工会

【职能及组织机构】 赣州经济技术开发区总工会（简称区总工会），主要负责维护职工合法权益、工会组织建设、推动企事业实行民主管理，建立健全职工代表大会制度、组织职工开展群众性劳动竞赛活动、依法做好工会经费的收、管、用工作；承办区党工委和市总交办的其他事项。

【领导名单】

华晓斌　主席

朱为民　专职副主席

曾　力　副主席（挂职，任至7月）

张　旭　副主席（挂职，7月任）

王新宇　副主席（兼职）

王玉椿（女）　常委

李　萍（女）　常委

蔡　林　常委

郭孝尧　常委

王金秀（女）　常委

赣州经济技术开发区妇女联合会

【职能及组织机构】 赣州经济技术开发区妇女联合会（简称区妇联），主要负责教育、引导广大妇女树立正确的社会主义核心价值观，表彰各类妇女先进典型；负责推动和开展对妇女的科技文化及生产劳动技能的培训，全面提高广大妇女的综合素质，促进妇女人才的成长；负责代表妇女

参与国家和社会事务的民主管理和民主监督；负责组织调查、研究新时期妇女工作中出现的新情况、新问题及涉及妇女切身利益的热点、难点问题，及时向区党工委、管委会反映妇女群众的意愿和需求，提出对策建议；负责为妇女儿童服务、为基层服务，加强与社会各界的联系，协调推动全社会为妇女儿童办实事；负责指导各级妇联依据《中华全国妇女联合会章程》和妇女代表大会任务，开展妇女儿童工作。

【领导名单】

谢丽华（女） 主席
李　丽（女） 副主席（挂职）（任至7月）
温珠艳（女） 副主席（挂职）（7月任）
郭云倩（女） 副主席（兼职）
支鲁凡（女） 副主席（兼职）

共青团赣州经济技术开发区工作委员会

【职能及组织机构】 共青团赣州经济技术开发区工作委员会（简称区团工委），主要负责引导教育青少年，推进青少年文化建设和宣传工作；负责组织规范少先队开展活动；负责企业和农村共青团工作，青年志愿者组织的建设；负责学校团委（少先队）、青少年维权工作。

【领导名单】

唐远林 书记
谢丽华（女） 副书记（兼职）
张福兰（女） 副书记（兼职）
李孝龙 副书记（任至7月）
陈仙柏 副书记（挂职）（7月任）
周敏华 副书记（兼职）（7月任）

赣州经济技术开发区科学技术协会

【职能及组织机构】 赣州经济技术开发区科学技术协会（简称区科协），主要负责开展学术交流、活跃学术思想、促进学科发展、推动自主创新；负责组织科学技术工作者为建立以企业为主体的技术创新体系、全面提升企业的自主创新能力作贡献；负责依照《中华人民共和国科学技术普及法》《江西省科学技术普及条例》，实施《全民科学素质行动计划纲要》，弘扬科学精神，普及科学知识，传播科学思想和科学方法，捍卫科学尊严，推广先进技术，开展青少年科学技术教育活动，提高全民科学素质；负责反映科学技术工作者的建议、意见和诉求，维护科学技术工作者的合法权益；负责宣传、表彰、奖励优秀科学技术工作者和学会、科普先进工作者，举荐人才。

【领导名称】

涂　英（女） 主席（兼职）（任至5月）
刘　钧 主席（兼职）（6月任）
钟芳明 副主席（挂职）（任至6月）
刘光银 副主席（挂职）（7月任）
曾　宇 副主席（兼职）（任至6月）

赣州市工商联赣州经济技术开发区分会

【职能及组织机构】 赣州市工商联赣州经济技术开发区分会（简称区工商联分会），主要负责做好非公有制经济代表人士政治安排的推荐工作；负责加强会员思想政治工作；负责代表和维护会员的合法权益，反映会员的意见、建议和要求；负责为会员提供信息、科技、管理、法律、会计、融资、咨询、专业职务评定等服务，引导会员企业加强企业文化建设，帮助改进经营管理；负责引导会员积极投身光彩事业，弘扬中华传统美德，先富帮后富，热心社会公益事业；负责组织会员举办和参加各种对内对外展销会、交易会，帮助会员开拓国内国际市场；负责增进与澳港台和国外社团等工商经济界人士的联系，为全区经济建设引进资金、人才、技术。

【领导名单】

朱开椿 主席
刘钦辉 副主席
何　喆 副主席
郭晓夏 副主席
李建明 副主席
杨轶群 副主席
邓卫城 副主席

朱丰华（女） 副主席（兼职，5月任）

军事

赣州经济技术开发区人民武装部

【职能及组织机构】 赣州经济技术开发区人民武装部（简称区人武部），主要履行县级人民武装部职责，在赣州军分区和经开区党工委、管委会的共同领导下开展工作，负责领导和管理辖区乡（镇、街道、管理处）人民武装部；主要履行辖区内后备力量建设、兵役工作、国防动员、军民融合发展、参战支前等职能任务。

乡（镇、街道、科技城、高铁新区）

黄金岭街道

【职能及组织机构】 黄金岭街道党工委作为区党工委的派出机关，行使区党工委授予的职权，是辖区各项事业的领导核心，对本街道经济、政治、文化、社会、生态文明建设实行全面领导，对本街道党的建设全面负责。黄金岭街道办事处作为区管委会的派出机关，根据相关法律规定和区管委会授权，履行相应的职能。黄金岭街道党工委和办事处宣传贯彻党和国家各项方针、政策和法律法规，执行党中央、上级党组织的决议、决定，接受相关部门的业务指导，在履行职责过程中坚持和加强党对街道各项工作的集中统一领导。主要职责是加强党的建设、统筹区域发展、组织公共服务、实施综合管理、监督执法管理、动员社会参与、指导社区自治、维护公共安全；做好国防教育和兵役、退役军人事务等工作；承担区党工委、管委会交办的其他事项。

【领导名单】

李干军 党工委书记
肖上清 党工委副书记、主任
钟　华 人大工委会专职主任
熊　岚（女） 党工委副书记
卢　嵘 党工委委员、常务副主任
钟　华（女） 党工委委员、组宣委员
陈国飞 党工委委员、武装部部长
彭　亮 党工委委员、纪工委书记
李明华 副主任（任至11月）
罗海明 副主任（12月任）
朱粮山 副主任(挂职，任至11月)
刘佐军 人大工委会专职副主任
叶建荣 四级调研员
刘罗前 四级调研员
陈有红 副主任科员
黄军雄 综治中心专职副主任
黄万彬 副科级干部

蟠龙镇

【职能及组织机构】 蟠龙镇党委是党在农村的基层组织，是各项工作的领导核心，对本辖区的经济、政治、文化、社会、生态文明建设实行全面领导，对本镇党的建设全面负责。镇人民政府是基层行政机关，依法履行本区域的服务和管理职责。蟠龙镇党委政府宣传贯彻党和国家各项方针、政策和法律法规执行党中央、上级党组织的决议、决定，接受相关部门的业务指导，在履行职责过程中坚持和加强党对全镇各项工作的集中统一领导。主要职责是加强党的建设、实施乡村振兴战略、加强公共管理、加强公共安全、加强政务服务、领导基层自治、动员社会参与、加强财税管理；做好国防教育和兵役、退役军人事务等工作；承担区党工委、管委会交办的其他事项。

【领导名单】

刘福田 党委书记
毛伟求 党委副书记、镇长
王清华 人大主席
黄利坚 党委副书记
陈定先 党委委员、副镇长
陈　敏 党委委员、武装部部长（5月任），组织委员（任至5月）
郭志清 党委委员、纪检书记
邱艺琴 (女)党委委员、宣传委员，统战委员（5月任）
陈景福 党委委员、武装部部长（任至5月）
周逸勇 党委委员、派出所所长

刘　芳（女）　党委委员、组织委员（5月任）

董　威　党委委员，政法委员、综治办主任（5月任）

曾冬梅（女）　人大专职副主席

梁燕辉　副镇长

吴　琼　副镇长（任至5月）

郑　敏（女）　副镇长

杜金水　副镇长（5月任）

邝盛彦　综治办专职副主任

吴中海　司法所所长

刘普海　主任科员（在国瑞新能源汽车产业发展有限公司挂职）

温　泉　主任科员（在赣州汉企实业公司挂职）

吴小发　副主任科员（任至5月）

刘翼伟　综合行政执法大队队长（5月任）

张绵铠　六级主办

黄敬三　六级主办

陈运长　六级主办

吴宗华　六级主办

朱东霞　社会事务办主任、六级主办（5月任）

郭攸光　武装部副部长、六级主办（5月任）

湖边镇

【职能及组织机构】　湖边镇党委是党在农村的基层组织，是各项工作的领导核心，对本辖区的经济、政治、文化、社会、生态文明建设实行全面领导，对本镇党的建设全面负责。镇人民政府是基层行政机关，依法履行本区域的服务和管理职责。湖边镇党委政府宣传贯彻党和国家各项方针、政策和法律法规，执行党中央、上级党组织的决议、决定，接受相关部门的业务指导，在履行职责过程中坚持和加强党对全镇各项工作的集中统一领导。主要职责是加强党的建设、实施乡村振兴战略、加强公共管理、加强公共安全、加强政务服务、领导基层自治、动员社会参与、加强财税管理；做好国防教育和兵役、退役军人事务等工作；承担区党工委、管委会交办的其他事项。

【领导名单】

谢达琳　党委书记

王　朝　党委副书记、镇长

曾　诚　人大主席

刘水长　党委副书记

李　萍（女）　党委委员、副镇长

廖云嵩　党委委员、宣传委员，统战委员（5月任）

丁　懿　党委委员、纪委书记、监察办主任

张选桂　党委委员、武装部部长

吴　琼（女）　党委委员、组织委员（5月任）

罗才天　党委委员、政法委员、综治办主任（7月任）

邱　坚　党委委员、派出所所长

李兆文　人大专职副主席（7月任）

李雪丰（女）　副镇长

杨泽宸　副镇长

王学忠　副镇长

罗　栋　综治办专职副主任

易　文　二级主任科员

张　斌　二级主任科员

谢宝玲　六级主办，综合行政执法大队长（5月任）

申　旗　六级主办

叶国飞　六级主办

易　菲　六级主办（12月任）

凤岗镇

【职能及组织机构】　凤岗镇党委是党在农村的基层组织，是各项工作的领导核心，对本辖区的经济、政治、文化、社会、生态文明建设实行全面领导，对本镇党的建设全面负责。镇人民政府是基层行政机关，依法履行本区域的服务和管理职责。凤岗镇党委政府宣传贯彻党和国家各项方针、政策和法律法规，执行党中央、上级党组织的决议、决定，接受相关部门的业务指导，在履行职责过程中坚持和加强党对全镇各项工作的集中统一领导。主要职责是加强党的建设、实施乡村振兴战略、加强公共管理、加强公共安全、加强政务服务、领导基层自治、动员社会参与、加强财税管理；做好国防教育和兵役、退役军人事务等工作；承担区党工委、管委会交办的其他事项。

【领导名单】

黎　俊　党委书记
李　枫　党委副书记、镇长
刘永忠　人大主席
裴红燕（女）　党委副书记
钟灵花（女）　党委委员、常务副镇长
李智渊　党委委员、纪委书记
姜　北　党委委员、武装部部长
宋智强　党委委员、组织委员
曹性明　党委委员、宣传委员
罗　虹（女）　副镇长
张小峰　副镇长
刘广森　副镇长
董世荣　人大副主席
舒璐云（女）　综治办专职副主任
朱金萱　综合行政执法大队大队长（7月任）
黄　茹（女）　综合便民服务中心主任6月任）
王华人　一级主任科员
肖　晖　一级主任科员（9月任）
黄惠友　二级主任科员
涂　珺（女）　四级主任科员
钟惠法　副科级干部、六级主办（5月任）
王　诚　四级主任科员
罗　丁　四级主任科员

三江乡

【职能及组织机构】　三江乡党委是党在农村的基层组织，是各项工作的领导核心，对本辖区的经济、政治、文化、社会、生态文明建设实行全面领导，对本乡党的建设全面负责。乡人民政府是基层行政机关，依法履行本区域的服务和管理职责。三江乡党委政府宣传贯彻党和国家各项方针、政策和法律法规，执行党中央、上级党组织的决议、决定，接受相关部门的业务指导，在履行职责过程中坚持和加强党对全乡各项工作的集中统一领导。主要职责是加强党的建设、实施乡村振兴战略、加强公共管理、加强公共安全、加强政务服务、领导基层自治、动员社会参与、加强财税管理；做好国防教育和兵役、退役军人事务等工作；承担区党工委、管委会交办的其他事项。

【领导名单】

叶福平　党委书记
何　源　党委副书记、乡长
曹承斌　人大主席
刘　浚　党委副书记
陈景福　党委委员、常务副乡长（5月任）
刘小斌　党委委员、政法委员
田素华（女）　党委委员、宣传委员、统战委员
王建权　党委委员、纪检书记
罗智慧（女）　党委委员、组织委员
吴端福　党委委员、武装部部长
董健敏　党委委员、派出所所长（4月任）
范世光　人大主席团副主席
杨　志　副乡长
石保香（女）　副乡长
李　忠　政府副乡长
张旭阳（女）　综治办专职副主任
黄　明　司法所所长
杜贤庆　二级主任科员
金　平　二级主任科员
谢　媛（女）　六级主办
刘小兰　综合便民服务中心主任（6月任）
康　伟　综合行政执法大队队长（7月任）

赣州新能源汽车科技城

【职能及组织机构】　赣州新能源汽车科技城管理处主要职责是宣传、贯彻、执行党的基本路线和国家的各项方针、政策，特别是落实国家发展新能源汽车产业的方针、政策和法律、法规、规章，执行赣州市及赣州经济技术开发区新能源汽车科技城建设和产业发展有关政策、决议以及区党工委、管委会的其他各项决定和指示，抓好党的思想、组织、作风和廉政建设工作，积极开展本辖区的精神文明建设活动；协助有关部门加强本辖区的城市管理和应急管理工作；组织群众开展爱国卫生运动，美化、绿化、亮化、净化城市环境；协助有关部门做好防灾、救灾、村民防火和安全生产监督管理工作；负责新能源汽车科技城的基础设施建设管理维护、项目承接建设和服务；负

责新能源汽车科技城项目用地的征收搬迁和搬迁群众的安置工作;大力发展本辖区农村经济，优化发展环境，做好工业发展、苏区振兴发展有关工作，积极扶持为民、便民、利民的农村公共服务事业，提高村民的生活质量和生活水平;会同有关部门，加强村民委员会建设，指导和帮助村委会依法自治;负责农村党建、“两新”组织党建工作，切实提高党员素质，充分发挥党员先锋模范作用;负责本辖区的普法、信访、维稳和社会管理综合治理、所辖村的治安保卫、民事纠纷调解和失足青少年的帮教转化以及社区矫正工作，保护老人、妇女、儿童和残疾人的合法权益;负责本辖区的民政事务、人民武装、兵役工作，搞好拥军优属工作，举办社会福利事业，做好科技城文化、科普、体育、教育管理工作;配合有关部门帮助和扶持社会待业青年安置及下岗人员再就业等工作;负责本辖区的计划生育工作，做好流动人口管理工作;会同有关部门抓好科技城组织、文化、管理、卫生、治安等建设，强化科技城服务工作;负责农村、农业、农民服务的公共服务和社会化服务体系建设，加强新农村建设，维护社会稳定，努力建设农村和谐秀美新型社会;承办区党工委、管委会交办的其他事项。

【领导名单】

王　明　党委书记
曾凡平　党委副书记、主任
李　亮　党委副书记
谭　君　党委宣传委员、统战委员（5月任）
钟韦华　党委委员、纪检组组长
刘昊敏　党委委员、派出所所长
许满桂　党委组织委员(任至5月)
胡　云　组织委员（5月任）
林　聪　党委委员、武装部部长（5月任）
蒙贤荣　党委委员、政法委员（5月任）
朱启健　管理处副主任
郝夷桑　管理处副主任
李　娟(女)　管理处副主任
谢腾飞　管理处综治办专职副主任
肖　勇　管理处保留原职级干部（副科）
曾　贻　六级主办

高铁新区

【职能及组织机构】　高铁新区服务中心主要负责区域范围内各项社会事务的统筹协调和日常管理服务等日常工作。负责做好与高铁西站和市、区铁路部门、事业单位、社会团体及公用事业服务单位的沟通协调工作;协调有关部门和单位按照各自职责维护管理好区域范围内市容市政、社会治安、社区服务、车辆交通秩序、商业市场秩序、物业管理、综合执法等方面工作;协助市、区有关执法部门在区域范围内开展行政执法行动;协调区域范围内临时占道和设置站、场、点、档、广告设施等宣传设施的审批工作;督促、检查有关单位做好管理等工作;负责组织协调区域范围内春运、暑运及其他节假日高峰期的客运等工作;按照统一领导、分级负责的原则，建立健全有效应对区域范围内突发公共事件的应急管理机制;负责管理高铁新区内新增的社区和居委会;承办区党工委、管委会交办的其他事项。

【领导名单】

薛　淞　党组书记、主任
唐长生　党组成员、副主任
李阿李(女)　党组成员、副主任
郭晨花(女)　党组成员、六级主办

（注：领导名单内一个姓名多次出现，若为同一人，则不另作标记;若非同一人，且不便区分，则在右上角加注①②等标记区分。）

（本栏编辑：邱　毅　马思媛）

政　治

区党工委、管委会

纪检监察

【概况】 2020年，全区纪检监察组织坚持稳中求进工作总基调，忠实履行党章和宪法赋予的职责，持续推动纪检监察工作高质量发展，全区党风廉政建设和反腐败各项工作取得新成效。

【督促履行管党治党政治责任】 协助区党工委落实主体责任，推动区党工委主要领导履行第一责任人责任，及时听取工作汇报，过问督办重要案件。督促区领导班子成员履行“一岗双责”，向区领导班子成员发出《履责提示》8份，提示问题16个；向区管党组织负责人发送《履责提示》3份，提示问题3个。严肃开展党内问责，查处党内问责问题2起，问责党组织2个、党员领导干部2人。

【政治监督】 围绕“国之大者”加强政治监督，推动党中央重大决策部署落地见效。围绕统筹常态化疫情防控和经济社会发展开展监督检查，编发《督查专报》34期，协调下发“督办函”73份。开展影响保居民就业、保市场主体若干突出问题专项整治，发出《工作提示》9份，发现问题15个，查处“六稳”“六保”方面问题5起13人。

【作风建设】 持续深化扶贫领域腐败和作风问题专项治理，查处扶贫领域腐败和作风问题9起16人。实现涉黑涉恶线索、案件“双清零”，查处党员干部充当“保护伞”问题1件1人，查处失职

11月17日，赣州经开区开展全区纪检监察系统全员培训
（区纪工委供图）

失责问题3件9人。认真落实中央八项规定及其实施细则精神，深化治理形式主义、官僚主义突出问题和“怕慢假庸散”作风顽疾，防范和查处隐形变异“四风”问题。查处违反中央八项规定精神问题50起101人，给予党纪政务处分8人，下发典型案例通报9批次，其中查处形式主义、官僚主义问题44起95人，查处享乐主义、奢靡之风问题6起6人。依纪依规对失实检举控告开展澄清正名5人，查处诬告陷害问题1起。

【一体推进不敢腐、不能腐、不想腐】 坚持严的主基调，紧盯重点领域和关键岗位强化监督，受理信访举报件184件（次），收到问题线索246件，立案38起38人（其中乡科级14人），给予党纪政务处分29人，作出其他处理7人，发出《纪律检查建议书》19份、《监察建议书》14份。开展“弘扬廉政文化、建设廉洁经开区”廉政文化月活动，举办“清风寄语·家书话廉”征集活动、领导干部配偶“廉洁家风教育日”等活动，编印《赣州经济技术开发区党员干部违纪违法典型案例警示录》。

（揭振晖）

巡察

【概况】 2020年，区党工委坚持巡察工作的政治定位，聚焦“两个维护”根本任务，围绕中心、服务大局，突出“三个聚焦”，严密组织开展3轮巡察工作，充分彰显巡察“利剑”作用，为促进全面从严治党向基层延伸、推动全区经济社会发展提供坚强政治保证。

【履行巡察主体责任】 年内，区党工委会议先后8次研究巡视巡察工作、召开3次区党工委书记专题会听取巡察汇报，区党工委书记全年在书记专题会上点人点事点问题90次。区党工委巡察工作领导小组严格落实好组织实施责任，全年召开6次领导小组会议研究巡察工作、听取巡察汇报，研究制定完善《关于进一步规范区党工委巡察组抽调巡察人员工作的意见》等7个巡察规范性制度性文件。

【推进巡察全覆盖】 年内，开展3轮巡察工作，覆盖全区15个区直单位（部门）、5个村（社区）党组织。截至年底，巡察全覆盖任务完成。2017年至2020年，开展巡察12轮，巡察单位62个，发现问题1287个，问题线索135条。通过查办巡察组移交的问题线索，立案34人，给予党纪政纪处分28人，诫勉谈话39人，组织处理27人。巡察整改中，各被巡察单位退缴各类违纪款198.8万元，有关行业部门与被巡察单位建立健全制度235条。

【巡察队伍建设】 发挥巡察熔炉作用。坚持将巡察岗位作为发现、培养、锻炼干部的重要平台，全年从新提拔干部中抽调15人参加巡察工作，推动赣州经开区巡察工作和干部队伍建设“双提升”。

强化巡察业务培训。3月，对巡察组副组长库和专业人才库全体干部集中进行系统性的集中培训，参训人员105人次。针对每轮巡察

12月22日，区党工委第二巡察组巡察杨梅村党委和大坪村党支部情况反馈会召开　（区巡察办供图）

不同的巡察对象和巡察侧重点，开展巡前培训3次，参训人员65人次。

强化考核管理。巡察工作领导小组在全区集中表彰7名优秀巡察干部，提高广大巡察干部的积极性；建立健全规范巡察队伍管理制度，出台《关于进一步加强和改进区党工委巡察组临时党支部建设的意见（试行）》等4个制度性文件。

【巡察监督与其他监督贯通融合】 推进与其他监督贯通融合。2月，制定《区党群工作部 区党工委巡察办关于加强有关工作协作配合的意见》《区纪工委 区财政局 区党工委巡察办关于加强有关工作协作配合的意见》等4个协作配合机制文件，进一步加强巡察监督与组织、纪检、财政、审计监督等贯通融合，监督合力日益彰显。

运用好“面对面”联合会审制度。3月，制定《巡察整改材料“面对面”联合会审工作方案》，由区纪工委、区党群工作部、区党工委巡察办、巡察组“四方”联合开展2批次的集中会审，审核、完善15个被巡察单位党组织的巡察整改工作方案，从严从实把好整改第一关。

【做好巡察“后半篇文章”】 压紧压实巡察整改主体责任。每轮巡察整改结束后均开展巡察整改情况督查工作，11月20—24日，区党工委巡察办会同区纪工委、区党群部对2020年度第一轮、第二轮巡察的15个单位党组织开展巡察整改情况督查，针对部分整改不到位的单位发放9份整改通知书。巡察整改期间，每名巡察工作领导小组领导都能主动履职，积极参加每个被巡察单位反馈会、巡察整改专题民主生活会，进一步传导责任压力。

综合运用好巡察成果。建立共性问题通报机制和书记点人点事督办机制，2020年第二轮巡察后，在区党工委会上研究讨论巡察发现的普遍性、倾向性问题并在全区范围公开通报，“以点带面”督促全区各级党组织深入开展自查自纠，同时针对书记专题会点人点事事项向有关行业主管单位发放书记专题会点评事项督办函21份，推动未巡先改，建章立制44条。

（彭昊轩）

组织工作

【概况】 2020年，赣州经开区全面落实新时代党的建设总要求，以基层党建质量提升行动为抓手，全面推进基层党建“三化”建设，带领全区各级党组织不断强化基层党组织政治功能和组织力，为建设全国一流的国家级现代化经开区提供坚强的组织保证。

【基层党建“三化”建设】 坚持高位推动，实行每周一调度、半月一通报机制，全面压实工作责任。组建“三化”建设专班队伍，每周到重点难点党组织开展一对一指导、点对点推进，督促指导39个重点难点基层党组织，解决问题296个。坚持分类指导，分领域打造机关、农村、学校、企业等10个区级示范点，通过以点带面、示范先行，为各领域树起

9月18日，基层党建“三化”建设市级示范点验收评议会参会人员到赣州经开区非公和社会组织领域示范点参观　（区党群部供图）

学习的“样板”。三江乡伍岭村党支部、澳克泰工具有限公司党支部、文清外国语学校党总支分别被列为农村领域、非公经济组织与社会组织领域的全市示范点。坚持问题导向、整体推进、精准发力，全区查摆问题2963个，解决问题2815个，解决率98%。每周动态更新验收情况，进行量化排名，所有村（社区）在11月底完成“三化”建设验收，其他领域在12月底完成了验收，基层党建质效全面提升。结合基层党建“三化”建设，融合推进党的阵地资源整合工作，打造11个区级新时代文明实践站示范点、65个居家养老服务中心，其中凤岗镇长田村被评为省级“党建+互助养老”示范点。

【抓实党建决战决胜脱贫攻坚】 年内，举办驻村干部培训5期417人次，开展驻村帮扶暗访6次，全区通报批评1人；提拔和进一步使用表现优秀的第一书记3人、驻村干部2人，区级及以上表彰在疫情防控、脱贫攻坚工作中表现优秀的驻村第一书记22人、驻村工作队员13人。区党工委领导带头，全面开展软弱涣散党组织摸排，采取“四个一”整顿措施，整顿软弱涣散村党组织4个。全面推行书记、主任“一肩挑”，72个村（社区）实现“一肩挑”，占比96%，全面建立村（社区）党组织书记个人档案，从优秀村（社区）干部中招聘4名乡镇事业编干部。持续深化“标准厂房增收”“预留地开发增收”“用好产业政策增收”等多条发展路径，村集体经济收入总量6303.13万元，同比增长80%，村均经营性收入96.46万元，所有村实现经营性收入10万元以上，18个村收入100万元以上。

【城市基层党建“10分钟为民服务圈”改革】 紧扣“赋权、下沉、增效”要求，在全区13个社区全面推行城市基层党建“10分钟为民服务圈”改革工作，打造全区“10分钟为民服务圈”信息管理系统，实现“五步工作法”在线上畅通运行，信息管理系统上线以来，线上线下收集问题918个，解决问题率93.46%。该经验做法在人民日报网、人民网、省委办公厅《今日信息汇要》243期等媒体刊物进行宣传。推进社区减负增效，构建社区工作者职业体系，完善社区工作者薪酬体系和激励措施，探索推进社区物业党建联建和网格党建工作。

【统筹抓好多领域党建质量提升】 机关领域，举办全区机关党务技能大赛，组织44名机关党组织书记开展现场案例教学；严格落实党员领导干部参加双重组织生活制度，扎实做好党员区领导履行“一岗双责”提醒机制，开展争作“三个表率”、建设“模范机关”活动。学校领域，积极推动区党政领导班子成员到学校上思政课，完善学校党建“1+N”结对帮扶机制，12个学校党组织结对帮扶14个农村学校、民办学校党组织，创建22个“党员名师工作室”。医院领域，开展医德医风专项培训和年度考核，培养1名在疫情防控中表现突出的医务人员入党；提高领导班子和中层干部中党员占比，保证了每个卫生院行政班子成员中至少有2名党员，成立1个民办医院党组织。国企领域，提升国企中层干部中党员比例至82.4%。严格落实党委会前置审议程序，召开党委会16次，审议市场化改革、战略转型、业务拓展等重点工作议题202个。“两新”领域，制定10条进一步加强“两新”组织党建工作措施，业主对党建工作的重视程度不平衡及兼职党建指导员履职积极性不高等问题有效缓解；抓实专职党建指导员选管用，经验做法在全省党务技能大赛中获一等奖，在全市获特等奖。

【党员队伍建设水平提升】 全年发展党员229名。在新冠肺炎疫情防控、脱贫攻坚等重大任务中，区级嘉奖27个集体和142名个人。结合“春节”“七一”重大节日，走访慰问困难党员、老党员607名，表彰“先进基层党组织”50个、“优秀共产党员”100名、“优秀党务工作者”50名。加大党员创业致富带头人培养和金融扶持力度，为259名党员提供创业贴息76.56万元。

【干部教育培训】 加强政治理论培训，举办学习贯彻中共十九届四中全会精神专题班2期。加强专业理论培训，全年举办分别以平安建设、工业发展、基层党建、精准扶贫与乡村振兴为主题的专题研讨班4期。加强中青年干部培训，举办中青班1期，对40岁以下年轻干部思想、政治、能力、素质等各方面进行针对性培训。加强业务知识培训，分批次举办业务培训班33期。加强新入职工作人员岗前培训，对2020年新入职工作人员开展为期3天的岗前培训，培训新入职工作人员97人（其中事业编制工作人员19人、雇员职员73人、“三支一扶”工作人员5人）。全年培训干部职工人次破万。

（谢晓慧 赖友先）

意识形态工作

【概况】 2020年，全区上下坚持以习近平新时代中国特色社会主义思想为指导，持续贯彻落实《中国共产党宣传工作条例》，认真对照意识形态专项检查反馈意见抓紧抓实抓好整改工作，严格落实意识形态工作责任制，做大做强主流舆论，加快文化事业快速发展，推进精神文明成效显著，为统筹抓好疫情防控和经济社会发展，决胜全面小康决战脱贫攻坚提供坚强思想保证、舆论支持和精神动力。

【巡视整改】 认真抓好省委第八轮巡视意识形态工作责任制专项检查组反馈问题整改工作，制定印发《省委宣传部落实意识形态工作责任制专项检查反馈意见整改方案》，形成4个方面12项27个整改任务53条细化措施。出台《关于贯彻落实＜中国共产党宣传工作条例＞的实施细则》《贯彻党（工）委（党组）意识形态工作责任制实施办法的实施细则（修订）》《关于进一步加强非公有制企业意识形态工作的实施意见》等制度性文件，努力做到系统整改、全面整改、彻底整改。区党工委会议研究意识形态工作4次，在党内通报意识形态领域有关情况2次，区党工委书记听取意识形态工作专题汇报2次，主持召开宣传思想工作领导小组会议3次。组织开展2次党（工）委（党组）意识形态工作责任制检查和督查，参加区党工委2020年度三轮常规巡察，对22个单位党组开展意识形态工作专项检查。

【理论武装】 坚持以习近平新时代中国特色社会主义思想为指导，组建以区党工委书记为团长的区党工委宣讲团，分赴机关、乡镇、企业、农村、学校等地宣讲中共十九届五中全会精神15场，各地、各部门（单位）组织各类宣讲团开展宣讲120余场，覆盖群众3万余人次。出台《关于进一步推进党组织理论学习规范化制度化

6月15日，全区意识形态工作业务培训会召开 （区党群部供图）

科学化的具体措施》《关于建立党（工）委（党组）中心组理论学习巡听指导制度的通知》《“学习强国”学习平台学习运用奖惩办法》等系列制度化规范化文件，召开区党工委理论学习中心组学习会26次，对20个单位开展巡听指导，赠送相关精品书籍600余册，持续推动习近平新时代中国特色社会主义思想和中共十九届五中全会精神入脑入心。

【舆论引导】 围绕赣州经开区成立30周年暨升格为国家级经开区10周年，精心策划系列主题宣传活动，其中在市新闻发布厅召开新闻发布会，现场直播点击量突破50万次，制作的抖音短视频点击量突破10万次。在做好统筹疫情常态化防控和经济社会发展宣传的同时，紧紧围绕决胜全面小康这个时代主题，以习近平总书记视察赣州一周年等为重大契机开展主题宣传，开设53个专题专栏，发送手机报263期，推送“赣州经开区微新闻”信息1600余条；在市级以上党报（台、网）刊发正面宣传稿件1500余篇，其中省级媒体发稿197篇，中央级媒体发稿46篇。

【文化工作】 新增规上文化企业10家，率先完成全市任务。“抬毛老爷”“蓝氏中医正骨疗法”获批市级非遗项目。“名师带你读名著”、全民阅读等系列阅读活动成效显著，“决胜小康 奋斗有我”暨非遗助力脱贫攻坚等文化惠民活动丰富，开展各类送戏下乡活动80余场，受益人数4万余人。

【网信工作】 年内，赣州经开区被评为2019年度全市综合工作先进单位；在网宣、网评、网络舆情3项单项工作中均被评为先进单位；获得全市优秀网评员、全市优秀舆情信息员各2人。坚持“一季一通报”制度，季度通报落实情况纳入网信工作绩效考核重要扣分依据，下发网信工作通报4期，倒逼工作责任落实。逐年加大经费保障力度，安排122万元网信工作经费。

全区有区核心网评员15名，区级骨干网评员35名和外围网评员306名，其中省核心网评员1名，市核心网评员10名，3人被客家新闻网聘为特约评论员。积极开展网上正面宣传，讲好赣州经开区故事，传播赣州经开区好声音。全年在中央网站刊发稿件411篇11478.5积分，发表网评文章594篇1300积分，推送正能量典型51个，上传网络舆情3500余条，均在全市排名前列。组织策划开展的“赣州经开区成立30周年——央媒看变迁”重大主题宣传活动，被认定为省级正面舆情热点。

严格执行好舆情专报制度，做好舆情监测处置工作。全区下发《舆情专报》47期，均得到妥善处理，全年未发生重大负面舆情，全区网络意识形态领域总体平稳良好。

区党工委网信办联合公安等部门开展第七届国家网络安全宣传周活动，积极宣传网络安全和法制知识；组织开展网络安全检查2次，检查网站、互联网企业、机房等5家，下发整改督办函8份。全面加强网络生态治理，下发《关于加快建立网络综合治理体系的实施方案》，联合相关职能部门加大巡查监看力度，清理各类有害信息71条。

（谢晓慧）

统一战线工作

【概况】 全区统一战线认真贯彻落实党中央、省委、市委和区党工委决策部署，全面巩固党对统一战线的领导，不断夯实基层统战基础，着力维护民族宗教领域和谐稳定，全力优化营商环境，促进非公经济“两个健康”，做强“园区统战”品牌，积极支持民主党派参与政治协商，稳步提升港澳台侨服务质量，积极为全区经济社会高质量发展凝聚人心、汇聚力量。

【全面巩固大统战工作格局】 召开3次区党工委会议、2次区党工委统战工作领导小组会议、1期区党工委理论学习中心组学习（扩大）

会、1次全区党群系统会议，研究部署统战工作。健全基层统战工作组织网络体系，推动各乡（镇、街道、管理处）成立统战工作领导小组，选优配强各乡（镇、街道、管理处）党（工）委统战委员，分5批次组织乡镇统战委员到市委党校、瑞金干部学院参加统战培训。

【维护民族宗教领域和谐稳定】 分别在黄金岭街道、蟠龙镇成立少数民族流动经商人员服务管理站。举办宗教政策培训班3期，分别对宗教领导干部、宗教工作人员、宗教教职人员和信教群众进行培训。率先开展宗教领域“三化”建设，推动宗教工作规范化、标准化和制度化。规范宗教场所管理，建立宗教场所财产管理、安全消防等8项制度。开展宗教场所“四进”活动，做到全区12个宗教场所国旗、《宗教事务条例》、社会主义核心价值观、中华优秀传统文化全覆盖。按照省、市疫情防控指挥部要求，认真做好宗教场所疫情防控工作。

【促进非公经济“两个健康”】 年内，制定并实施15项具体措施，打造“园区统战”品牌。开展2次非公（民营）经济发展营商环境测评，组织全区50家企业对38个涉企职能单位进行测评，对排位落后的3家单位进行约谈。指导区工商联分会发挥“娘家”作用，全年开展培训会、产品对接会、宣讲会等活动42次，培训企业家1000余人次，发动园区企业捐赠价值182万余元的资金和物资支持疫情防控工作。积极为优秀非公经济代表人士搭建参政议政舞台，推荐朱开椿等12名非公经济人士进入市工商联领导班子。区工商联分会被中华全国工商业联合会办公厅评为“2019—2020年度全国‘四好商会’”；赣州华坚国际鞋城有限公司等4家非公企业先后被省委统战部、省工商联、省总商会评为全省抗击疫情重大贡献民营企业，全省防控新冠肺炎疫情突出贡献企业。

【促进多党合作事业发展】 年内，成立民盟赣州经开区支部、民革赣州经开区支部、民进赣州文清实验学校支部3个民主党派支部，全区有民主党派基层组织5个（含2019年成立的民建赣州经开区总支、农工党赣州经开区支部）。举办党外代表人士专题培训班1期，组织11名党外代表人士赴广西大学参加培训。加强民主党派基层组织建设，解决民建赣州经开区总支场所、经费、人员保障问题。民建赣州经开区总支被中国民主建国会中央委员会评为民建全国先进集体。

【港澳台侨服务工作】 2月28日，国务院台办、国家发改委、工信部、商务部批复设立海峡两岸产业合作区赣州产业园（赣州经济技术开发区），9月17日，海峡两岸产业合作区正式授牌。8月27日，区内对台工作职能由区党群部划转至区党政办。开展“侨资企业服务年”活动，对全区的侨资企业进行调查摸底，摸清侨资企业、侨商和归侨侨眷的实际情况，并开展《中华人民共和国归侨侨眷权益保护法》宣传活动。7月17日，侨资企业孚能科技（赣州）股份有限公司在上

5月29日，民盟赣州经开区支委会成立大会召开　（区党群部供图）

交所发行上市，成为江西省首家科创板发行上市企业。

（朱丰华）

机构编制工作

【概况】 2020 年，赣州经济技术开发区机构编制委员会办公室充分发挥机构编制部门的把关、协调、监督职能作用，深化行政审批制度改革，开展机构编制核查工作，各项工作取得明显成效。

【行政审批制度改革】 推进相对集中行政许可权改革。申请全省第三批相对集中行政许可权试点改革工作，探索从制度层面深层次、全方位、长效化解决行政审批问题，推进审批模式实现新转变。12 月 11 日，区相对集中行政许可权改革试点方案经第五十八次省政府常务会议审议通过。为适应江西省第三批相对集中行政许可权改革试点的工作需要，持续推进“放管服”改革工作，创建更优质的“无证明”营商环境，12 月 28 日，正式挂牌成立赣州经济技术开发区行政审批局。

推进赋权赋能基层下沉。推进乡镇基层整合审批服务执法力量改革工作，整合乡镇执法力量，统筹安排“审批、执法两支队伍”工作人员，组建各乡镇综合行政执法机构，配强基层审批执法队伍 178 人，选优配强乡（镇、街道）综合便民服务中心主任、综合行政执法大队大队长 6 人，实现“一支队伍管执法”，并推动“一枚公章管审批”。

赋予基层审批管理权限。抓住改革契机，加快推进基层赋权，根据省、市提出的 98 项赋予乡（镇、街道）首批县级审批服务执法权限，全面梳理规范，结合乡（镇、街道）实际情况，通盘分析，将 55 项乡（镇、街道）能够承接的审批服务执法权限下放，明确乡（镇、街道）综合审批执法主体地位，让更多事项实现就近办。

【机构变更】 6 月 10 日，赣州经济技术开发区安全生产监督管理局更名为赣州经济技术开发区应急管理局。8 月 6 日，撤销赣州经济技术开发区文化市场和民政社会事务综合执法大队、赣州经济技术开发区商务综合行政执法大队、赣州经济技术开发区农林水行政综合执法大队。9 月 16 日，赣州经济技术开发区管委会二级内设机构所属事业单位“赣州市科技创业服务中心”和“项目建设办公室”内设机构名称，统一由“XX 处”调整为“XX 科”。9 月 16 日，“赣州经济技术开发区新能源汽车发展办公室”“赣州经济技术开发区应急管理局”机构级别由正科级调整为副科级。9 月 16 日，“中共赣州经济技术开发区工作委员会非公有制经济组织与社会组织工作委员会”更名为“中共赣州经济技术开发区工作委员会非公有制经济组织和社会组织工作委员会”；由设在赣州经济技术开发区党群工作部调整为在赣州经济技术开发区党群工作部挂牌。9 月 16 日，设立赣州经济技术开发区融媒体中心，为赣州经济技术开发区管委会直属正科级全额拨款事业单位，归口党群工作部管理。9 月 17 日，赣州市城市管理行政执法局赣州经济技术开发区分局更名为赣州市城市管理局赣州经济技术开发区分局。12 月 27 日，在赣州经济技术开发区企业服务和工信局的基础上组建赣州经济技术开发区行政审批局，增挂“企业服务和工信局、政务服务管理办公室”牌子，同时增设 3 个副科级二级内设科室：政务服务科（12345 政务服务热线管理科）、投资项目审批科、市场服务和社会事务审批科。12 月 27 日，赣州经济技术开发区企业综合服务中心更名为赣州经济技术开发区政务服务中心。12 月 27 日，撤销赣州经济技术开发区管委会副处级内设工作机构“赣州经济技术开发区城市管理局”及其二级内设机构“综合科”。

【党政机构改革】 进一步深化纪检监察体制改革，规范区内纪检监察机关职能，根据省委巡视选人用人专项检查等反馈机构编制的问题，将区纪工委承担的相关审计职能划入区党政办承担，同时将区纪工委下设的“审计科”相应调整为区党政办下设科室，严格落实纪检监察机关“三转”要求，进一步理顺区纪工委工作职能。

【行政体制改革】 按照精简高效、优化协同的原则，聚焦全区主攻方向和职能定位，优化调整区内机构编制，加快形成机构精简、职能综合、结构合理、运行高效的管理机制。

深化管理体制改革。进一步理顺职责关系，对全区各部门（单位）职能分工进行调整，理顺与市级单位对口职责关系；做好区应急管理局更名工作，完成区纪工委审计职能剥离工作，确保各项工作有序开展；在支持赣州经开区在人大、政协工作体制机制方面开展探索，向市委编委报送《关于恳请解决赣州经开区人大、政协工作机构有关问题的请示》，逐步理顺赣州经开区人大、政协工作体制机制。

推进国家级经开区机构改革。5月，召开区机构改革座谈会，充分听取各相关部门（单位）关于机构改革的意见建议，与市级部门对标，聚焦“职能职责准”，提出全区机构改革基本思路。

推进设立区行政审批局。分别于7月28日、9月3日向市委编委报送《关于设立赣州经济技术开发区行政审批局的请示》和《关于明确赣州经济技术开发区行政审批局职能配置、内设机构和人员编制的请示》。12月1日省委编办下发《关于赣州经济技术开发区管理委员会内设机构调整的批复》，同意赣州经开区成立行政审批局。12月27日，市委编委下发《关于调整赣州经开区管理委员会内设机构等机构编制事项的通知》，同意在赣州经济技术开发区企业服务和工信局的基础上组建赣州经济技术开发区行政审批局，增挂“企业服务和工信局、政务服务管理办公室”牌子。12月28日，区行政审批局正式挂牌成立。

【机构编制管理】 建立健全机构编制工作相关制度。8月，制定区编委会工作规则、编委会办公室工作细则，明确涉及机构编制的重大事项均由区编委会研究后提交区党工委会议研究，进一步规范全区机构编制工作程序。完善进人核编工作机制。始终坚持空编准用制度，做到机关事业单位进人，均由编办审核把关，严格做到组织、人事部门不予办理调动、录用手续，严禁超编进人。加强和规范机构管理。严格要求各部门（单位）严格执行“三定”方案机构设立规定，不得违规擅自设立机构，及时印发《关于开展对私自设立内设机构情况进行自查清理的通知》，督促全区各部门（单位）严格按照要求对本单位内设机构设立情况进行自查，对擅自设立内设机构的一律要求撤销，自行任命的内设机构负责人一律要求免职，自查发现10个单位存在擅自设立内设机构的情况，对私自设立的70余个内设科室及自行任命的科室负责人进行撤销与免职。积极争取政策支持。向市委编办争取增加教师编制630个；成立区融媒体中心，增加事业编制5个。

（赖友先）

人事人才管理

【概况】 2020年，赣州经开区始终坚持正确的选人用人导向，持续深化干部人事制度改革。公开招聘2名聘任制公务员，公开招聘和考选26名事业单位工作人员，做好2020年雇员职员公开招录工作，全区干事创业活力得到有效激发。

积极实施招才引才战略，坚持搭平台强服务，年内，引进各领域高层次人才41名，行业急需紧缺人才319名，其中国家级高层次人才10名。全区各领域高层次人才增加至806名，其中国家级人才38名，省级高层次人才24名。持续深入开展“进千企、访千人、问千计”三年行动计划和人才项目“育穗”计划，新开工建设人才住房2230套，兑现人才专项发展资金、人才特殊津贴、博士后资助等补贴6537.9万元，人才保障作用日益凸显。

【营造风清气正的选人用人环境】 坚持正确选人用人导向。严格按照《党政领导干部选拔任用工作条例》《党政领导干部考核工作条例》等有关规定，坚持党管干部，德才兼备、以德为先，五湖四海、任人唯贤，把政治标准放在首位，坚持从一线提拔使用干部，从脱贫攻坚、疫情防控等中心工作中提拔表现优秀干部26人，进一步使用干部4人，晋升职级52人，提拔主办38人。坚持扩大基层干部来源，从“三方面人员”中选拔乡（镇、街道）机关领导干部1人，从优秀村（社区）干部中公开选聘乡（镇、街道）事业编制人员4人。创新出台“奔牛奖”“蜗牛奖”奖惩办法，从获得“奔牛奖”单位分别提拔重用1名干部，进一步激发党员干部干事创业热情。坚持择优选调干部，制定《区外干部调入办法》，明确选调对象原则上不超过35周岁，全日制本科以上学历。坚持严控领导干部近亲属提拔，制定《赣州经济技术开发区领导干部近亲属和身边工作人员提拔任用一至六级主办事项审核办法》，加强对领导干部近亲属和身边工作人员提拔任用的监督管理。

强化干部监督。强化日常监督，坚持抓早抓小，防微杜渐，把干部监督贯穿选人用人工作全过程；注重建立日常监督网络，不断规范监督信息交流，促进信息共享，切实增强干部监督工作质效；对在日常监督中发现的部分干部存在苗头性、倾向性的问题，下发谈话提醒函27份，组织提醒谈话1人。加强对干部出入境监督管理工作，按照市委组织部《关于深化违规办理和持有因私出国（境）证件治理工作的通知》要求，实行登记备案一周一报，并按规定进行证件集中管理和审批；建立“12380”举报受理工作台账，年内收到举报信息3条，均调查核实处理。

【严格开展岗位聘任】 动态调整主办层级，年内对全区124名干部按程序进行一至十二级主办（专技）、七至十二级工勤岗位聘任调整，其中因受处分降低主办（专技）、工勤层次12人，实现“干部能上能下”。

【创新雇员职员管理】 扎实推进人事制度改革，创新抓好雇员职员管理考核工作。建立健全雇员、职员、特岗人员激励机制，印发《岗位聘用管理办法（修订）》《特殊岗位自聘人员管理办法（修订）》《赣州经济技术开发区人力资源有限公司雇员职员管理办法（修订）》，强化雇员、职员、特岗人员激励，降低离职率。强化雇员职员考核管理，5月11日召开区党工委机构编制委员会第一次会议，按照全区编制数（不含学校、卫生院编制数）的50%确定雇员职员名额数，核定雇员职员名额457个，对区党政办等13个用人单位雇员职员名额数进行相应调整，做好雇员职员轮岗交流基础性工作，建立雇员职员试用期满考核制度，推动雇员职员履职尽责。

【“三支一扶”大学生和军转干部安置】 发挥各级党政机关、事业单位和国有企业接收安置主渠道作用，顺利完成“三支一扶”大学生、军转干部和专业士官安置任务。年内，完成4名2018届“三支一扶”人员服务期满考核工作，考核均为合格，并及时予以安置。创新军转干部、转业士官安置方式，将量化赋分和自主选岗相结合，安置军转干部12人、转业士官15人。

【引才育才】 年内，全区有国家级高层次人才38名，其中诺贝尔物理学奖获得者1名，院士10名，享受国务院特殊津贴人才5名。年内，全区各部门（单位）外出招才引才46次，接待人才86批次。积极推荐各类人才申报中央、省、市各类人才工程，其中3人入闱国家、省政府特殊津贴考察对象（其中2人已入选省政府特殊津贴），占全市的42.9%；3人入选赣州市第四届“十大科技创新人物”，2人入选赣州市第四届“十大科技创新人物”提名奖，入选人数占全市的25%。

【搭建育才平台】 推荐孚能科技、金力永磁等企业申报市级及以上创新创业平台，其中孚能科技入选2020年（第27批）国家企业技术中心名单，同兴达电子成功进入省工信厅公布的2020年第23批省级企业技术中心名单，赣州富尔特电子股份有限公司入选2020年度第一批“海智计划”工作站。截至年底，全区建成各类聚才平台75个，其中国家级工程（技术）研究中心、科技企业孵化器、众创空间等科技创新及基础服务平台20个、院士工作站5个、“海智计划”工作站3个、博士后科研工作站（创新实践基地）4个、研究院所3个。

【人才服务】 年内，对区内46名高层次人才进行走访慰问，发放慰问金9.6万元；出台《赣州经济技术开发区高层次人才子女入学管理暂行办法》，协调解决高层次人才配偶随调、子女入学等问题43个；全区人才工作者走访区内企业169家，走访各类人才437人次。

【人才资金保障】 全年兑现人才专项发展资金6638万元，兑现人才特殊津贴、大学生生活补贴362.2万元，个税返奖4.92万元，发放博士后科研工作站（博士后创新实践基地）博士后资助等各项资金44万元。

（赖友先 吴 萍）

关工委工作

【概况】 2020年，区关工委以立德树人为根本任务，以开展“传承红色基因，争做时代新人”“突出新思想暨‘五爱’‘五做’”“学习弘扬伟大抗疫精神，高举爱国主义旗帜，争做时代新人”等主题教育活动为重点，开展党建带关建强化领导、部门联动筹集关爱基金、结对帮扶帮教、壮大“五老”队伍、区乡村三级联创“五好”关工委等五大重点工作，取得显著成效。市关工委在2020年度工作总结中有6处以上对赣州经开区关心下一代工作给予肯定。12月，在赣州市关工委成立25周年之际，区关工委被市关工委评为“全市关心下一代工作先进集体”。

【爱国主义教育】 广泛开展以爱国主义为核心的主题教育活动。结合全区实际，联合区党群部、企工局、社管局、总工会、团工委和妇联等部门制定并印发《关于认真开展“突出新思想”暨“五爱”“五做”主题教育活动的实施意见》，积极开展主题教育学习活动，提高青少年思想政治素质。开展中国“好家风”教育，传承优秀传统文化，在中国关工委主办的“我的家训”主题征文活动中，赣五中廖昶、峨眉中学伍振豪2名学生获得三等奖。

【青少年关爱行动】 建立结对帮扶“爱心卡”，落实帮扶责任。年内，对658名特困、残疾和“五失”

1月17日，区关工委主任舒向阳到三江乡走访慰问品学兼优贫困学生
（区关工委供图）

等特殊青少年实现结对帮扶帮教帮学内容全覆盖。开展“暖冬行动”和节日慰问活动，发放慰问物资5.2万余元，为贫困青少年送去关爱和温暖。通过线上募捐、线下配捐等方式扩容关爱基金，截至年底，赣州经开区关爱基金账户总金额137.9万元。

【打造特色教育高地】 年内，区关工委督促各乡（镇、街道、管理处）、村（社区）关工委主动争取党政支持，为青少年办好事、办实事。全区设有“四点半课堂”62个，农村用于关心下一代宗祠祠堂9个。建立青少年活动中心、“假期学校”等活动场所，满足青少年对场所、设施、书籍的需求。

【企业关工组织建设】 发挥基层关工委的基础性作用，抓好关工委组织延伸工作。年内，区关工委联合区企工局对30余家规模以上企业进行调研走访，下发《中国关心下一代工作规则》及依照《规则》修订的企业关工委工作制度等文件，全区33家企业完成建立关心下一代工作组织。

（赖友先）

人大、政协联络工作

【概况】 2020年，区人大、政协联络处以习近平总书记关于坚持和完善人民代表大会制度的重要思想，严格落实省委、市委关于强化人大、政协工作相关要求，紧紧围绕全区中心工作，牢固树立服务意识，调动人大代表、政协委员履职积极性，发挥人大、政协力量，同心协力推动全区经济社会高质量发展。

【发挥联络协调作用】 做好全国、省、市各级人大代表、政协委员调研接待工作，年内接待全国、省、市各级人大代表、政协委员15批次考察调研。此外，组织了20名区人大代表和政协委员参加赣州经开区成立30周年和升格国家级经开区10周年看变化话发展活动。

【建议提案办理】 印发《关于进一步做好2020年人大代表建议政协提案办理工作的通知》，年内承办6件市人大建议、政协提案，全部办结，办理满意度100%。及时采纳人大代表、政协委员提出的规范夜市经济发展、促进赣州新能源汽车科技城创新驱动发展等建议。

（朱丰华）

机关党建

【概况】 2020年，区机关党委在区党工委的坚强领导下，坚持从严从实抓好机关党建工作，扎实推进机关领域基层党建“三化”建设，带头执行《中国共产党党和国家机关基层组织工作条例》，充分发挥党员先锋模范带头作用，不断提升机关党员综合素质，强化党组织战斗堡垒作用，努力为赣州经开区建设革命老区高质量发展示范区提供坚强的思想和组织保障。

【政治建设】 以政治建设为统领，引导机关党员牢固树立“四个意识”，坚定“四个自信”，坚决做到“两个维护”，带头贯

7月22日，“弘扬抗疫精神、传承榜样力量”主题讲座召开

（区融媒体中心供图）

彻落实区党工委、管委会的各项决策部署。党委中心组开展政治理论学习12次，严肃基层党组织党内政治生活，认真落实“三会一课”制度，严明党的政治纪律和政治规矩，把党章党规党纪作为重要的学习内容；4月制定下发《区机关党委2020年机关党建工作要点》和《关于进一步加强区直（驻区）机关党建工作的实施意见》，有效提升全区机关党建工作成效；指导32个机关党组织的“三化”建设工作和验收工作，着力解决好抓不紧、抓不实的问题，全面提升基层党建工作质量。

【思想建设】 组织学习习近平新时代中国特色社会主义思想集中培训班2期，轮训党员750余名；举办2020年机关党组织发展对象（入党积极分子）集中培训班；发放《党的十九届五中全会〈建议〉学习辅导百问》《人民共和国从这里走来》《入党教材》等各类辅导书籍328册，印制《赣州市发展党员工作》《机关党建文件汇编》各100册；强化机关党员过政治生日仪式感，重温入党誓词，分享入党初心，发放政治生日福袋1000份；紧紧抓牢意识形态工作，党委中心组每月严格按照“3+X”模式开展集中学习。完善机关党委意识形态工作责任清单，提高机关党员抓意识形态工作的主动性和解决问题的能力。在全区机关开展2020年度“赣鄱先锋”选树学活动，推举3名先锋并进行宣传推广。在疫情防控关键时期，充分发挥好党员干部的先锋模范作用，选取身边防疫先进个人事迹，广泛宣传，弘扬社会正能量。组织开展机关“两优一先”的评选和推送工作，机关领域获评区级优秀共产党员14名，优秀党务工作者12名，先进基层党组织12个。组织开展机关领域中共十九届五中全会精神宣讲会，300余人参加学习。

【组织建设】 将原党政办联合党支部调整拆分为党政办党支部和机关事务中心党支部，社管局党支部划归社管局党委指导，税务局机关党委下辖支部调整拆分为12个党支部，法院党总支调整为法院党支部，提升党支部运行效率。指导21个党支部按规定流程完成换届选举。区机关党委所辖基层党组织（含临时党组织）64个，其中党支部56个、党总支部3个、党委5个。“七一”期间，组织66名机关党组织书记和党务干部开展专题培训，赴兴国参观苏区干部好作风纪念馆。定期开展党务知识测试和党务技能展示活动，组织机关党务干部参加区级深圳党建专题培训班，举办以展示机关领域基层党建“三化”建设为主题的全区第二届机关党务技能大赛，通过打造示范点、整合机关单位资源，对标对表、以点带面持续抓实推进机关基层党组织“标准化、规范化、信息化”建设，重点打造检察院党群服务中心和城市管理分局党群服务中心。做好党员发展工作，新发展党员27名，培养发展对象（入党积极分子）67名。

【作风建设】 全面落实党风廉政建设主体责任和“一岗双责”，在全机关积极开展《警示录》的学习，用身边人的警示案例，重塑廉洁从政的思想底线。6月，区机关党委组织全体机关党员开展党风廉政建设专题培训2期，通过对相关条例的反复深入学习，提高党员干

7月4日，机关党组织书记和党务干部培训班学员赴兴国参观苏区干部好作风纪念馆 （区机关党委供图）

部的纪律意识，进一步领会全面从严治党的深刻内涵。参观南康区检察院党风廉政建设警示教育基地；领导班子研究部署、督促检查分管范围内的党风廉政建设工作2次，研究党风廉政建设和反腐败工作4次，警示教育12次，廉政谈心谈话1次，学习《中国共产党章程》《中国共产党纪律处分条例》等16次；主要负责人为全体干部职工上专题廉政党课1次，开展作风建设明察暗访4次；开展民主生活会和组织生活会；推动所辖基层党组织“四日一体”活动，将党员学习日、主题党日、党员议事日、党员服务日放在每月第一个星期五开展，规范党内组织生活；坚决整治形式主义、官僚主义，大力精文简会，减少考核检查，始终坚持实事求是的作风，学习与整改相结合，抓实抓严党风廉政建设工作。

【纪律建设】 组织全体干部职工学习《中国共产党章程》《中国共产党纪律处分条例》《中国共产党廉洁自律准则》《中国共产党问责条例》等16次。区机关党委接受区党工委第二巡察组巡察，发现3大方面23个问题并全部完成整改。坚持执纪必严，违纪必究，加强警示教育，对新任职的基层党组织书记进行谈话，严格执行《领导干部报告个人有关事项》规定。全年处置违法违纪党员10名。

【制度建设】 党内关怀制度。做好困难老党员关怀工作，“春节”“七一”“八一”“国庆”等节日走访慰问困难老党员退役军转干部9人，发放慰问金7700元。表彰制度。“七一”集中表彰区直机关优秀共产党员14名、优秀党务工作者12名和先进党组织12个。半年督查制度。按照机关党建工作要点，7月对所辖35个机关单位和企业开展机关党建半年督查，通过督查整改，提高基层党组织规范化建设水平。党组织书记述职评议考核制度。1月，对34名基层党组织书记和19名党组书记进行2019年度抓基层党建述职评议考核。集中“学习日”制度。机关党委组织各基层党组织党务干部集中开展主题党日活动12次。机关党组织结对共建制度。推动机关领域171名党委（党组）书记及班子成员带头建立党支部工作联系点，通过机关党员干部和挂点村、社区、企业的结对共建工作，促进机关党组织发挥作用，提高共建实效。切实以机关党建为引领，把党课、主题党日等组织活动推进到挂点联系党支部，促进挂点单位党建水平提高，强化村、社区领域和非公党建领域的党组织作用。

【群团建设】 区机关团委积极做好机关团的各项工作，新成立科创中心团支部，截至年底，机关领域有独立党支部18个和机关联合党支部1个；5月，开展全区共青团“两优一先”的表彰评比，区机关团委获评为2019年度“全区五四红旗团（工）委”；6月1日，与结对共建金岭路社区和挂点帮扶湖边镇社前村开展“大手拉小手”暨区机关关工委“六一”儿童节走访慰问活动，为49名儿童送去书包、文具等学习用品；7月22日，联合区团工委开展“弘扬抗疫精神、传承榜样力量”主题讲座，260余人参加学习；8月8日，联合区社管局开展赣州经开区第七届全民健身广场舞大赛活动；联合区总工会举办庆祝赣州经开区成立30周年暨升格国家级经开区10周年“迎国庆”职工拔河比赛和2020年“最美经开瞬间”暨脱贫攻坚典型人物职工文艺作品征集活动。

（焦巍娜）

行政服务

【概况】 2020年，区企服中心大力推动“放管服”改革，持续优化各项便民举措，努力打造“四最”营商环境。

【相对集中行政许可权改革】 12月28日，区行政审批局（区政务服务管理办公室）挂牌成立，标志着赣州经开区相对集中行政许可权改革取得历史性突破，推动实现“一枚公章管审批”。涉及全区的第一批划转（委托受理）政务服务事项为13个部门131项，

12月28日，区行政审批局（区政务服务管理办公室）揭牌仪式现场
（区企服中心供图）

其中新增事项7项，取消事项15项，统一名称10项。

【基层便民服务中心标准化建设】 全区建立乡镇基层便民服务中心6个，村级代办点73个，实现全区代办点全覆盖。3月31日，将基层迫切需要且能有效承接的管理权限赋予乡（镇、街道、管理处），让更多事项实现就近办。10月16日，召开全区赋权乡镇首批区级审批执法权限培训会，建立健全相关办事指南和工作章程，提高审批能力和水平。

【互联网+政务服务】 建成“赣服通”3.0经开区分厅，上线可办事项221项、可查询事项62项，上线企业服务专区、个人和企业专属空间等内容；完成认领及发布“互联网+监管”系统事项209项，完成率100%；“最多一次办结”事项735项，比例95.8%；“一次不跑”事项472项，比例61.5%。依申请类行政许可事项网上可办率100%，为办事群众提供免费邮寄服务。

【“12345”政府服务热线】 6月，印发《关于印发赣州经济技术开发区12345政府服务热线运行管理办法（试行）》《赣州经济技术开发区12345政府服务热线运行管理考核办法（试行）》，受理市级转办工单6359件，基本满意及以上工单6105件，群众评价满意率96.01%，按期办结率98.23%。

【公共资源交易】 公共资源交易站着力打造一个布局合理、设备先进、服务一流的公共资源交易平台，为赣州经开区工程建设项目提供招投标服务，内设开标室2个、评标室2个、询标室2个、监察室1个、专家抽取室1个和专家餐厅1个。全年受理293个标，其中电子标126个，纸质标167个，涉及金额约140.24亿元，接待人数约4.5万人次。

【中介服务超市网上平台】 4月9日，赣州经开区行政审批中介服务超市依托电子证照库、电子签章，实现《中选通知书》在线发放，打通企业服务“最后一千米”，彻底实现“一次不用跑”。截至年底，区“中介服务超市”办理项目1017个，其中一次性竞价节约财政资金220.97万元，节支率56.29%。

（唐怀智）

信息化工作

【概况】 赣州经开区门户网站于2009年建成，2015年全面改版，发展成为一个符合国家规范要求的综合信息类政府门户网站。网站栏目主要有区情概况、政务公开、信息公开平台、公众服务、网上信访、网络问政、工作专题等。

【门户网建设】 2020年，组织公开招投标对赣州经开区门户网站进行升级改造，遵照国家、省、市级政府对门户网站建设的最新规范文件要求，对门户网站重新规范栏目设置和编排，增加网站页面搜索功能；采用网络集约化理念，将区门户网站迁至市政府政务云平台，提升门户网站的网络安全防护和预防网络入侵能力。

【政务公开】 截至年底，赣州经开区门户网站信息发布总数16257条。其中，概况类信息更新量数88条，政务动态信息更新量数8230条，信息公开目录信息更新量数5746条；专栏专题维护数量6个，包含“五型政府”建设、疫情防控、安全生产专项整治、健康教育、乡村振兴、创建国家卫生城市等；办事服务的政务服务事项数量890项，可全程在线办理政务服务事项数量531项，办件量总数80324件。信息公开平台全年更新总记录数5746条。

（黄 欣）

机关事务管理

【概况】 2020年，区机关事务中心全面贯彻落实区党工委、管委会决策部署，做好机关后勤保障服务及新冠肺炎疫情防控后勤保障等工作。坚持“管理精细化、服务高效率、保障全方位”工作主线，完成好服务机关、服务“六大攻坚战”和“一区三基地”建设等本职工作和中心工作。

【接待服务】 严格落实中央八项规定精神，规范接待标准。按照国家、省、市相关规定安排好住宿、餐饮等接待工作。开展服务人员礼仪培训、员工评优评先活动，提升服务人员的业务水平。全年完成区级公务接待185批次，商务接待165批次，其他部门（单位）接待772批次，总接待1122批次。

【膳食保障】 机关食堂始终坚持“防控第一、注重细节、耐心+细心”原则，持续优化并改善用餐环境，常态化落实《食堂询价制度》，加强对原材料的入库把关，提升膳食保障水平。机关一食堂、二食堂工作日每日分别服务保障用餐1350人次、400人次。

【车辆管理】 年内，为保障健康出车，公务用车平台所有司机实行全员待岗，并进行健康摸底，及时做好车辆消毒和清洁工作。疫情期间，保障疫情防控用车出车70余次，每日保障疫情防控点（机场、赣州西站、汽车南站等）早、中、晚餐配送，全力保证区内重大会议和有关活动的用车需要。年内，公务出行派车3560次，安全行驶13.85万千米，客商接待等大型活动用车保障100余次。

【会议服务】 严格按照疫情防控的要求，完善会务保障制度，严格“一米线”，把好通风检测关，加强工作人员防控教育培训、提高疫情防控意识，高标准高质量完成会务保障工作，确保疫情期间区级重大会议的安全。年内，保障各类会议363场次39046人次，为各部门（单位）提供会议保障服务工作600余场次，席位牌2.8万余张。

【综合管理】 做好区管委会办公楼及大院、东西楼疫情防控和日常保洁工作，严格实行早晚各一次消毒清扫。配合做好创文创卫、厕所革命、无烟机关创建等工作；坚持做好大楼水电、办公桌椅、空调、门窗等巡视检查工作。全年处理和维修水电等大小

4月2日，“防疫情、稳经济”政银企签约仪式暨融资平台推广工作会召开 （区融媒体中心供图）

问题1420次，其中电处理853次，更换灯管366盏，换锁85处，换冲水阀水龙头93处。全年完成大小基建项目近30项，投入资金50余万元。

【公共机构节能】 制定下发《2020年度赣州经济技术开发区公共机构节能工作要点》和《赣州经济技术开发区2020年度公共机构节能工作考核方案》，以具体的量化指标和明确要求，明确年内各单位节能重点工作任务，使全年公共机构节能目标责任有据可依。将公共机构节能工作经费列入年度预算，开展节水节电改造、购买分类垃圾桶以及开展节能宣传周、垃圾分类进校园等活动，支出8万余元。全年开展全区范围内的节能检查2次，严格对照《江西省公共机构行为准则》和《赣州市公共机构节能日常工作巡查实施办法》对全区69个公共机构进行不定期现场检查，对存在的问题进行通报。对全区各公共机构开展年度考核评价工作，督促各项节能工作贯彻落实。以区管委会办公大楼节能管理为切入点，以点带面推动全区各单位加强日常节能管理。年内，区公共机构节能工作领导小组办公室组织召开全区节能工作业务培训班2次，组织全区进行报表会审1次，并组织科教文卫系统节能管理员跟班学习，对单位职工开展节能讲座、节能教育活动以及组织节能知识考试。将垃圾分类工作作为重点工作，制定《关于推进赣州经济技术开发区公共机构生活垃圾强制分类工作实施方案》，加强统筹管理，有计划有步骤地推动垃圾分类各项措施落到实处。积极完善垃圾分类设施，全年购买分类垃圾桶支出9.92万元。

【安全保障】 根据防疫要求严密做好机关大院安全保卫工作，严格把好疫情防控检测入口关，建立进出人员体温检测筛查并登记台账，切实把好人员出入关。协助信访办做好上访人员、群体性事件的秩序维护工作。开展宣传教育活动，健全岗位职责，通过开展安全知识培训和消防设施的使用培训，提高安全防范意识和责任意识，提升保安人员的综合素质。疫情防控期间，安保人员排查车辆10.7万余辆次，测量体温16万余人次，搬运疫情防控物资100余吨。全年进入区政中心公务人员19870余人次，车辆9220余辆。每月开展消防安全检查，完善消防安全设施，全年更换失效或过期的消防灭火器81个，消防喷淋头265个。组织开展“双提升”和平安志愿者工作，全年组织开展15次“双提升”活动，组织平安志愿者活动22次。全年组织心理健康教育专题讲座3次，帮助干部职工减轻工作、生活心理压力，增强自我心理保健能力。加大安防投入做好防范工作，投入3万元对安防系统进行维护、更新、升级改造，投入5万元完善办公大楼南大门硬质隔离设施、新建网格线和大院的交通标线。

（周建华）

重要接待

【概况】 2020年，赣州经开区深入贯彻落实中央八项规定精神及其实施细则，按照中央《党政机关厉行节约反对浪费条例》《党政机关国内公务接待管理规定》和省、市相关文件要求，规范接待程序，严格接待标准，简化接待礼仪，杜绝铺张浪费。全年接待国内外重要宾客52批542人次。

【主要接待活动】 1月6日，省科技厅党组书记、厅长万广明一行4人到赣州经开区国家离子型稀土资源高效开发利用工程技术研究中心调研。10日，中国科学院副院长、党组成员、院士相里斌一行22人，省委副书记、市委书记李炳军，省委常委、副省长吴晓军到赣州经开区出席中国科学院稀土研究院挂牌仪式。13日，国防大学国际防务学院院长徐辉带领国防大学国际防务学院第44期防务与战略研究英语1班教员、外军学员一行38人到赣州经开区孚能科技（赣州）股份有限公司、国机智骏汽车有限公司、昶洧新能源汽车有限公司调研。

2月7日，省委副书记、市委书记李炳军到赣州经开区格特拉克（江西）传动系统有限公司、同兴达电子科技有限公司、赣南海欣药业股份有限公司检查指导疫情防控、恢复生产等工作。19日，省委副书记、市委书记李炳军到赣州经开区中车生一伦、国机智骏汽车有限公司、孚能科技（赣州）股份有限公司调研“千名干部帮千企、防控疫情促生产”工作。

3月7日，省检察院党组书记、检察长田云鹏一行2人到赣州经开区检察院调研。30日，省自然资源厅党组书记、厅长张圣泽一行6人到赣州经开区黄金岭街道金丰美岭西区滑坡隐患点调研。

4月3日，省政协副主席、省工商联主席雷元江一行4人到赣州经开区卫诚火机制造有限公司调研。7日，省委副书记、市委书记李炳军到赣州经开区蟠龙中学检查指导学校复学疫情防控工作。15日，省政协党组书记、主席姚增科一行6人到赣州经开区金力永磁科技股份有限公司调研。

5月6日，省委书记刘奇一行18人到赣州经开区金力永磁科技股份有限公司调研。7日，副省长胡强一行6人到赣州经开区中电汽车有限公司调研。8日，副省长吴忠琼一行10人到赣州经开区国家离子型稀土资源高效开发利用工程技术研究中心、澳克泰工具技术有限公司、江西金力永磁科技有限公司、孚能科技（赣州）股份有限公司调研。12日，中国进出口银行江西省分行张菁一行10人到赣州经开区金力永磁科技股份有限公司调研。14日，省商务厅厅长谢一平一行11人到赣州综保区、赣州黄金机场、国机智骏汽车有限公司调研。16日，省委副书记、市委书记李炳军到赣州综保区出席并宣布中国（赣州）跨境电子商务综合试验区首单业务开通、首趟班列开行，实地考察赣州跨境电商综合试验区监管中心。21日，共青团中央书记处书记、新华社国内部新华视点采编室副主任李柯勇一行2人到恒科产业园调研。24日，省科协党组书记、副主席罗莹一行6人到赣州经开区澳克泰工具技术有限公司院士工作站、赣南地调大队院士工作站调研。27日，省政府副秘书长、省机关事务管理局局长严佛元一行7人到赣州经开区新能源汽车科技城、江西金力永磁科技股份有限公司调研。

6月2日，省委常委、组织部部长刘强一行3人到赣州经开区孚能科技（赣州）有限公司调研。3日，省委副书记、市委书记李炳军到赣州经开区赣州智能产业创新研究院、赣州区块链金融产业沙盒园调研区块链技术和产业发展。11日，融创中国董事会主席孙宏斌一行10人到高铁新区调研。12日，省委副书记、省长易炼红一行17人到赣州经开区东磁稀土有限公司、京瓷精密工具（赣州）有限公司考察。12日，省外办主任赵慧一行4人到赣州经开区金力永磁科技股份有限公司调研。15日，省科协党组书记、副主席罗莹一行2人到国机智骏汽车有限公司调研。

7月14日，省委副书记、市委书记李炳军会见国机集团党委书记、董事长张晓仑一行23人，出席赣州市人民政府与中国成套工程有限公司战略合作协议签约仪式。

8月4日，广东省韶关市党政考察团一行40人到赣州经开区国机智骏汽车有限公司、金力永磁科技股份有限公司、孚能科技（赣州）股份有限公司考察。6日，省政协副主席汤建人一行15人到赣州经开区好朋友科技有限公司、富尔特电子股份有限公司调研。13—15日，文旅部原副部长、国家博物馆首任馆长潘震宙，第九届全国工商联副主席、中国西部研究与发展促进会理事长程路，中国工程院院士郑纬民一行6人到赣州经开区出席2020全球区块链创新发展大会和2020国际数字经济生态峰会。15日，退役军人事务部党组成员、副部长朱天舒一行4人到赣州经开区湖边镇叶山村退役军人服务站调研。29日，江西理工大学杰出校友赖远明、王运敏、杨春和院士一行5人到赣州经开区澳克泰工具技术有限公司、赣州好朋友科技有限公司、赣州国家高层次人才产业园、赣州智能产业创新研究院考察。

9月3日，副省长陈小平一行6人到赣州经开区孚能科技（赣州）股份有限公司、国家油茶产品质量监督检验中心调研。4日，副省长罗小云一行14人到赣州经开区金力永磁科技股份有限公司、孚能科技（赣州）股份有限公司、赣州国际企业中心国家科技企业孵化器调研。8日，省审计厅厅长辜华荣一行6人到赣州经开区调研经济环境发展审计工作。17日，国家电投集团科技创新总监、中央研究院党委书记、董事长范霁红，中船重工七一九研究所副所长王锁泉一行11人到赣州经开区中科院稀土研究院、中车生一伦项目考察。

10月13日，省委副书记、市委书记李炳军到赣州经开区调研返迁安置房建设工作。16日，中央纪委副书记、国家监委副主任肖培一行9人到赣州经开区金力永磁科技股份有限公司调研。19日，省委副书记、市委书记李炳军到赣州经开区台湾部落调研农旅项目。21日，中国进出口银行党委书记、董事长胡晓炼一行7人到赣州经开区金力永磁科技股份有限公司调研。25日，省委副书记、市委书记李炳军到赣州经开区开展“入企走访连心”活动，到立德电子、宝明显示、中电汽车调研。25日，澳门中联办组织全国及省级工商联澳区代表人士江西参访团一行33人到赣州经开区金力永磁科技股份有限公司、孚能科技（赣州）股份有限公司参观考察。30日，省（中）直单位厅级老同志一行49人到赣州经开区金力永磁科技股份有限公司、孚能科技（赣州）股份有限公司、恒科产业园参观考察。30日，中国组织人事报社社长张宝忠一行5人到赣州经开区赣州国家高层次人才科创园、中国科学院赣江创新研究院、赣州国家高层次人才产业园调研。

11月14日，中组部组织二局局长石军一行4人到赣州经开区调研村“两委”换届、村集体经济发展、基层党建“三化”建设。20日，商务部亚洲司副司长韦彦率亚洲司、韩资企业考察团一行20人到赣州经开区山东凯马汽车制造有限公司赣州分公司、同兴达电子科技有限公司、恒科产业园考察。27日，《经济日报》社副总编辑郑波一行5人到赣州经开区区块链技术产业园采访对接数字经济型企业情况，到讯康电子科技有限公司采访承接大湾区电子信息企业工作情况。

12月3日，全国人大常委会委员、环资委副主任委员龚建明一行5人到赣州经开区金力永磁科技股份有限公司调研。3日，中国工程院院士、西南电子电信技术研究所研究员、博士生导师陈鲸一行2人到赣州经开区金力永磁科技股份有限公司、江西视鼎科技有限公司、金信诺电缆技术有限公司调研。4日，华为技术有限公司董事会首席秘书江西生一行9人到赣州经开区同兴达电子科技有限公司调研。16日，河南省洛阳市政协主席杨炳旭一行8人到赣州经开区世客街调研。17日，省国资委党委书记、主任陈德勤一行52人到赣州经开区孚能科技（赣州）股份有限公司调研。29日，省人大常委会委员、财经委副主任刘翠兰率调研组一行8人到赣州经开区国机智骏汽车有限公司调研经济运行情况。

（曾道泉）

信访工作

【概况】 2020年，赣州经开区信访态势总体平稳，群众走访批次同比下降13.06%，人次同比下降45.49%；群众网上信访量进一步提升，受理转交办各级网上信访件占比90.83%。

【领导责任制】 坚持高位推动。区党工委、管委会高度重视信访工作，始终将信访工作作为政治工作、党政“一把手”工作常态化推进，党工委会、主任办公会多次对信访工作进行专题研究部署，2次专题听取信访稳定形势报告，10月重点部署开展全区赴京访专项治理工作。强化“一岗双责”。全体区领导积极落实“一岗双责”，一手抓分管业务工作，一手抓分管领域信访稳定，积极执行信访工作各项制度安排，带头做好值班接访、带案下访和包案化解工作，全力推动信访积案“销案减存”和信访矛盾源头化解管控工作，深入挂点乡镇和分管领域督促信访工作责任落实，把一大批信访矛盾隐患化解在源头和萌芽状态。落实领导干部接访。制定《关于做好2020年领导干部接访工作的通知》，根据工作需要动态调整，区党政主要领导带头落实领导干部值班接访安排，坚持每月到区人民来访接待中心值班接访，其他区领导根据值班安排到区人民来访接待中心值班接访，及时就地调处来访群众反映的诉求。年内，区党政主要领导来区人民来访接待中心值班接访10次。

【完善机制】 规范信访办理程序。制定印发《关于印发〈进一步规范信访工作流程实施方案〉的通知》，对初次信访办理全流程进行进一步规范，充分发挥年终考核“指挥棒”作用，将初次信访件办理质效作为年度平安建设考评的重要内容，进一步压实信访工作责任，全面提升全区各地各部门信访履职工作能力和水平。用好“日清月结季比”工作机制。坚决落实上级各项决策部署，充分发挥党政办公室服务核心作用，用好“日清月结季比”工作机制，每日及时通报交办访情，每月会商研判督办，每季专题研究通报，全力做好“三服务”工作。

【源头预防】 做好重点敏感时期信访保障工作，常态化开展信访研判。区党政办和区公安分局建立常态化信息会商研判机制，坚持每日收集会商研判各类信访信息，通过电话通知、短信平台、微信工作群、要情专报等形式及时呈报、通报相关区领导和责任单位，要求妥善做好风险化解和问题处置，并随时跟踪化解进展情况，督促从速高质化解到位。

【信访积案化解】 常态化落实信访突出问题领导包案，坚持集中交办和随时督办相结合，通过领导接访、要情专报、自行摸排、上级交办等多种形式落实领导包案责任，年内市级交办的4件信访突出问题和区级自行排查17件信访突出问题均化解，全区摸排的64名信访重点人员全部落实“1+5”包案稳控措施。

【信访救助】 年内，全区摸排落实信访救助案件2件，其中市级信访救助案件1件，救助金额8.68万元；区级信访救助案件1件，救助金额5万元。

（吴啟洋）

党校工作

【概况】 2020年，区党工委党校根据年初干部教育培训计划有序举办各类培训班10期。其中，专题研讨班4期，分别是精准扶贫与乡村振兴、工业发展（金融服务）、平安建设（社会治理、扫黑除恶、信访维稳）、党建（党风廉政建设、意识形态、统战、群团）；科级干部学习贯彻中共十九届四中全会精神专题班2期；中青年干部进修班、融入大湾区科级干部专题班、2020年新入职工作人员岗前培训班以及关工委系统干部培训班各1期。全年培训党员领导干部800余人次，其中科级干部（含六级主办）600余人次，六级主办以下干部200余人次。

【干部思想政治教育】 始终坚持把政治建设摆在首位，把用习近平新时代中国特色社会主义思想武装全党的要求落到实处，推动全区广大领导干部不断增强“四个意识”、坚定“四个自信”、坚决做到“两个维护”。严守党性教育课程的比重不低于总课时的20%这根红线，在各类主体班次中加强反腐倡廉教育、理想信念教育、宪法法律、党章党规教育等党性教育课程，全年各类主体班次党性教育课程比重占全部课程的29%，把干部培训过程打造成党性提升的过程，不断锤炼忠诚干净担当的政治品格。在教学布局中突出主业主课，坚持以学习习近平新时代中国特色社会主义思想为首要任务和中心内容，系统学习习近平总书记关于生态文明、深化改革、安全生产、巡视巡察、意识形态等重要论述，扎实推动学习宣传贯彻习近平新时代中国特色社会主义思想往实里走、往深里走、往心里走，引导领导干部更加自觉地在思想上政治上行动上同以习近平同志为核心的党中央保持高度一致。

【专题培训】将各地各部门(单位)干部的培训普遍需求与不同类别、不同层次、不同岗位干部的特殊需求结合起来，整体规划全年培训计划，精心设置精准扶贫乡村振兴、工业发展（金融服务）、平安建设（社会治理、扫黑除恶、信访维稳）、党建（党风廉政建设、意识形态、统战、群团）等培训主题。围绕不同班次主题，依托赣州市委党校教学资源，精心挑选契合干部需求的课程。紧紧抓住领导干部、年轻干部、脱贫攻坚干部等“关键少数”，把事业需要、组织要求和个人需求有机统一起来，开展针对性、实效性较强的培训。首次举办为期1个月的中青年干部进修班，着眼于坚定年轻干部理想信念，提升履职能力，培养打造一批政治可靠、能力突出的年轻后备干部。

【培训服务质量提升】 在结合以往办班经验的基础上，积极探索改进学员管理工作的方式方法，不断提高管理效果。根据培训班特点和要求，制定《区党工委党校主体班次教学管理规程》《区党工委党校教务培训工作规程》，通过制度规范，进一步明确工作职责，细化工作分工，由过去的依靠主观经验管理转变成按制度管理、循规矩办事，克服盲目性和主观性的缺点。开班前，做好具体、细致的行程规划，对接好每个细节，落实好每件事情。在培训过程中，坚持以人为本的服务理念，把学员摆在突出位置，主动关心学员，为学员排忧解难，协调合作院校共同做好学员的管理服务工作。

（刘 荔）

10月，区中青年干部进修班赴陕西省延安市开展现场教学

（区党工委党校供图）

史志工作

【概况】 2020年，区史志档案管理中心深入贯彻落实《全国地方志事业发展规划纲要（2015—2020年）》《江西省地方志事业发展规划纲要（2016—2020年）》《江西省实施〈地方志工作条例〉办法》，顺利完成2019卷、2020卷年鉴的编纂出版任务，其中《赣州经济技术开发区年鉴（2019）》获江西省第五届年鉴质量评比专业年鉴组一等奖。

【《赣州经济技术开发区年鉴（2019）》出版发行】 8月，《赣州经济技术开发区年鉴（2019）》由江西人民出版社正式出版发行，全书设有23个类目、132个分目、722个条目，总字数44万字。除内文外，书内设有彩页栏目，以增强直观感。全书采用全彩印刷，以图文并茂的形式记录、展示赣州经开区2019年经济社会发展情况。

【《赣州经济技术开发区年鉴（2019）》获全省一等奖】 8月下旬，在江西省地方志编纂委员会办公室、江西省地方志学会组织开展的第五届年鉴质量评比活动中，《赣州经济技术开发区年鉴（2019）》获专业年鉴类一等奖，实现全市专业年鉴在全省年鉴评比中一等奖“零”的突破，为市、区赢得荣誉，受到区管委会通报表扬。

【《赣州经济技术开发区年鉴（2020）》编纂】 2月19日，区党政办印发《关于做好〈赣州经济技术开发区年鉴（2020）〉编纂工作的通知》。5月，进行文稿汇总和内部互审流程；11月，正式对接出版社校对文稿内容；12月，《赣州经济技术开发区年鉴（2020）》进入印刷厂排版印刷，于12月底由线装书局正式出版发行。至此，赣州经开区年鉴正式实现“一年一鉴、公开出版”。2020卷年鉴客观记述2019年赣州经开区社会发展进程中的新变化、新成果、新突破，全书设有23个类目、126个分目、775个条目，总字数59.5万字。

完成出版发行的《赣州经济技术开发区年鉴》

（区史志档案管理中心供图）

【完成各级年鉴组稿任务】 根据《中国开发区年鉴（2020卷）》《江西年鉴（2020）》《赣州年鉴（2020）》编辑委员会文件精神和编写要求，安排专人向有关单位征集资料，撰写“习近平总书记到赣州经开区考察”“工业发展”“招大引强”“科技创新”“产城融合”等特色条目，整理“开发区主要经济综合指标一览表”，如期完成稿件的报送工作。

【大事记收录】 常态化开展大事记编纂工作，由专人负责，遵循“每月一编、年终成册”工作原则，每月编纂好全区上月大事记，并严格按照审稿流程每月对大事记进行审阅，确保内容真实、准确，表述规范。全面客观地收录赣州经开区2020年469条大事记及相关图片。

【图书收集与交流】 年内，开辟专门区域，建立党史、地方史志图书室。通过多渠道搜集购买党史、地方史志等专业类书籍308本，并全部登记造册，建立图书借阅制度，规范人员借阅，有效提升史志编纂人员专业能力，并为区内其他单位查阅资料提供便利化服务。主动与市内各地志办（党政办）和外省国家级经开区进行沟通，形成年鉴交流互换机制，提升年鉴编纂的质量和水平。全年寄送《赣州经济技术开发区年鉴（2019）》442本。

（邱 毅）

档案工作

【概况】 2020年，区史志档案管理中心按照“为党管档、为国守史、为民服务”的宗旨要求，围绕中心、服务大局，打牢工作基础，对接收档案实施整理、目

10月21日，区史志档案管理中心组织验收气体自动灭火系统和视频监控系统 （区史志档案管理中心供图）

录核对、档案扫描、图像挂接、数据质检等数字化加工，并进行校对工作。年内，全区入馆的29万件非涉密文书档案全部实现数字化，数字化水平居全市第一。档案数字化管理使过去的手工检索变为电子检索，大大提高查档效率，真正实现“海量数据、一键查找”。

【完善档案库房基础设施】 坚持软硬件同步发展。建立健全各项档案管理制度，以制度的形式使档案工作在法规制度的框架下科学运行。各档案室的硬件设施符合科学管理和八防（防火、防盗、防高温、防潮、防尘、防光、防鼠、防虫）的要求，全年投入资金10万元为库房配备消防报警和高清监控设备，硬件设施更加完善。

【档案保管利用】 建立健全《档案人员岗位职责》《库房档案管理制度》《档案案例与保密制度》等制度，规范档案库房日常管理及信息安全管理，实行档案管理电脑专人专用。配备七氟丙烷气体自动灭火设备，每个库房均安装高清视频监控，实行每日巡查登记制，定期打扫卫生和消毒，确保档案安全万无一失。全年提供查档利用服务100余人次。

【档案移交与数字化】 印发《关于做好2020年档案移交工作的通知》，走访全宗单位了解档案归档整理情况，实地指导并解决归档整理过程中存在的问题，推进立档单位按期完成档案移交任务。截至年底，完成39个全宗单位的档案移交，其中移交文书类档案308132件（含涉密件），完成档案数字化成果移交299136件。区内各单位移交的档案（涉密档案除外）全部完成纸质档案数字化工作，并完成所有数字化档案数据挂接和备份。

【指导精准扶贫档案建设】 根据省扶贫办、省档案局《关于切实做好精准扶贫档案工作的通知》要求，指导各乡（镇、街道、管理处）、行业部门做好扶贫档案基础性工作，明确精准扶贫档案归档整理完成的时限和要求，各乡镇、各行业部门基本按相应档案整理规范完成归档工作。

【开展国际档案日宣传活动】 印发《关于开展2020年国际档案日系列宣传活动的通知》，6月9—16日期间，开展以“档案见证小康路，聚焦扶贫决胜期”为主题的系列宣传活动。通过发放宣传手册、悬挂宣传横幅、电子显示屏播放科普视频等形式宣传档案法律法规，普及档案知识，提高干群档案意识。

（邱　毅）

人民团体

总工会

【概况】 2020年，区总工会以党建带工建、工建服务党建为抓手，引领广大职工听党话、跟党走、感党恩，紧跟时代发展、紧扣中心任务、紧贴职工需求，积极应对新冠疫情，助力复工复产和“六稳”“六保”等工作，充分发挥工会组织联系职工、关爱职工的桥梁纽带作用，为推进赣州经开区高质量跨越式发展做出积极贡献，工会工作取得明显成效。

【职工思想建设】 扩大劳模示范效应。在区党工委、管委会和市总工会关心重视下，以区党工委理论学习中心组（扩大）会议的形式，召开劳动模范先进事迹报告会。在2020年获评的各级劳模所在单位，开展劳模先进事迹宣讲报告会40场，推动劳模精神、劳动精神、工匠精神和习近平总书记在2020年全国劳动模范和先进工作者表彰大会上的重要讲话精神进企业、进社区、进乡镇、进学校、进机关，覆盖职工3000余人。

常态化推动学习习近平新时代中国特色社会主义思想。利用“学习强国”平台在全区机关事业单位干部职工中常态化推动学习习近平新时代中国特色社会主义思想，按季度个人积分取前100名为“学习之星”给予奖励，全年有410人次获奖。

构筑职工精神家园。年内，全区有全国职工书屋3家，省级职工书屋29家，市级职工书屋3家，为基层工会配送图书30160册。为4家基层工会配送图书2880册，其中澳克泰“职工书屋”获评“全国职工书屋品牌示范点”称号。

组织安全生产知识竞赛。线上开展“安康杯”答题知识竞赛，500余名职工参加答题活动。线下与区安监局、区疾控中心联合开展“安康杯”竞赛活动，16家园区企业参加竞赛，组织发动企业主动开展“安康杯”竞赛，获赣州市“安康杯”线上答题竞赛优秀组织奖。

解放思想，对接融入粤港澳大湾区。为深入贯彻落实习近平总书记视察江西和赣州重要讲话精神，与区团工委、区社管局等联合举行“老区思维”变“湾区思维”大讨论演讲比赛，评选出一等奖2名，二等奖3名，三等奖5名，优秀奖7名，并通过网络投票票选出最佳人气奖2名。票选期间，有236436次浏览，104525人次参与投票。

【职工文化体育活动】 以“赣州经开区成立30周年暨升格国家级经开区10周年”为契机，开展“梅花装点日月新·今朝经开更好看”摄影大赛活动，评选出59幅反映赣州经开区成立30周年以来发展变化的好作品。开展“开着国机智骏游赣州”春游庆“五一”活动，组织130余名区机关单位工会会员带头旅游消费，自驾30余辆国机智骏到大余丫山春游。参加市总工会组织的“江西银行杯”职工篮球赛，赣州经开区代表队获男篮冠军、女篮季军。举办“庆祝赣州经开区成立30周年暨升格国家级经开区10周年‘迎国庆’职工拔河比赛”。连续8年开展职工篮球赛活动，第八届“工会·赣州农商银行”杯职工篮球比赛31支代表队326名职工参加。通过“融媒体App”开展以“最美经开瞬间”为主题的绘画作品、摄影图片作品等内容的线上评比活动，收到作品400余幅。组织参加的“我们的小康”职工网上文体活动，获省总工会、省委网信办“网聚职工正能量 争做中国好网民”暨江西省第二届职工网上艺术节“优秀组织单位”荣誉，30余名职工获省、市表彰。组织60名职工参加“邂逅七夕·爱满虔城”——2020年赣州市青年职工联谊活动，举办“橙心橙意 幸福经开”相亲交友活动，为120余名单身青年职工提供相亲交友平台。联合举办“江西省第六届全民健身运动会广场舞项目选拔赛暨赣州经开区第七届全民健身广场舞大赛”，11支队伍200余名广场舞爱好者表演13个广场舞节目。

【工会组织建设】 建立工建指导员队伍。根据区党工委党建工作领导小组有关文件明确，7名区非公党建指导员为当然的工建指导员，安排8.4万元工会经费用于工建指导员社会化补贴。

着力抓好非公企业建会。全年新建基层工会21家，其中非公企业建会17家（含百人以上企业8家），新增会员2040人。截至年底，全区有基层工会262家，会员34054人，其中非公企业190家，会员25728人。

打造党建带工建示范点。在非公企业打造9个党建带工建示范点，12月赣州国际企业中心职工创新创业服务站被省总工会命名为全省首批“江西省职工创新创业服务站”。

【维护职工权益】 开展普法宣传活动，提升职工法治意识。举办庆“三八”维权月性别平等及女职工权益保护普法课堂暨线上答题知识竞赛，1500余名区内各机关事业单位、学校、卫生院、企业工会的职工参与答题竞赛。组织专业律师团队，开展法治宣传教育活动，到园区企业开展《中华人民共和国职业病防治法》《民法典》《企业工会工作条例》《中华人民共和国网络安全法》等法律法规宣传活动10余次，发放宣传资料5000余份，为超过200余名职工提供法律咨询。

4月25日，区总工会组织区内机关单位工会会员带头旅游消费，从区管委会自驾国机智骏到大余县丫山进行春游 （区总工会供图）

参与劳动争议调解，促进劳动关系和谐稳定。充分发挥“三师一室”、集体协商和“法院+工会”等工作实效，切实维护职工合法权益，构建和谐劳动关系。受理职工劳动关系纠纷案件50余件，为400余名职工挽回经济损失50余万元。制定印发《关于建立“法院+工会+仲裁”机制和推进劳动争议多元预防化解工作的实施方案》（赣开法〔2020〕60号），搭建“法院+工会”“法院+工会+仲裁”劳动争议诉调对接平台，在区法院设立“法院+工会”劳动争议诉调对接工作室，在区劳动监察局设立“法院+工会+仲裁”劳动争议多元化解中心，首批已安排2万元经费用于支持开展劳动争议诉调对接工作，从工会法律服务律师团选聘20名专业调解员，建立专业化调解队伍。举行“法院+工会”劳动争议诉调现场会，60余名企业代表、职工代表参加活动，劳资纠纷双方在庭外顺利达成和解。

强化心理疏导，筑牢职工心理健康防线。配合区疫情防控指挥部，组建抗疫心理援助服务团队，通过微信、网站等形式，向就业心理困难职工提供线上公益心理疏导服务。派出专业心理咨询师团队，到企业开展6次心理健康进企业宣传活动，免费为

1200余名职工提供情绪疏导，心理健康辅导服务。

【职工劳动和技能竞赛】 在凯马汽车赣州分公司开展赣州经开区新能源汽车产业劳动技能竞赛，设立二保焊比武、油漆修补比武、对焊焊接比武、拆装比武4个比赛项目，680名参赛职工决出一等奖4名，二等奖8名，三等奖12名。开展赣州经开区首届电子信息产业劳动技能竞赛，1500余名职工参加初赛，269名职工进入决赛，历经半个多月激烈比拼，赛出一等奖10名、二等奖20名、三等奖30名。

【新时代产业工人队伍建设】 开展“赣工贷”“爱工贷”业务，协助小微企业申请工会优惠贴息贷款，帮助受疫情影响的中小微企业、初创企业和职工创业者缓解融资难、贷款难、担保难问题，为8名企业职工提供140万元免息贷款，帮助因受疫情影响的企业渡过难关，满足职工和劳模创新创业、恢复产能的实际需求。打造支持双创品牌。牵头打造赣州国际企业中心职工创新创业服务站，聘请工会联络员、工会协理员、工建指导员以及策划员等组成的服务站专业工作团队服务职工创新创业，派出1名工会协理员现场办公，专职负责服务站日常事务，建立完善的工作台账，为职工提供政策咨询、事项代办等服务，成立2个月为40余家企业70余名职工提供创业政策咨询、企业工商注册、人才服务等服务。职业技能提升稳步开展。开设2期劳动关系协调师和人力资源管理师职工职业技能提升培训班，为80余名职工免费提供职业技能提升培训服务。

【劳模获奖情况】 年内，赣州经开区向上推荐获评全国劳模1名，省劳模（先进工作者）6名，市劳模（先进工作者）9名。

（范 祥）

表2 2020年赣州经开区劳模获奖情况表

荣誉类别	姓名	性别	工作单位及职务
全国劳动模范	邱联昌	男	赣州澳克泰工具技术有限公司研发部主任
江西省劳动模范	朱小芸	男	赣州市同兴达电子科技有限公司设备工程师
江西省劳动模范	刘丽荣	男	孚能科技（赣州）有限公司研究院副院长
江西省劳动模范	邱建民	男	赣州嘉通新材料有限公司研发中心主任兼副总经理
江西省劳动模范	黄治亮	男	赣州市东磁稀土有限公司动力设备科科长
江西省先进工作者	王玉椿	女	赣州市市场监督管理局赣州经济技术开发区分局党组书记、局长
江西省先进工作者	李　鑫	男	赣州经济技术开发区招商局（商务局）党组书记、局长
赣州市劳动模范	肖龙海	男	孚能科技（赣州）股份有限公司电芯生产部IE工程主管
赣州市劳动模范	蒙祖林	男	赣州市同兴达电子科技有限公司cell车间制程工程师
赣州市劳动模范	黄学文	男	立昌科技（赣州）有限公司技术工程师
赣州市劳动模范	李伟维	男	赣州金信诺电缆技术有限公司电缆车间轧纹工序车间主任
赣州市劳动模范	姚清霞	女	赣州嘉通新材料有限公司副总兼工艺管理中心主任

续表 2

荣誉类别	姓名	性别	工作单位及职务
赣州市劳动模范	伦宗飞	男	山东凯马汽车制造有限公司赣州分公司副总经理
赣州市劳动模范	赵志刚	男	国机智骏汽车有限公司副总裁兼赣州基地总经理
赣州市劳动模范	欧阳水林	男	赣州澳克泰工具技术有限公司基体研发工程师
赣州市劳动模范	钟旭东	男	国网江西省电力有限公司赣州区供电分公司
赣州市先进工作者	缪求仲	男	赣州市蟠龙水碓小学校长

团工委

【概况】 2020 年，区团工委深入贯彻落实共青团第十八次全国代表大会、共青团江西省委十六届三次全会精神，以落实省、市中长期青年发展规划为抓手，在区党工委的坚强领导和团市委的精心指导下，高举团旗、紧跟党走，带领广大团员青年积极融入党政中心工作大局，在疫情防控、复工复产、保文创卫等方面积极贡献青春力量。

【服务党政中心工作】 积极助力复工复产。发挥广大青年及青年突击队的作用，通过春风送岗、驻企服务等措施帮助企业复工复产，并采取上门宣传、线上直播，线上与线下相结合的方式助力企业招工、帮助青年就业。在市级以上媒体报道青年助力企业复工复产的经验做法及先进事迹 12 篇，其中《赣州经开区团工委三项行动助力企业复工复产》《赣州经开区青年积极助力企业复工复产和春耕备耕》《何婷：以青春奉献助力民生保障和有序生产》等先后被中青网、中新网、凤凰新闻报道。开展关爱未成年人心理健康教育活动。先后联合区社管局、赣州市心理健康专家组成员刘华清护士长及大学生志愿者到凤岗镇长田村及三江乡肖边村、赣州市第八中学、蟠龙中心小学、大坪明德小学、天骄小学举行 6 场暑期关爱未成年人心理健康讲座。开展助力农村人居环境整治行动。发动农村团员青年积极投身农村人居环境整治行动，组建青年志愿者队伍，定制 1000 套青年志愿者服装，常态化组织青年志愿者开展“我是河小青，巡河护河我助力”志愿服务活动。

【服务青少年工作】 主动做好预防青少年违法犯罪工作。成立“赣州经开区预防青少年违法犯罪专项组”，有效预防区内青少年违法犯罪。定期开展法制宣传进校园、防溺水、道路交通安全、青春期教育等主题活动；联合区社管局在 11 月向学校下发《赣州经开区 2020 年“百名法学家百场报告会”法治宣讲活动实施方案》的通知，对各中小学校在“双百”法治活动的内容和形式等方面做了安排部署，并提出具体要求。精心搭建全区青年交友平台。利用“七夕”“双十一”，在“同沁园”“九里蓝湾营销中心”分别举办“同沁园”和“橙”心“橙”意青年交友联谊活动，吸引区内机关、乡镇、企业、学校、卫生院等单身青年男女 200 余人到现场参加活动。谋划青年人才规划。印发《赣州经济技术开发区贯彻落实〈江西省中长期青年发展规划（2018—2025 年）〉》，为区内青年发展做好远景规划。

【自身建设】 加强青年思想政治引领。把深入学习习近平新时代中国特色社会主义思想作为首要政治任务，7 月 30 日，组织全区少先队员观看中国少年先锋队第八次全国代表大会主题直播，利用“五四”“国庆节”“少先队建队日”等重要节点，先后开展“清明祭英烈”“我和国旗合影”“星星火炬，照亮我前行”等活动。夯实基层组织根基。成立区青创团工委，下辖微客教育、裕丰科技等11个团支部，新成立非公与社会组织团支部53个，其中互联网企业10个，新成立社会组织团支部3个。严格团员发展程序，对380个新团员做到“一人一号”按规定发展，杜绝14周岁以下入团情况；落实8课时团前教育等，在入团后全部按规定录入智慧团建系统。“学社衔接率”“对标定级”均达到百分之百。“智慧团建”团员录入数增加至4327人。开展“双百一千”活动。通过邀请区领导上思政课和团课的形式，不断强化团员青年的思政教育。印发《赣州经济技术开发区团组织“双百一千”工程实施方案》，“团建指导员”“团课指导员”“团员讲解员”分别达到100名、130名、658名，召开“双百一千·团课+”工作启动大会；举办“双百一千·团课+志愿服务暨2020全球区块链创新发展大会”和“全球数字经济生态峰会志愿者培训会”，开展与团委书记谈心谈话11次，不断加强共青团队伍建设。

【争先创优】 在2019年度全省优秀少先队个人和集体评选活动中，湖边中心小学教师谢葛琴获“全省优秀少先大队辅导”称号；蟠龙中心小学三（3）班学生郭振宇获“全省优秀中队长”称号；赣州市天骄小学少先队大队和蟠龙中心小学五（3）中队分别获全省“优秀少先队大队”“优秀少先队中队”荣誉称号。区团工委被授予2019年度全市“服务人才工作”特色奖。

（陈仙柏）

妇联

【概况】 2020年，区妇联围绕“党政所急、妇女所需、妇联所能”，加强基层妇女组织建设，积极推动妇女创业就业，开展丰富的妇女文化活动，关注妇女儿童民生工作，大力提升全区妇女干部的工作能力和工作水平。

【基层妇女组织建设】 年内，组织开展6场基层妇联干部法律知识培训及6场妇女小组长“法律明白人”培训班，1场基层妇联干部心理健康知识培训，增强基层妇联组织的知法、懂法、用法意识，大大地提高基层妇联干部能力素质和工作效率。新成立机关妇委会4个，“两新”组织妇委会12个，拓宽妇联组织网络。

【妇女就业创业】 以妇女群众需求为导向，依托家政服务业领域，大力推进妇女创新创业发展。联合劳保处开展线上招聘活动，积极为妇女群众提供就业岗位，举办“月嫂”培训班、中式烹饪培训各1期，选派2名农村种植户和养殖户参加省创业女农民培训班。

【妇女文化活动】 以宣传为先导，以活动为载体，丰富广大妇女的精神生活。组织开展区、乡、村三级“赣南新妇女”运动宣讲活动巡演，以歌舞、小品等形式展现“赣南新妇女”运动“十个一”；开展“传承美德 传递温暖”九九重阳节活动；开展全区领导干部配偶“廉洁家风教育日”活动，做一名合格的廉内助，坚持以德立家、以廉保家、以情暖家，共建和谐平安幸福家庭。

【关注妇女儿童】 开展无偿献血公益活动，全区各乡（镇、街道、管理处）、机关事业单位、企业160余人参加献血，成功献血83人。关爱困难儿童，“六一儿童节”前夕走访慰问特殊及困难儿童40余人。向上争资“99春蕾计划”资助资金4400元救助6名女童，争资优秀贫困女高中生资助金2400元救助4人。各乡镇妇联开展妇女儿童暑期防溺水安全宣传，发放《致家长的一封信》2000余份，组建“护苗”巡逻队6个，走访帮扶留守和困境儿童数410人次。全力关爱贫困妇女，开展城镇贫困妇女“两癌”免费检查工作，为133名城镇贫困妇女“两癌”免费检查；向上争取贫困妇女“两癌”救助金17万元救助17人；“三八妇女节”期间走访慰问贫困妇女，并发放慰问金1.1万元。维护妇女儿童权益，接待上访或电话来访求救妇女16人次，调解并妥善处理好矛盾纠纷14件。组织女童保护讲师赴区内6所中小学校开展“关爱女童 呵护成长”心理健康讲座12场次，组织家庭教育讲师团到各社区开展家庭教育讲座6场。

（温珠艳）

科学技术协会

【概况】 2020年，赣州经开区科协在赣州市科协的指导下，围绕全区工作大局，弘扬科学精神、普及科学知识，把强“三性”融入“四服务”，提升全民科学素质，优化科普工作环境，服务科技工作者。

【服务高层次人才】 组织推荐科技创新人才参加年度“赣州市十大科技创新人物”等评选，赣州经开区5人获奖，占全市总数的1/4；组织集体和个人参加赣州市科技工作先进集体和先进个人评选，4个单位（企业）17人获奖。

【服务创新驱动发展】 指导赣州富尔特电子股份有限公司成功申报江西省海智计划工作站1个，引进博士后1名；协助赣州澳克泰工具有限公司对接院士团队签订合作协议；指导区内企业虔博新材料在第四届“中国创翼”创新创业大赛赣州市选拔赛中获一等奖；举办以“智汇经开 创领未来”为主题的首届创新创业大赛，为创客们提供创梦舞台，为产业转型升级、优秀项目落地、小微企业发展打造快速通道；指导孚能科技（赣州）有限公司、赣州富尔特电子股份有限公司、国机智骏汽车有限公司等3家企业获评“科创中国先锋”称号；出台《赣州经济技术开发区院士工作站建设管理办法（试行）》，协助加强院士工作站考评，服务企业创新驱动发展，助推企业做优做强。新建3家企业科协，全区组建企业科协16家，占全市企业科协总数1/3。

【全民科学素质提升】 年内，区党工委听取科协工作汇报研究科协工作1次；向分管区领导汇报工作3次；先后召开区全民科学素质工作领导小组会议3次，对全区全民科学素质提升工作进行专题研究部署。对照全年目标任务进行分解，压实责任，将全民科学素质提升工作纳入区级绩效考核。按照年人均1元区级科协科普经费要求，全年安排35万元区级科协科普资金，为全民科学素质提升工作提供坚强保障。

【四大重点人群科学素质提升】 着力抓好青少年科学素质提升。以科普进校园为抓手，系统提升学生科学意识和综合素养。深入组织开展航空科普研学、科普主题讲座、心理健康讲座、无人机展演等校内外科学教育活动，全区参与各类活动的青少年学生2万人次，发放科普宣传资料2000余份，有效促进全区青少年科学素质提升。

着力抓好领导干部科学素质提升。把习近平新时代中国特色社会主义思想作为干部学习的中心内容，将科学素质教育培训作为各级领导干部培训的重要内容；组织领导干部到科研场所参观学习，开展科学素质科普讲座，把科学素质纳入领导班子和领导干部综合考核评价之中。加强乡（镇、街道）、村干部培训，不断提高乡（镇、街道）、村干部的“三农”工作本领，全年开展“精准扶贫”“乡村振兴”等领域培训班4期，培训550人次。推动区块链、人工智能、5G、集成电路等领域相关科普知识融入4场区党工委中心组学习（扩大）会中。开展心理健康讲座进机关活动，不断提高干部职工的心理健康素养。

着力抓好城镇劳动者科学素质提升。开展心理健康科普知识

9月27日，区科协开展赣州经济技术开发区2020年全国科普日航空航天研学活动 （区科协供图）

讲座进社区、进企业活动，参与听讲座的社区居民、企业职工200人次。扎实开展职业技能“三年提升”行动，培训9368人，兑现补贴资金1197.95万元，培训人数和资金拨付任务完成情况居全市前列；举办职业技能提升行动（电工、焊工）培训班5期，全区23家企业175名企业职工参加。开展企业疫情防控知识培训班6期，重点对工业企业复工报备、疫情防控等内容进行培训，完成培训713人。

着力抓好农民科学素质提升。将“科普e站”设置在凤岗镇长田村等新时代文明实践站处，供广大村民开展科普学习；印发1000本《赣州市全民科学素质提升工作科普知识汇编》至各乡（镇、街道），开展科技助力精准扶贫创业致富带头人暨水稻种植技术培训2期，40余名水稻种植户及贫困户参与。举行2次新冠疫情、反邪教等科普宣传进农村活动，捐献科普书籍300余册；将科普教育整合进12个新时代文明实践站的活动“菜单”，开展“我们的节日”“一村一台戏”文艺演出、义诊、“扶德扶志 感恩奋进”等文明实践主题教育活动1200余场。

【构建全民科学素质提升新阵地】 争取省、市科协大力支持，2020年中国流动科技馆区域常态化巡展首站设在赣州经开区，免费向全区公民开展为期半年的展览。成功创建江西省科普教育基地（2021—2023年）1个、2020年赣州市农业科普基地1个、2020年赣州市科普教育基地1个和2020年赣州经开区科普教育基地1个。

通过召开全民科学素质培训会和工作调度会，举办全民科学素质模拟测评活动，将工作落实到每个乡（镇）的村委会（居委会）。每个乡镇的村委会（居委会）建立一支本地长期居住人员组成的20人答题队伍，并通过微信“科学素质学习”小程序等方式加强训练，确保通过测评。

（刘光银）

工商联

【概况】 2020年，区工商联分会学习贯彻习近平新时代中国特色社会主义思想，按照党中央国务院对工商联提出的坚持“政治建会、团结立会、服务兴会、改革强会”和全国工商联系统提出的“四好商会”建设要求，履职尽责，主动作为，开创新时代全区工商联事业新局面。

【政治引领】 深入开展非公经济代表人士理想信念教育实践活动，突出党的引领作用。通过举办讲座、论坛、培训，推送公众号等方式，线上线下相结合，引导非公经济人士用习近平新时代中国特色社会主义思想武装头脑，指导实践，始终做政治上的明白人。利用全市丰富的红色资源，通过组织非公经济人士重走长征路、爱国主义教育观影等活动，引导区内非公经济人士不断增进对中国共产党和中国特色社会主义的政治认同、思想认同、情感认同。认真完成各项民营经济人士的综合评价工作，培养优秀非公经济代表参与到政治舞台中。在2020年赣州市工商联（总商会）换届大会中，推荐的李麟、何光善、王昭源等16位非公经济代表成功入选。

【专业培训】 新冠疫情期间，为全区非公经济人士推送清华大学云课堂、赣商动力直播平台线上课堂、德胜门大讲堂等线上学习平台，线下联合各部门开展税费政策、融资政策、工伤保险、民法典解读等业务培训，参与举办《企业增长八大兵法》华为经营管理专题讲座、人力资本高峰论坛，帮助企业及时调整经营理念及发展方向，抢抓优质资源扩张市场。积极延展对外交流平台，先后组织非公经济人士赴厦门国家会计学院、广西大学举办企业经营管理研修班，通过“引进来”和“走出去”，线上线下相结合的方式，培训非公经济人士逾万人次，覆盖企业900余家。

【服务工作】 依托分会现有的组织和资源优势，搭建服务非公经济人士五大平台。融资大平台，通过走访，收集了解企业融资需求，建立政银企对接通道，帮助企业解决融资问题；政策宣讲大平台，通过微信群、官方网站、公众号等新媒体发布惠企政策摘编、赣州经开区项目推进手册、企业产品信息表，为园区企业提供资讯服务；沟通交流大平台，结合重大节点组织非公经济人士开展联谊会、交友会、篮球赛、拔河比赛等一系列文体公益活动，不断增强园区非公经济人士的凝聚力和向心力；企业服务大平台，开展“强链”工程，举办电子信息产业、建筑建材产业、钨和稀土深加工产业上下游企业对接会，帮助园区企业解决战略定位、资产重组、市场开拓等深层次问题；非公维权大平台，主动与司法机关合作，联合区检察院举行“服务‘六稳’‘六保’护航民企发展”检察开放日活动，邀请民营企业家走进检察院，打造普法学法平台，凝心聚力助力民营企业健康发展，充分发挥非公维权点、商事调解委员会作用，办理维权案件12件，依法保护非公企业的合法权益。

【脱贫攻坚】 区工商联分会主动支援国务院扶贫办挂牌督战县新疆阿克陶县27万元用于发展大棚蔬菜产业。资助国定贫困县甘肃渭源县、贵州雷山县、江西吉安县、会昌县49.6万元用于支持基础设施建设。开展“百企帮百村”活动，组织186家会员企业结对帮扶全区62个村（居），投入663万元用于支持区内扶贫事业。创新扶贫模式，发展共享经济，采取“企业联村联户”模式，实现贫困群众“土地流转得租金”“务工得薪金”“入社分红得股金”；组织园区企业投资2.65亿元认种土地160余公顷，建设扶贫共享农场，村企共建扶贫车间31家，解决1786名贫困劳动力就业，带动3380户农户增收1413.51万元，增加村集体经济收入363.13万元。围绕餐厨经济，发挥园区企业多、职工多的优势，助力消费扶贫，采购扶贫产品3860万元，解决疫情期间扶贫产品滞销问题，并积极支持赣南老区建设促进委员会打造“赣南苏区扶贫”品牌。

【自身管理】 不断拓宽服务载体，通过微信公众号，完善办事指南、政策法规、企业风采等窗口，为企业提供便利的信息服务；切实改善分会办公场所，增设分会多功能厅、会议室、瑜伽室、图书馆等硬件设施。区党工委、管委会任命1名区党群工作部干部兼职副主席指导分会工作，聘请2名专职工作人员确保分会有序运行；完善秘书处工作制度，会议制度、财务制度，规范秘书处管理。

（肖伟栋）

法 治

政法委及综治

【概况】 2020年，赣州经开区坚持以平安经开区、法治经开区建设为总抓手，强抓市域社会治理现代化试点、队伍建设、矛盾纠纷排查调处、应急处置、基层组织网络建设、重大决策社会稳定风险评估、社会治安防控体系、铁路护路联防等各项政法综治维稳重点工作，主动履职，积极作为，创造安全稳定的社会环境、公平正义的法治环境和优质高效的服务环境，人民群众的获得感、幸福感和安全感进一步增强。

【队伍建设】 赣州经开区“三个加强”推进政法队伍“四化建设”。加强政治建设，坚持党的领导。深入学习贯彻习近平总书记关于政法工作的重要指示批示精神，开展“两整顿一提高”行动，抓好政治思想引领，深化理想信念教育，筑牢防腐拒变防线，确保全区政法工作始终沿着正确政治方向前进。加强制度建设，推进规范管理。落实《政法工作条例》及省委《实施细则》要求，配套制定区政法工作专委会工作规则，建立请示报告、政法委员述职、列席政法单位民主生活会、政治督察、纪律作风督查巡查、执法监督等制度。加强业务培训，提升履职能力。举办为期6天的全区平安建设专题研讨班，采用理论教学与现场教学相结合的方式，就社会治理、扫黑除恶、信访稳定、法治建设等内容对全区政法综治干部进行全面系统的业务培训，提升运用法治思维和法治方式解决问题推动工作的能力。

【矛盾纠纷排查调处】 针对房地产、征地拆迁等矛盾纠纷和信访重点领域，制定《关于全力推进我区诉源治理工作的实施方案》《关于成立全区防范化解房地产领域诉讼风险工作专班的实施方案》《赣州经济技术开发区土地房屋征收“诉源治理”府院联系机制工作方案》，坚决稳住入口关，畅通群众诉求表达、利益协调和权益保障通道。发扬新时代“枫桥经验”，在全区深入推进“和合”调解品牌建设。各级人民调解委员会调解各类矛盾纠纷823件，调解成功794件，其中重大疑难纠纷15件；各地各部门共摸排民间民事各类矛盾纠纷9400余起，化解率99%以上，有效化解诉调对接案件318件，利用电话、面谈等回访调解案件当事人720余人，把住源头关、管控关，维护社会和谐稳定。

【应急处置】 围绕高质量发展主线，认真履行“应急值守、信息汇总、综合协调”工作职能。年内，开展应急演练330余场4015余人次，应急知识“五进”宣教活动200余场3500余人次，发放和推送应急知识440余条次；发出应急处置指令信息46条，协调处置应急事件11件。持续建强以区公安分局应急处突大队为核心力量，巡控办、各派出所为主要力量，各部门应急工作分队为辅助力量的应急处置工作队伍，常态化做好疫情防控应急处置准备和紧急信息报送工作，强抓重点时期疫情防控、公共安全、交通运输、应急管理、建筑施工、旅游、卫生和食品安全、安全生产等各项安全和服务保障工作，第一时间上报疫情防控相关信息，有效处置东江源大道幸福时光小区路段燃气泄漏事故、赣州文清外国语学校学生食用奶茶出现身体不适情况、湖边镇刑事案件和水韵嘉城地面塌陷事件等各类突发事件。

【基层组织网络建设】 制定下发《赣州经开区关于规范“全要素”网格化工作的通知》，规范“多网合一”工作，对网格数量进行优化，调整至307个，通过“以奖代补”方式拨付99.48万元用于关心和激励网格员工作，在疫情防控中网格员发挥“网格化+铁脚板”作用。按照“一长三员”的要求，配齐配强网格长74名、网格督导员74名、网格员307名、网格员辅助员307名。采集各类事件140889条，做好91名肇事肇祸精神病患者、712名一般精神病患者、132名吸毒人员、65名矫正人员、269名刑释人员的管控工作，确保重点人员服务管理到位。广泛发动社会力量参与平安创建，全区平安志愿者在册管理员185人，注册人数近2万人。制定年度平安志愿者活动计划，组织11支志愿者服务队伍开展治安巡防、法治宣传、矛盾化解、应急救援、法律服务、走访慰问等志愿活动，在“平安江西”App上传各类事件7712条，有效活动994次，平安志愿者活动实效进一步显现。

【重大决策社会稳定风险评估】 严格按照《赣州经济技术开发区重大决策社会稳定风险评估办法》要求，进一步健全完善评估机制，强化源头预防，有效降低影响社会稳定因素。按照应评尽评，强化第三方专业机构评估工作要求，做好2020年度重大决策社会稳定风险评估工作。全年完成重大决策社会稳定风险评估39项，其中重大决策类4项、重大活动类3项、重大项目类32项。

【社会治安防控体系】 将2000余路视频监控接入区综治中心指挥平台。加强农村公共安全视频监控建设，安排预算资金600余万元，在科技城范塘村、凤岗镇黄龙村、三江乡东红村等防控盲区增补视频监控，完成行政村至少5个监控点、自然村主要路口至少2个监控点的目标任务。持续推进智慧安防小区建设，提升赣港康居、宜居公租房、梨园安居社区等地安防水平。在昌赣高铁赣州经开区沿线建设智能视频监控设备130个，提升高铁科技护路水平。利用“雪亮工程”协助各办案单位破获案件475起，刑事案件138起，治安案件269起，串破案件案71起，协助抓获各类违法犯罪嫌疑人365人，网逃14人，协助打掉跨区域组织卖淫团伙1个，打掉涉毒团伙11个。

【铁路护路联防工作】 沿昌赣高铁（经开区段）15.72千米全线居民区、上下穿道路、桥梁、涵洞、公墓区、山林等部位建设智能视频监控系统（130个监控探头），提升护路技防水平，保障高铁运行安全顺畅；与铁路公安、乡镇属地、城管及沿线项目管理单位，对20余处环境安全隐患问题进行整治；制定爱路护路宣传教育计划，提升沿线群众爱路护路意识；将护路联防工作纳入综治（平安建设）考核内容，做到与综治工作同部署、同检查、同评比、同奖惩。

（罗　强）

公安

【概况】 2020年，区公安分局辖区接有效警情同比上升13.35%。其中刑事警情上升23.69%；行政（治安）警情上升3.98%。

【维护社会政治大局】 在重大安保期间，启动每日研判会商制度，严格落实情指一体工作机制，对各类重要涉稳线索建账跟踪，主动服务实战，积极提供情报技术支撑；对接高铁西站，建立重大安保任务联勤联动长效机制；积极开展反邪教、反恐进社区、进学校的宣传教育活动；对可能影响社会稳定或酿成群体性事件的矛盾纠纷，密切配合有关部门和单位做好摸排化解工作，努力把矛盾和问题解决在萌芽状态，从源头上预防群体性事件的发生，协助调处各类矛盾纠纷3260余起；坚持从严、从细、从实做好安保警卫工作，围绕高铁西站、黄金机场建立健全警卫安保路线图及方案，全年完成各类安保41次，三级警卫任务3次，出动警力1560余人次，确保完成2020全球区块链创新发展大会、全省中等学校招生考试、中国稀土学术年会暨江西（赣州）稀土资源绿色开发与高效利用大会、国际优势集群品牌研讨会（赣州）暨中国果蔬品牌集群成立大会等重大安保任务。

【扫黑除恶】 积极通过微信公众号、抖音等新媒体加强“有奖举报”宣传，充分调动群众参与积极性，对群众举报线索快速甄别、快速流转、快速查办，有效提高线索核查效率，在6月30日完成“线索清零”的目标。区公安分局扫黑办坚持斗争不结束、人员不离岗，在宁夏、内蒙古、甘肃3省（自治区）多地同步集中、统一收网，一举捣毁涉嫌寻衅滋事、敲诈勒索的罗某、马某等13人的恶势力犯罪集团，打响全市社会治安集中打击整治“秋风行动”扫黑除恶第一枪。根据深挖整治、长效常治目标要求，高标准推动社会治安、信息网络等重点行业领域专项整治工作，积极参与社会治理，配合自然资源部门部署开展非法采砂打击整治，侦破新能源汽车科技城非法采砂案，办理涉嫌生产、销售不符合安全标准食品罪的食药环案件，取得良好的社会效应。

【打击刑事违法犯罪】 严厉打击严重暴力犯罪，严格落实命案侦破工作机制，快侦快破有广泛社会影响的持枪、伤害、强奸等严重暴力案件。全年破获故意伤害案11起，强奸案件6起，10小时内抓获持刀伤害3人的犯罪嫌疑人赖某。快侦快破一批重大案件，持续保持对刑事犯罪的严打高压态势，落实各项工作措施。侦破何某鸿等人系列盗窃电瓶案、星洲湾别墅被盗案等一批群众反映强烈、损失重大的案件，其中何某鸿等人系列盗窃电瓶案，抓获收购赃物的谢某发破获盗窃电瓶案件100余起。严厉打击治理电信网络违法犯罪，破获电信诈骗案件467起，捣毁诈骗窝点11个，缴获涉案银行卡78张、电话卡156张、其他电子设备31台。针对电诈案件滋生的黑灰色产业链，结合“断卡”专项行动，加大对买卖证件、微信号等犯罪行为的打击力度，核查抓获涉卡人员69人，其中刑事拘留44人，惩戒25人。

【打击经济违法犯罪】 开展打击串通投标、非法集资、传销、商业贿赂、“打假”等专项行动，实现专项行动常态化、常态打击专项化。全年受理案件61起，立案32起、破案20起。其中，非法经营案3起、虚开发票案4起、挪用资金案1起、非法吸收公众存款案4起、合同诈骗案2起、职务侵占案2起、骗取银行承兑汇票案1起、骗取贷款案1起、组织领导传销案2起，挽回经济损失2000万余元。

【打击毒品违法犯罪】 坚持日常执法与专项打击相结合，深入推进“2020赣鄱百日缉毒”专项行动，始终保持对毒品违法犯罪的严打高压态势，破获涉毒刑事案件31起，行政案件47起。利用尿检板检测和毛发检测仪搭建毒品检测“尿检”“毛发检测”双驱动，对辖区内所有社会面吸毒人员进行全面排查、吸毒检测工作。扎实推进社区戒毒社区康复“8•31”工程，建立实体化“6•26”服务中心，配备专职工作人员7人，在辖区内乡（镇、街道）建立社区戒毒（康复）工作站，进一步完善属地管控机制。

【严打涉企犯罪】 全年打击拒不支付劳动报酬案等欠薪案件3起，追回员工工资330余万元；参与处置安全事故调查15起，妥处非正常死亡案事件8起，办理重大责任事故案1起，起诉2人；破获虚开发票案4起，抓获涉虚开发票案犯罪嫌疑人6人；合同诈骗案2起，职务侵占案2起。

【治安整治】 根据发案情况，动态划分巡区，分等级设立中、高发案风险区域，由派出所根据统一调度布警，有针对性地确定巡逻防控的重点时段、路段、区域和巡逻必到点，提高防范和打击违法犯罪的效能。按照严管、重罚要求，进一步规范旅馆业合法经营，提高旅业“四实”登记率，最大限度挤压违法犯罪空间。全年办理不按规定登记案4起，擅自经营不按规定登记案2起；行政处罚违法行为人员6人，违法旅馆6家，下达整改通知书33份，责令关停违规操作旅馆2家；检查寄递网90余家，现场整治各类安全隐患26余处，下发整改通知书7家。严格肇事肇祸精神病障碍患者管理，积极配合各乡（街道、管理处）开展精神障碍患者重新调查摸底工作，截至年底，全区有重性精神障碍患者94人，送治精神障碍患者113人次，有奖监护协议签订率100%。扎实开展枪爆危险品监管，从重点单位、重点人、重点物三方面入手，严格危爆物品管理，加大线索排查力度，对危爆、化学行业检查40余次，发现并整改问题6处。强化消防安全检查，扎实做好夏季消防检查和“九小场所”消防检查专项整治工作，检查“九小场所”单位294家，发现火灾隐患212处，下发行政处罚决定书3份，责令“三停”1家。严打“黄、赌”违法犯罪，始终保持严打高压态势，通过开展网格化巡逻，梳理警情，核查群众举报线索，全年侦破“黄、赌”刑事案件6起，办理“黄、赌”行政案件91起。大力打击“食药环”违法犯罪，深入开展“昆仑”行动，以保障民生、护航发展为出发点，开展联合执法，全年办理“食药环”刑事案件16起，行政案件1起。持续开展环境污染治理行动，办理烟花爆竹禁燃禁放案件8起，收缴烟花爆竹40余箱。严厉打击非法出入境行为，全年查获非法出入境人员14名，办理涉外案件5起。

【户政服务管理】　加大户籍改革力度，全面放宽城镇落户政策，推进档案电子化管理，推行“网上办理”“亮证服务”，对高频的即办事项按正常工作日提供延时服务，对办件量较少的办事项和承诺件，实行双休日及国家法定节假日的预约延时服务，切实履行“一门一窗”“一站限时”“全面延时”办理承诺。全年办理居民二代身份证13942张，异地受理2289张，临时身份证2506张。办理投靠落户1568人，经商落户25人，投资购房落户3335人，人才落户107人，解决无户口人员6人，删除重复户口29人，注销应销未销户口1060人，办理居住证7429张，港澳台居民居住证15张。提高出入境服务质量，受理公民出国（境）申请930人次。其中，护照309人次，港澳通行证577人次，台湾通行证42人次，台胞证2人次；受理申请注销证件66人次；外国人临时住宿登记225人次；群众咨询863人次。

【信息化建设】　全力推进情报研判平台建设，搭建数据仓库、实现分局基础数据整合、互通及结构化为目标，搭建部分基础研判模式，为数据运用提供最底层支撑，项目完成进度的70%以上。根据合成作战需求，新增合成流转模块，推动人力情报平台建设，依托人力情报平台实现传统手段信息化、网络化。继续推进“经开云眼”建设，在切实做好“雪亮工程”勘点工作的同时，主动靠前对接区党政办，提出“经开云眼”建设计划，完成500个高质量、低成本点位建设，覆盖监控盲区和农村地区，强化合成作战能力。充分运用视频侦查、资金分析、电子轨迹数据分析等手段，加大对辖区案件的侦查和研判，协助各办案单位破获案件464起，刑事案件135起，治安案件260起，串破案件案70起；结合辖区治安和分局警力实际情况，完善4个核心岗、2个行动单位以及各派出所深度联动机制，确保及时研判预警、指挥调度和应对处置。有效处置“香江半岛”“锦江公馆”“绿地城市空间站”“保利康桥”等业主聚集维权事件19起，落实核处反馈指令86条，及时将不稳定因素化解在当地。

【规范“110”接处警】 加强对各单位接处警工作培训力度，将培训范围由民警扩大到全体辅警，对各类警情进行归类，制定每一类警情的处置流程和规范用语，进一步规范接处警流程；完善警情回访监督考核机制，不定期组织明察暗访，进一步规范分局接处警工作。全年组织对“110”接处警巡察48次，下发接处警数据质量通报12期，组织培训3次，进行接处警“双盲”拉练3次，接受市局、省厅暗访5次，均达到接处警规范要求。

【强化执法监督】 实行“执法半月评”制度，对接处警、受立案、案件办理、现场执法实行每半月考评检查，坚持评后必通报、通报必整改、整改必复查，让执法人员在执法过程中出现的问题得到及时发现和整改。全年开展专项执法检查8次，开展“一案一码”巡查10次，巡查案件741起，发现问题909处。检查办案场所7个，发现及整改问题56处。

（杜水长）

检察

【概况】 区检察院作为全省“最年轻”的基层院，于2011年年底挂牌成立，2015年至2019年，连续5年获评“全市先进基层检察院”；2017年至2019年，连续3年获评“全区绩效考核先进单位”，2019年、2020年，获评“江西省文明单位”。

【平安建设】 充分发挥检察职能，打击各类刑事犯罪，推进平安建设。受理移送审查逮捕案件242件348人，受理移送审查起诉案件435件590人。经审查，批准逮捕194件272人，提起公诉310件481人。落实宽严相济刑事司法政策，依法不捕78人、不诉133人。依法适用认罪认罚从宽案件391件574人，适用率90.86%。践行新时代“枫桥经验”，严格落实“三同步”工作要求，认真落实高检院关于“7日内程序回复、3个月内办理过程或结果答复”相关要求，接待群众来访35人次，受理控告申诉件22件。

【扫黑除恶】 落实“清零”工作要求，加大“打财断血”力度，紧盯“行业清源”目标，纵深推进扫黑除恶专项斗争，获评“全市扫黑除恶专项斗争先进单位”，连续2年获评“全区扫黑除恶专项斗争先进集体”。克服疫情影响，严格落实案件清零要求，受理审查逮捕涉黑涉恶案件2件10人，受理审查起诉涉黑涉恶案件6件31人，提起公诉6件31人，适用认罪认罚4件17人。在办理郭某某、薛某某等15人诈骗、寻衅滋事案中，克服疫情期间的严峻困难，通过转交材料、与律师沟通、远程视频提审等方式，促使8名犯罪嫌疑人认罪认罚。通过追缴赃款、冻结账户、查封房产车辆等方式，“打财断血”总金额5889万元。积极参与行业治理，开展行业调研，向相关职能部门发送检察建议36件，推动行业主管部门单独建立规范性文件29个。

【创优发展环境】 认真落实疫情防控常态化要求。挂点村居4个、园

7月，区检察院对郭某某等恶势力犯罪集团提起公诉 （区检察院供图）

区企业50余家，多举措应对“厂中厂”“园中园”的复杂情况，做到“外防输入”有力，助推企业疫情防控和复工复产两不误。认真做好“六稳”“六保”，严厉打击挪用资金、职务侵占、合同诈骗、侵犯知识产权、盗窃企业财物、非法经营等侵害企业合法权益犯罪，依法提起公诉18件26人。办理“涉疫”案件5件5人，提起公诉2件2人。抓实“非公企业维权工作联系点”运行，健全维权联络协作机制，听取维权诉求，受理、办理非公企业的申诉案件6件，受理工商联移送诉求3件。

【诉讼监督】 不断加强对侦查活动的监督力度，强化两项监督工作，监督立案5件，纠正漏捕1人，纠正漏捕后起诉7人，纠正漏犯1人，纠正漏罪2件，监督撤案2件，对认为量刑不适当的刑事判决提出抗诉2人。退回公安机关一次补充侦查案件83件169人，退回公安机关二次补充侦查案件48件109人。强化刑事执行监督，社区矫正在矫人员107人，其中缓刑人员101人、暂予监外执行5人、假释1人。办理重大案件侦查终结前讯问合法性核查10件10人，向社区矫正中心发出纠正违法通知书3份。

【民事行政检察】 做实民事行政检察，主动开辟案源，加大宣传力度，召开律师座谈会，建立与法院、公安等部门执行监督协作配合机制，受理民事生效裁判监督案件10件、民事执行监督案件5件、民事行政审判违法监督案件1件、另外支持起诉1件，合计17件。办结民事生效裁判监督案件8件、办结民事执行监督案件5件，其中对生效裁判案件虚假诉讼发出再审检察建议2件，监督区法院民事执行发出检察建议1件，审判违法监督发出检察建议1件，不支持监督申请9件，另外向区法院发出支持起诉书1件。

【公益诉讼】 认真做好公益诉讼，结合疫情防控工作，到辖区内超市、药品零售店、农贸市场、酒店、餐饮店等地开展走访摸排，重点摸排哄抬口罩价格、制售假冒伪劣口罩、经营野生动物等违法犯罪、损害社会公益行为。开展“电梯安全”专项监督活动，服刑人员养老金发放情况专项监督活动，共上报公益诉讼线索19条，立案19件，发出诉前检察建议11份。其中，涉及生态环境和国土资源保护领域的行政公益诉讼5件，涉及食品药品安全领域的行政公益诉讼10件，涉及人力资源和社会保障、国有财产保护、住房等3个领域的行政公益诉讼4件。

【未成年人检察】 区检察院持续加强对未成年人的保护，及时干预、严厉惩治、预防侵害未成年人犯罪，维护未成年人合法权益。年内，受理审查逮捕案件19件20人，批准逮捕12人，不批准逮捕8人。受理审查起诉案件17件30人，提起公诉10件17人，不起诉7人，附条件不起诉4人，补充和自行开展社会调查20人，落实法定代理人及其他合适成年人到场29人，法律援助20人，对2名涉罪未成年人开展社会观护。开展无证幼儿园分类治理检察公益诉讼，依法向教育主管部门发送检察建议2份，推动教育、市场监管、应急管理、消防救援等部门联合对辖区37所无证幼儿园开展清理整顿。包括检察长、副检察长在内的12名检察干警受聘成为区内15所中小学校的法治副校长和法治辅导员，开展法治宣讲、“宪法晨读”等形式多样的法治教育活动26场次，发放“法治礼包”1.2万份。加强与公安、法院、社管、财政等单位联动协作，建立赣州经开区未成年人“一站式”救助体系，在赣南医学院第一附属医院建立未成年被害人“一站式”取证救助中心。

【提升群众满意度】 年内，区检察院全面深化检务公开，主动接受监督，提高群众满意度。向市人大、政协联络处报告工作，联络走访代表委员16人次，举办以“同舟共济、检护明天”为主题的“检察开放日”、新时代检察宣传周等一系列活动，邀请代表委员、学校师生、园区企业代表参加，获得良好的社会反响。首次邀请人民监督员参加不起诉案件公开宣告，首次开展公开听证。公开案件程序性信息747条，发布重要案件信息33条，公开法律文书323份，辩护与预约代理数112件。结合扫黑除恶和“双提升”宣传，访民情、听民意，开展检察官以案释法，举办宣传活动56次，实现区内乡镇、村组、社区全覆盖。

（沈海辉）

区法院联合区交警大队在全市法院率先联合公安建立机动车专线执行查控系统　（区法院供图）

法院

【概况】 2020年，区法院新收各类案件7651件，同比增长21.75%，旧存401件，审执结7768件，结案率为96.47%，同比增长2.39%。员额法官人均结案517.9件。

【执法办案】 依法惩处各类犯罪。年内，区法院新收刑事案件313件（旧存10件），审结318件。公开审理全区首例非法占用农用地刑事及附带民事公益诉讼案件。坚决打击非法集资、传销等涉众型经济犯罪，审结5件23人。协助规范市场秩序，依法审结串通投标、非法经营8件31人。严厉打击危害社会治安犯罪，始终保持对“两抢一盗”、故意伤害、诈骗等犯罪的高压态势，审结130件200人。惩治黄、赌、毒案件47件71人，交通肇事、危险驾驶罪案件85件85人。

有效化解民商纠纷。新收民商案件4408件（旧存137件），同比增长37.19%，审结案件4409件，同比增长34.71%。以保障和改善民生为根本，依法调处婚姻家庭、继承纠纷、医疗纠纷、交通事故责任纠纷等案件614件。助力构建和谐劳动关系，依法妥善审结劳动争议案件95件，联合区劳动监察局、区总工会建立“法院+工会+仲裁”劳动争议多元预防化解机制；维护正常金融秩序，依法审结金融借款和民间借贷案665件。促进房地产市场规范有序发展，审结涉房地产案件928件，深化“府院联动”，在区政法工作专委会的牵头下成立房地产领域诉讼风险化解工作专班，有效防止15个楼盘潜在9687件案件的爆发。

向“切实解决执行难”迈进。区法院共新收执行类案件2713件（旧存253件），执结2816件，实际到位标的额4.3亿元。推进执行工作流程集约化，实行事务性工作集中办理，外包司法拍卖等辅助工作，网络司法拍卖成交112件，成交金额2.38亿元。在全市法院率先联合公安建立机动车专线执行查控系统，大幅提高执行效力。大力开展“猎头行动”“黑财清底·利剑追击”等专项执行活动、持续落实好“执行110”24小时值班，拘传被执行人35人，拘留9人。加大失信惩戒力度，运用网络媒体、短信彩铃等平台曝光失信被执行人84人。规范执行账户管理，开展执行款账户清理专项行动，兑付执行款8380.34万元，切实保障当事人胜诉权益。

【扫黑除恶】 以“六清”行动为抓手，受理涉黑涉恶案件33件190人，均宣判生效，如期完成“案件清结”；奋力推进“黑财清底”，受理涉黑恶执行案件27件，生效判决财产刑总额90970694.79元，执行到位85936497.01元，执行到位率94.47%。积极参与社会综合治理，向相关单位发出司法建议书33份，推动健全预防打击黑恶势力的长效常治机制。

整合多方资源，提高财产处置效率。凤岗“墓霸”案中，在凤岗峨眉公墓区资产清算小组的合力收缴下，促使7188座墓穴的墓区资产清算工作在23天内完成。对已经非法出售的墓穴，收缴后全部纳入后续统一规划、管理，彻底改变收缴前公私合营的局面。该案黑财清底效果好，作为典型案例上报全国扫黑办。

【服务全区高质量发展】 织严织密疫情防控工作网。区法院3名院党组成员带领86名干警志愿者支援隔离点、凤岗社区、湖边社区以及冬季“三站一场”防疫工作，劝导审核约22621人次。区法院刑庭干警欧阳明明、吴仰锦（赣州监狱干警）夫妇因“‘政法’夫妻携手逆行，为爱抗‘疫’”事迹获评“赣州好人”。严厉惩处妨害疫情防控各类犯罪，审结全区首例涉疫情“口罩诈骗案”，判决有期徒刑13年。精准服务做好“六稳”工作、落实“六保”任务，助力2家涉疫物资生产企业复工复产，对绿地博览城逾期交房涉千余名业主一案，依法作出符合不可抗力的认定。

持续优化法治化营商环境。妥善处理涉企案件2997件，帮助企业挽回损失约65484万元。审理破产案件4件，有序清理“僵尸企业”。区法院党组成员带队走访全区50余家重点企业，了解企业司法需求；安排41名挂点责任人和驻企联络员为16家重点企业解决各类问题41个，成功为挂点企业追回货款约7万元，处理赣州力昌表业有限公司的设备质量纠纷；主动与孚能科技对接，引导企业合法合规处理涉诉案件，助力孚能科技在科创板成功上市；联合市信访局、市中院10天内成功为赣州赣雅家具有限公司执行到位70万元欠款，助其脱离濒临倒闭的困境，该案成功入选全省十大典型执行案例。

【“两个一站式”建设】 全面推进“两个一站式”建设，不断深化“分调裁审”机制改革，民商事纠纷平均审理天数30.6天，同比缩短30.2%。坚持把非诉讼纠纷解决机制挺在前面，制定《关于全力推进我区诉源治理工作的实施方案》，成功诉前化解纠纷851件；成立房地产领域诉讼风险化解工作专班，参与成功化解1096户购房业主无法办理不动产权证的堵点难点问题；湖边镇坳头村和凤岗镇天子地村稳步推进无讼村、少讼村建设。推进商事纠纷化解，制定《关于建立“客家矛盾客家调”机制、组建商事纠纷调解专家团队工作实施方案》，联合区司法分局设立“和合”商事纠纷调解室，形成横向全覆盖、纵向专业化的调解网络，全面排查化解矛盾纠纷。

【司法改革和信息化建设】 科学配置人力资源。根据内设机构改革要求，设置立案庭等6个内设机构，将原先的民庭、行政庭、刑庭的整合成综合审判庭。选拔优秀年轻业务骨干担任部门副职，搭建好人才梯队，提拔选拔一线优秀干警6人，激发工作动力；坚持院庭长带头办案，院庭长累计办结各类案件6202件，占全院的79.84%；进一步修订完善特岗自聘人员招聘、考核和管理制度，将工资与绩效相挂钩，充分调动聘用人员工作热情。

提升司法智慧水平。推进智慧法院建设，开展网上立案、调解、庭审、送达等在线诉讼活动，搭建互联网庭审平台，网上开庭143件，网上立案1020件、网上调解133件、跨域立案131件，电子送达7034次。

（李　丹）

企业矛盾纠纷 20 次。

司法行政

【概况】 2020年，区司法分局紧扣全市“六大攻坚战”和经开区“一区三基地”建设等重大决策部署，以“两整顿一提高”“奋战一百天，服务大提升”专项行动为契机，以服务高质量发展为主线，以维护社会稳定和长治久安为抓手，以推动法治政府建设为着力点，进一步改作风、提效率、优服务，统筹兼顾，突出重点，真抓实干，赣州经开区司法行政满意度在全省开发区排名第五。

【法律顾问团服务】 年内，区法律顾问团参与全区法律咨询、合同审查、重大决策论证、依法助推征地拆迁等各类法律事务1323件。其中，审查、修改赣州区块链金融产业沙盒园项目、赣州经开区招商引资项目、江西金力永磁科技股份有限公司项目等各类协议、合同及文件860余次，参与依法助推迎宾大道西侧城市更新、滨江南路、客家大道西延等征地拆迁项目40余个，提供法律咨询200余次，起草法律文书、合同及文件100余件，参与有关法律论证研判会议100次。面向全区民营企业开展“法治体检”活动4次，发放宣传资料2600余份，区法律顾问团为企业和职工提供各类咨询115次，参与调处企业矛盾纠纷20次。

【依法治区建设】 4月21日，中共赣州市委全面依法治市委员会《关于全面依法治市2019年度考评结果的通报》（赣市法委发〔2020〕2号），赣州经开区被评为“2019年度全面依法治市优秀单位”。

9月1日，省司法厅、省民政厅关于第六批省级民主法治示范村（社区）命名的决定，赣州经济技术开发区湖边镇华昌路社区命名为第六批“省级民主法治示范村（社区）”。

11月24日，省司法厅、省民政厅推荐赣州经开区三江乡新江村为第八批“全国民主法治示范村（社区）”候选单位。

【基层法律服务】 推行社区律师制度，进一步完善“一村（居）一公共法律服务室”“一村（居）一法律顾问室”，统筹协调全区所有村（居）和114个居民小区村居（社区）和居民小区法律顾问，面向群众提供法律咨询、法治宣传、法律援助等线上线下公益法律服务。贯彻落实新时代“枫桥经验”，推进社会市域治理现代化，做强做响赣州经开区“和合”调解品牌。围绕疫情防控和复工复产，排查矛盾纠纷1051起，调解化处矛盾纠纷979 起。继续开展根治农民工欠薪专项行动，对农民工追索劳动报酬的案件应援尽援。接受农民工法律援助咨询104次，受理案件77件；接受贫困户法律援助咨询34次，受理案件27件。成立赣州经开区退役军人法律援助工作站，为退役军人、现役军人家属和其他优抚对象提供法律援服务。年内，赣州经开区法律援助中心受理法援案件265件，接受咨询261次。

【律师管理】 结合“整顿队伍、整顿作风、进一步提高群众满意度”行动，充分发挥公共法律服务质量回访中心和群众投诉受理中心的作用，对律师、基层法律工作者执业进行监督，回访已结案件959件。组织召开强化律所、法律服务所执业纪律和职业道德，提升法律服务水平集中提醒会。组织各律师、各基层法律服务所集体学习市律师协会服务公开承诺、市基层法律服务工作者协会服务公开承诺，进一步强化律所、法律服务所执业纪律和职业道德，提升法律服务水平。加强对律师事务所和律师的管理工作，在各律师事务所建立健全涉黑涉恶案件接案，案件评估、案件报送等制度，对辖区律师代理的案件，积极派员参加庭审，监督律师庭审纪律行为，对违法违规的律师依法提请行政处分或处罚。

（谭忠敏）

军　事

人民武装

【概况】 2020年，区人武部贯彻落实上级部署要求，坚定举旗铸魂，聚焦备战打仗，坚持强基固本，完成国防动员潜力调查、民兵训练整组、基层规范化建设、国防教育、兵员征集和军民共建等重点工作，区人武部全面建设取得新的发展和进步。

【思想政治建设】 坚持用习近平新时代中国特色社会主义思想和习近平强军思想武装民兵头脑。利用民兵组织调整、集中轮训等时机落实思想政治教育，针对性地开展民兵执行疫情防控任务中的随机教育。利用"中国民兵""江西国防""学习强国"微信公众号等新媒体平台，拓展民兵政治教育内容。严格落实党管武装原则和制度，组织区党政领导干部"过军事日"活动，提高专武干部岗位津贴，把基层党管武装工作纳入全区绩效考评。开展国防教育进校园、进社区活动，先后派出180名军训教官，完成9所学校近1万人的军训任务。

【战备训练】 协助赣州军分区、南康区人武部，组织勘察黄金机场、赣州高速西服务区。研究制定应急搜救力量动员方案、公路机动保障点开设方案和基层各类应急行动预案。组织民兵防汛骨干集训，三江乡民兵应急排与赣州电信公司联合开展防汛演练。组织三江乡、凤岗镇民兵应急队伍，进行为期12天封闭式任务分队集中训练，各基层武装部组织以编兵单位为基础、以工作岗位为平台的民兵岗位自训，较好地提升全区民兵遂行应急应战任务能力。三江乡武装部副部长卢忠被赣州军分区表彰为"军事训练先进个人"。黄金岭街道武装部干事谢钟翔、凤岗镇武装部干事李源、科技城管理处武装部副部长赵小军等被区人武部表彰为"军事训练先进个人"。

【国防动员】 按照"急时应急、战时应战"要求和民兵整组总体部署，完成民兵整组任务。迎接军委国防动员部和省、市民兵集结点验考核。深入开展国防动员潜力调查，专题召开部署会，认真组织区国动委"八办"联络员开展业务培训，按时保质上报数据信息和机场国防动员核查报告，为国防动员准备奠定坚实基础。

【征兵工作】 坚持以"五率"量化考评为抓手，以大学生兵员征集为重点，以征集优质兵员为目标，强化组织领导、规范组织程序，出台《赣州经开区征兵奖惩实施办法》，18周岁适龄青年兵役登记率100%，完成兵员征集任务，兵员质量特别是大学毕业生征集数量比往年翻一番，"五率"量化考评纳入章贡区排名全市第一、全省第五。区管委会和蟠龙镇人民政府被市政府表彰为"征兵工作先进单位"，区人武部干事吴小发被市政府表彰为"征兵工作先进个人"。黄金岭街道武装部部长陈国飞、湖边镇武装部副部长陈亮、凤岗镇武装部部长姜北、三江乡武装部副部长卢忠、科技城管理处武装部部长林聪、区公安分局副局长张少华等被区管委会表彰为"征兵工作先进个人"。

【基层武装部建设】 按照市委、市政府、军分区《关于全面推进基层人民武装部规范化建设的通知》要求，召开全区基层规范化建设部署会，印发《关于进一步加强基层武装部和民兵营（连）

部规范化建设的通知》，投入24万元打造3个乡镇武装工作示范点。常态化落实基层武装部日常管理9项制度，全年召开6次专武干部培训，有效提升专武干部的能力素质。

【党管武装】 坚持完善和全面落实好党工委议军、述职等一系列党管武装工作制度。建立党管武装考评激励机制，将党管武装工作纳入全区绩效和高质量发展考评体系。“八一”建军节前夕，组织区党政领导班子、国动委、武委会成员、武装部政治教导员过“军事日”活动，接受国防教育，学习军事技能，强化领导干部“爱武装、管武装、建武装”的意识。年底，区党工委、管委会和区人武部联合表彰一批“武装工作先进个人 ”。黄金岭街道办事处党工委书记、武装部政治教导员李干军、蟠龙镇武装部干事肖德晖、湖边镇武装部副部长叶国飞、凤岗镇武装部副部长李升友、三江乡武装部干事张方水、科技城管理处武装部副部长王慧被区表彰为“武装工作先进个人”。

【民兵参建】 深入“扶贫帮困”“保文创卫”“防疫抗疫”一线，充分发挥“突击队”“示范兵作”用；积极参与社会治安综合治理，完成维稳处突、森林防火、抢收抢种等突击任务，维护辖区和谐稳定。凤岗镇武装部部长姜北和湖边镇武装部副部长陈亮，因参加疫情防控工作出色被区党工委、管委会各记嘉奖1次。

【拥军优属】 对部队和各类优抚对象开展慰问补助，对在部队立功受奖的现役军人家庭送喜报、送奖牌。及时发放落实优抚资金和优抚政策。积极做好退役军人接访和法律援助工作。与学校、机关事业单位开展军民共建活动，协同医院、银行、社区等服务行业增设军人窗口，全区“军拥民、民拥军”的氛围浓厚。

（李 莉）

人民防空

【概况】 2020年，赣州经开区积极推进人防行政审批规范化制度化建设，着力加强人防工程管理，积极开展人防宣传教育，推动全区人防事业高质量发展。

【人防行政审批规范化】 落实人防政策法规，重新梳理人防审批表格、资料清单、办事流程，按照“应建尽建、应收尽收”原则，规范人防审批。

【人防工程专项检查】 对全区15个建成的人防工程开展专项检查，与相关建设单位、物业公司签订《人防工程维护管理责任书》，进一步压实人防工程维护管理主体责任。对检查发现的人防设备锈蚀破损、地下室漏水、人防标识牌未更新等问题及时督促整改。

【人防宣传教育】 组织全区中小学师生开展“5·12”应急疏散演练，免费发放人防教材4000余册，提升广大师生国防观念和应急自救意识。及时向服务对象宣传人防审批调整政策，引导企业支持人防建设；发放人防相关法规文件，教育并督促相关企业、社区居民依法使用和维护人防工程。

（杨文南）

退役军人服务

【概况】 2020年，区退役军人服务中心在上级退役军人事务部门指导下，认真落实习近平总书记关于退役军人的一系列重要指示、批示精神，准确把握新时期工作方向，围绕各项工作目标，创新思想、强化担当、攻坚破难，工作取得较好成效。

【健全服务管理网络】 对标习近平总书记提出的“五有”（有机构、有编制、有人员、有经费、有保障）要求，区、乡（镇、街道）、村（社区）三级全面完成服务保障体系建设工作，真正实现三级服务网络全覆盖，让退役军人在家门口即可享受“一站式服务”。

年内，区退役军人服务中心、湖边镇、凤岗镇联合打造全省尊崇式示范型中心（站）并顺利通过省里验收，基层服务退役军人的服务保障水平全面提升。

12月，湖边镇叶山村退役军人服务站退役军人服务专干钟雪贞，被江西省退役军人事务厅评为江西省退役军人基层服务工作“尊崇之星”称号。

【“尊崇工作法”推广】 全年总结推广退役军人服务保障“尊崇工作法”，贯彻落实习近平总书记关于退役军人工作重要论述，确保“让军人成为全社会尊崇的职业”重要指示精神落地、落实、落深、落细。全区“三级”退役军人服务中心（站）挂图作战，联动社会各界力量，将“尊崇工作法”的内容、程序和操作办法在全区宣传；结合各乡（镇、街道）、村实际，细化“尊崇工作法”的延伸拓展工作，落实“一域一队伍”“一人一台账”“一家一对接”“一周一活动”“一月一堂课”“一季一走访”“一年一评选”等“七个一”的基础性工作。年内组织开展评选最美退役军人、最美军嫂活动，网络投票12.93万次，访问次数52.49万次，最终评选刘显涛、张少华、刘影、何婷（女）、吴帅5人为最美退役军人；刘敏、陈喆、李君、曾丽莉、廖华5人为最美军嫂。2020年度被赣州市退役军人事务工作领导小组办公室评为全市大力推广“尊崇工作法”先进单位。

【优抚安置】 双拥工作进一步提升。坚持重要节日走访慰问，经常性与驻区部队开展互助服务活动，于“八一”建军节、春节分别走访驻区部队，送上慰问物资24万元，帮助解决各类实际困难，拥军优属氛围明显提升。年内，为在部队立三等功的3名现役军人送立功喜报并开展慰问，每户送上慰问金1000元，营造“一人立功，全家光荣”的氛围，让军人成为全社会尊崇的职业。及时足额发放各种优抚资金，落实相关优抚政策。落实《军人抚恤优待条例》等法规政策，保障退役军人合法权益，发放各类优抚资金。

妥善做好就业安置工作。科学制定安置计划，采取量化评分，坚持高位推动，做好转业军人和退役士兵的安置工作。协调区党群部等部门，克服编制职数紧张、对口岗位不足、军转安置压力偏大等实际困难，维持选岗秩序，安置选岗全过程做到公平、公正、公开，全年安置军转干部、转业士官全部实现到岗到位。帮助扶持就业创业，年内组织退役回乡士兵参加免费职业技能培训56人，提升就业竞争力；协助市退役军人事务局办好“江西尊崇军创”大赛。发挥退役军人的人才资源优势，扩展就业渠道，搭建就业平台，促进退役军人就业，在8月和10月分别举办1场军人招聘会，其中1场与市退役军人事务局协同举办。2次招聘会用工企业150家，提供合适就业岗位4600个。招聘现场提供银行金融服务及相关政策咨询，统筹做好退役军人就业服务相关工作，搭建退役军人与用人单位对接交流平台。被赣州市退役军人事务工作领导小组办公室评为全市退役军人就业创业工作先进单位。

【社保接续】 对全区符合政府安排工作的退役军人社保、医保接续工作逐个梳理、审核，全区符合社保接续人员73人。坚持“高度重视，优先办理”的原则，区直有关部门及时处理区退役军人服务中心移交的参保和补缴业务，简化流程，缩短办理时限，确保“移交一批，受理一批”。赣州经开区在全市率先完成全部社保接续工作。

（陈旺平）

（本栏编辑：曾　鼎　马思媛）

经 济

招商引资

综述

【概况】 2020年，区招商局以新发展理念为指引，实施招大引强战略，全年签约项目119个，签约资金1453.56亿元。引进投资1亿元以上项目84个，其中投资10亿元以上项目22个、投资50亿元以上项目6个、投资100亿元以上项目4个。

【招商机制建设】 重点围绕新能源汽车、电子信息双首位产业，组建8支由区领导带队的专业招商小分队，瞄准细分领域“北上南下”开展招大引强；规范招商引资合同文本，分别制定《供地项目合同》《租赁厂房项目合同》《租赁厂房且供地项目合同》《总部经济项目合同》《高层次人才项目合同》《未供地项目解除协议》《已供地项目解除协议》《租用厂房项目解除协议》合同（协议）范本8个，明确合同条款，严把项目入园关；牵头制定出台《赣州经开区新能源汽车产业发展支持政策》《赣州经开区电子信息产业招大引强支持政策》，按层次递进式、差别化思路，明确工业发展资金奖励、租金补贴、经济贡献奖励、厂房代建支持、金融支持、落户补贴、装修补贴、研发补贴等系列政策措施，支持企业发展，推动产业集聚。制定出台《赣州经开区应对新冠肺炎促进外贸回稳向好的实施意见》《赣州经开区稳外资促发展若干政策（试行）》，促进外资外贸企业提质增效。

10月16日，举办2020年粤港澳大湾区（赣州经开区）产业招商推介会 （区招商局供图）

【对接粤港澳大湾区】 贯彻落实省、市、区打造对接粤港澳大湾区桥头堡文件精神，印发《关于做好“粤企入赣”系列招商活动的通知》，向8支招商小分队、31个部门分配广东省制造业500强、广东省国企100强、广东省物流企业对接任务。对接中国宝安集团、深圳和而泰智能控制股份有限公司、奇信股份有限公司、南光置业有限公司等100余家重点目标企业。落实省、市对接融入大湾区工作部署，印发《关于做好“粤企入赣”系列招商活动的通知》，组织8支小分队上门对接广东省制造业500强和国企百强。10月16日，举办2020年粤港澳大湾区（赣州经开区）产业招商推介会并签约项目18个。12月3—4日，参加2020年江西省对接粤港澳大湾区经贸合作活动、赣州打造对接融入粤港澳大湾区桥头堡暨电子信息产业推介会并签约项目3个。全年签约大湾区项目28个，签约资金176.69亿元。

【补强发展链条】 配合《赣州经开区重点产业链长制工作方案》，安排5名局领导对接11个区级重点产业链；摸清区内新能源汽车“三电”（电池、电机、电控）系统企业家底，编制新能源汽车“三电”系统“四图”（产业链图、技术路线图、应用领域图、区域分布图），针对产业链开展精准招商；精准谋划延链、补链、强链，推动双首位上下游产业链招商，引进新能源汽车产业项目9个，签约资金293.72亿元；引进电子信息产业项目30个，签约资金368.91亿元；对标扩大开放新要求，破除外资外贸木桶短板效应，引进外资项目2个，签约资金5亿美元。投资4.5亿美元的深圳市英锐集团股份有限公司5G、AI功率器件芯片制造与封测项目成功落户赣州经开区；投资2亿元的中投华控电子信息产业供应链外贸项目，填补电子信息产业供应链空白。

12月12日，赣州九木大数据中心项目签约现场　（区招商局供图）

落地项目

【赣州九木大数据中心项目】 项目于12月12日签约落户，总投资为110亿元，其中固定资产投资总额为101亿元，流动资金9亿元。项目主要建设云计算大数据中心基础设施、自主研发面向超高计算性能场景的云计算服务平台。

【深圳英锐半导体有限公司5G、AI功率器件芯片制造与封测项项目】 项目于11月30日签约落户，总投资为4.5亿美元，其中固定资产投资总额4亿美元，流动资金0.5亿美元。项目一期为芯片封装，二期为晶圆生产制造，该项目的落户填补赣州经开区5G、AI功率器件芯片产业空白。

（胡　媛）

工业

综述

【概况】 2020年，全区规模以上工业企业241家，全年实现营业收入860.2亿元，同比增长19.5%；工业固定资产投资193.7亿元，同比增长7%；实现营业收入超亿元企业116家，其中超10亿元企业16家，超20亿元6家，赣州市同兴达电子科技有限公司、赣州立德电子有限公司营收双双突破50亿元。

【产业结构优化】 双首位产业快速发展，主导产业亮点突出，全区产业结构更加合理。新能源汽车围绕"整车+零部件+研发+检测+汽车文化"的全产业链条发展思路，推动产业链式发展。国机智骏汽车、凯马汽车、中电汽车3家车企实现量产，全年总销量超1万辆，特别是国机汽车自2019年8月6日下线以来，克服疫情影响，销售5000余辆，在造车新势力中排名全国第六；孚能科技成为戴姆勒奔驰供应商，并与吉利集团达成120吉瓦时战略合作；亿鹏新能源填补全市混合动力商用车新能源电池和储能设备用新能源电池的空白。年内，赣州经开区获批新能源汽车及零部件省级新型工业化示范基地，全区聚集汽车整车及关键零部件项目82个，年产能达到整车100万辆、锂动力电池32.3吉瓦时。电子信息实施"延链、补链、强链"战略，依托同兴达科技、立德电子、江元电子、讯海数码等企业优势，研究制定产业链图，推动链式发展。成功举办中国"芯长征"半导体高峰论坛和全球区块链创新发展大会。汇聚电子信息产业企业170余家，涵盖手机整机、液晶电视、显示模组、偏光片、背光源、5G滤波器、高端电容、精密电阻等上下游企业，全链条带动全区电子信息产业高质量发展，形成"芯屏端网器"中高端电子产业体系。年内，全区电子信息产业营业收入突破250亿元。

【工业项目推进】 制定《赣州经开区集群式项目"满园扩园"行动方案》，将141个项目列入统筹调度，坚持挂图作战，根据目标任务制定详细安排表，时间细化到每周，流程细化到节点，倒逼项目加快推进。推行"一线工作法"，每周组织挂点责任人到项目现场，实地查看项目进展情况，协调解决困难问题；推行"践诺工作法"，从5月开始坚持每月召开月度推进会，集中解决一批制约项目推进的节点、难点问题，推动一批项目实现开工、投产。每周根据项目进展情况进行排名通报，浓厚全区抓项目、赶进度、抢工期的项目推进氛围。在手机报、微新闻等区级新闻媒介及时宣传发布"满园扩园"工作动态，在赣南日报刊登文章《力度再加码 催开"项目花"》进行专题报道。全年实现58个项目开工建设，58个项目竣工投产，30个项目达到时序进度，完成全年"满园扩园"行动目标任务。

【2020年新增规模以上工业企业】 全年新增规模以上工业企业54家，有江西嘉德物联传感技术有限责任公司、赣州锦鑫新材料有限公司、赣州市宝明显示科技有限公司、江西伊维斯服装有限公司、赣州赣通服装有限公司、赣州润尔泰药业有限公司、赣州毅能达金融信息有限公司、赣州鸿迈新能源科技有限公司、赣州市盈彩印刷有限公司、赣州天盛彩印包装有限公司、赣州桃江新型建材有限公司、赣州亚洛

克电子科技有限公司、赣州武中矿业有限公司、耀美科技有限责任公司、赣州讯康电子科技有限公司、赣州豪力建材有限公司、赣州康瑞金属材料有限公司、江西宸顺发金属材料有限公司、江西翔林金属材料有限公司、江西鑫佳包装有限公司、赣州柯百微科技有限公司、赣州德森金属材料有限公司、赣州市威华矿业有限公司、赣州华友诚金属有限公司、赣州市泽林纸业有限公司、赣州中芯一峰电子有限公司、江西金马隔板科技有限公司、赣州鑫源矿业有限公司、江西赣州创安交通设施工程有限公司、江西丰源电气有限公司、赣州恒嘉有色金属材料有限责任公司、赣州市本洪建材有限公司、赣州市淋浩实业有限公司、赣州市源宏铜业有限公司、赣州市新跃矿业有限公司、赣州铭兆矿业有限公司、江西赣悦新能源科技有限公司、睿宁高新技术材料（赣州）有限公司、江西耀磁科技协同创新有限公司、赣州弗斯特東薪环保科技有限公司、江西海翔进出口贸易有限公司、赣州市领沃电子科技有限公司、赣州鑫祺科技有限公司、江西中电汽车有限公司、赣州市永鑫环保科技有限公司、江西荷花科技有限公司、赣州市宏亮实业有限公司、赣州市生源矿业有限公司、江西星亚医药有限公司、赣州新宸金属材料有限公司、赣州穗丰实业有限公司、赣州联银复合材料有限公司、赣州市中懿点阵智能科技有限公司、江西智博环境技术有限公司。

（郭上铭 刘尧源）

新能源汽车产业

【概况】 2020年，全区有新能源汽车及关键零部件企业93家，主要产品为整车、动力电池、驱动电机及变速器等配套产品。其中，规模以上企业37家，实现主营业务收入131.83亿元，比上年净增12.05亿元，同比增长10.06%，占全区规模以上工业企业主营业务收入的18.29%。

【中车生一伦动力系统项目进入设备安装阶段】 中车生一伦动力系统项目是中国中车集团与中国南方稀土集团、生一伦稀土产业集团共同投资以高端稀土永磁电机及控制系统为核心的动力系统产业基地项目。项目总投资80亿元，总用地36.6公顷，分两期建设。一期建设研发中心、电控厂房、电机厂房、综合试验厂房及相关配套建筑，总建设面积约15万平方米，建成高端稀土永磁电机的生产及组装线、驱动系统全系统试验平台、配套控制系统相关元器件生产线。截至年底，中车生一伦动力系统项目进入设备安装阶段。

【江西中电汽车整车下线】 江西中电汽车有限公司是中电汽车集团子公司，成立于2017年10月，总投资25亿元，拥有冲压、焊装、涂装、总装四大工艺，新能源专用物流年生产规模可达9万辆。项目位于赣州新能源汽车科技城内，于2018年10月份正式开工建设，占地面积约44公顷，总投资30亿元，建设内容包含焊、涂装、总装车间及办公室、食堂、员工宿舍等，年产10万辆4.5—7米新能源系列物流专用车。2020年9月17日，江西中电汽车有限公司整车下线仪式暨与北奔重型汽车集团合作签约仪式举行。年底，江西中电汽车项目进入试生产阶段尾期。

【凯马汽车与东风EM26车型举行下线仪式】 11月11日，由凯马汽车与东风股份合作的“东风御风EM26纯电动封闭物流车”在凯马汽车赣州生产基地成功下线。年内，山东凯马汽车制造有限公司赣州分公司主营业务收入3.2亿元，累计产量8397辆，销量6503辆。山东凯马汽车制造有限公司赣州分公司总投资15亿元，占地约59.73公顷，为凯马新能源汽车（含商用车和交叉型乘用车）、其他类乘用车、传统动力柴油专用车南方生产基地。项目按照“一次规划、分步实施”的原则，分两期建设，建设纲领二班制10万辆新能源汽车、其他类乘用车、传统动力汽柴油专用车。一期项目建设涂装车间、冲焊车间、总装车间厂、货厢联合厂房及办公楼、食堂，建筑面积约15万平方米，年产5万辆。

【江西金瑞麒项目厂房主体完工】 江西金瑞麒项目总投资60亿元，位于赣州新能源汽车科技城内，占地面积约44.5公顷，主要生产智能漫游车、智能代步车、智能查验车汽车电子、五金配件和上下游配套产品及相关联控企业。年内，江西金瑞麒项目厂房主体完工。

【亿鹏能源二期正式投产】 赣州亿鹏能源科技有限公司系惠州市亿鹏能源科技有限公司全资子公司，于2018年落户赣州经开区，企业主营新能源汽车和储能设备用锂离子电芯及电池系统的研发、设计、生产、销售。公司有自主研发的电芯技术中心和车用PACK技术中心、研发实验室、中试线1条，持有自主专利41项，同时公司与北京理工大学、上海交通大学等多家高校开展产学研合作。公司车用锂电产品主要为宇通客车、金龙系客车、东风商用、中国重汽、特百佳等商用车企供货；民用锂电产品主要为南都电源、深圳电科电源、中国铁塔等储能及5G备用电源需求企业供货。2020年12月16日，亿鹏新能源二期项目竣工投产。

【国机智骏汽车有限公司】 国机智骏汽车于2019年8月6日整车下线，主要产品有A级纯电动SUV GX5、A0级纯电动轿车GC1、A00级纯电动轿车GC2。年内，国机智骏汽车有限公司主营业务收入7.49亿元，累计产量3506辆，销量4008辆，获批2020年江西省智能制造标杆企业。公司是由国机集团旗下的国机汽车股份有限公司联合集团内外多家企业共同投资设立的一家新能源汽车公司，注册资本8亿元，项目总投资80亿元，规划年产30万辆新能源汽车乘用车，其中一期占地约91.67公顷，规划年产10万辆，总投资约40亿元，建筑面积11.8万平方米，包括冲压、焊接、涂装、总装、轻量化、电池工厂六大车间及技术中心、食堂等配套设施，

12月16日，亿鹏新能源二期项目竣工投产 （区融媒体中心供图）

【孚能科技（赣州）有限公司】 孚能科技（赣州）有限公司是一家专业从事新能源汽车锂离子动力电池、模块及系统研发、生产及销售的高新技术企业，由2名国家高层次人才领衔，30多名博士、硕士及工程师历经十几年探索，拥有发明专利39项、技术创新奖励30项。2020年7月17日，孚能科技（赣州）有限公司在上交所科创板发行上市，成为全省第一家科创板上市企业，于12月14日与吉利集团达成120吉瓦时动力电池项目合作。年内，公司主营业务收入8.61亿元，同比降低62.4%。

【江西聚电出行科技有限公司】 江西聚电出行科技有限公司成立于2018年4月，注册资本5000万元，是一家定位城市出行运力建设，致力打造全国领先的新能源出行行业服务平台，满足网约出租车、巡游出租车、物流车、城际拼车、商业租赁等场景、提升行业运营效率的新能源汽车运

力投放管理公司。公司通过布局新能源汽车及充电运营，打造基于新能源汽车“产业互联网”的技术体系和运营模式，构建“地面终端＋运营管理平台＋出行场景”的生态体系，搭建互联网、充电网、车联网“三网融合”的新能源产业数据智能互联网平台。2020年6月28日，聚电出行新能源产业数据智能互联网平台项目签约，总投资1亿元。12月11日，由区管委会、市工信局主办，江西聚电出行科技有限公司、国机智骏、孚能科技、江西省网约车发展共建会共同承办的“江西省新能源汽车网约出行产业峰会”在赣州经开区恒科产业园举行。

（肖　宇）

电子信息产业

【概况】 赣州经开区将电子信息产业确定为两大首位产业之一，重点规划建设32.5平方千米电子信息产业园，培育发展智能终端、新型显示、半导体、汽车电子等细分领域，以产业链发展为主抓手，加快建链、补链、强链、延链，全力构建“芯（芯片）、屏（显示屏）、端（手机、平板电脑等）、网（物联网、区块链等）、器（5G滤波器、电容电感等）”中高端电子产业体系，致力打造全国知名电子信息产业基地和培育千亿级产业集群。2020年，全区落户电子信息类企业170家，规模以上企业62家，实现主营业务收入258.37亿元，同比增长37.84%。

截至年底，电子信息产业园完成征地约1680公顷，平场约599.57公顷，建成“两横三纵”31.7千米循环路网，铺设供水管道29.3千米、供电管线49千米、燃气主管28.2千米，水、电、气等配套设施接入园区，国家级科技企业孵化器、加速器、综合物流园等配套功能区不断完善。

【赣州市同兴达电子科技有限公司】 年内，赣州市同兴达电子科技有限公司营业收入50.21亿元，同比增长96.37%；纳税总额641.08万元，同比下降45.69%。公司是上市公司深圳同兴达科技股份有限公司的全资子公司，成立于2011年8月，是一家专业开发设计、生产、销售液晶显示模块（LCM）的国际性企业，在国内TFT—LCM行业率先开发出抗震、节能、抗盐雾等差异化功能产品。产品涵盖COB、TAB、COG等LCD模块产品，TFT、CSTN等彩色LCD显示产品以及OLED显示产品，广泛应用于手机、通讯、数码产品、家用电器、工业控制、仪器仪表、车载显示器、彩屏显示等领域。公司总投资10亿元，占地4公顷。一期项目（TFT显示模组）建筑面积约4万平方米，于2012年10月开工建设，2014年12月竣工投产，完成固定资产投资超2亿元；二期液晶显示模组项目（ONCELL、INCELL及触控显示一体化模组）于2017年3月开工，2018年7月竣工，组建生产线24条；在建三期偏光片项目。公司位列触控显示一体化模组行业民营企业前列，获赣州市纳税大户、纳税大户上阶企业、国家高新技术企业、江西省名牌企业、赣州经开区主任质量奖、赣州市科技创新示范企业、江西省智能制造试点示范项目、赣州市智能制造试点示范项目等荣誉称号。11月，同兴达科技被认定为省级企业技术中心。

【赣州立德电子有限公司】 年内，赣州市立德电子有限公司营业收入50.86亿元，同比增长138.3%；纳税总额83.5万元，同比增长6.7%。公司成立于2016年12月，是中国全通全资控股深圳立德通讯在内陆省份最大的生产基地，主要生产经营小尺寸液晶显示模组、多点式电容式触摸屏、触控显示一体部件、VR产品等，产品广泛应用于手机、GPS、移动电视、平板电脑、数码相框、电子书等消费电子领域，是国内液晶模组重要供货商之一。公司有标准厂房4栋，面积4万余平方米，全部为百级净化无尘车间，员工宿舍9栋。项目分三期建设，其中一期项目总投资5亿元，2017年3月开工建设，2017年11月投入量产；二期项目由深圳立德通讯器材科技有限公司对电子信息产业上下游进行整合，投资总额30亿元；三期项目打造集创新、研发、制造、服务于一体的、面向VR时代的电子信息业基地，重点发展新型显示模组、光学及传感交互器件、新型结构材料、集成电路封测等领先产品及技术。

【赣州金信诺电缆技术有限公司】 年内，赣州金信诺电缆技术有限公司营业收入6.58亿元，同比增长17.21%；纳税总额1016.45万元，同比下降50.39%。公司成立于2006年12月，是上市公司深圳金信诺高新技术股份有限公司的全资子公司，是国内射频同轴电缆品种最全、半柔射频同轴系列产品规模最大、具有较强品牌影响力的中高端射频同轴电缆生产企业之一。公司总投资2亿元，占地12公顷，建筑面积9万平方米，于2009年开工建设，2010年8月实现投产，年产2000万米通讯电缆，主导产品涉及半柔电缆、低损电缆、稳相电缆、军标系列电缆、半刚电缆、轧纹电缆等，广泛应用于移动通信、微波通信、广播电视、隧道通信等领域。公司拥有电缆生产线30条，跳线生产线5条，年产电缆24万平方千米、跳线480万条；拥有3项发明专利、18项实用新型专利，通过ISO 9001、ISO 14001、OHSAS18001、IATF16949、GB/T29490体系认证，相关产品通过CCC和TLC认证。公司电缆产品被第一代预警飞机和神舟系列宇宙飞船采用，代表电缆制造行业的最高水准。

【赣州市宝明显示科技有限公司】 年内，赣州市宝明显示科技有限公司营业收入8831万元。该公司成立于2018年7月，占地面积6.67公顷，是一家致力于新型平板显示器件的研发、生产和销售的国家高新技术企业。公司主营业务包含显示面板玻璃的薄化、ITO镀膜、高阻膜和低阻低反射膜，产品广泛应用于手机、平板电脑和智能穿戴等消费类电子领域，以及车载和工控等专业领域。公司通过ISO 9001:2008质量管理体系ISO 14000:2004环境管理体系、TS16949:2009汽车行业体系、QC080000国际电子电气零件及产品危害物质过程管理体系国际认证。项目分两期建设，一期项目固定资产投资6.5亿元，于2019年10月竣工投产。

【赣州讯康电子科技有限公司】 年内，赣州讯康电子科技有限公司营业收入3198万元，纳税总额24.39万元。公司成立于2019年2月，是东莞市讯康电子科技股份有限公司全资子公司，集研发、生产、销售、服务为一体，自创TNK品牌，拥有近百项实用新型专利及发明专利，是国内5G滤波器行业产能最大的生产商。公司主要从事5G滤波器（5G芯片）、网络变压器、通讯变压器、高频电源变压器、滤波器、共模电感、功率电感、转换器及语音分离器等磁性元器件的研发、制造、销售与服务，产品广泛应用于通信信息、数码家电、医疗设备、安防监控、工控设备、智能设备、新能源汽车、物联网、轨道航空等高新技术领域。

项目总投资10亿元，分两期建设，一期投资5亿元，二期投资5亿元。项目自竣工投产之日起12个月内实现销售收入5亿元，纳税1500万元；二期投产后实现销售收入10亿元，税收3000万元以上。2020年7月试产以来，公司营收稳定增长，试投产阶段达到企业入规标准。

【睿宁高新技术材料（赣州）有限公司】 睿宁高新技术材料（赣州）有限公司成立于2011年12月，是一家专注高端集成电路半导体芯片电子材料研发、制造和销售于一体的高新技术企业，是国家发改委、工信部、科技部重点扶持的高科技企业，是江西省

“专精特新”企业和“创新型、成长型”企业。项目于2014年2月正式投产，有员工220人，其中各类技术、管理人员达60余人。公司掌握集成电路半导体芯片电子材料产品核心制造技术和规模化生产关键工艺，公司集成电路芯片用超高纯金属靶材制造技术处于国际领先水平，面向半导体电子、集成电路芯片制造、智能制造、数字通信设备、云技术和大数据处理电子设备、高端机电及智能制造、新能源行业及相关市场，是国内拥有最完整材料链并具有国际领先制造技术的超高纯金属靶材制造企业。公司开发生产有色金属基、稀土基、钨基、硅基、先进陶瓷基等系列的50种新型半导体芯片电子材料产品。

（陈倩倩）

钨与稀土新材料产业

【概况】 钨与稀土新材料产业是赣州经开区的重要产业之一，产业比重约为全区总量的1/6。2020年，区内有钨与稀土新材料规上企业25家，包括金力永磁、富尔特、澳克泰等，主要集中在产业链中后端，形成稀土氧化物—稀土荧光粉—钕铁硼合金永磁材料—永磁电机产业链和碳化钨粉—硬质合金棒材—精密刀具产业链。截至年底，钨与稀土新材料产业实现营业收入96.98亿元，同比下降3.78%，产业占比15.15%。

【江西金力永磁科技股份有限公司】 江西金力永磁科技股份有限公司由新疆金风科技股份有限公司、赣州稀土矿业有限公司、江西瑞德创业投资有限公司于2008年8月共同发起成立，公司是集研发、生产和销售高性能钕铁硼永磁材料于一体的高新技术企业，是国内新能源和节能环保领域核心应用材料的领先供应商，曾先后获得江西省科技进步二等奖、赣州市科技进步一等奖。企业通过江西省省级企业技术中心认定，建有毛坯生产、机械加工、成品电镀等钕铁硼生产全过程生产线，掌握毛坯生产和晶界渗透技术等核心技术，可长期稳定供应高性价比的高性能稀土永磁体，并根据高端应用领域的需求，配备国际先进生产、检验和研发设备，建立完善的生产工艺流程和质量管理体系，获得ISO 14001:2004、ISO 9001:2008、ISO/TS 16949:2009等环境、质量体系认证。目前批量供应50H、50SH、50UH、45EH、30AH（TH系列）等为代表的系列牌号产品，产品种类齐全，稳定性强，综合品质及性价比较高，在行业中具有较强的竞争力。2015年成功挂牌新三板，2018年9月成功在主板创业板上市。年内，江西金力永磁科技股份有限公司预计主营业务收入22.77亿元，同比增长34.74%；实现利税3.27亿元，同比增长54.18%。

【赣州澳克泰工具技术有限公司】 年内，赣州澳克泰工具技术有限公司主营业务收入2.12亿元，同比增长37.67%。该公司是上市公司章源钨业股份有限公司全资子公司，注册资金16.6亿元，占地面积20公顷，是赣州地区钨深加工龙头企业，获评为全国有色金属行业先进集体、江西省高新技术企业、江西省两化融合示范企业、江西省智能制造试点示范企

7月，赣州澳克泰工具技术有限公司生产车间　（区融媒体中心供图）

业、“瞪羚企业”，主要生产硬质合金深加工产品，广泛应用于石油、电力、钢铁、军工、航空航天、数控机床等领域，产销量连续3年位居国内同行业前列。

【赣州海盛硬质合金有限公司】 年内，赣州海盛硬质合金有限公司主营业务收入5.56亿元，同比增长7.33%；实现利税5830万元，同比增长51.33%。该公司（简称海盛合金）为赣州海盛钨钼集团公司的全资子公司，成立于2011年8月，是一家集研发、生产、销售高性能硬质合金产品的综合型民营企业。公司占地面积5.3公顷，厂房及配套设施建筑面积21200平方米，形成高性能硬质合金产品70吨/月、800吨/年的基本产能，注册资金3000万元，主要从事硬质合金刀具等产品的深加工。总投资2.8亿元，完成固定资产投资约1亿元，于2013年11月投产，规划年产1000吨高性能硬质合金整体刀具及非标产品。

企业先后获得ISO 9001:2015质量管理体系认证、ISO 14001环境管理体系认证和ISO 18001职业健康管理体系认证，安全生产标准化三级企业（工贸）证书，全区工业企业安全生产分级管理B级企业证书。

【赣州富尔特电子股份有限公司】 年内，赣州富尔特电子股份有限公司主营业务收入3.87亿元，同比增长11.17%；实现利税4839万元，同比增长94.32%。该公司是一家主要从事高性能稀土永磁材料及其应用产品研发、生产和销售的国家级高新技术企业，总投资1.5亿元，产品主要应用于新能源汽车、手机、平板电脑、无人机、风力发电、电梯、医疗器械、节能家电、轨道交通、大功率节能电机等领域。企业研发的项目多项获得省、市级立项，2018年分别获得国家绿色制造系统集成项目（稀土电子材料绿色设计平台建设）、国家“十三五”固废资源化重点研发计划项目（中部矿业特色产业集聚区固废资源化利用集成示范）及赣州市2018年智能制造示范项目（稀土新材料数字车间建设项目），2019年获评国家绿色工厂和国家绿色产品。

（蔡　晋）

其他产业

【概况】 2020年，全区规模以上生物医药类工业企业9家，实现主营业务收入17.63亿元，占全区规模以上工业企业主营业务收入的2.45%，包括江西赣南海欣药业股份有限公司、江西熙帝生物科技有限公司、江西山香药业有限公司等企业。

规模以上食品加工类工业企业26家，实现主营业务收入131.91亿元，占全区规模以上工业企业主营业务收入的18.31%，包括江西中烟工业有限责任公司赣州卷烟厂、赣州市倞华菲尔雪食品有限公司、江西章贡酒业有限责任公司等企业。

规模以上轻纺类工业企业11家，实现主营业务收入38.52亿元，占全区规模以上工业企业主营业务收入的5.35%，包括江西曼妮芬服装有限公司、江西桑扶兰服饰有限公司等企业。

规模以上印刷包装类工业企业9家，实现主营业务收入7.28亿元，占全区规模以上工业企业主营业务收入的1.01%，包括江西客家彩印包装有限公司、江西亚美达科技有限公司等企业。

规模以上建材类工业企业38家，实现主营业务收入33.92亿元，占全区规模以上工业企业主营业务收入的4.71%，包括赣州市华龙钢构材料有限公司、江西先峰钢结构有限公司。

其他规模以上企业22家，实现主营业务收入65.64亿元，占全区规模以上工业企业主营业务收入的9.11%。

【江西赣南海欣药业股份有限公司】 赣南海欣药业公司全年实现营业收入4.39亿元，实现利税1812万元。公司创建于2001年12月，其前身为具有30余年制药历史的

老国有企业 赣南制药厂，主要生产化学药制剂、维生素D2原料药为主，拥有小容量注射剂、冻干粉针剂、口服溶液剂、颗粒剂、干混悬剂、糖浆剂、原料药等7大系列120余个药品生产批文，在专注领域内形成专精特新产品格局。赣南海欣药业系国家高新技术企业、江西省管理创新示范企业、江西省专业化小巨人企业、江西省科技型中小微企业、江西省专精特新中小企业、江西省重合同守信用企业，主导产品“孚泰”牌转移因子口服溶液获“国家级新产品”“江西省科技进步二等奖”“江西省优秀重点新产品”等荣誉。“孚泰”牌商标被认定为江西省著名商标。

【江西中烟工业有限责任公司赣州卷烟厂】 年内，赣州卷烟厂累计生产卷烟超过305.77万箱，实现工业总产值约309.73亿元，上缴税金约234.6亿元。

赣州卷烟厂由原赣南卷烟厂和原兴国卷烟厂重组而成，总投资近30亿元，占地48.67公顷，总建筑面积约21.5万平方米，是江西中烟占地面积最大的卷烟工厂，设计年生产能力60万箱并适当留有发展余地。企业于2011年4月1日奠基，2013年10月实现联动试车，并于2014年4月1日正式投产运行，在岗员工1043人。

【赣州市倞华菲尔雪食品有限公司】

赣州市倞华菲尔雪食品有限公司全年实现营业收入0.65亿元。公司成立于1995年，拥有连锁门店100余家，员工1000余人。总部工厂位于赣州经开区，建筑面积4万平方米。主要经营蛋糕、面包、西点、干点等烘焙类产品及端午客家粽、中秋月饼、过年年礼等节令性产品，以及橙汁、橙酱、脐橙烘焙糕点等“橙系列”伴手礼产品。以OEM、自主橙系列烘焙产品、冰皮月饼、冰淇淋系列为主的观光工厂总投资8000万元，2017年正式投产。

【江西章贡酒业有限责任公司】

江西章贡酒业有限责任公司全年实现营业收入2.24亿元，利税1201万元。公司前身为赣州酿酒厂，由国家收购“万源协记酒栈”设立而成，是中国白酒工业百强企业、江西省重点酿酒企业、“章贡”商标也被认定为中华老字号品牌。厂区总面积26.67公顷，是国家AAA级旅游区、江西省工业旅游示范点。章贡酒业所研发的“赣橙酒”获得2019年度江西省优秀新产品二等奖；11月24日，章贡酒酿造技艺以传统技艺类目入选第五批市级非物质文化遗产代表性项目名录；12月20日，章贡酒业在“2020年度赣州市高质量经典品牌评选”中获“2020年度高质量发展经典品牌（第一方阵）”。

【江西曼妮芬服装有限公司】

江西曼妮芬服装有限公司全年实现营业收入10.20亿元，利税5789万元。该公司是上市公司深圳汇洁集团股份有限公司的全资子公司，是一家专业生产文胸、内裤、泳衣、睡衣、家居功能内衣、保暖衣等系列内衣产品的“高品质、国际化”品牌产品制造企业。公司在赣州经开区规划建设“江西曼妮芬工业园”，将赣州打造成为南方最大的针织内衣生产基地，占地24.13公顷，总规划建筑面积26.28万平方米，其中一期总投资6.8亿元，于2013年7月投产，实现年产能1500万件以上，吸引就业人员超过3000人。“曼妮芬”品牌女性内衣列2015年度同类产品市场综合占有率第一位，并且连续14年（2002—2015年）被中国商业联合会、中华全国商业信息中心评为同类产品市场销售第一位。

【江西客家彩印包装有限责任公司】

江西客家彩印包装有限责任公司全年实现营业收入2.61亿元。公司是一家创建于2002年的民营企业，被评为江西省质量诚信企业、省民营印刷企业10强、省文化企业10强、省印刷复制示范企业；获中国质量诚信企业、中国纸箱行业十年最具品牌价值奖。江西客家彩印包装有限责任公司建筑面积3万余平方米，总资产2.3

亿元，主要机器设备有7层、5层高速瓦楞纸板生产线2条、罗兰6色对开700胶印机、罗兰全开800四色胶印机、六色全伺服高精柔印模切机、全自动清废平模机、全自动圆模机、全自动平张覆膜机、全动彩面贴标机、全自动对裱机、全自动粘钉箱一体机、全自动地沟式传输废纸打包机、大型钉箱机等，达到日产纸板80万平方米和日产纸箱30万个的规模。

（何金红）

“梧桐树”计划

【整体概况】 2020年，赣州经开区深入实施工业标准厂房“梧桐树”计划，推进35个工业标准厂房项目建设，总建筑面积约570万平方米。年内，全区工业标准厂房“梧桐树”计划在建项目24个，面积369万平方米，完成主体建设面积200万平方米，其中华昌科技园竣工投产。

【秋葵科技园】 赣州经开区秋葵科技园项目位于赣州经开区江奥路北侧、秋葵路东侧，管理方是赣州磊昇工程有限公司。项目规划用地面积约6.1公顷，总建筑面积147420.46平方米，其中计容建筑面积为145650.99平方米，不计容建筑面积为1769.47平方米，容积率2.39，建筑密度37.39%，绿地率20%，停车位261个，其中充电桩停车位30个。总投资额约4.1亿元，规划建设标准厂房7栋、员工宿舍4栋。功能定位为对接珠三角、海西经济区和鄱阳湖生态经济区，成为珠三角、海西经济区和鄱阳湖生态经济区之间的战略支撑，主要承接珠三角、海西经济区和鄱阳湖生态经济区等地的电子信息产业，形成标准化厂房、配套功能齐全的产业承接区，促进赣州经开区产业结构升级、产业格局优化，实现协调发展。

截至年底，A1、A2、A4、A5、A6、A7六栋标准厂房、4栋员工宿舍完成主体及内外墙施工，在进行室内装修收尾及室外市政配套施工。

【泉岗科技园】 泉岗科技园位于赣州经开区泉岗路西侧、桑梓路南侧，管理方为赣州开发区工程建设有限公司。项目规划用地面积50312平方米，总建筑面积约126510.38平方米，其中标准厂房6栋建筑面积105409.87平方米，配套3栋宿舍建筑面积19625.98平方米，总投资约31724.36万元。项目建筑占地面积为21097.92平方米，容积率为2.49，建筑密度为41.93%，绿地率20.12%，停车位182个。功能定位为对接珠三角、海西经济区和鄱阳湖生态经济区，成为珠三角、海西经济区和鄱阳湖生态经济区之间的战略支撑，主要承接珠三角、海西经济区和鄱阳湖生态经济区等地的电子信息产业，形成标准化厂房、配套功能齐全的产业承接区，促进赣州经开区产业结构升级、产业格局优化，实现协调发展。

【华昌科技园】 华昌科技园项目位于赣州经开区社前路北侧、龙岭路西侧，管理方为赣州中恒工业发展有限公司。项目规划用地面积约12.08公顷，总建筑面积246085.74平方米，其中计容建筑面积为225151.31平方米，不计容建筑面积为20914.43平方米，容积率1.88，建筑密度40.45%，绿地率25%，停车位516个，其中地上178个，地下338个。总投资额约7.6亿元，规划建设标准厂房13栋、员工宿舍4栋、独栋小体量厂房11栋、17层的科创大厦1栋和地下室。功能定位为对接珠三角、海西经济区和鄱阳湖生态经济区，成为珠三角、海西经济区和鄱阳湖生态经济区之间的战略支撑，主要承接珠三角、海西经济区和鄱阳湖生态经济区等地的电子信息产业，形成标准化厂房、配套功能齐全的产业承接区，促进赣州经开区产业结构升级、产业格局优化，实现协调发展。

截至年底，13栋标准厂房、4栋员工宿舍完成竣工验收，11栋独栋小体量厂房、17层的科创大厦及地下室在进行收尾工作。

（林婷婷）

现代服务业

综述

【概况】 2020年，赣州经开区规模以上服务业企业37家，比上年净增4家；全年实现营业收入24.35亿元，全市排名第二；营业收入增速22.6%，在一类县中排名第一。年内，召开政银企对接会7次，现场签约金额615.65亿元。通过各种融资方式帮助企业解决资金需求392.29亿元，其中通过银行机构向区内中小微企业提供的资金支持1762笔，金额224.12亿元；通过供应链解决企业融资需求40.71亿元；通过融资租赁支持企业0.17亿元；通过资本市场支持企业100.3亿元；争取地方政府债券26.99亿元。全国首个区块链服务大厅在赣州经开区正式运行，赣州区块链技术产业园落户区块链技术应用、互联网金融、金融科技等高新技术企业90余家。成功举办2020全球区块链创新发展大会和2020年国际数字经济生态峰会。传化腾宜达金属物流园、传化企亿物流、万吉智慧物流等项目投入运营。赣州传化南北公路港被评为2019年江西省级现代服务业集聚区，万吉物流"吉集号"平台覆盖江西省全境并完成周边省份主要城市布局。汉字文化主题园古建场馆、汉字广场、绿化、雕塑、停车场等配套设施建设完成，五彩城花博园、台湾部落民俗文化村投入试运营；投资35亿元的中国第二个皮皮鲁主题乐园——童话大王家庭娱乐中心项目成功签约；赣州"城市之眼"落户万达广场、星洲润达两大综合体，总商业面积38万平方米，排名全市第一；高标准规划建设集跨境电商保税加工中心、跨境电商保税仓储中心、跨境电商展示交易中心于一体的自贸小镇。全省首家孵化器行业协会——赣州经开区科技企业孵化器联合会成立，建成省级以上众创空间5家，科技企业孵化器6个；引进裕丰科技、零真生态环境、聚电出行、添灯"互联网+外贸"等一批第三方服务提供商，为区内企业提供生产、进出口解决方案。赣州国际企业中心、恒科产业园、深商产业园、金岭科技园、香江科技园、猪八戒产业园等创新创业集聚区落户金融科技、工业设计、文化创意、电子商务、中介服务等"双创"企业上千家。

【服务业平台建设】 商贸服务型国家物流枢纽。赣州传化南北公路港、传化腾宜达金属物流园、传化企亿物流、万吉智慧物流等项目先后投入运营。赣州传化南北公路港获评2019年江西省级现代服务业集聚区，"吉集号"平台覆盖江西省全境并完成周边省份主要城市布局。规划研究赣州空港产业园和赣州高铁货运产业园项目，助推赣州市打造商贸服务型国家物流枢纽。

赣州市普惠金融改革试验区。以赣州市建设普惠金融改革试验区为契机，通过深化"政银担企"对接机制，设立"赣州经开区普惠金融服务中心"，开展"金融产品地摊"活动等方式，为区内企业解决融资问题。年内，赣州经开区通过各融资方式帮助企业解决资金需求392.29亿元。

【现代服务业攻坚战】 年内，全区现代服务业攻坚战重点调度项目35个，其中新建项目30个，续建项目5个，总投资额355.08亿元，同比增长17.1%，年度计划投资93.03亿元，同比增长28.2%；实际完成投资110.43亿元，完成年度计划投资额的118.7%；实际开工项目35个，开工率100%；年内计划竣工项目18个，实际竣工项目24个，竣工率133.3%。列入市级调度项目9个（含新建项目6个、续建项目

3个），计划完成投资30.25亿元，9个项目全部开工，开工率100%，竣工项目9个，竣工率100%；实际完成投资额76.67亿元，完成年度计划投资的253.46%。

（曾 鹏）

地方金融

【概况】 2020年，赣州经开区有银行业金融机构14家，营业网点34个，保险机构9家，小额贷款公司3家，融资租赁分公司1家，典当行1家。

【“映山红”行动】 制定出台《赣州经济技术开发区2020年推进企业上市“映山红行动”工作方案》，对全年企业上市工作进行科学谋划，3月31日播恩集团股份有限公司进入上市辅导阶段；7月17日孚能科技（赣州）股份有限公司在上交所科创板上市，成为江西省第一家科创板上市企业。对上市后备库企业按“拟上市企业、重点培育企业、后备企业”分类，梯队建立企业挂牌上市动态后备库。于5月25日、10月23日组织区内40余家重点拟上市企业开展“走进深交所”“走进上交所”活动。制定《赣州经济技术开发区关于推进企业股份制改造三年行动方案（2020—2022年）》，为企业解决财务规范、股权架构等方面的问题提供指导，加快启动股改工作，对完成股改的企业给予50万元奖励。编制《企业上市业务指导汇编》，为企业在用人、消防、土地、环保等方面提供指导意见，避免出现因企业不合规而延缓上市工作进程的情况。截至年底，全区有上市挂牌企业11家，新增境内上市企业1家（孚能科技〈赣州〉股份有限公司），迁入“新三板”挂牌企业2家（江西江悦新能源科技股份有限公司、江西基骏科技股份有限公司）。

10月23日，赣州经开区上市后备企业“走进深交所”活动

（区金融局供图）

【金融服务】 制定《赣州经济技术开发区2020年服务企业融资工作方案》，以缓解企业融资难为核心，重点围绕区双首位产业，发挥政府引导作用，搭建企业融资服务桥梁，帮助企业缓解融资困难。建立“政、银、担、企”对接会的机制，于3月6日、3月12日、4月2日、6月30日、8月22日、10月30日、12月28日召开7次政银担企对接会，现场签约金额615.65亿元。通过多种融资渠道帮助企业解决资金需求392.29亿元，其中通过银行机构向区内中小微企业提供的资金支持224.12亿元，通过供应链解决企业融资需求40.71亿元，通过融资租赁支持企业0.17亿元，通过资本市场支持企业100.3亿元，争取地方政府债券26.99亿元。

【防范金融风险】 对辖区内的银行机构、小贷公司、融资租赁公司、典当行等47家机构进行金融放贷领域突出问题专项整治宣传，将防范非法金融放贷活动列入对区内中职和高校的安全教育，引导学生提高识别和防范“套路贷”“校园贷”“非法集资”的能力，从源头上遏制非法金融放贷活动，保障人民群众的合法权益。对相关非法集资线索进行排查整改，开展新型地方金融机构金融放贷突出问题专项排查工作，对出现异常、违规违法的情况开展整治。

（黄一珏）

现代物流产业

【概况】 2020年，全区有物流园区1个，即赣州综合物流园；物流企业168家，其中A级物流企业11家，AAAA级物流企业1家，即万吉物流。赣州综合物流园三期项目、赣州万吉智慧供应链产业园项目投入运营；引进诚信中通、南昌腾誉物流、百世快递等企业。“吉集号”物流大数据平台物流订单交易总额突破44.7亿元。

【赣州综合物流园三期项目】 赣州传化企亿项目是传化集团赣州公路港的第三期建设项目，总投资约1亿元，为省市级重点建设项目。项目占地面积8公顷，有宿舍楼1栋，分拣车间4栋，厂房1栋，于2019年12月动工建设，2020年11月完工投入运营。项目入驻赣州诚信中通快递有限公司和南昌腾誉物流有限公司，是以高标准仓储为基础，通过陆鲸、传化云仓等“互联网+”物流的信息化产品打通物流产业全供应链，打造物流的信息化、网络化、集约化，构架起现代化、智能化的物流服务网络平台，为赣州建设商贸服务型国家物流枢纽城市，纵深推进主攻工业攻坚战，加快现代服务业发展提供坚实的载体支撑。

【赣州万吉智慧供应链产业园项目】 赣州万吉智慧供应链产业园项目总投资约10亿元，占地面积12公顷，于2020年4月份开工，10月投入运营。项目入驻百世、京东等知名企业，园区功能布局主要有物流信息大数据应用中心、江西无车承运人结算中心、智慧供应链管理中心、城乡配送集散分拨中心、新能源汽车充电服务中心、智慧云仓、区块链研发中心、司机之家、物流人才培训基地等，组成集规模化、集约化、多业态、多功能于一体的智慧物流园区。

【赣州经开区物流协会】 赣州经开区物流协会成立于10月30日，截至年底，加入物流协会的企业46家。赣州传化南北公路港物流有限公司当选为会长单位，公司负责人高迪斐当选为会长，赣州万吉物流有限公司、赣州顺丰速运有限公司、江西省烟草公司赣州市公司配送中心、上海安能聚创供应链管理赣州分公司、赣州聚宝盆物流有限公司、赣州市泓森物流有限公司、赣州鑫旺物流有限公司、赣州力佳物流有限公司当选为副会长单位。

（廖志华）

数字经济

【概况】 2020年，赣州经开区围绕数字经济创新发展推进信息化基础建设、制造业融合发展和数字技术应用创新。年内，完成新建5G基站开通数721个，实现医院、学校、高铁站和工业园区等热点区域基本覆盖。全区互联网和相关服务业、软件和信息技术服务业规上企业有4家，分别是福雷斯、协同信息、银盛电子、慧通力合。赣州区块链金融产业沙盒园升级为赣州区块链技术产业园。产业园汇聚“区块链+金融”、智慧社区、智能供应链等领域创新企业79家。赣州经开区智慧城市项目于2018年12月公开招标，市国投集团（牵头人）和江西憶源多媒体（成员单位）联合中标；2020年5月，区企工局受区管委会委托与中标单位正式签订合同。

【区块链发展】 8月13—15日，2020全球区块链创新发展大会和2020国际数字经济生态峰会在赣州经开区召开，吸引海内外专家学者和业界人士400余人参会，签约项目44个，签约金额125.2亿元；在各类媒体刊发报道500余篇，曝光量7亿余人次。大会为区块链相关领域各方提供一个专业的国际化沟通交流平台，凝聚社会各界力量，深化对外交流合作，会上发布全国第一个可信互联城市级区块链综合服务平台——赣州链，树立全球区块链“赣州品牌”。6月30日，赣州经开区成功运行全国首个区块链服务大厅，建设区块链创新示范展示中心，将区块链与民生、工业、农业、服务业等领域相融合，为企业和群众提供“听得懂、看得见、用得上”各类区块链应用服务。

（刘 艳）

电子商务

【概况】 2020年，赣州经开区有电商企业571家，其中规模以上电商企业42家，发展较好、有较大知名度和影响力的电商企业有曼妮芬、九鲤湖、冠宏亚太、江西华寇、万吉物流、老果农等。九鲤湖在薏米杂粮类目全国销量排名第一；章贡酒业、齐云山等一批传统线下企业“触网”电商，通过电子商务拓展销售渠道。引进建立赣州国企中心、猪八戒网赣南总部园、科创中心青年创业园3个电商产业基地；引进传化集团、申通快递、顺丰快递、中通快递等15家国内知名的快递公司在区内建有分拨中心，其中传化物流、万吉物流成为成熟的第三方物流平台，传化物流被评为“江西省重点商贸物流园区（中心）”。建立赣南稀有金属网络交易平台，吸纳南方稀土、虔东稀土等50家企业注册会员，年内平台成交额3.1亿元；建立中国（赣州）跨境电商综合试验区，出台《关于支持跨境电商产业发展的若干政策（试行）》，吸引40余家跨境电商企业在平台注册运营，完成跨境电商业务订单3.3万单。

【重点项目】 年内，全区有现代商贸产业重点项目2个，分别续建深商产业园项目及恒科东方科技园项目。深商产业园项目完成投资10亿元，完成年度计划投资额；恒科东方科技园项目完成投资5亿元，完成年度计划投资额。

【推动规范商贸产业园发展】 通过引进搭建商贸产业平台，提供标准化、品牌化、制度化的运营环境，营造诚实守信的网络交易环境，引导国内电商龙头企业在园内设立分支机构，为电商创业者提供孵化成长的创新创业平台，并引导扶持区内传统企业利用电子商务增强企业知名度，拓展市场、增加收入，推动企业高质量发展。

猪八戒网赣南总部园被评为“第三批赣州市电子商务示范基地”，万吉物流被评为“第三批赣州市电子商务示范企业”。引进建立赣州国企中心、猪八戒网赣南总部园、科创中心青年创业园3个电商产业基地，为电商企业的发展提供良好的平台。赣州国企中心引进入驻企业近400家，其中有农产品企业、农村物联企业、推进智能化公益服务站企业、金融服务企业、大学生创业企业、大型仓储物流企业等，万吉物流、趣分期、老A电商等一批为代表的优秀电商企业，并设置园区创培中心孵化和培育中小电子商务项目10余个。猪八戒网赣南总部园引进企业60余家，为中小电子商务企业提供电子商务配套服务，为入驻企业建设公共技术服务平台，提供电子商务运营、政策咨询、项目咨询、资金、市场、人才培训、软件信息、商务配套等服务。

【赣南稀有金属网络交易平台建设】 推动赣南稀有金属网络交易平台发展，支持协调南方稀土国际贸易有限公司、虔东稀土集团股份有限公司等44家龙头企业注册会员，成交额9830万元。推动稀土产业创新链、产业链、价值链互融互促，塑造赣州稀土、钨等稀有金属产品的交易集散中心品牌。

【推进跨境电商平台建设】 出台支持跨境电商产业发展的政策，明确跨境电商项目落地、进出口、平台建设、海外仓运营、场地租赁等一系列优惠政策，助推跨境电商产业发展壮大。加大跨境电商企业的招商力度，从企业注册、报关报检、仓储等方面，提供保姆式服务。截至年底，东莞鑫通贸易有限公司、壹玖云仓（厦门）供应链管理有限公司等36家跨境电商企业注册运营。充分发挥国有平台公司整合、孵化、引导作用，建立跨境电商网购平台“赣州保税商城”，吸引更多电商企业的货品入驻。

【电商培训】 开展精准滴灌的电商培训模式，重点加强对电商站主、村干部、农村致富带头人及有意愿参加的贫困户的实操培训。疫情期间组织60人参加省级“千企万人”免费在线电商培训，其中建档立卡贫困户26人；组织赣州市虔立职业培训学校开展抖音带货培训及SYB创业培训，培育一批电商扶贫带头人、网红新农人创业者，开展培训8期216人；组织近60家懒得社区团长于线上开展培训，指导如何运营管理，通过社交营销提升购买率。

【电商扶贫】 推动农村电商与特色产业融合发展。在田螺哥电商站建立冷库，设计新的包装袋快递盒，与邮政达成战略合作。帮扶香辣田螺等农产品上线电商平台，推动田螺哥电商站参加全省“百县千品扶贫助农”、赣州市“赣品网上行”扶贫产品线上展销会、直播活动等。创新电商扶贫增收利益联结路径。在社区电商平台懒得社区建立扶贫专区上线销售香辣田螺、西红柿、青头鸭公等扶贫产品21期812批次，销售金额106.36万余元。

4月，台湾部落民俗文化村一角　（区社管局供图）

【商贸物流标准化建设】 在区内传化南北公路港物流有限公司、坚强百货连锁有限公司等物流企业推广应用标准托盘、周转箱（筐）及一贯化作业，实现农产品流通从田间地头到超市货架全程不倒筐、零触碰，保障群众舌尖上的安全。同时，对辖区商贸物流仓储开展全面的排查，排查消防安全隐患，强化行业消防管理措施，确保消防安全。

（杨　昊）

旅游产业

【概况】 2020年，赣州经开区依托首条工业旅游直通车，推出工业旅游一日游；客家大院（金凤梅园）店推出“经开区腾飞宴”，展现赣州经开区担当全市工业发展龙头、奋力赶超、蓄势腾飞形象。全域旅游项目建设加速推进，汉字文化主题园主体工程竣工，五彩城花博园一期开园；金凤梅园世客街项目、星州润达保利天汇项目、嘉福万达城项目、沃尔顿国际酒店等加紧建设。品牌创建工作扎实推进，金凤梅园提交评审材料并做好相关规划提升方案；台湾部落民俗文化村项目完成4A级景区创建规划评审。全力做好全省旅发大会各项筹备工作，5月协助赣州市成功承办全省旅游发展大会，台湾部落和汉字文化主题公园参展。

【招强引优旅游项目】 引进童话大王FEC（家庭娱乐中心）项目，总投资约35亿元，打造赣州首个文化教育娱乐儿童主题IP室内乐园综合体。

（夏侯婧）

现代农业

农业综合开发

【概况】 2020年，赣州经开区持续抓好农业稳产保供和农民增收，推进农业高质量发展，保障重要农产品供给，发展壮大乡村产业，农业农村经济稳中有进，农业农村改革稳步推进，农村发展活力进一步激发。

【现代农业攻坚】 年内，区现代农业攻坚战领导小组办公室认真履行职责，不定期组织召开现场推进会，全面完成年度攻坚任务，优势特色产业、农村人居环境整治、农饮巩固提升、农业农村改革4大项目13个子项目完成投资7.25亿元，是年度计划投资的180.35%。

【蔬菜产业】 在符合规划区域内，坚持适度规模、经济适用原则，发展蔬菜产业，引导规模蔬菜基地巩固提升。提高引入企业标准，建设高质量设施蔬菜基地，与周边省市大型农产品批发市场建立供销合作，形成产供销一体化发展。

【农产品质量安全监管】 贯彻落实习近平总书记“四个最严”等系列指示精神，加大农产品质量安全监管的工作力度，强化日常监督管理，切实保障群众“舌尖上的安全”。年内，新增绿色产品认证2个；

区级和乡级农残检测室运行正常，开展农残快速检测825批次，主要农产品抽检合格率100%，未发生农产品质量安全突发事件。

（聂婷华）

农业机械

【概况】 区农办围绕“提质增效转方式、稳粮增收可持续”发展任务，以加快农机化供给侧结构性改革为主线，以全程机械化推进行动为重要抓手，不断创新落实服务措施，全力打好现代农业发展攻坚战，着力推动全区现代农业建设。

【农机推广与引进】 出台《赣州经济技术开发区稳定粮食生产防止耕地抛荒工作方案》，对实行水稻种植全程机械化的新购买农机，除享受国家购机补贴政策外，再增加补助20%。以开展农业科技下乡活动、精准扶贫工作等为抓手，深入田间地头、走村入户进行农机推广宣传，通过各种途径向农民群众大力宣传农机安全信息和农机购置补贴相关政策，以“一封信”的形式在各乡镇发放政策宣传单5000余份，提升全区农户的农机购买热情。

【农机购置补贴】 完善农机购置补贴和农机报废更新补贴制度，规范档案资料管理，提高工作人员业务水平，进一步简化办理手续，方便购机者申领补贴，大力推进信息公开，强化社会监督。全区使用中央农机购置补贴资金194万元，拉动农民购机资金757.22万元，补贴机具202台（套），受益户数138户，新增农机动力3880.32千瓦。

【农机安全与监管】 全年新上牌拖拉机46台，收割机16台。开展农机安全生产隐患排查治理及拖拉机和联合收割机“牌证”专项整治等活动。全区新增农田作业机械上牌率、检验率和持证率均达到100%；对农机安全生产工作进行多次督导检查，建立监管台账。

【农机培训】 举办农机驾驶员考证培训班1期，利用“两微一端”、科技下乡和农机安全生产专项整治等宣传教育活动，宣传《道路交通安全法》《中华人民共和国农机安全管理条例》《关于拖拉机及驾驶员管理的“两个规定”》《拖拉机驾驶员安全知识学习读本》等安全知识，受教育人数60余人次。

（陈志杰）

果业

【概况】 2020年，区农办遵循“产业高效、产品安全、资源节约、环境友好”的发展方针，加大果业技术推广和服务力度，加强果业生产管理，强化果品质量安全，重点开展危险性病虫害防治，提高果园生产管理水平和经济效益，果业工作稳步发展。全区柑橘类果园面积431.43公顷，年产量约4003.5吨，总产值约4003.5万元。

【果园管理】 3月27日，出台《2020年度全区柑橘黄龙病防控工作方案》，推进全区柑橘黄龙病防控工作。4月29日，出台《2020年度经开区标准化生态果园建设实施方案》，推动全区标准化生态果园建设工作。5月26日，举办全区标准化生态果园建设工作现场观摩及培训班，培训果农、果茶站长15人。6月17日，举办柑橘黄龙病防控技术培训班，培训果农39人。6—11月，分2批次派出果园主8名参加全市果业技术和赣南脐橙品牌管理培训班；发放《柑橘黄龙病防控技术手册》300余本。

10月7日，组织召开柑橘黄龙病防控工作动员会，要求利用秋冬防控关键期，组建专业工作队，开展病树普查清理专项行动。全区果园普查率100%，普查清理病树8270株，平均病株率为2.86%，病树清理率100%；建设疫情监测点1个，2020年木虱虫口基数与往年相比显著下降，组织部署2次统防统治工作；加大巡查力度，打击大田露天育苗和“三无”苗木的销售，组织果农有序调运苗木14056株；按照《赣州经开区柑橘苗木假植网棚建设实施方案》，全区建设网棚面积673平方米；建设1个柑橘黄龙病防控示范基地，通过应用生态隔离、木虱规范防治、常态化清除病树和网棚假植大苗补种等防控措施，较好地控制示范园内柑橘黄龙病和柑橘木虱流行态势，起到良好的示范带动作用。全年建设标准化生态示范园3个，重点推广网棚假植、大苗种植、增施有机肥、智能化灌溉、频振式杀虫灯灭虫、尝试无纺布覆盖防草、简约整形修剪、病虫害综合治理技术。

【技术服务与推广】 加大果园技术服务和推广力度，提高果品质量和果园效益。各乡镇均成立由种果大户组成的防控理事会，负责指导本辖区内果农开展果园生产管理、识别黄龙病树和防控黄龙病。乡镇果茶站到果园普查黄龙病，并宣传相关基础知识；组织技术人员到果园开展技术推广和服务，现场回答和解决果农在果园生产管理中的问题。全年举办柑橘黄龙病防控技术培训1次和标准化果园现场观摩及培训1次，培训54人次，重点推广无病毒苗种植、防木虱、砍病树三大措施；于逢圩日到田间地头发放技术手册300余份。

（陈宣明）

经济管理与监督

企业服务

【概况】 2020年，赣州经开区聚焦问题导向和企业需求，不断优化营商环境，持续落实企业挂点帮扶机制，围绕招工用工、企业融资、要素保障等方面，帮助企业解难题、激活力，为全区经济发展提供有力支撑。

【企业挂点帮扶】 区企工局牵头抓好全区挂点联系企业工作，安排283名领导干部挂点联系园区513家企业，推进园区主要企业挂点帮扶全覆盖、常态化。每月坚持组织“企业服务日”活动，通过开展入企帮扶，推动情况在一线了解、问题在一线解决、政策在一线宣传。10—12月坚持开展“企业服务日”活动督查工作，督查企业80家，压实帮扶责任。

【企业问题解决】 每月5日组织开展“企业服务日”活动，通过入企帮扶解决园区企业深层次共性问题以及不同企业个性问题，设立企业问题“一口受理”服务专岗，同时利用线上处理问题的便捷性，通过企业服务微信群24小时在线解答企业困难问题，即发即办，提升问题处理效率。全年收集协调企业问题1052个，办结1016个，办结率96.5%，线上渠道及一线协调解决问题占比60%，企业反映问题解决效率提升30%。

【精准帮扶企业】 做好融资服务。摸排建立企业融资需求动态台账，及时收集各金融机构特色产品和疫情支持金融政策并做好宣传解读，先后举办政银企对接宣讲会20余场，引导金融机构精准对接服务企业，畅通企业融资渠道，全年通过银行融资、供应链金融、融资租赁、直接融资、发行地方政府债券等多种融资渠道，帮助企业解决资金需求392.29亿元，为园区企业平稳快速发展提供有力金融支持。

优化招工用工。建设人力资源服务产业园，11月完成省级人力资源服务产业园的申报与公示，年内产业园内入驻人力资源企业35家，为园区企业提供专业的人力资源服务。持续在线上媒体发布区内企业用工信息，并通过线上线下结合的方式，引导务工人员线上求职；通过入村招聘、门岗招聘、送岗下乡等方式，促进供需对接。组织大型就业岗位对接会4场，就业扶贫“送岗下乡”活动24次，印发招工宣传海报17.5万份，帮助区内企业招工15655人。

助力企业复工复产。完善疫情防控驻企帮扶及常态化挂点帮扶“双帮扶”机制。建立疫情防控网格化驻企联络制度，以每个供地单元（含租赁厂房生产的所有企业）为单位，分别安排1名挂点领导、1个挂点单位、1名驻企联络员挂点联系，从全区抽调443名干部常驻企业做好“指导、督促、服务”三结合，全力帮助企业协调解决存在的招工、融资、物资供应、物流等问题，全区规模以上工业企业在全市率先实现复工复产。继续完善县级及以上领导牵头、部门整体负责、干部具体联系的三级联动挂点联系服务机制。将规模以上工业企业、促入规企业、促开工项目、促竣工投产项目、促进度项目列入重点帮扶，加大帮扶力度，确保完成全年目标。

（陈晓乐）

发展和改革工作

【概况】 2020年，赣州经开区在218个国家级开发区综合考评中排名第56位、位居全省第二，在全市六大攻坚战流动现场会中取得第3名。获评2020中国经济营商环境十大创新示范区、国家外贸转型升级基地。

【“一规划一计划一方案”的编制】 1月2日，印发《赣州经开区“十四五”规划编制工作方案》，启动全区“十四五”时期国民经济和社会发展规划编制工作。

1月22日，印发《赣州经济技术开发区2020年国民经济和社会发展计划》，明确生产总值、规模以上工业主营业务收入、规模以上工业增加值、财政总收入、一般公共预算收入、固定资产投资、工业固定资产投资、社会消费品零售总额、限上社会消费品零售额、实际利用省外资金、实际利用外资、进出口总额、出口总额等指标年度计划。

【综合考评争先创优】 主动融入以国内大循环为主体、国内国际双循环相互促进的新发展格局，在全省100个开发区争先创优综合考评中连续2年位居第3位，综合效益评价连续2年位居全省开发区第1位。

【服务业集聚载体建设】 重点加快现代服务业集聚载体建设。推动恒科产业园三期、深商产业园、正邦智谷科技园、明慧康智造谷项目建设，重点谋划金融数字经济产业园项目建设。截至年底，恒科产业园三期主体建设完成70%，深商产业园人才公寓主体竣工，正邦智谷科技园招商运营中心正式对外开放，明慧康制造谷项目标准厂房部分主体竣工。加快园区标准厂房招商，引进文化创意、科技服务、检验检测、互联网信息服务等项目。鼓励支持园区引进重点实验室、研发机构和科技孵化企业，引进新业态项目，高质量推进现代服务业产业集聚。启动迎宾大道两侧区域控规等修编工作。

【“四好农村路”提档升级】 年内，完成新（扩）建农村公路10千米。初步形成北部“一横一纵”旅游公路路网，凤岗旅游公路二期工程2.7千米于年初竣工通车，年中顺利启动凤岗镇南边村至长田村5.7千米旅游公路建设，年内基本完成路基工程。

【G105改线工程竣工通车】 G105赣州经开区改线工程全长19.01千米，总投资190179万元，按一级公路标准建设，设计速度60千米/小时，路基宽25.5米，路面宽22米，采用沥青混凝土路面，建设期2年。项目横跨赣州经开区4个乡镇，施工战线长、征迁体量大、建设难度大。开工以来，牵头各参建单位努力克服新冠肺炎疫情影响，全力冲刺通车目标。项目历时20个月，较合同工期提前4个月完工，于12月23日正式通车。

（温伟荣）

统计工作

【概况】 2020年，区经发局紧扣发挥统计“信息、咨询、监督”三大功能，对国民经济和社会发展情况进行统计调查、统计分析，提供统计资料和统计咨询意见，对国民经济和社会发展的运行状况实行统计监督。企业促入规工作上新台阶，截至年底，全区规模以上企业487家，其中规模以上工业企业232家，有房地产开发经营活动的房地产开发经营企业40家，有资质的建筑业企业108家，规模以上服务业企业30家，限额以上贸易业企业77家。

【脱贫攻坚专项调查】 根据省市脱贫攻坚专项调查安排，兴国县派出专项调查工作组，对赣州经开区进行脱贫攻坚专项调查。9月14日上午，兴国调查组一行79人（组长1人、副组长2人、协助管理员1人、数据审核验收员5人、调查指导员6人、调查员64人）进驻赣州经开区并召开区级对接汇报会；9月14日下午分乡镇召开乡镇对接汇报会并启动现场调查登记；9月30日，完成5430户被调查户现场调查登记，面访本户成员5274户、电话访谈34户、代答100户，另有失联户2户、整户自然减少户20户；9月30日下午，兴国调查组调查员、调查指导员等撤离赣州经开区返回兴国；10月9日，兴国调查组数据审核验收员等7人对现场调查登记数据进行集中审核验收；10月18日，全区5430户建档立卡户调查表、62个村行政村调查表以及县调查表全部通过县级、市级、省级审核验收，无“两不愁三保障”不达标户、无总体生产生活状况未明显改善户；10月20日，兴国调查组将专项调查档案资料移交赣州市普查办，兴国调查组撤离赣州经开区返回兴国，专项调查工作结束。

（张　敏　刘高斐）

物价管理

【概况】 2020年，区物价办稳妥推进全区价格改革，着力强化价格调控和服务职能，为全区经济发展保驾护航。

【收费管理】 对区内政府投资建设的停车场，公共文化、交通、体育、医疗、教育等公共设施配套停车场，具有垄断经营特征的停车场收费标准情况进行核查和审批，并就群众企业关心的收费标准问题召开座谈会，听取各方意见建议，对4家停车场停车收费进行审批；使用“全国收费动态监管系统”对收费情况进行信息化管理，完成所有行政事业性收费信息的录入工作，规范全区行政事业收费；开展峰谷分时电价调研工作，填报2019年、2020年全区峰谷分时电价实施情况和意见表；配合市局宣传和落实好降低企业用水用电成本，支持企业复工复产工作；为全市规范河道砂石销售价格管理、建立健全河道砂石价格稳定机制当好助手。

【价格监测】 负责生活必需品价格的日常采集和上报工作。认真做好每日猪肉价格监测，落实一日一报制度，密切关注猪肉市场价格变动情况，为政府保供稳价工作决策提供及时、真实、准确的价格信息。

【价格监管】 及时调整非居民天然气销售价格，规范天然气延伸服务收费；配合全市全区严格执行转供电价格政策及给予5G基站用电支持的工作，进一步规范转供电价格行为，清理转供电不合理加价，加快全市5G网络建设；协调社管局解决课后托管服务工作推进中存在的问题。

【规范价格认定】 严格坚持“客观、公正、合理、科学”的原则，提高认定结论的准确性，为司法机关和行政执法部门提供准确的办案依据，维护当事人的合法权益。年内，全区开展涉案价格认定74起。

（李　舒）

市场监督管理

【概况】 2020年，区市场监管分局坚持“践行自身使命、守住安全底线、服务发展大局、争创一流监管”工作理念，努力构建“大市场、大监管、大服务”新格局，各项工作取得显著成效。获评“第十届赣州市文明单位”“2019年度深化全国文明城市建设工作先进集体”“2019年度全市扫黑除恶先进单位”，局党组书记、局长王玉椿获评“江西省先进工作者”；受到区管委会嘉奖1次，获评“2020年度先进基层党组织”，1人被评为全区“优秀共产党员”。在2020年度全区绩效考核中，被评为“2020年度绩效考核综合先进单位”“党的建设先进单位”“扫黑除恶专项斗争先进单位”“经济社会发展‘十大亮点’先进单位”，获“服务企业（项目）优秀单位”二等奖，23人受到区党工委、管委会表彰。

【机构改革】 根据中共赣州市委机构编制委员会6月1日《关于印发〈赣州市市场监督管理执

法稽查局职能配置、内设机构和人员编制规定〉的通知》（赣市编〔2020〕60号）文件精神，组建赣州市市场监督管理执法稽查局赣州经济技术开发区分局，为赣州市市场监督管理执法稽查局下设分局，规格待定。6月10日，赣州市市场监督管理执法稽查局赣州经济技术开发区分局正式挂牌成立。

【市场主体登记注册】 截至年底，区内各类市场主体36319户。其中，个体工商户23293户、企业13026户（按所有制划分，其中国有集体企业43户，私营企业12878户，外资企业105户；按登记机关划分，市级登记的2478户，区级登记的10548户），农民专业合作社73户。年内，新增各类市场主体7276户，同比增长17.03%。其中，企业3331户，同比增长37.64%；个体工商户3945户，同比增长3.9%；农民专业合作社12户，同比增长300%。

【商事制度改革】 全面实行“网上办、零见面”服务模式，推进网上行政审批和企业登记全程电子化。市场主体申请设立、变更、备案、股权出质、注销等登记业务均可通过企业登记网络服务平台在网上申报办理。推行冠省、市名企业名称自主申报，网上电子签名、电子签章的使用和电子营业执照的领取，企业开办时间压缩至1个工作日，实现只跑一次或一次都不跑。新设立市场主体网上注册率由72.68%增至93.41%。推行“企业注销一网通办”，办理企业注销627户，其中简易注销415户，占注销总数的66.19%。

5月15日，特种设备生产单位认可权限和外商投资企业核准登记权限下放至赣州经开区。外资登记权限以市市场监管局派出机构名义开展，此次下放的市级经济管理权限中，赣州经开区成为全市唯一具有该权限的经济技术开发区，全年办理12户外资企业登记。

推行预约服务、上门服务、自助服务等服务方式，主动对接、靠前服务，安排工作人员全程提供帮办服务，促进重大项目落户。全面推行首问首办负责、一次性告知、限时办结制等举措，对材料齐全的企业设立申请当场受理。实行“容缺登记”制度，建立与区招商局、企工局等部门的工作衔接机制，全年98户企业享受“容缺登记”制度的红利。

【公平竞争审查】 降低市场准入门槛，打破行业垄断壁垒，营造公平竞争的市场秩序。制定《赣州经济技术开发区关于在市场体系中建立公平竞争审查制度的实施方案》，按照“谁制定、谁审查、谁负责”的原则对本部门制定的政策措施文件进行公平竞争审查并提出书面意见。全区各部门审查各类规范性文件和重大行政决策8件，经审查有关政策措施中均未含有地方保护、指定交易、市场壁垒等违反公平竞争的内容。11月24日，江西省公平竞争审查工作联席会议办公室督导组一行到赣州经开区开展2020年公平竞争审查调研督导。

【拓宽企业融资渠道】 开展“星级文明诚信个体工商户”推荐工作。截至年底，参评个体工商户3638户，评定1265户（其中一星级634户、二星级320户、三星级311户），授信10612万元。运用动产抵押登记、股权质押登记职能，帮助企业解决融资困难，年内办理动产抵押登记54件，助企融资22亿元；办理股权出质21件，出质股权6.15亿，助企融资26.08亿元。推动商标专用权应用，通过上门指导帮扶、举办商标权质押贷款培训班等多种形式帮助企业通过商标专用权质押贷款；支持企业采取商标投资入股、质押融资、转让、许可等方式开展经营活动，实现商标价值的有效转化。6月23日，颁发赣州首张商标专用权质权登记证。赣州市强跑体育用品有限公司因受疫情影响企业资金紧张，投资的项目一度停滞，强跑公司将其“新百伦领跑”系列商标质押给赣州市国资工业投资管理有限公司，获得赣州银行5000万元的贷款。深化专利质押融资政、银、企对接联动，指导亚美达、鑫冠、倞华菲尔雪、富尔特等4家企业办理专利质押融资，质押金额9600万元，质押融资总额继续位列全市第一，为企业创新发展提供资金保障。

【企业信用体系建设】 依托官网、微信公众号等平台，向社会公众宣传公示系统，引导广大市场主体在法定期限内报送年度报告，全区2019年度企业年报率89.58%，个体年报率97.91%。开展“双随机，一公开”抽查工作8次，检查各类市场主体204户。抽查结果记于市场主体名下，录入国家企业信用信息公示系统（江西）一体化协同监管平台并公示，对46户在抽查中发现问题的企业列入异常名录。截至年底，区市场监管分局、公安分局、税务局、经发局、应急管理局等部门在国家企业信用信息公示系统（江西）一体化协同监管平台录入信息9110条，其中行政处罚68条、行政许可6292条、小微企业扶持38条、抽查检查178条、部门公告26条、荣誉信息25条、判决文书482条、信用承诺1343条、抵押登记100条、简易注销10条、备案信息531条、挂牌信息2条等。

【质量强区】 4月，牵头制定《2020年赣州经济技术开发区质量强区工作要点》《2020年赣州经济技术开发区质量强区工作考核细则》，将质量强区工作任务分解到部门并纳入全区年度绩效考核，进一步构建政府主导、部门联动、企业主责、社会参与的良好工作格局。在全市2019年质量强市工作考核中，赣州经开区蝉联县（市、区）第一。6月，印发《赣州经济技术开发区稀土永磁产业质量提升行动实施方案》，围绕稀土永磁产业开展产品质量“强基”工程，申报的稀土永磁产业质量提升项目被省局列为重点项目，并获得10万元专项经费。指导企业申报2020年赣州市市长质量奖，其中立德电子、富尔特、同兴达等3家企业进入市长质量奖现场评审环节；高质量完成赣州经开区主任质量奖评审工作，柏瑞凯、卫诚火机和好朋友科技等3家企业获批主任质量奖。10月11日，牵头承担的全国首批标准化服务产业培育试点项目以95分通过国家标准化管理委员会验收，圆满完成试点目标任务。11月底，全区17个产品获评2020年江西名牌产品。

【知识产权保护】 5月，牵头制定《赣州经济技术开发区推进知识产权高质量发展若干措施》，从加强高价值专利培育、促进知识产权运用、提高知识产权服务等8个方面，进一步加大专利奖补力度，鼓励企业开展高质量创新。积极指导卫诚、澳克泰、龙正等企业通过马德里商标注册，开展汽配、建材商标使用行为等商标专项整治行动及“蓝天”专项行动商标代理机构自查工作。开展知识产权“铁拳”行动，通过前期摸排、集中整治，5月6日，在凤岗镇3家副食店中查获假冒“牛栏山”白酒1060瓶。全年查办销售假冒产品和商标侵权案件4起，罚款3.9万余元，打击侵权假冒知识产权违法行为，进一步加大知识产权保护的力度。9月12日，区党工委书记陈水连在区市场监管分局呈报的《关于赣州经开区专利工作情况汇报》做出批示，对区市场监管分局在专利方面工作给予表扬。全年全区专利授权1280件，同比增长40.81%，其中企业发明专利授权269件，同比增长540.48%，创历史新高；专利申请1948件，同比增长21.52%。赣州商标受理窗口自2017年3月开通以来受理商标注册申请3181件。年内，受理商标注册申请1027件，其中后续业务396件，受理商标咨询3226人次。

【食品安全监管】 赣州经开区注册登记食品生产经营主体6576户。其中，食品生产企业41户，食品小作坊90户，食品经营单位2107户，餐饮经营单位1839户，企事业单位、学校及幼儿园食堂225户，小餐饮小食杂店2274户。年内未发生较大以上食品安全事件，食品安全形势稳中向好。在2019年全市食品安全工作考核中，赣州经开区获评优秀等级。

发挥食品安全委员会办公室职能，呈报区党政联席专题会议2次，组织召开食安委工作会议4次，区党工委、管委会主要领导、分管领导6次到食品监管部门和食品生产经营企业现场调度食品安全工作，协调解决一批重点难点问题。牵头组织国家食品安全示范城市创建，强化创建工作宣传，营造食品安全社会共治氛围。打造食品安全城市样本点位20个，新增明厨亮灶示范单位16家。组织1500余人次餐饮服务从业人员参加网络食品安全培训。突出抓好校园及周边食品安全，定期召集全区中小学（幼儿园）校长和食堂负责人就学校食堂及周边食品安全工作进行培训指导，责任人员驻点帮扶校园食堂开展食品安全工作。

开展风险分级管理工作，对全区38家合法持证食品生产企业、1300余家餐饮单位开展量化等级评定和公示，并按照风险等级情况确定监管频次，有效降低监管成本，提升监管效率。突出对源头、生产、流通、餐饮服务等环节监管，开展私屠滥宰、塑化剂、冷冻冷藏食品、保健食品行业清理、谷物粉类制品、婴幼儿配方乳粉、普通食品冒充特医食品等专项整治10余次，及时排查隐患，回应热点问题，解除群众担忧。全年完成食品安全抽检任务698批次，全区建成的宝塔、杨坑等7个标准化农贸市场完成食品（农产品）快检8400余批次。完成市“两会”、中国稀土研究院挂牌仪式、中高考等23次重大节日和活动食品安全保障工作。

9月28日，区市场监管分局在西城广场开展“质量月”宣传咨询服务日活动 （区市场监管分局供图）

守住疫情期间食品安全底线。1月26日发布《关于全区临时取消各种聚餐活动、禁止销售野生动物的公告》，要求全区餐饮酒店、早餐店、夜宵店、流动性宴席暂缓营业，禁止加工售卖野生动物，得到全区各餐饮单位积极配合。3月9日，全面恢复全区餐饮业正常营业，开放包厢经营。为稳定民心、保市场供应、防物价哄抬，主动对社会做出“保价格、保质量、保供应”承诺。在大年初二与辖区米、面、油等民生食品生产企业取得联系，指导企业做好疫情防控工作，召集未离开本地的工人返岗，迅速复产复工。辖区东坚米业、华汾粮油、齐云山油茶、天然爽面业等粮油生产供应单位，在疫情期间迅速恢复生产，为市场供应大米450吨、面条190万箱、食用油18吨，确保本地及中心城区的市场供应，稳定民生食品物价，缓解群众恐慌情绪。

开展“文明餐桌”“拒绝餐饮浪费”活动。区食安办牵头，在全区开展以“厉行勤俭节约、反对餐饮浪费、使用公筷公勺、禁食野生动物”为主题的“文明餐桌”行动，提出“文明餐桌十二条”“行动公约”“行动倡议书”，推广文明餐桌礼仪和文明用语，倡导文明用餐行为，规范文明经营。抓好冷链食品排查管控。牵头区招商局（商务局）、社管局、疾控中心、农办等部门成立市场疫情防控组，开展冷链食品排查管控工作，形成“周一周二排查上报、周三周四采样检测、周五周末通报结果”，国内冷链食品每半月、进口冷链食品每周开展1次排查和冷链食品、环境及从业人员新冠病毒核酸检测的工作机制，开展核酸检测1841批次，检测结果均为阴性。

【药品、医疗器械、化妆品安全监管】 抓实新冠疫情防控工作，督促各药品零售企业把好疫情前哨关口，对购买退热止咳等相关药品进行实名登记。帮扶新上口罩、体温枪等防护物资生产项目企业解决立项、备案、检验检测、营业执照、生产资质办理等问题，10家口罩企业取得应急许可。截至年底，其中5家取得医疗器械注册证、生产许可证，1家取得医疗器械注册证、在办理生产许可证；2家体温枪生产企业取得注册证和生产许可证。

规范执业药师和处方药品管理，开展药品质量、含麻黄碱类复方制剂、疫苗质量、中药饮片、麻醉药品和精神药品使用单位等专项检查；开展药品监督抽样29批次，未发现不合格药品；开展无菌和植入性医疗器械、避孕套质量安全管理检查，打击非法经营装饰性彩色平光隐形眼镜行为等专项检查；开展医疗器械线上销售“清网”行动和化妆品“线上净网线下清源”专项行动。

开展药品、化妆品不良反应，医疗器械不良事件监测评价工作。5月19日，召开全区2020年药械不良反应/事件工作座谈会。赣南医学院附属第一医院、赣州市人民医院等省、市属8大医院和赣州经开区各乡（镇、街道）卫生院药剂科、医疗器械科室负责人以及局属各所负责人参加。全年完成药品不良反应报告总数1086份（目标数930份），完成率116.77%（其中新的/严重的报告目标数300份，完成365份，完成率121.67%；严重的报告目标数120份，完成290份，完成率241.67%）。医疗器械不良事件报告完成289份（目标数190份），完成率152.11%；化妆品不良反应报告完成25份（目标数20份），完成率125%。

5月20—26日，开展“2020全国化妆品安全科普宣传周”活动，引导企业落实质量安全主体责任，提高消费者安全用妆意识。10月19—25日，开展主题为“安全用械 守护健康”的“2020年全国医疗器械安全宣传周”活动，通过科普医疗器械相关知识，帮助公众进一步了解医疗器械，防范医疗器械使用风险，确保用械安全。11月，开展“药品安全用药月”活动。11月11日，联合区社管局在凤岗敬老院开展“安全用药月”宣传活动，组织区内企业执业药师对老年人安全用药进行解读和科普，形成科学有效干预，切实发挥药师的药学服务作用。

【特种设备安全监察】 以开展特种设备安全专项整治三年行动为抓手，结合“挂图作战”“夏季攻势”和“岁末年初安全生产集中治理百日行动”开展隐患排查，检查企业300余家次，排查隐患65处，全部完成隐患闭环整改。以服务为手段推进特种设备疫情管控，督促电梯维保单位做好电梯的消毒杀菌和通风保障工作，协调相关单位做好江西赣玛实业有限公司厂区内特种设备开展工作检验事项。通过先行试点推动江西核力特种设备有限公司开展特种设备安标化创建。全年出动特种设备安全监察人员650余人次，巡查特种设备相关企业300家次，推动21家特种设备相关企业开展安全风险评估和危害辨识活动，集中约谈电梯维保公司1次，约谈特种设备使用单位4次，开展应急救援演练6场，倒逼企业落实安全主体责任。加强横向联系强化部门联动机制，与区住建局、房管所等单位联合开展全区在建房屋工程及建成房屋电梯井渗水、积水及电梯设施安全隐患问题专项整治行动，与燃气办联合行文，规范瓶装液化石油气管理。对“平安电梯”显示屏实施搬迁和提升改造，完善“智慧电梯”监管基础。免费发放档案盒，规范特种设备资料档案管理行为，帮助各特种设备使用单位建立健全特种设备技术档案资料。获2020年度上半年、下半年2面安全生产“流动红旗”，特种设备安全监管工作位列全区应急管理（安全生产）年终考核第一梯队，全市高质量发展考核特种设备考核项获满分成绩，全市质量兴区考核特种设备考核项获满分成绩，全市特种设备安全监察技能大赛获团体三等奖。

【计量监管】 3月，在三江乡、凤岗镇开展“计量保春耕”活动。3—4月，围绕“计量精准战‘疫’、助力复工复产”，到辖区人体测温设备生产企业开展计量助企活动，帮助企业解决计量难题，把好产品出厂“计量关”。7月，开展“计量服务中小企业”活动，组织企业代表参观计量检定校准实验室，邀请专家指导企业完善计量管理制度、合理配备计量检测设备。开展“一对一”上门指导服务，协调市计量所为山东凯马汽车制造有限公司赣州分公司生产车间内的150余个压力表完成检定，帮助企业快速顺利完成汽车产品强制性认证初次评审。8月起，承接企事业最高计量标准考核证书审批发放工作，9月颁发首张计量标准考核证书。围绕涉及民生的加油机、衡器等计量器具，对辖区集贸市场、超市、加油站、物流市场、卫生院等重点领域计量器具的配备、定量包装等情况开展全面检查，检查集贸市场8家，经营户260户，各类计量器具270台（把）；检查加油站15家，加油机75台，加油枪152台；检查物流园1家，物流、快递公司70余家，大小计量器具200余台。

【认证监管】 7月，开展强制性认证产品生产企业专项检查，检查特风暖通设备制造、银源消防器材、金信诺电缆等11家重点强制性认证生产企业产品批次30个。配合省、市局做好插座、开关面板等强制认证产品的随机抽查工作，把好产品市场准入关，杜绝不合格产品流入市场。9月20—28日，开展“有机产品认证宣传周”系列活动，在西城广场、曼妮芬、新都会商场、湖边社区等组织开展以“守护绿水青山 共享绿色生活”为主题的有机产品认证及服务认证体验宣传周活动，有效提升社会各界对有机产品认证和服务认证的认知度和获得感，扩大有机产品市场影响力，为促进有机产业健康可持续发展奠定基础。全区有3家企业获得有机产品认证证书。

【检验检测监管】 利用日常巡查、节前专项检查、双随机检查、参加各项现场评审等方式，以辖区涉及安全生产的机动车、环境、建筑及食品类检验检测机构为重点，对辖区80余家各类检验检测机构进行拉网式检查。全年检查168户次，对12家“双随机”抽查的检测机构负责人、授权签字人等分别进行约谈，下发责令改正通知书，对违法情节较重的4家机构移交赣州经开区执法稽查分局立案查处，并列入重点监管台账。参加江西省地质矿产局赣南中心实验室、宝安车辆检测、易康食品等12家检验检测机构的扩项、变更等现场评审，做到监管前移。积极开展大气污染整治工作，严格落实大气污染防治工作要求，每月不定期对5家机动车检测机构的机动车尾气环保进行专项检查，开展检查60次，做到事中、事后监管。协调并监督实施减免费用的政府所属事业单位和国有企业法人性质的产品质量检验机构4家，全年享受减免费用的个体工商户和企业数量7059家，涉及减免费用832.57万元。

【打击传销与规范直销】 走访辖区内网络交易平台企业，开展创建无传销网络平台工作，督促各乡（镇）加大向综治网格员及居民的宣传力度，以综治网格化管理为手段，在全区综治网格员培训会议开展打击传销知识培训，协调综治办下发打击传销宣传资料。联合公安、各乡镇积极组织开展打击传销行动，清查宾馆酒店16处、民房31处，捣毁传销窝点17个，解救遣返传销人员62人，公安立传销案件2起，抓获传销犯罪嫌疑人1名。

【价格检查】 1月23日，组织辖区内全部药店召开口罩、消毒水等重要商品价格提醒告诫会，同步组织执法人员检查辖区内各大药店是否存在哄抬防疫物资价格的违法行为。3月，加强涉企收费、水、电、气等领域有关政府定价、政府指导价执行情况的价格监管，加强国家用电用气方面的优惠政策落实情况监管，切实降低企业用能成本，坚决取消各种形式、各种名目的违规收费。供电企业在计收全区一般工商业及其他电价、大工业电价（高耗能行业用户除外）的电力用户的电费时，按原到户电价的95%结算。截至年底，全区优惠用电户数16587户，优惠电量61975万千瓦时，优惠电费2123万元，用电价格优惠政策均执行到位，未发现不落实优惠政策等违规行为。严格落实《全区保供稳价工作调度会议纪要》精神，制定《赣州经济技术开发区猪肉销售摊位费进场费奖励工作实施方案》并收集各有关单位的申报材料，审核后将猪肉摊位费奖励分拨给各单位，督促各单位落实经营户的奖励。对全区9个农贸市场及5个大型商超等143户猪肉经营户发放猪肉摊位费、进场费奖励146万余元。制订2020年度市场秩序价格专项检查方案，动员各市场屠工与万丰屠宰场签订供货协议，开展猪肉价格监管执法行动，严厉打击哄抬猪肉价格行为，严厉查处私屠滥宰等行为，确保猪肉价格在市场建议销售价范围，防止哄抬价格、恶意竞争的黑恶势力行为，确保全区猪肉价格处于合理波动区间。

【维护市场秩序】 开展“凝聚你我力量”为主题的“3·15国际消费者权益日”系列宣传活动，本次宣传活动在“老秦说车”广播开展专题节目1期，发布消费警示信息3条，编印相关宣传资料2000份，联合章贡区市场监管局、蓉江新区市场监管局分局集中销毁假冒伪劣产品，涉及金额8600余元。通过本次消费者权益日宣传活动，提高全民维权意识，营造良好的社会氛围。全年受理消费者投诉举报3000余件，区市场监管分局张琪被江西省市场监督管理局评为2019年度“江西省12315平台工作典型”。6月，对接区招商局、财政局制定印发《赣州经济技术开发区新能源汽车补贴实施方案》并实施，发放补贴334万余元。7月，开展金融风险排查专项整治，与区金融局、区公安分局、黄金岭派出所于7月16—17日在国企中心开展非法金融放贷和防范非法集资排查整治行动，检查涉及金融、投资字样的企业80户。在企业注册登记上，对含有“金融”“投资”“基金”“资产管理”“财富管理”“网络借贷”“互联网信息咨询”等字样的企业从严把关，严格控制输入性金融风险。8月，严查提交虚假材料骗取商事登记行为，通过主动检索、部门联动，明确工作目标，监管重点对象，重点检查内容，全年撤销登记20户。10月，对群众反映较多、社会反映较强的房地产虚假广告、合同存在霸王条款问题，制定《赣州市市场监督管理局赣州经济技术开发区分局广告、合同违法行为专项整治方案》，对辖区12家房地产企业进行排查，全年登记备案合同格式条款14件。11月，对流通领域的车用汽油、柴油、小家电、电池、儿童玩具、毛巾、铝合金型材、PVC管材、作业本、眼镜、电线、纸巾、钢材、化肥、鞋子等15个品种商品抽查，135批次产品抽样送检。

【扫黑除恶专项斗争】 坚持行业前端监管、加强部门联动、多措并举破解行业治理难题，将扫黑除恶专项斗争“行业清源”专项整治与日常工作紧密结合，将行业治理融入业务工作方方面面。制定市场流通领域行业治理专项整治方案，对12个重点行业开展行业治理工作。紧抓“长效常治”工作关键，关注领域风险，推进重点行业治理，针对《赣州经济技术开发区市场流通领域扫黑除恶专项斗争长效常治工作方案》确定的打击传销、打击价格违法行为、打击欺行霸市、打击制假售假、健全食品药品安全监管机制、完善刑事司法与行政执法衔接机制等6个方面行业乱象整治任务，进一步细化明确工作措施、责任部门、配合部门、责任人及完成时限。12月25日，国家市场监管总局执法稽查局二级巡视员王松林一行到赣州经开区开展国家市场监管总局扫黑除恶专项斗争工作大调研大走访，省局党组成员、副局长沈庆中，省局执法稽查局局长许居斌，副市长李文信，市局党组书记、局长王业有陪同检查。

【农贸市场建设】 物业管理专业化。组建专业的国有公司对农贸市场实行统一管理，宝塔、阳光、杨坑、田心等由区建控集团的下属子公司区国资公司实行运营管理。分类管理精细化，实行行业部门指导，属地政府落实的工作格局，进一步明晰各单位的职责，按照职责加强行业管理。管理制度完善化，指导市场物业管理方建立健全农贸市场管理制度，如入场经营户诚信保证金制度、经营户文明经营承诺书制度等。1月12日，配合湖边镇、区城管执法分局开展翠谷临时市场取缔工作，对临时市场的棚子等违章建筑进行拆除，详细了解经营户的诉求建议，宣传动员经营户搬迁至华鑫农贸市场。1月13日，华鑫农贸市场正式启用，切实解决周边群众“买菜难”问题。联合区招商局（商务局）对三江乡农贸市场建设进行指导，对接蟠龙、水碓、E21地块、金星4个农贸市场新建、改造项目，加快推进建设进展。截至年底，建成区达标或基本达标市场8个。

【执法办案】 全年核查各类违法案源线索近200条，对各类违法行为立案91起，办结71起，入库罚没收入140余万元，有效规范全区市场经营秩序，保护人民群众合法权益。

（钟　鑫）

国有资产经营

【概况】 2020年，区财政局贯彻习近平总书记关于国资国企改革的重要论述精神，对标对表中央、省、市出台的有关文件要求，落实区党工委、管委会的决策部署，加强和完善区属国资国企监督管理，加快区属国有企业市场化改革步伐，实现全区的经济社会事业发展目标。

【国资国企监管】 根据《关于印发〈区党工委全面深化改革委员会2020年工作要点〉的通知》文件要求，10月15日出台《赣州经济技术开发区国有出资监管企业投资管理暂行办法》，10月20日出台《关于进一步加强和完善区属国资国企监管的若干措施》，完善对区属国有企业的监督和监管。11月4日，召开全区国资国企监管工作会议，贯彻落实全市国资国企监管工作会议精神，推动2020年省委第六巡视组巡视赣州经开区发现区属国有企业问题的整改落实，加强和完善国资国企监管工作。4月10日出台《赣州经济技术开发区征收资产移交处置管理办法》，进一步规范全区征收资产移交处置行为，维护国有资产的安全和完整。11月6日，牵头区直相关部门、乡镇及区属国有企业清理整改国有资产长期被侵占问题并完成移交，比规定的完成时限提前51天。10月30日，赣州保税实业集团有限公司挂牌成立。12月28日，赣州经开区召开50亿重大项目产业基金发布会暨2020年第七次政银担企对接会，会上发布50亿元重大项目产业基金，并签约项目31个，签约资金30.14亿元。

（江　晨）

科技创业服务

【概况】 2020年，市科创中心围绕“四个一”目标任务，在夯实平台建设、完善孵化服务体系、促进成果转化、加速资源集聚、扶持壮大企业等方面求突破，工作再上新台阶。

【创新创业集聚大平台打造】 坚持“大平台促大发展”理念，合理规划建设国企中心、恒科产业园、深商产业园、金岭科技园、香江科技园等五大创新创业功能性集聚区。积极助推标准厂房“梧桐树”计划，采取“市场+工厂”、“土地+配套”、PPP模式等市场化手段，提升集聚区“硬环境”，引导企业、科研机构、投资主体入驻园区，创办专业企业孵化器、众创空间、创业园等孵化载体，着力构建“创业苗圃—孵化器—产业园”一体化孵化格局。截至年底，建成创新创业孵化园区12个、平台26家，其中国家级科技企业孵化器3家、国家级众创空间2家、国家级小微企业创新创业示范基地2家，省级以上众创空间5家、科技企业孵化器7家，总孵化面积101万平方米，拥有在孵企业2250多家，创业就业人数1.58万人。

【孵化服务管理体系完善】 直面孵化服务专业程度不高、企业融资难等要素瓶颈，聚焦政策、融资、服务、赋能等重点，着力健全孵化服务体系，提升运营管理水平，为企业成长提供全方位要素保障。在政策上，出台《赣州经济技术开发区关于进一步支持科技创新若干措施》《赣州经济技术开发区科技创新券实施办法（试行）》《赣州经济技术开发区科技企业孵化器认定和管理办法（试行）》等覆盖支持企业发展、鼓励创新创业、加强科技金融服务的一系列创新政策22项，最大限度发挥政策叠加效应。在融资上，设立2000万元科创“壹号基金”，建立科技企业融资需求信息库，积极对接省信用担保机构、银行等金融机构，大力推广“小微快贷”等纯信用类普惠金融产品，帮助在孵企业解决融资需求800多万元。在服务方面，建立健全挂点帮扶制度和驻企联络员制度，为在孵企业提供保姆式、一站式服务，年内帮助在孵企业解决各类实际困难130余件次。在赋能方面，赴浙江大学举办2020年小微企业经营能力提升研修班，组织小微企业外出学习交流；在江西理工大学、赣南师范大学举办“相约青春盛会 绽放创业梦想”大学生就业创业分享会，激发大学生创业激情；联合各孵化平台开展创业辅导、知识产权、企业管理等各类讲座、培训、交流活动62次，参加人员4500人次；牵头举办全区首届创新创业大赛，吸引来自全国各地的40多个项目，为广大创客搭建展示平台。

【科技孵化平台集约式发展】 按照“一个联盟促规范、三类指导助发展”思路，整合行业资

10月23日，在江西理工大学举办大学生就业创业分享会
（市科创中心供图）

源，吸纳60余家区内外科技企业会员单位，成立江西省首家科技企业孵化联盟。通过联盟牵头，深化国有孵化器与民营孵化器“联姻”，推动全区科技孵化平台由分散式向融合化、集聚化、共享化、差异化发展转变。该案例作为赣州经开区全面深化改革典型经验首次在《江西改革动态》刊登，实现零的突破。年内，赣州市科技企业孵化器获2020年度“中国科技创业孵化贡献奖”，在2019年度国家级科技企业孵化器考评中蝉联A类（优秀），恒科东方科技企业孵化器一同获评A类（优秀），是赣州市首次同时拥有2家A类（优秀）国家级科技企业孵化器，数量居江西省第一。赣州市小微企业创业孵化基地接连获评市级、省级创业孵化基地，截至年底，孵化企业200家，吸纳就业人数3500余人，孵化器集群效应越发彰显。

11月18日，赣州经开区新能源汽车产业上下游企业对接会举行
（市科创中心供图）

【“产学研”协同创新】 扎实推进院士工作站、海智计划工作站、高端智库等科技交流平台建设，与中科院、清华大学、北理工等科研院所开展深入合作，着力打造科技企业孵化联盟“智脑”，增强平台核心动力。年内，新建江西省“海智计划”赣州富尔特电子股份有限公司工作站。截至年底，累计建成海智计划工作站3家、院士工作站5家。通过政府与企业共建、同类企业联建、企业与高校科研机构结对等方式，鼓励企业承接科研院校先进技术，引导科企与大学院校、科研院所保持紧密合作，推动科技成果在企业转化并形成产业化。年内，对接融入粤港澳大湾区，走访中科院深圳先进技术研究院、华南理工大学等科研院所，梳理合作意向7项、对接可落地科技成果39项；走访江西理工大学、赣南师范大学等驻市高校8次，对接可落地科研成果27项；组织开展企业产品对接、合作交流活动4次，产品推介与合作活动3次，联合区汽车办、区科协举办赣州经开区新能源汽车产业链上下游企业对接会，达成初步合作意向4项。

【激发“双创”新动能】 以赣州建设区域性科研创新中心为契机，针对产学研渠道不畅、企业积极性不高、成果转化不快等问题，围绕新能源汽车和电子信息双首位产业和战略性新兴产业发展方向，推进科技成果转化，促进科技与产业融合发展。创办孵化器联合会内部刊物《欧潭创友》，编印《中科（赣州）科技创新智库动态》月刊12期，大力推介双创动态、产品信息、技术成果，进一步拓宽产学研合作信息交流渠道。高标准打造“赣州科创吧”网上服务平台，对入孵企业进行点对点多渠道帮助，推动线上成果与线下“科创空间”有机融合。截至年底，线上线下平台拥有产业信息数据库12个，创业产业导师100余人，智库专家300余人，会员3万人。

（曾　琛）

国有投资控股企业

赣州建设投资控股集团有限公司

【概况】 2020年，赣州建控集团总资产700.78亿元，同比增长4.1%；净资产300亿元，增长4.46%；实现主营业务收入29.05亿元，增长3.86%；净利润4.65亿元，上缴税收约9000万元。

【资质评价升级】 9月26日，赣州建控集团取得远东资信评估有限公司给予主体信用评级AA+的评级报告（远东信评〔2020〕123号）；11月19日，成功取得东方金诚国际信用评估有限公司给予主体信用评级AA+的评级报告（东方金诚债评字〔2020〕1163号），成为赣州市第二家取得AA+的国有城投类公司。

【梧桐树计划】 梧桐树计划主要负责赣州经开区范围内工业地产项目的建设与运营，服务招商引资，做好区内产业配套。集团有梧桐树项目20个，总建筑面积333.99万平方米，总投资83.13亿元。年内，新开工项目3个（洋田科技园、唐龙科技园、江奥科技园），竣工项目7个（华昌科技园、能之光科技园、秋葵科技园、泉岗科技园、涌泉科技园、亿鹏新能源科技二期厂房、金信诺光纤预制棒厂房）。多渠道开展融资工作，对接各大银行及金融机构，融资协议金额258.33亿元。截至年底，到位融资金额178.62亿元，有效地保障全区梧桐树项目及返迁保障房的建设。

【梧桐树计划建成项目】 华昌科技园项目位于赣州经开区社前路北侧、龙岭路西侧，项目规划用地面积约12.08万平方米，总建筑面积25.24万平方米，总投资约7.6亿元。

华昌新材料产业园（能之光）项目位于赣州经开区华昌路以东、湖边大道以北，项目规划用地面积约7.22万平方米，总建筑面积9.68万平方米，总投资约3.5亿元。

涌泉科技园项目位于赣州经开区涌泉大道西侧、横江大道南侧，项目规划用地约8.17万平方米，建筑面积约15.2万平方米，总投资约4.5亿元。

秋葵科技园项目位于赣州经开区江奥路以北、桑梓路以南、秋葵路以东，总建筑面积约14.75万平方米，总投资约4.12亿元。

泉岗科技园项目位于赣州经开区泉岗路西侧、桑梓路南侧，项目总建筑面积约12.65万平方米，总投资约3.17亿元。

2月，华昌新材料产业园 （赣州建控集团供图）

亿鹏新能源科技二期厂房项目位于赣州经开区科技城星光路北侧、谷山路西侧，项目总建筑面积9万平方米，总投资约1.72亿元。

金信诺光纤预制棒厂房项目位于赣州新能源汽车科技城城西大道以北、南康机场快线以东，项目总建筑面积8万平方米，总投资约1.4亿元。

【梧桐树计划在建项目】 同兴达三期（联建科技园）项目位于赣州经开区章贡王路以东、金凤路以北，建筑面积约7.7万平方米，项目总投资约2亿元。截至年底，完成园区建设的75%。

秋山科技园项目位于赣州经开区横江大道南侧、秋葵路西侧，项目总建筑面积28.37万平方米，总投资约7.7亿元。截至年底，完成园区建设的55%。

新能源汽车科技城标准厂房项目位于赣州新能源汽车科技城枫林大道南与南顶山路以西，建设厂房面积10万平方米，总投资3.8亿元。截至年底，完成园区建设的70%。

江奥科技园项目位于赣州经开区江奥路北侧、秋月路东侧，项目规划用地面积约8.87万平方米，总建筑面积约23.22万平方米，总投资约5.97亿元，计划2021年一季度开工建设。

横江科技园项目位于赣州经开区横江大道北侧、涌泉大道东侧，项目总投资约2.88亿元，总建筑面积11.47万平方米。截至年底，完成园区建设的50%。

金凤智谷一期项目位于赣州经开区香江大道南侧、工业路西侧，项目规划用地面积约2.14万平方米，总建筑面积为5.71万平方米，总投资约1.12万元。截至年底，完成园区建设的80%。

洋田科技园项目位于赣州经开区科技城枫林大道南侧、章潭路东侧，总建筑面积约7.92万平方米，总投资约1.98亿元。截至年底，完成园区建设的40%。

电子信息产业标准厂房项目位于赣州经开区涌泉大道以西、横江大道以南、黄坑路以北，总建筑面积为9.02万平方米，总投资约2.55亿元。截至年底，完成园区建设的65%。

唐龙科技园项目位于赣州经开区科技城唐龙大道东侧、星光路北侧，总建筑面积约37.19万平方米，总投资约5.94亿元。截至年底，完成园区建设的30%。

秋月科技园项目位于赣州经开区江奥路北侧、秋月路西侧，项目规划用地面积约9.27万平方米，总建筑面积约25.93万平方米，总投资约5.5亿元。截至年底，完成园区建设的5%。

【梧桐树计划前期阶段项目】 春花科技园项目位于赣州经开区长汀路以东、春花路以西、桑梓路以南、横江大道以北，项目占地约17.5万平方米，总建筑面积约43.76万平方米，总投资约10亿元，年内项目处于征地拆迁阶段。

官田科技园项目位于赣州经开区官田大道西侧、岗边大道北侧，项目建筑面积15.8万平方米，总投资约4.45亿元，项目处于前期准备阶段。

长岗科技园项目位于赣州经开区长汀路西侧、岗边大道北侧，项目规划用地面积4.99万平方米，总建筑面积11.95万平方米，总投资约2.98亿元，项目处于方案审批阶段。

【园区商业配套服务体系】 园区招商板块。成立招商一部、招商二部，通过搭建平台，初步建立企业数据库。引进AI智能机器人，围绕新能源汽车产业、电子信息产业双首位产业进行客户基础数据建立并筛选，实现客户资料一键批量导入，自动外呼，并根据客户外呼时间长短及交流动态识别客户意向，准确分级，再以人工呼出的方式建立二次联系，进一步了解企业投资意向。对接深圳高铁、广电、楼宇等大型广告公司，初步拟定园区在大湾区广告方案。对接喜子软件全力开发智慧园区App以及优化招商网站，推进标准厂房实景VR创建。年内，签约项目20个，签约资金306.56亿元，完成年度目标任务的100%；亿元以上项目7个，其中10亿元（含）以上项目4个，完成年目标任务的200%；在谈项目3个，签约资金54.2亿元。

餐饮服务板块。年内，集团旗下祥善餐饮公司累计实现营收762.82万元。祥善餐饮公司在原有超市及餐厅的布局上，新增中央厨房业务，市场化进入快车道，同比增长136.32%，其中中央厨房于10月初正式投产运营，截至年底实现营收150.69万元。

资产运营板块。集团旗下国资及美家物业公司按照迎宾大道南北划分为界进行物业分割，按照属地化原则进行管理。集团现有标准厂房、宿舍、食堂、综合楼109栋，店面925间，写字楼47处，公租房6605套，农超市场6个，房产面积159.86万平方米。截至年底，租金收入6600万元，物业费收入794万元。随着梧桐树计划标准厂房的陆续交付，集团自持的物业面积将突破千万平方米。

农业园林配套板块。年内，集团旗下吉园生态公司营业收入475.51万元。吉园生态公司在原有业务家禽养殖、蔬菜种植、绿化园林板块基础上，新增食堂配送、苗木扦插等市场化业务，与广州开投生态环境建设有限公司合作，合资成立赣州广开投生态环境建设有限公司，进军环保处理行业，开拓新增长点。

医疗教育板块。积极布局教育医疗板块，着力解决园区员工子女上学难、员工看病难的问题。集团旗下康恒医疗及育民教育公司负责建设学校及医院项目11个（赣州市第六中学、赣州市第十二中学、香江路中学、蟠韵路小学、梨园初中、兴国路中学、牡丹亭小学、吉祥路小学、区人民医院项目、金凤梅园养老服务中心、惠民康复医院），总建筑面积约46万平方米。其中，赣州市第六中学、区人民医院项目主体完成施工；赣州市第十二中学、兴国路中学、牡丹亭路小学、香江路中学、金凤梅园养老服务中心、蟠韵路小学等项目土石方平场完成施工单位招标；赣州第十七中学、吉祥路小学、蟠韵路小学、惠民康复医院等项目在启动前期工作。

园区运营板块。园区整体导入赣州建控集团自建自营的餐饮、超市、物业管理等商业配套服务体系，将过去"产业孤岛"式工业园区升级为集园区生活配套服务、增值服务、培训服务、智慧服务等工作生活于一体的"产业服务综合体"，营造园区为家的氛围，让企业安心生产、员工安心工作。率先交付使用的华昌科技园园区商业配套（生活超市、生活食堂、充电桩）完成并正常营业，宿舍配套设施（空调、热水系统、架子床、柜子）齐全，员工可拎包入住。

【建筑全产业链业务】 培育壮大工程设计、建材贸易、建筑材料生产、建筑施工、设备租赁等板块，以产业链集群模式参与市场化竞争，聚焦服务于园区综合服务运营商首位产业铸链、补链、强链。

建筑施工类业务板块。截至年底，集团旗下建筑磊昇公司实现工业产值4.2亿元。磊昇公司充分发挥"自建、自用"的机制优势，历时133天，联建科技园项目二期仓库、车间、宿舍4.7万平方米，实现主体结构封顶，其中地下部分用时63天，地上部分用时70天。在建设泉岗、秋葵科技园的基础上，年内新增全产业链示范项目洋田、长岗、官田等科技园。二级建筑工程资质的升级正有序推进中。

建筑材料生产业务板块。截至年底，集团旗下建恒公司全年营业收入1035.2万元。建恒公司在现有吸水砖、涵管、PC预制件生产的基础上，新增水稳站及商业混凝土板块，进一步完善建筑全产业链布局。与华东交通大学共建"新型建筑材料与固体废弃物资源化利用联合研究中心"，新型建筑材料科技研发能力进一步提升。生产的装配式产品在富春园、秋葵科技园等多个项目运用，在满足集团内部装配式需求的同时，抢抓市场空白期大力实施走出去战略，成功中标赣州市委党校学员综合楼装配式建设项目，品牌效应凸显。新增加的预制件产品收入682.7万元，水稳料产品收入250.07万元。

建材贸易销售业务板块。集团旗下建昇贸易克服疫情影响，以集团市场化改革为契机，在做好钢材及主材甲供业务外，积极开拓市场化业务，年内实现销售额约2.48亿元。进一步拓宽代理渠道，并逐步延伸至集团外纯市场化项目，与立邦、亚士、三棵树涂料签订战略合作协议，与赣州城市广场项目、赣州市信丰冷链物流园基础设施、区人民医院、章田人才公寓、803厂棚改等项目签订供销协议，市场化步伐蹄疾步稳。

工程设计类业务板块。截至年底，集团旗下坤巽设计院收取设计费375.8万元。坤巽设计院致力于仿古建筑、民俗建筑、现代工业与民用建筑等方面的设计，在现有财政性项目的基础上，积极开拓市场化业务，全年新签合同21个，总金额约649万元，其中市场化项目合同金额约340万元，公司全年开票税前金额303万元。

房地产与土地储备业务板块。截至年底，集团旗下中恒商业公司摘得商住用地48宗，总面积1833208.2平方米，总成交价50.31亿元，全年营收7222万元。中恒商业公司拥有的3个商品住宅项目（江理新苑、中恒·谷山学府、中恒·富春园）产值完成约3.1亿元，5个商业地产项目（中恒·宝塔农贸市场、中恒汽车交易中心、联建科技园、天赋邻里中心、新世界娱乐综合体）和3个人才公寓项目（凤凰居·章田人才公寓、凤凰居·飞翔人才公寓、凤凰居·黄金人才公寓）有序开展。

设备租赁板块。年内，集团旗下恒固铝膜公司以中恒—富春园项目为试点，提供铝模租赁和施工安装等服务。为快速启动铝模项目，完成秋山科技园办公楼、飞翔人才公寓项目、富春园一标段项目结构设计分析，探索工业项目使用铝模的可行性。截至年底，完成富春园1#、2#、3#、5#楼铝模深化设计工作。

【品牌形象塑造】 打造“梧桐智城”品牌，促产城融合。梧桐树计划实施以来，赣州建控集团提前谋划、积极作为，创立“梧桐智城”品牌，作为梧桐树计划重要载体，分为“科技园”“智谷”两大系列，“科技园”系列定位高端制造业，“智谷”系列定位高科技行业，通过品牌细分，重点打造城中有园、城中有谷的共荣生态圈。打造精品工程，把品质放在首位，通过主材甲供和建立品牌库等方式，精选防水涂料、瓷砖、铝合金门窗等一线建材品牌；推广装配式建筑运用；对各工程质量及建材产品实施动态督察、飞行检测、抽样送检，保证工程和产品质量。要素保障齐全，按照“区域集中、产业集群、开发集约”的原则，引导双首位产业中手机模组、电子元器件、芯片封装测试、汽车核心零部件、汽车电子等细分行业产业链集聚，带动创新力量和服务体系集聚，促进产业上下游和协作关联企业构筑完整的产业生态圈。高规格设计，自主开发智城通App，提升园区管理效能，全面打造4.0版工业标准厂房，一站式服务中心和专业的园区运营团队，为园区企业提供商务配套服务、人力资源服务、融资服务、代办服务、仓储服务、物流服务、信息服务等“8+N”的全生命周期生产性服务，解决企业生产后顾之忧。赣州建控集团生态链通过“梧桐智城”为企业及员工提供完善的生活配套服务，从餐饮、农贸超市业态拓展到员工宿舍、人才公寓、高管定制公寓、高端住宅、商业综合体、娱乐综合体等，覆盖休闲、娱乐、健身、社交等全链条生活配套空间。

组织集团logo设计方案征集及评选工作，提升集团影响力。为满足集团快速发展的需要，提升赣州建控集团整体品牌形象，更迅速、更准确的地树立、宣传、推广集团公司品牌文化，集团面向社会、个人、工作室、公司征集集团企业标识（logo），从300多幅作品中确定集团logo设计方案。

【企业管理信息化】 成立喜子软件科技公司，围绕集团信息化、云生态建设，自主研发各类系统，逐步构建赣州建控云生态，实现集团公司管理信息化、智能化、高效化，助力集团公司创新机制、改革发展。在内部管理系统业务上，完成资产管理系统、总工办工程管理系统、投融资系统、祥善食堂收银台、祥善订餐小程序、财务工程款系统等11个大小EBC项目的开发；完成收发文、考勤、督办、驾驶舱等4个大小OA项目的开发。在对外营运系统业务上，完成华昌科技园小程序（含硬件系统对接）、招商官网与小程序、轨迹跟踪系统、人流量统计系统等11个大小智慧园区项目的开发。在信息安全与运维业务上，编写并试运行《源代码管理制度》《生产环境发布管理制度》，加强生产服务器管理规范，减少一切因业务直接接触服务器的需求，做到服务器专人专管，有效隔绝非管理人员对服务器使用可能造成的隐患。搭建自动化部署功能，根据现有服务器资源情况延长数据库备份保留时长至3个月。

【历史债务风险化解】 采用资本市场融资归还存量债务。年内，在资本市场获批债券、债务融资工具、债权投资计划100亿元。其中，短融10亿元、超短融3亿元、债权融资计划11亿元、公司债30亿元、中票18亿元、平安资管债权投资计划28亿元。截至年底，成功发行各类债券66.1亿元。其中，公司债25亿元、中票23.1亿元、短融10亿元、超短融3亿元、债权融资计划5亿元，为集团年底还本付息资金来源提供充分保障。

坚决落实隐性债务化解工作。通过与多家银行的积极沟通，成功置换21.15亿元隐性债务，实现贷款期限延长，缓解当前贷款集中到期的还款压力。

做好存量债券行权回售工作。截至年底，集团72.5亿元债券处于行权期。通过与投资者的沟通，仅有3.7亿元行权，未行权金额为68.8亿元，缓解还本付息的压力。

【内控管理】 集团建立战略架构委员会，统筹协调编制委员会、绩效考核委员会、风控委员会3个专门委员会，同时设立战略架构办公室，全面推进战略架构建设工作。正式出台《赣州建控集团战略架构建设实施方案》，明确指导思想、总体思路、工作任务、组织领导与职责分工、工作总体计划及要求。

正式出台《2020年建控集团市场化公司考核指标体系初步设计》，明确集团市场化公司及相关职能部门考核指标、考核目标、考评规则及指标权重，从体系上全面体现公平性和公正性，进一步强化公司经营目标。

对集团项目代建、资产管理、生产贸易服务等9个核心版块业务核算进行集中梳理，定义成本费用类型，统一表格单据，明确所需附件，规范账务处理，汇编并下发《赣州建控集团核算业务规范指引》。结合《建投控股集团资金支出审批权限一览表》厘清集团与子公司权利清单，限定资金审批权限，规范资金流向，进一步加强集团财务管控力度。

先后对工程施工、资产管理、汽车运营、进销存管理、项目代建、房地产开发所涉13家公司相关人员开展工作访谈，基本厘清组织架构、业务结构和工作流程，业务模型框架雏形显现。

对资产管理、汽车运营、进销存管理业务进行重点梳理，通过调整职责分工、统一单据表格、优化工作流程、清理历史遗留等方式，重塑经营管理理念。出台《赣州建控集团资产运营管理方案》《赣州建控集团汽车租赁服务运营管理方案》等4个运营管理方案。

（刘 露）

赣州保税实业集团有限责任公司

【概况】 赣州保税集团于2020年8月注册成立，注册资本10亿元。公司由赣州市国资委、赣州综保区管委会共同出资，其中赣州市国资委占股55%，赣州综保区管委会占股45%。

【外贸工作】 年内，协助企业完成进出口报关1279单，金额折算约464010万元。其中，一线进出口报关金额约250766万元，二线进出口报关金额213237万元。协助企业完成工商执照、银行开户、电子口岸等办理及对外贸易经营者备案、海关进出口收发货人备案、外汇管理备案、物流及加工账册备案、进口食品商备案、进出区车辆备案等近200单。

【产业供应链】 以供应链金融服务为突破口，为进出口企业开展国际代采集境内外理货、报关清关、物流运输、仓储管理、保险融资、退税付汇、外汇核销等全流程供应链服务，公司积极探索发展产业供应链业务，与同兴达、立德电子等近10家电子信息企业签订供应链服务协议。全年提供供应链服务404160万元，其中外贸供应链服务192709万元，国内供应链服务214421万元。

【跨境电商】 2019年12月，赣州成功获批设立跨境电商综合试验区后，赣州保税集团用20余天时间通过跨境电商海关监管中心和保税仓库的验收，并于2020年5月16日开通跨境电商首单业务，省委副书记、赣州市委书记李炳军出席综保区开幕式。赣州保税集团坚持线上线下联动，建成“赣州保税商城”线上平台和实体体验店。7月，公司跨境电商平台“赣州保税商城”上线运行；9月，保税商城线下体验店建成；9月29日，摩卡莎跨境电商暨进口啤酒节开幕。截至年底，跨境电商完成订单58237单。

【融资业务】 取得2.33亿元授信。与赣州发展供应链管理有限公司成立赣州发展保税供应链管理有限公司，解决供应链3亿—4亿元资金需求；中国出口信用保险公司针对出口业务给出1500万美元授信额度，解决出口资金回笼问题。

（朱　玲）

赣州经开区工业发展投资（集团）有限责任公司

【概况】 2020年，区工发集团总资产51.75亿元，同比增长9.17%；净资产16.21亿元，同比增长12.56%。全年实现营业收入8005.63万元，投资收益4896.84万元，净利润1334.7万元。

【重点项目产业基金搭建】 围绕新能源及新能源汽车、电子信息两大主导产业，牵头制定《赣州经开区重大项目产业基金组建与运营方案》《赣州经开区重大项目产业基金管理办法》等配套制度；举办赣州经开区50亿元重大项目产业基金发布会，与市场专业机构签约9个基金项目；完成12.5亿元工发引导基金组建，并在中国证券投资基金业协会完成备案；成立1.06亿元核加半导体芯片产业基金、7亿元青鸾（赣州）产业投资基金、0.2亿元赣晟领骏创业投资基金、1亿元晟博悦股权投资基金，逐步搭建起“2+N”产业基金投资发展格局；通过基金投资引进优质项目模式，投资引进深圳核加半导体芯片、北京领骏科技自动驾驶汽车、南京新立讯新一代信息和数字经济产业等项目，总投资8.2亿元。

【金融创新实践落地】 4月，与种子独角兽企业赣州好朋友科技共同出资成立江西银泰设备租赁有限责任公司，注册资本1亿元，集团占股51%，主要以市场化手段扶持企业、培育产业，增加集团资产和经营性现金流，增强集团实力。截至年底，江西银泰设备租赁有限责任公司开展业务1550万元，净利润33万元。7月，出资2000万元成立国有独资的供应链公司赣州银辉供应链管理有限公司，主要业务模式是以园区内核心企业的上下游企业为服务对象，以真实的交易为前提，在采购、销售环节提供金融服务。截至年底，赣州银辉供应链管理有限公司累计开展业务约1.02亿元，其中国内代采业务7122万元，国际代采业务3034万元。

【企业帮扶】 继续发挥平台公司职能，扶持园区企业发展。截至年底，支付23.19亿元解决山东凯马（赣州公司）、国机智骏、中恒天智骏、南北传化公路港、立德电子、欧唯科技、江钨新材资金等10余家企业融资需求。通过企业还贷过桥基金方式，扎实做好“六稳”“六保”工作，截至年底，过桥笔数456笔，总过桥金额约27.27亿元，为企业健康发展注入源头活水。

【盘活企业不良资产】 以“两个信贷通”追偿工作为抓手，围绕园区企业不良资产，制定出一套规范的司法竞拍业务流程，拓展司法竞拍业务，为区内不良资产处置、集团壮大资产规模提供新渠道。先后参与赣州聚中环保、赣州康加晖实业及赣州光辉彩色印刷等3家园区企业不良资产竞拍。

【股权债权投资依法追诉】 围绕“财园信贷通”追偿工作，梳理完善工作管理办法。截至年底，成功追回7笔不良逾期贷款，金额为6738191元；有效促进3户“财园信贷通”逾期企业成功按期还款，回收贷款本金1275万元。做好涉诉对接，加强法务事项管理，完成赣州国瑞泰担保股权投资案件、江西韵动新能源锅炉股权投资案件和赣州欧唯无偿委托贷款案件的开庭审理，并通过法律手段进行追偿。

【股权债权回收】 积极履行出资人责任，防范业务风险，确保国有资金安全。完成股权投资项目退出。8月，完成赣州无剑钰镰基金股权投资项目退出，收回投资本金1785万元，取得投资收益384.37万元，综合收益约22%。与达芬骐达成200万元股权投资款退回协议，保障国资安全退出。回收前海母基金保证金5000万元；回收定增多氟多化工15000万元股份，减持后资金总额16803.61万元，实现收益1803.61万元，收益率为12.02%。

（张　蕾）

赣州新能源汽车科技城建设开发有限公司

【概况】 2020年，科技城建开公司根据聚焦“两城两谷两带”产业布局、建设“一区三基地”战略目标及突出主攻工业要求，围绕“六大攻坚战”“满园扩园”行动和“梧桐树计划”项目任务，推进科技城园区“七横五纵”路网和公共基础设施建设，打好新能源汽车产业基础高级化、产业链现代化攻坚战，确保赣州新能源汽车科技城园区内各建设项目高品质、高效率、安全顺利地推进。

【项目建设】 科技城建开公司根据“凝心聚力发展双首位产业”决策部署，按照“育龙头、补链条、建平台、保要素、强集群”的总要求，打好新能源汽车产业基础高级化、产业链现代化攻坚战。年内，实施项目71个（市政及市政配套项目49个、房建项目12个、工业标准厂房项目4个、零星项目5个和新能源汽车小镇项目1个），同比增长约22.41%；项目实际总投资约99.65亿元（含征迁、建设和设备购置费等），同比增长约61.51%；新完工项目27个，新开工项目21个，完成建设投资约9.87亿元（含前期工作费用和设备购置费等，不含征迁费），同比增长约22.46%；打通断头路5条、新增道路至通车约9.93千米，完成雨水、污水管约27.19千米；完成房建项目工程量

12月18日，建设中的科技城九年义务学校　（科技城建开公司供图）

约 17.65 万平方米，完成工业厂房项目封顶、交付企业使用面积约 17 万平方米。

【市场化业务】 年内，完成金信诺光纤预制棒项目一期厂房代建和亿鹏新能源科技二期项目代建，完工交付厂房面积约13万平方米。吸纳社会资本推进 PPP 项目建设，唐龙公园、科技城污水处理厂（一期）工程，科技城标准厂房项目 6 栋建筑约 12 万平方米封顶，推进章良城市组团、洋田城市组团基础设施建设，完成投资约 3.57 亿元。全年融资贷款资金约 3.45 亿元，包含工业厂房项目融资约 2.26 亿元和以国家开发银行为首的银团贷款到账 2.09 亿元。

【国有资产运营】 全年经营收入 1409.51 万元、总费用 313 万元，经营成本费用率 22%。协助配合赣州建控投资控股集团有限公司、赣州中恒工业发展有限公司开展相关业务。

【安全生产】 认真落实“安全第一、预防为主、综合治理”的方针，强监管重，加大安全投入、强化安全生产专项整治、建立健全安全生产监管体系，形成安全生产“齐抓共管”的良好氛围。

开展“安全生产三年专项整治行动”“安全生产隐患大排查大整治行动”“安全生产月”“安全生产万里行”“强一线、保安全”等活动。对每月、每日安全生产工作做出具体安排，每个项目现场均安排责任领导牵头挂点，组织并督促责任部门及现场责任人员严把项目的进度及质量安全，高度警惕项目因抢工期、赶进度引发的安全事故。

加大施工现场日常安全隐患排查整治力度，建立安全生产隐患排查台账，及时消除安全生产隐患；加强安全生产交底及教育培训等工作，提高各参建单位管理人员及施工人员安全意识，确保安全生产工作有序进行。

（陈　炜）

赣州满园建设开发有限公司

【概况】 2020 年，满园公司围绕“服务区域经济发展、服务民生保障需求”的定位，紧跟“一区三基地”发展布局，年内完成投资约 14 亿元，人均产值约 5000 万元。

【项目融资】 多方式多渠道促进融资工作。争取中央财政城镇保障性安居工程专项债资金 287 万元、海绵城市建设资金 20 万元、G105 赣州经开区改线工程上级补助资金 17513 万元、保障性安居工程奖励资金 6 万元、国开行民营企业贷款资金 6528.64 万元，有效保障项目建设资金需求，缓解区本级财政压力。

【项目建设】 办理立项批复、用地规划许可证、工程规划许可证、施工许可证等手续 105 项，完成项目测量（含平场方案）80 份，完成招标项目 62 个，金额 161901 万元；完成施工及中介等合同签订 187 份；完成 1361 份不动产权证变更登记。

每月对施工单位申报的工程款进行抽查审核，杜绝工程款虚报、超批现象。全年工程款审核金额 63495.15 万元，内部审减金额 7032.79 万元，核减率 11.08%；完成结算送审 24 个，送审金额 13242.16 万元，审减金额 542.72 万元，核减率 3.94%。

完成湖边镇城中村改造安居社区项目竣工验收备案，备案面积约 18 万平方米，住宅 1122 套，店面 160 间，杂间 415 间；G105 国道经开区段、华昌路（湖边大道—富强路）、纬一路（华鑫路—吉祥路）、涌泉科技园边坡项目等 4 个地块场地平整工程，横江汽车站—叶山大道便道工程等 22 个项目完工；金潭大道（金龙路—香江大道）路面工程、香江大道（新 105 国道—岗边大道）道路排水亮化工程、工业一路（新 105 国道—岗边大道）道路排水亮化工程、华裕路（紫荆路—赣通大道）道路排水工程、赣通大道（华裕路—东江源大道）等 64 个项目移交公管处。

【质量安全管理】 印发《关于进一步加强检验批报验及人员管理的通知》《关于加快完成集团对满园

公司考核项目进度任务节点和档案资料移交工作的通知》《满园公司评选2019年度“优秀建造师”“总监理工程师”活动方案》，明确参建单位人员履职管理和报验要求，解决一批历史遗留项目档案资料移交，攻坚项目施工进度任务。通过开展表彰先进，激发各在建项目管理人员质量安全管理的争先创优积极性。项目检验批申报督察50余次，下发整改通知单20份，整改合格率约95%。

在开展检验批申报质量检查的同时进行安全检查，每月不定期开展覆盖所有在建项目的安全大检查，主要针对安全隐患频发的重点环节，严查深基坑、高大模板、综合脚手架、特种作业设备检测、验收、备案、安全操作等危险源，不定期要求施工、监理单位开展安全隐患自查自纠工作，下发隐患整改通知35份，整改安全隐患110余处。

（漆玉华）

赣州西城建设开发有限公司

【概况】 赣州西城建设开发有限公司成立于2017年8月，是赣州建控集团名下全资国有子公司，注册资本1亿元。2020年建设项目46个，总投资58.32亿元，年内完成计划投资12.87亿元。其中，市政设施项目19个，保障性住房项目24个，科教文卫体项目1个，其他项目2个。

【项目建设】 房建项目建设。房建项目24个12550套。计划开工项目12个，章江B 21、客家大苑西区、客家大苑东区、黄金E3地块、A5地块、黄金A8地块、金星棚改、杨边二期、蓝翔二期、溪水六期、溪水七期及河坝返迁地配套（含河坝路）等12个项目开工，开工率100%。计划竣工项目8个（计4466套），蓝翔、章江C二期、车头5—8#楼、凤岗之星、桃芫1—19#楼、桃芫20—26#楼、7个棚改项目小区配套工程等7个项目已竣工，完成河坝陈屋1278套的预分配工作。续建项目4个（计2522套住房及184间商铺），杨边、章江E6、章江E5、大坪返迁安置商铺等4个项目全面进入主体施工阶段，章江E6、章江E5地块完成预分配工作。

市政项目建设。市政项目19个，其中新开工项目6个，龙岗路（原赣丰路扩建〈滨江路—栖凤山路段〉）项目、杨边路、栖凤山路项目、社官背污水干管项目、西城区污水干管项目、西城区雨污管网整治工程项目、工业路污水提升泵站扩建及工业路压力管工程项目均开工，开工率100%；续建项目12个，均按年度工作目标有序推进；完工项目1个，华坚南路雨污水改造项目完工，汉字文化主题公园部分园区达到开园条件。

【项目监管】 完善项目建设流程，制定《西城公司项目建设工作手册》，对项目开工前、实施阶段和项目竣工交付等各个阶段常见问题和注意事项进行系统梳理，明确相关办理流程，提高工作效率，提升项目建设管理水平。

加强建设项目施工安全监管，积极配合建控集团督察部开展节点巡察工作，按照公司质量安全管理办法，开展深基坑、高空作业、大型机械设备运行安全、消防安全等专项隐患排查整治活动，对存在的隐患问题坚决落实整改，实现隐患整治闭环管理，杜绝安全事故发生。全年抽查在建项目关键节点38次，提出质安问题112项，整改到位110项，整改中2项。

【应急项目管理】 应急性零星项目工期紧、造价低，工程量实做实收。年内应急项目主要有东江源大道以西、天佑路以北地块内的土堆平整及覆绿工作，杨梅渡公园路西侧、森铁小区东侧、御景江山小区南侧的闲置用地场地填平及围挡工作，解决返迁小区章甫村下排小区排污问题，大余路（赞贤路—犹江路）等道路绿化亮化，长江经济带“经开区窑背”水质自动监测站项目，蟠龙路与章贡王路等7个交叉口信号灯工程等项目。提升城市建设和管理水平，为城市持续健康发展营造良好的环境。

（罗小贞）

内外经贸

内资外资

【概况】 2020年，赣州经开区实际利用省外资金135.41亿元，增长9.58%，实际利用省外资金总量在全市排名第一，增幅排名第一。全年实际利用外资2.73亿美元，同比增长12.29%，其中现汇进资5071万美元，实际利用外资总量排名全市第一，实际利用外资增幅排名全市第二。

【外资引进】 年内，全区新设立外商投资企业（项目）13个。其中，合同外资额超1000万美元的有6个，最大的英锐功率器件芯片制造与封测项目总投资额4.5亿美元，合同外资额1亿美元。

【利用外资】 7月17日，指导园区中外合资企业孚能科技（赣州）股份有限公司在上交所挂牌上市，成为全省首家科创板上市企业。9月28—29日，区招商局赴南昌参加2020年全省外商投资管理和统计业务培训暨全省利用外资工作调度会。10月20日，出台《赣州经开区稳外资促发展若干政策（试行）》，支持外资项目注册（含并购），鼓励外资企业增资扩产、现汇进资，对重大外资项目给予支持，是赣州经开区首个专门支持外资企业（项目）发展的政策文件。10月22日，指导赣州华坚国际鞋城有限公司通过利润再投资实现现汇进资，赣州经开区外商投资企业首次实现利润再投资。11月，成功推动赣州康尔实业有限公司进行利润再投资。全区重点支持外资并购工作，全年实现外资并购项目6个，其中合同外资额超1000万美元的外资并购项目3个，全年实现现汇进资1790万美元。

【利用省外资金】 全年引进省外项目资金135.41亿元，增长9.58%。引进项目27个，分别是赣州能之光新材料有限公司投资1.85亿元的低VOC高分子材料项目（一期）；赣州恒卓置业有限公司投资2.2亿元的恒大悦府房地产项目（房地产项目只统计土地款投资，下同）；赣州恒创置业有限公司投资7.82亿元的恒大悦龙台房地产项目；赣州越城置业有限公司投资0.51亿元的越秀公元房地产项目；赣州市碧城房地产开发有限公司投资4.86亿元的碧桂园玺台项目；赣州华利房地产开发有限公司投资1.42亿元的云星公园华府房地产项目；赣州毅能达金融信息有限公司投资3.08亿元的年产300万张智能卡产品建设项目；赣州鸿迈新能源科技有限公司投资0.9亿元的年产3万套新能源汽车电池外壳项目；赣州市领沃电子科技有限公司投资0.98亿元的年产6000万条电线电缆等线材生产项目；江西中电汽车有限公司投资30亿元的年产9万辆新能源专用车建设项目；讯海（赣州）数码科技有限公司投资2亿元的智能终端生产加工项目；江西善纳新材料科技有限公司投资的0.2亿元的隔热玻璃用钨基纳米陶瓷材料项目；江西省玛尚进出口贸易有限公司投资0.2亿元的酒类、食品等进出口项目；赣州汇合置业有限公司投资0.63亿元的龙兴福居（极少墅）地产项目；赣州华赛细胞生命科学技术有限公司投资0.9亿元的自动全封闭细胞培养系统设备生产项目；江西住友富士电梯有限公司投资1.8亿元的年产4500台电梯生产项目；江西客家红文化发展有限公司投资3.2亿元的台湾部落民俗文化村项目；赣绿蜻蜓建设管理有限公司投资0.3亿元的节能幕墙及节能门窗五金件项目；赣州旭禾新成科技有限公司投资0.98亿元的年产16.8万千米数据线建设项目；赣州市康达新能源材料有限公司投资0.2亿元的年产2000吨导电材料项目；赣州传化腾宜达金属物流有限公司投资1.5亿元金属物流园项目；江西北正干细胞生物科学有限公司、江西北正人体组织样本库有限公司投资1.5亿元的干细胞研究中心建设项目；赣州中海海华房地产有限公司投资3.851亿元的中海左岸岚庭房地产项目；赣州中航房地产发展有限公司投资3.612亿元的中航云府房地产项目；赣州中海地产有限公司投资8.705亿元的中海天玺房地产项目；赣州美优生物科技有限公司投资1.9亿元的进境粮谷加工项目；赣州讯康电子科技有限公司投资5亿元的年产5亿个网络变压器建设项目（一期）。

（毛孝婷 张昆）

外贸

【概况】 2020年，赣州经开区有外贸出口实绩企业117家，实现进出口103.63亿元，同比增长46.48%。其中，出口81.22亿元，同比增长42.18%，进口22.41亿元，同比增长64.49%。

【外贸企业服务】 外贸业务培训。4月28日，携手赣州港举办赣州经开区应对疫情稳外贸政策宣讲会，会上就国家、省、市、区出台应对疫情稳定外贸增长和赣州港“三同”铁海联运政策进行解读，区内30家重点外贸进出口企业代表参会。6月5日，举行“全区外资外贸政策宣讲暨业务培训会”，区内各外贸企业代表及重点外贸企业挂点单位80余人参会。8月16日，召开“外资外贸政策奖补兑现会暨外资外贸工作推进会”，会议对外资外贸政策进行宣讲并举行外资外贸奖励兑现仪式，区内各外贸企业代表及重点外贸企业挂点单位100余人参会。

外贸企业走访调研。2—3月，积极应对疫情影响，指导企业复工复产，贯彻落实稳外贸工作部署，对重点外贸企业进行调研，先后走访大田、英华利、卫诚火机等重点外贸企业，了解企业生产经营、外贸出口和存在困难及应对措施等情况。对同兴达、海富莱进行“两转”政策宣传，把进出口数据转入赣州经开区。10月，赴金力永磁、讯海数码、海富莱电子等区重点外贸企业详细了解企业外贸进出口情况，认真听取企业在未来发展规划和外向型经济发展意见建议，向企业宣传《赣州经开区应对新冠疫情促进外贸回稳向好的实施意见》等“六稳”“六保”惠企政策，协调解决企业在出口报关、货物查验等问题。11月，走访金进、英华利、中芯一峰等外贸企业，宣讲现行外贸政策，向企业征求对修订全区外贸政策的意见建议，现场帮助企业解决在经营生产、建设等方面遇到的问题。

省、市政策申报。年内，为区内50余家外贸企业申请省、市、区外贸扶持资金2683万元。

区级政策出台。5月31日，印发《赣州经开区应对新冠肺炎疫情促进外贸回稳向好的实施意见》，加大对外贸企业的扶持力度，缩短政策兑现时间，减轻企业负担，帮助企业渡过难关。

【出口预警监测】 安排专人负责在每月5日前登录外贸出口预警监测信息网络报送系统，上传当月区内32家重点外贸企业出口预计数据，实时了解企业运营动态，及时帮助企业分析问题，制定应对策略。

【出口信用保险扶持】 走访区内中小微外贸企业，宣传出口信用保险政策，提高外贸企业风险应对能力。年内，组织区内7家外贸企业申请省级出口信用保险政策，申报补贴金额52.8万元。根据省市相关政策文件，省级文件对投保费用给予50%支持，市级文件对投保费用给予40%支持，对应出台文件对区内企业投保出口信用保险业务给予10%的保费扶持。

（容彤）

财税与审计

财政

【概况】 2020年，区财政局积极应对困难挑战，克服疫情影响，坚持履职担当、开拓创新，推动减税降费政策落地增效，把落实减税降费政策作为促进经济高质量发展的落脚点。推进财政改革，推进预算绩效评价工作，落实预算公开，推进国库集中支付、医疗票据改革，加强政府债务管理，防范化解重大风险，坚决守住不发生系统性风险的底线，为全区经济社会发展大局提供坚强保障。

【财政政策运用】 组织财政收入。全年财政总收入完成522393万元，同比增收16747万元，增长3.3%。其中，上划中央收入260383万元，同比增收12479万元，增长5.03%；上划省级收入18515万元，同比增收868万元，增长4.9%；一般公共财政预算收入完成243495万元，同比增收3400万元，增长1.4%；税收收入占财政总收入比重为88.3%。

统筹财政支出。全年全区一般公共财政预算支出396705万元，同比增支26702万元，增长7.2%。其中，教育支出44340万元，同比增支6041万元，增长15.8%；卫生健康支出24397万元，增长3.1%。

落实减税降费政策。落实更大规模减税降费，全年减税降费3亿元。其中，减免税收约2.85亿元，降费1502.97万元，包括不动产登记费450.49万元，人防异地建设费319.05万元，教育费附加679.43万元，文化事业建设费54万元。

制定财政扶持政策。参与制定《赣州经开区“防疫 暖企”8条政策》《赣州经开区新上疫情防控物资生产项目推进工作方案》《赣州经开区工业企业“入规入统”工作实施方案》《关于应对疫情影响促进商贸消费市场复苏的若干措施》《新能源汽车产业发展支持政策》等一系列惠企政策。

支持园区企业发展。发挥财政资金引导作用，加大对企业扶持力度，全年兑现各类惠企政策奖励资金4.08亿元，惠及企业951户次，支持企业发展壮大。

推动民生事业高质量发展。保障教育基建资金，新（扩）建灌婴小学、紫荆路小学、第十六中学、区第二保育院等一批优质学校并投入使用。落实教育资助政策，全年月拨付教育扶贫资金553.44万元。提高教师待遇，确保教育平均工资性收入水平不低于行政区公务员平均工资水平。提高城乡低保、特困供养以及残疾补助等社会救助水平，全年发放低保、特困、残疾、高龄和失能老人补助3025.13万元，推动打造36个居家养老中心和农村互助养老服务设施建设点。

【财政改革】 全面推进预算绩效评价。开展全过程预算绩效评价工作。制定印发《关于全面实施预算绩效管理的实施意见》，组织全区所有预算单位开展预算绩效目标申报工作。强化预算绩效监控管理，全区项目支出绩效运行监控工作实现全覆盖。深入预算绩效评价管理，组织全区所有预算单位按照“谁使用、谁评价”的原则开展部门整体支出绩效和项目支出绩效自评价工作，自评率100%。引入第三方机构开展预算绩效重点评价，将绩效评价结果运用于下一年度部门预算项目资金安排，加强预算管理与绩效管理的深度融合。

深入开展预算公开。组织所有预算单位做好预算公开工作，增加资金使用透明度，全区预算公开率100%。搭建社会公众参与绩效管理的途径和平台，自觉接受社会监督。

推进国库集中支付改革。完成新招标国库集中支付代理银行的上线工作，通过公开招投标方式，国库集中支付代理银行由原来的2家增加到6家；10月1日正式上线国库集中支付电子化实拨业务。推进医疗票据改革。按照《江西省全面推行医疗收费电子票据管理改革实施方案》要求，全区各卫生院完成医疗电子票据电子化改革。全年开具医疗收费电子票据47696张，开票金额618.82万元，减轻人工窗口工作压力，减少人力成本和人工差错，降低纸质票据打印、传递、整理和保管成本及流转中的损毁、遗失风险。推进财政涉农扶贫资金统筹整合。加强涉农扶贫资金整合，在因需而整的前提下做到应整尽整，全年统筹整合财政涉农扶贫资金2489万元，比上年增长75.28%。整合资金重点用于“两不愁、三保障”、农村基础设施建设、农业产业发展，21个扶贫项目全部完工并投入使用。

【防范化解债务风险】 严格执行“化债计划”，防范化解地方政府债务风险，坚决守住不发生系统性风险的底线。强化风险管控，充分发挥区属国有企业融资稽查工作领导小组作用，安排人员多次赴区属各国有企业，了解国有企业贯彻落实政策、规范举债行为、化解地方政府债务风险等相关情况。注重全过程监控，充分运用信息化手段，通过地方政府债务管理系统和全口径债务监测系统2个平台，对全区债务变动情况实施全过程监控。

（唐 宇）

税收

【概况】 2020年，区税务局党委坚决落实区党工委、管委会和市税务局党委工作部署，统筹推进疫情防控和各项税收工作，完成组织税费收入和减税降费等各项工作任务。区税务局通过“2019年度江西省文明单位”复查，获“第十届赣州市文明单位”，全区“2019企业入规工作先进单位”“节能优秀单位”“2019年度社会治安综合治理先进单位”“2019年度全区宣传报道先进集体”等荣誉称号；区税务局党组织被评为全区“先进基层党组织”，2020年全市税务系统“十佳党支部”；工会被评为“2019年度赣州经开区工会工作先进集体”；团组织被评为“全区五四红旗团支部（总支）”。

【税费收入】 全年入库税款503592万元，同比增收27972万元，增长5.88%，完成全年税收任务。其中，赣州经开区入库461090万元，同比增收8553万元，增长1.89%。全年收入总量排全市一类县、市（区）总量第一，增幅排名第四。工业税收入库27.66亿元，增长22.8%，在全市一类县（市、区）中总量和增幅均排第一；工业增值税入库11.28亿元，增长27.3%，在全市一类县（市、区）中总量和增幅均排第一。

6月24日，税务干部走访赣州海盛硬质合金有限公司，宣传税收优惠政策 （区税务局供图）

【减税降费】 年内，新增减税降费259400万元，出台的支持疫情防控和经济社会发展税费优惠政策新增减税降费10172万元；2019年年中出台政策在本年度翘尾新增减税降费15767万元。

【社保征收】 年内，区税务局征收社会保险费4.42亿元。其中，企业和机关事业单位社会保险费3.35亿元，城乡居民基本医疗保险9073.3万元，城乡居民养老保险1622.11万元。自11月1日起，企业社会保险费划转税务部门征收，顺利完成2218户企业社会保险电子数据的交接工作。

【税收营商环境优化】 推行"互联网+税务"服务，省税务系统在电子税务局推出8大功能模块768个功能，90%事项实现全程网上办，并在"赣服通"上线16项查询服务项目。实现12大类95个税费事项"一次不跑"和10大类86个税费事项"最多跑一次"，实现纳税人首次申领发票即时办结。办税服务厅设置"后台流转区"，凡是涉及签字、盖章和核实的事项，税源管理部门派人进驻"后台流转区"集中办公，实行"一站式"服务。办税服务厅提供"预约办"，全年预约5617人次，占全市预约人次的83.83%，实际办理预约业务3563人次，占全市实际预约办理业务的93.83%。提供延时服务、"容缺办""无证办"等便民服务，方便纳税人、缴费人办理业务。推行好差评制度，全区纳税人评价率99.6%，好评率100%。自助办税厅在原有17台自助办税终端、16台自助外网电脑的基础上，增设2台自助办税终端，缓解办税压力。

（王 洁）

11月6日，区税务局干部走访国机智骏企业，解读最新税收政策
（区税务局供图）

表3　　年度纳税1000万元（含）以上企业一览表

序号	纳税人名称	实缴金额（万元）
1	江西中烟工业有限责任公司赣州卷烟厂	136614
2	赣州江钨新型合金材料有限公司	21009
3	赣州快乐分期网络服务有限公司	15207
4	赣州市東薪再生资源有限公司	12485
5	赣州星弘生物科技有限公司	9910
6	赣州鑫城置业有限公司	9651

续表 3

序号	纳税人名称	实缴金额（万元）
7	江西金力永磁科技股份有限公司	8976
8	赣州鑫群置业有限公司	7417
9	江西大田精密科技有限公司	6934
10	赣州中海海华房地产有限公司	6903
11	赣州市富辉房地产开发有限责任公司	6887
12	赣州市威华矿业有限公司	4929
13	达濠市政建设有限公司赣州蓉江新区分公司	4869
14	赣州恒创置业有限公司	4837
15	英华利汽车零部件（赣州）有限公司	4792
16	金进实业（赣州）有限公司	4657
17	万宝至马达（江西）有限公司	4590
18	赣州新力未来置业有限公司	4148
19	赣州鸿兆矿产品有限公司	3943
20	赣州昌泰资产管理有限公司	3915
21	江西融尚工贸有限公司	3637
22	赣州蓉江新区万辉房地产开发有限公司	3608
23	赣州开发区土地收购储备中心	3518
24	江西曼妮芬服装有限公司	3156
25	赣州毅德商贸物流园开发有限公司	3136
26	赣州市新跃矿业有限公司	2953
27	格特拉克（江西）传动系统有限公司赣州经济技术开发区分公司	2937
28	赣州中书资源置业有限公司	2808
29	赣州恒科东方实业有限公司	2780
30	赣州众星晟房地产开发有限公司	2748
31	光宝力信科技（赣州）有限公司	2701

续表3

序号	纳税人名称	实缴金额（万元）
32	赣州市正润置业有限公司	2601
33	赣州开发区建设投资（集团）有限公司丽景江山项目部	2550
34	赣州华坚国际鞋城有限公司	2511
35	赣州开发区建设投资（集团）有限公司	2502
36	赣州市碧城房地产开发有限公司	2468
37	赣州海螺水泥有限责任公司潭东镇分公司	2366
38	赣州市源宏铜业有限公司	2345
39	赣州市旭光房地产开发有限公司	2238
40	赣州力投房地产开发有限公司	2129
41	赣州市章贡区嘉福发展房地产开发有限公司	1870
42	国网江西省电力有限公司赣州开发区供电分公司	1763
43	江西博鑫房地产开发有限公司	1751
44	赣州福荣实业有限公司	1734
45	江西百泰实业有限公司	1727
46	赣州华宏星汽车有限公司	1656
47	赣州美园畜牧有限公司	1647
48	中国建筑一局（集团）有限公司赣州分公司	1566
49	京瓷精密工具（赣州）有限公司	1538
50	赣州市鸿泰有色金属有限公司	1531
51	赣州江源科技发展有限责任公司	1522
52	双胞胎饲料有限公司	1448
53	赣州新力力合置业有限公司	1418
54	赣州铭兆矿业有限公司	1371
55	赣州瑞康混凝土有限公司	1347
56	赣州好朋友科技有限公司	1339

续表 3

序号	纳税人名称	实缴金额（万元）
57	江西伊维斯服装有限公司	1240
58	江西兰卓丽服饰有限责任公司	1239
59	赣州保嘉房地产开发有限公司	1234
60	赣州市瑞德置业有限公司	1196
61	欧陆通（赣州）电子有限公司	1188
62	赣州中盛房地产开发有限公司	1152
63	赣州传化南北公路港物流有限公司	1132
64	赣州恒科产业园实业有限公司	1127
65	赣州谦益投资合伙企业（有限合伙）	1123
66	赣州汇和置业有限公司	1112
67	赣州市金源矿业有限公司	1047
68	赣州华宏汽车有限公司	1011
	合计	377395

审计

【概况】 2020年，赣州经开区以推动高质量跨越式发展为抓手，服务经济社会发展大局，充分发挥审计监督职能。

【领导干部自然资源资产审计】 完成对三江乡原党委副书记、乡长杨振华开展自然资源资产离任审计，发现问题5个，提出意见建议3条。

【部门预算执行情况审计】 完成对区招商局、区机关事务中心、区经发局、区城管执法分局、湖边镇5家单位2019年度部门预算执行情况审计，发现问题34个，提出意见建议24条。

【扶贫项目资金专项审计】 完成对2019年区统筹整合涉农财政扶贫项目资金审计，发现问题8个，提出意见建议4条。

【征地拆迁资金专项审计】 完成对辖区内的6个乡（镇、街道、管理处）2019年9月至2020年8月征地拆迁专项资金使用情况审计，发现问题25个，提出意见建议21条。

【财政性投资项目审计】 完成抽审固定资产投资项目87个，审计项目资金约3.77亿元，审减金额316.81万元。

（颜 剑）

（本栏编辑：邱 毅）

城乡建设与管理

城乡建设

规划管理

【概况】 2020年，区自然资源分局以贯彻实施《中华人民共和国城乡规划法》及有关规划管理技术规范为抓手，紧紧围绕全区工作部署，坚持规划引领，全力配合推进市国土空间总体规划编制，优化西城区暨香港产业园北区、铜铝产业园、凤岗片区、综合保税区、新能源汽车科技城首期等片区控制性详细规划；履行规划管理和审批职能，精简审批环节，着力推进项目建设进度，为全区城市建设提供规划保障。

【规划统筹】 推进全区各项规划编制。《赣州市迎宾大道城市设计》获市政府批准实施；《赣州西城区暨香港产业园北区控制性详细规划（迎宾大道两侧区域修编）》《迎宾大道两侧（东江源大道—保税大道段）规划绿带空间景观设计项目》《湖边镇善边村村庄整治规划暨赣南客家风貌示范村风貌营造提升规划》《赣州新能源科技城管理处范塘村村庄整治规划暨赣南客家风貌示范村风貌营造提升规划》《赣州经济技术开发区全域规划农村村民建房赣南传统风貌标准户型图集》通过专家评审；启动《赣州经开区三江组团控制性详细规划》《赣州经济技术开发区迎宾大道两侧城镇低效用地再开发专项规划》编制工作。优化空间布局，满足城市发展需求，赣州西城区2个地块规划调整获市政府批复，赣州西城区3个地块和新能源汽车科技城1个地块规划调整通过专家评审。

【国土空间规划编制】 配合市国土空间总体规划编制调研工作组，完成辖区内农业现代化评价指标、农业户籍人口、农民建房台账、村庄整治、工矿复垦等基础资料整理和收集。按照“科学评估、合理优化、应调尽调整、应划尽划”的原则，协助做好辖区生态保护红线评估优化等工作，及时将全区发展战略诉求纳入编制工作，对中心城区城镇开发边界初划方案提出合理意见和建议。

【重点工程项目规划】 全年审批重点工程项目规划30个，其中标准厂房“梧桐树”计划项目7个，“满园扩园”促开工项目7个，民生工程4个，返迁房项目12个。

（曾　玲）

城乡基础设施建设

【概况】 2020年，全区住建系统紧扣“一区三基地”战略目标，践行新发展理念，推进改革创新，加快重点工作攻坚进程，城乡建设工作取得较好成效。

【新型城镇化建设】 年内，全区新型城镇化攻坚战安排项目279个，总投资835.37亿元，完成年度投资199.77亿元；安排中心城区城建项目45个，总投资152.20亿元，完成年度投资121.33亿元。新修城市道路43.36千米，唐龙公园、汉字文化主题园顺利开园，科技城污水处理厂投入使用；灌婴小学、区第二保育院等12个学校、幼儿园项目完工，骨科医院4个卫生医疗项目完工或达到时序要求；电子信息产业园垃圾中转站、公厕创卫项目全部完成；迎宾大道两侧更新工程正式启动。

【返迁房建设三年行动】 印发《赣州经济技术开发区返迁安置房（保障性住房）项目建设三年行动计划实施方案（2020—2023年）》，计划3年内实施43个返迁安置房（保障性住房）项目，总投资133.47亿元，总建筑面积425.62万平方米。全年新开工项目14个（总建筑面积118.36万平方米），续建项目21个，竣工交付项目4个（总建筑面积39.01万平方米），安置居民966户；10个项目（总建筑面积122.15万平方米）安置分配方案确定启动（包括2个返迁地基础项目，966块），可安置居民约2709户；其他7个续建项目（总建筑面积146.1万平方米）按计划有序推进。

9月10日，赣州市灌婴小学项目完工 （赣州市灌婴小学供图）

【PPP项目】 保障性安居工程与标准厂房PPP项目及新能源汽车科技城PPP项目3个标段进展顺利，年内注入注册资本金约6.57亿元，完成施工产值约16.95亿元。

【金坪旧城综合改造】 金坪旧城综合改造项目分为嘉福万达广场综合体和保利星州润达综合体项目。年内，嘉福万达广场综合体项目完成总工程的23%，完成投资11.8亿元；保利星州润达综合体项目完成总工程的20%，完成投资8.3亿元。

【村镇建设管理】 组织各乡（镇、街道、管理处）对村镇基本情况、市政公用设施、房屋建设、建设投资4大类147项指标进行全面调查摸底，将采集的信息完整、准确录入住建部城乡建设统计信息管理系统，为全区实施乡村振兴战略提供数据保障。组织全区55名农村个体建筑工匠参加培训，为农村建筑工程质量安全提供人才和技术保障。

【建筑行业管理】 出台《关于进一步促进赣州经开区建筑业发展的若干措施》，通过鼓励区外建筑企业落户、非公开招标项目自主选择建筑企业、将建筑企业纳入区域招商引资范围、实行建筑业企业挂点帮扶制度、及时兑现奖补等一系列举措，扶持壮大区内建筑企业。全年兑现建筑企业奖励资金521万元，印制并发放建筑业政策汇编300本；办理施工许可证152件，合同造价94.2亿元，在中心城区占比分别为

34.8%和27.5%。

【工程质量安全监管】 加强建设工程重点危险源检查和整治工作，落实超过一定规模的危险性较大的分部、分项工程每月跟踪制度，强化各分部、分项工程及竣工验收管理，将定期检查与随机检查相结合。开展建设安全专项整治三年行动，查处违法违规行为14起，处罚单位、公司21个，处罚项目14个，处罚金额353.5万元，整顿企业39家。通过开展质量安全标准化创建工作，帮助企业树立精品意识、打造样板工程。美的君兰半岛一期等5个工程项目被评为“江西省建筑安全生产标准化示范工地”，星洲湾九境商住小区等3个工程项目被评为“赣州市建筑工程质量管理标准化示范工地”，生一轮稀土产业集团有限公司中车动力系统生成厂房建设项目等14个工程项目被评为“赣州市建筑安全生产标准化示范工地”，嘉福尚江府等8个工程项目被评为“赣州市建筑结构示范工程”，赣州卷烟厂易地技术改造二期片烟醇化库项目被评为“赣州市优质建设工程”。全区获奖数量位列全市第一。

【绿色建筑和装配式建筑】 坚持绿色发展理念，全面推动装配式建筑发展工作。全年新开工执行绿色建筑标准项目35个，建筑面积284.2万平方米，其中符合绿色建筑星级评价项目建筑面积79万平方米，城镇绿色建筑占新建建筑比例达到100%；新开工装配式建筑面积44.22万平方米，建成全市首个装配率达56%的公安局制证中心。

【工地扬尘治理】 以打赢蓝天保卫战、创建国家卫生城市为契机，狠抓建筑工地扬尘治理。全年安排建筑工地巡查306次，下发扬尘治理限期整改通知单340份、停工通知单3份，行政处罚项目3个，处罚金额8.5万元。报建工地建筑扬尘整治“六个百分百”基本全面落实。

【污水处理】 年内，全区实施污水管网建设项目25个，新建污水管网29.02千米，完成投资10201.15万元。对杨梅溪汇水范围、二水厂饮用水源地保护区排口汇水范围雨污管网进行整治；对全区黑臭水体进行再排查，无新增黑臭水体。

【海绵城市建设】 年内，重点推进唐龙公园、赣州绿地国际博览城、云星·公园华府、金凤梅园等一批海绵城市建设项目，全区海绵城市建设面积12.41平方千米，占建成区面积的23.38%。

【农村住房安全保障】 对全区农户住房安全情况进行全面排查鉴定，实施危房改造7户；开展农户住房安全有保障现场督导工作，对房屋观感质量不高、存在少量漏雨印迹、“五净一规范”未达标等问题按要求整改到位，保障全区5430户贫困户19077名贫困人口的住房安全。

（杨文南）

【供水】 赣州市第二自来水厂为赣州水务股份有限公司下属自来水厂，位于赣州经开区黄金岭街道金星村，是赣州经开区范围内供水主力水厂。2020年，二水厂总供水量6363.14万立方米，日平均供水量17.43万立方米，最大日供水量25万立方米，达到额定供水能力100%。为满足赣州经开区生产、生活用水的需求，年内切实推进第二水厂三期10万立方米/日扩建工程建设。三期工程主要建设内容为新建水处理构筑物、原水管、二级泵房及配套构筑物，改造一级泵房、加药系统等，总投资约2.7亿元。9月，二水厂三期正式投入运行，日供水量设计能力25万立方米。

赣州水务股份有限公司不断提升供水服务水平，推进“互联网+供水服务”。开通微信缴纳水费业务，水费缴纳发展到营业大厅、银行代扣、“和我信”、翼支付、网上银行、微信、支付宝等多种缴费渠道。在区企服中心增设供水服务窗口，用户可就近办理申报、缴费和过户业务。开通错时延时服务，启用手机抄表系统、管网巡检系统、客服事件管理系统等，企业服务水平不断提升。

（陈 勇）

【供电】 赣州经开区电网处于赣州中心城区，形成以220千伏为支撑、110千伏多电源供电的网架。2020年，赣州经开区供电公司稳固存量电量市场，创新开展“零跑腿”“省心”办电服务，拓展增量电量市场、优化电力营商环境。全年完成电网投资7282.84万元，完成售电量19.52亿千瓦时，同比增长12.25%；购售同期线损率3.0%，同比下降2.68%；主营业务收入净额10.94亿元，同比增长9.93%；缴纳利税1776.32万元。

电网建设有序推进。竣工投运10千伏开关站3座，新建改造10千伏线路94千米，新建改造配电台区54台、10580千伏安，新建改造低压线路116千米，其中10千伏湖边开关站新建工程获江西省电力公司“优质工程”荣誉称号；落实属地责任，助力110千伏龙泉输变电工程建设竣工投运，开展220千伏和乐输变电工程、220千伏横岭输变电工程前期工作。

电力营商环境持续优化。创新开展企业客户办电“四零”“四省”服务，成立办电服务核心专班，践行“一线工作法”，实现企业办电“零跑腿”。年内，服务企业261家，完成送电174家，为企业节约成本892万元。执行国家阶段性降电价政策，全年减免电费4117万元。蟠龙供电所正式组建运营，精细化、精益化服务工业园区发展。

压实供电所投诉管控责任，投诉管控关口前移至运维管理、过程管控，服务意识得到提升。“95598”供电服务热线接投诉10起，同比下降84.13%；2个供电所实现全年零投诉。9242户时段性、季节性低电压得到彻底改善。完成频繁停电线路综合治理12条，治理后线路故障次数同比下降85.29%。全年开展带电作业486次，同比增长78.68%；减少停电时长1215小时，多供电量148.32万千瓦时。配电自动化接入终端405个，同比增加189%。

对接政府部门，常态开展企业用电分析，每月形成《企业用电分析》，助力政府掌握企业复工复产动态、生产实时动态。零闪动、零差错完成省旅发大会、“中国农民丰收节”等48项保电任务。优化杆线迁改工作流程并加强管控，全年受理杆线迁改申请73项，完成29项，其中政府“百日攻坚”项目杆迁全部完成。巩固脱贫攻坚成果，完成光伏扶贫电量结算梳理并足额补贴到位，百分百执行低保五保户电费优惠政策。

（肖 凤）

【移动通信】 赣州移动经开区分公司坚持“以人民为中心”的发展理念，通过党建引领发展，将网络强国、数字中国、智慧社会落到实处。配合政府、医院做好疫情防控工作，确保全区近11万宽带客户、5万机顶盒用户畅通使用。全年建设5G基站596个，实现5G信号在中心城区街道、重点单位、商场的基本覆盖，5G客户数8.73万户，获得区公管处“政企合作网络强国”锦旗表彰。紧抓战略产品、校园产品和重点项目3项重点工作，实现信息化收入4075万元。在网络保障方面，全年处理各类投诉1200余次，处理基站纠纷30余次；对省旅发大会、理工大学周年庆、理工大学书记第一课、区块链发展大会等重大活动进行通信保障20余次，实现重大保障零失误。每月通过“总经理客户服务日”与客户零距离接触，年度重复投诉率2.87%，客户满意度显著提升。

（罗杰腾）

【电信】 中国电信赣州分公司经开区营销中心充分发挥综合信息服务优势和信息化建设主力军作用，全面助推赣州经开区信息通信发展，圆满完成各项工作任务。全年营业收入同比增幅 1.3%。全年完成线路改迁和通信保障任务，强化线路故障查修管控，实现网络资源成环。年内，完成综调系统障碍工单 2934 张、省电子运维障碍工单 2227 张、天网障碍工单 356 张，处理投诉工单 842 张；完成黄金岭街道、三江乡、凤岗镇、蟠龙镇背街小巷的创卫整治 8 处；完成改迁工作 562 处、主动维护工作 815 处、线路侧光衰整治 216 次、重大抢修 8 次。建设经开区综合接入区机房，排除网络安全隐患；实行 OLT 双上行，做到电路成环。落实《赣州市 2020 年农村信息化扶贫（通信基础设施建设）》，做好湖边镇横江村，凤岗镇黄龙村、伍岭村，三江乡肖边村、东红村，科技城管理处横江村、龙潭村、洋田村等脱贫攻坚工作，实现 4G、5G 网络覆盖 95%，宽带光纤化 100%。

（何应标）

【交通路网】 年内，全区有基础设施建设攻坚战项目 28 个，其中市本级项目 10 个，即创业路（高架段）、东江源大道快速路北延、迎宾大道快速路一标段、长赣铁路（赣州段）、蟠龙大桥、赣深客专（赣州段）、大广高速公路南康北服务区、保税大道、会展中心周边道路（一期）、赣州黄金机场通用机坪建设；市级调度项目 13 个，即 G105 赣州中心城区改线公路（经开区段）、农村公路建设、新能源汽车科技城洋田组团内部道路、新能源汽车科技城章良组团内部道路、洋田路、星光路、章潭路、黄金大道东延（金潭大道至蓝天路）、机场快速路跨上犹江大桥、大广高速科技城互通道路、电动汽车充电桩、龙泉 110 千伏输变电、农网建设改造项目；新建项目 9 个，续建项目 4 个。总投资 41.11 亿元，年度计划投资 21.83 亿元，实际完成投资 48.2 亿元，占年度计划投资的 220.85%。

（肖远明）

一城两园两区建设

【赣州新能源汽车科技城】 赣州新能源汽车科技城于 2016 年 4 月启动建设，规划总面积 35.2 平方千米，是赣州“主攻工业”、承接新能源汽车及关键零部件项目的主平台。围绕新能源汽车整车研发、制造，形成新能源汽车动力电池、电机、电控等关键零部件以及其他配套协同发展的产业格局。规划有新能源汽车工程研究中心及占地 5.92 平方千米的赣州教职园区，可容纳在校师生 10 万人；有完整的城市组团配套，学校、医院、住宅等城市功能设施，致力打造产学研一体的产城融合示范区。

基础交通设施方面，完成东西向唐凤大道、唐章路、星光路、旭日大道、枫林大道、城西大道和南北向唐龙大道、章田路、机场快速路、唐龙大桥、章潭路“六横五纵”基础交通路网，南康机场快速路跨上犹江大桥、谷山路、洋田路等次干道及章良、洋田两个城市组团内部路网正在建设中；开工建设大广高速科技城互通工程和飞翔路快速路，进一步扩宽科技城园区与周边地区交通线路，加快城西大道三江段、客家大道三江段等工程前期工作；完成科技城污水处理厂（一期）、配套截污干管、唐龙公园、科技城垃圾中转站及配套公厕工程建设，加快科技城医院、九年义务学校、洋田小学、幼儿园、消防站、三江污水提升泵站及沿江污水干管工程施工进度。

工业厂房建设方面，完成科技城首期约 19.03 平方千米范围内场地平场并交付，国机汽车、凯马、昶洧、孚能三期、金信诺、亿鹏、中电、中车生一伦等企业入驻建设厂房，国机智骏汽车、凯马汽车和中电汽车实现整车下线，金信诺一期厂房和亿鹏新能源项目厂房完工交付、科技城标准厂房项目 6 栋主体全部封顶，推动中车生一伦和唐龙科技园工程建设，并协助江西理工大学建设南方新能源汽车工程研究中心项目，启动旭日科技园二期项目建设和配合川铁轨道交通、苏州金瑞麒等企业建设厂房。科技城园区内规划5.92平方千米的赣州职教园区，一期落户大学2所、高职院校4所、工程研究中心1个和检测中心1个。涵盖汽车、机械、电子、材料、信息等汽车设计制造及相关专业，并设置研究生、本科、大专、中专专业层次。

（陈 炜）

【电子信息产业园】 电子信息产业园房建基础设施在建项目13个（湖边城中村、华鑫北一标、华鑫北二标、杨梅棚改、湖边返迁地地块一、地块二、湖边返迁地地块三至地块六、涌泉棚改、叶山棚改、香港工业园园区员工宿舍、803厂棚改、香江棚改、水韵四期、赞贤路中学），总建筑面积约178万平方米，返迁地基础用地面积39万平方米，住宅11868套（其中返迁自建房966套）。其中，新开工项目7个（湖边返迁地地块一地块二、湖边返迁地地块三至地块六、叶山棚改、803厂棚改、香江棚改、水韵四期），完成竣工验收备案项目1个（湖边城中村改造安居社区），续建项目5个。新开工住宅4750套（其中返迁自建房966套），教室44间，新开工建筑面积约60万平方米，返迁地基础用地面积39万平方米；竣工验收备案面积约18万平方米，住宅1122套，店面160间，杂间415间；续建项目建筑面积约82万平方米，住宅4663套，宿舍468间，办公室190间。

市政基础设施在建项目52个，新开工项目30个，完工项目22个，年内完成投资9.22亿元。其中，105国道经开区段完工并通车；黄金大道东延完成金潭大道—华坚路段主道通车；华坚北路（富强路—黄金大道）桥梁完成，路基土石方完成排水施工。涌泉大道（岗边大道—桑梓路）完工并通车；横江大道（秋实路—泉岗路）完工并通车、叶山大道（岗边大道—桑梓路）完成通车；西田大道（岗边大道—黄岗路）路基土石方完成，排水施工。

“梧桐树计划”项目，完成江奥科技园及天安智谷、明汇康、弘耀达、汇兴智造、盛邦尔等12家落地企业44.4公顷场地平整。“满园扩园”项目，完成经环工业等12个项目77.3公顷场地平场。“断头路”项目，紫荆路（华裕路—吉祥路）完工，大坪路完工，纬一路（华鑫路—吉祥路）完工并办理分阶段验收。经开区105国道改线工程，完成并实现全线通车。

（漆玉华）

【北部农旅产业园】 赣州经开区大力实施“乡村振兴”战略，在主攻工业的同时，精心布局北部农村区域全域旅游，将北部农村区域打造成经开区及赣州中心城区集农业开发、旅游休闲、体育运动等功能为一体的“后花园”。签约落户项目5个，即五彩城花博园、台湾部落民俗文化村、凤鸣谷小镇、企业认种共享农场、赣乡墟里。

8月，五彩城花博园一角　（区社管局供图）

五彩城花博园。项目位于凤岗镇长江村、天子地村、南边村、峨眉村之间，由赣州五彩城农业发展有限公司投资建设，规划占地面积约120公顷，总投资10亿元。主要用于农业观光、农业休闲、花卉观赏、乡村体验、研学教育等综合性农业科技、花卉博览示范园。项目建有总占地面积6万平方米的智能大棚，涵盖荷兰模式种植、管式栽培种植、育苗棚、四季花卉馆、梦幻热带雨林体验和大型稻草人生态村落；建有含月季、香水百合、硫化菊、百日草等花卉植物在内的室外花海、阳光草坪；建有120米双道滑草坡、越野卡丁车、水果采摘区、烧烤区、跑马场等。

台湾部落民俗文化村。项目位于凤岗镇长江村、天子地村之间，由江西客家红文化发展有限公司投资建设，规划占地面积约66.67公顷，总投资3.2亿元，旨在打造海峡两岸青年创业示范基地、台湾特色文化旅游景区。年内，完成游客服务中心、部落饭庄、星空营地、灯影秀、台湾老街、图腾广场等6个景点20个景观设施建设。

企业认种共享农庄。项目位于凤岗镇长田村，规划占地面积约93.33公顷，由区企业协会投资建设，总投资1.5亿元，是集种植、采摘、观光、休闲为一体的现代农业、脱贫攻坚、乡村振兴示范性农旅项目。共享农庄一期栽种苹果、脐橙、柚子、草莓、蓝莓、杨梅等各类果树面积约46.67公顷，其中葡萄1500余株，草莓4万余株，蓝莓2200株，苹果3200株，柚子1800株，脐橙9400株，杨梅、桃李等1000余株，油茶2500株；草鱼、甲鱼等养殖面积约6.67公顷，鱼塘养鱼4.5万余尾。

凤鸣谷小镇。项目位于凤岗镇长田村、湖边镇坩头村，由赣州锦晖实业有限公司投资建设。项目分为2期，一期项目投资约18亿元，二期项目投资约12亿元，总投资30亿元。建设目标为国内领先、省内一流的生态休闲观光、养老养生度假、度假小院为一体、运营管护良好具有较强示范带动作用的项目。

赣乡墟里。项目位于凤岗镇南边村、天子地村，由赣州森茂文旅发展有限公司投资建设，规划占地面积约400公顷，总投资16亿元。主要打造集农耕体验、田园度假、民俗博览、亲子游乐、户外休闲于一体的赣南乡土文化时光体验地。8月完成规划设计方案最终定稿，年内完成土地流转173.33公顷；聘用当地贫困劳动力开展莲子种植5.55公顷、稻谷约7.99公顷、鱼塘养鱼约2.85公顷、实验性小龙虾养殖约0.35公顷、种植鱼草约2.59公顷；机耕道基本修通。

（肖相海）

【赣州综合保税区】 赣州综合保税区（简称赣州综保区）于2015年10月20日正式封关，2016年10月19日正式通关运行，是江西省第一家综合保税区，规划面积4平方千米。毗邻黄金国际机场、赣州高铁西站、厦蓉高速、105国道、绕城快速路，配套服务完善，具有保税加工、保税物流、货物贸易、服务贸易、口岸作业等政策功能。赣州综保区围绕国务院关于综合保税区建设加工制造中心、研发设计中心、物流分拨中心、检测维修中心、销售服务中心的发展目标，重点建设“一镇”，即自贸小镇；“一园”，即空港产业园；“一谷”，即“一带一路”粮谷产业园；“一链”，即集金融、采购、物流、仓储、报关等于一体的外贸供应链；“一基地”，即智能终端生产基地；“一平台”，即赣州保税集团，加快促进高水平开放、高质量发展。

截至2020年年底，累计完成外贸进出口117.17亿元，外贸增速位居全国综保区前列。入驻企业71家，建成标准厂房、仓库、宿舍70.5万平方米，在建27.1万平方米，实现“八个率先”（在全省率先获批企业增值税一般纳税人资格试点、率先完成首本“自主备案”账册、率先开展全国通关一体化业首单业务、率先开展保税维修业务、率先开展保税进境粮谷业务，在全市率先建立集报关报检、货代、仓储、配送、供应链等于一体的供应链服务体系，率先在全国第4批24家跨境电商综合试验区开通首单跨境电商业务，在全省率先常态化开行赣州至香港货运直通车线路）。

市级层面出台《中国（赣州）跨境电子商务综合试验区发展专项资金若干政策》《关于应对疫情促进全市口岸发展的政策》，区级层面出台《关于支持赣州综合保税区高质量发展的若干政策》《关于支持跨境电商产业发展的若干政策（试行）》，为赣州综保区高水平开放、高质量发展提供有力政策支持。全年完成跨境电商业务5.8万单，实现进出口52.99亿元。其中，一线外贸进出口31.6亿元，同比增长348%，增速列全省第一、全国综保区第八。牢固树立“项目为王”意识，全年签约引进亿元项目11个，签约资金143.5亿元，创历史新高。签约“5020”（50个中小行业领域和50个创新型产业园区。在每个选定行业领域和园区选择确定20家左右发展速度快、成长潜力大、具有“专精特新”优势的中小企业）重大项目4个，占比54.5%。新建成标准厂房、仓库43.12万平方米。开发利用土地面积142公顷，占验收面积的79.63%。成功申报“中国（赣州）跨境电子商务产业园”项目地方政府专项债券3.58亿元，为项目推进、产业培育提供坚实保障。

空港产业园。项目位于赣州综保区二期，以建设区域性航空货运中心为目标，发展临空经济产业。发挥赣州黄金国际机场的区位优势和赣州综保区政策优势，规划和建设国际航空货运监管中心；组建航空货运公司，开通赣州至周边主要城市的联程联运货运快线，以及东南亚、日韩等地的国际货运班线，促进国际航空货运发展，壮大航空物流。以赣州综保区为主体，建设国际快件监管中心，加快发展国际快件业务，推动跨境电商产业发展。申报建设各类指定口岸、监管场所，培育如电子信息、珠宝首饰、生物医药等高附加值的物流和销售服务中心，电子产品和集成芯片返区保税维修中心，探索打造集运营、检测、维修、金融等功能为一体的航空产业集群。

自贸小镇。项目以赣州综保区为依托，建设国贸大厦、国际商务酒店、020免税商店、跨境电商展示中心、进境粮谷交易中心、钨和稀土国际交割中心、进出口型科技企业孵化器、加速器，形成以“国际贸易服务、金融服务、总部服务、物流仓储和国际调拨”为主的“商业、商务、文化、休闲”多元功能集成的综合性功能集聚区。

（戚箭斌）

【西城区】 西城区开发建设范围为迎宾大道、飞翔路以南、思源路以东、登峰大道以西，总规划面积约32平方千米。其中，规划保障房建设用地约60.67公顷，规划市政道路长约115千米，公园绿地约363.2公顷。2020年，率先完成7块合作预留地的开工建设工作。

年内，持续推进项目建设，完善西城区市政基础设施建设，重点建设好片区范围内的市政道路；加快环境保护基础设施项目建设，重点推进华坚南路雨污水改造项目、工业路污水提升泵站扩建及工业路压力管、新增污水干管、雨污管网整治工程等项目建设；加快园林绿化项目建设，汉字文化主题园达到开园条件；推进棚改项目建设，蓝翔、章江C二期、车头5—8#楼、凤岗之星、桃芫1—19#楼、桃芫20—26#楼等6个棚改项目3188套完成竣工交付，河坝、E5、E6等3个棚改项目2818套完成预分配工作，杨边、大坪商铺等项目全面进入主体施工阶段，金星棚改等10个项目4752套全面开工建设。

（罗小贞）

征地拆迁与安置

【概况】 2020年，区征迁办开拓创新、克服困难，提前完成飞翔路快速路项目（科技城段）征拆

7月21日，章江左岸项目调度会召开，为超前完成任务打下基础
（区征迁办供图）

任务和章江左岸滨江公园征迁项目，解决昌赣客运专线项目征迁遗留问题，努力做好安置保障工作，确保全区重大项目稳步推进。

【昌赣客运专线项目征迁遗留问题化解】 年内，对昌赣客运专线项目涉及未安置宅基地遗留问题，赣州市城市投资集团股份有限公司在4月和7月分别拨款支付拆迁户宅基地回购款（不含14公顷昌赣客专用地范围内拆迁户），基本完成款项支付工作；涉及14公顷昌赣客运专项项目用地范围内的41户79套宅基地9282.5万元回购资金，与省重点办、昌九公司、赣州市城投集团商讨、协调，达成一致意见并签署会议纪要，完成遗留问题矛盾排查化解工作。

【项目征迁】 全年全区下达项目133个，省级项目3个，市级项目34个，区本级项目96个。其中，114个项目（其中7个项目部分资金保障）启动征迁工作，19个项目因资金、规划调整等原因暂未启动。累计完成征地404.93公顷，签订房屋协议2270栋83.93万平方米，拆除房屋1722栋60.28万平方米，搬迁企业67家，迁坟2528穴，全区征地拆迁综合完成率98.71%。

【返迁安置】 年内，区征迁办牵头制定出台《赣州经济技术开发区返迁安置房（保障性住房）项目建设三年行动计划实施方案（2020—2023年）》，计划3年内实施返迁安置房（保障性住房）项目43个，总投资133.47亿元，总建筑面积425.62万平方米；牵头制定《关于明确区领导挂点推进返迁安置房项目建设有关事项的通知》，建立由区领导牵头、有关单位负责人及1名副科级联系人组成的挂点推进组，践行“一线工作法”“践诺工作法”，对比每次调度的项目建设进度，在建设现场解决实际问题。全年全区交付章江C地块二期521套241户、D地块二期267套124户、车头蓝翔小区621套352户、车头临道5—8#楼189套103户、梨园小区717套323户、湖边城中村改造安置小区1122套297户、河坝陈屋棚改小区1278套580户、章江E5、E6地块1532套580户，合计9个项目6247套房屋，安置居民2600户。

【不合规协议整改】 对未按时限要求整改完善的协议实施单位，发放提醒函或进行督办；整改任务完成不好的，及时将有关情况上报区管委会。对征迁过程中发现涉及违法违纪行为的，及时向区纪工委移交相关线索。梳理核查2017年以来的备案抽查整改情况，年内完成问题整改资料完善270户，完成整改率81%；对还未完成整改的乡镇，下发整改工作提示函3份。

（刘珈序）

城市管理

自然资源管理

【概况】 2020年，区自然资源分局严格按照“全覆盖、零容忍、严执法、重实效”的总体要求，充分落实全民所有自然资源资产所有者职责，落实自然资源各项工作，强化自然资源要素保障。

【自然资源要素保障】 规范土地市场秩序，统一供应建设用地，有序开展土地供应、收储及留用地开发工作。全年供应土地159宗788.13公顷（其中经营性用地30宗100.71公顷，工业用地37宗145.90公顷，划拨用地92宗541.51公顷）；完成收储土地工作3批次，收储面积464.48公顷。按照土地利用总体规划和上级下达的土地利用年度计划管理、使用土地。推动10宗约44.93公顷留用地完成公开招标招商、开工建设或与赣州建控集团合作开发建设返迁房，其中商住留用地8宗约36.33公顷，工业留用地2宗8.6公顷。获批用地报批批复12个批次，面积336.13公顷，保障赣州市应急救援综合保障基地、新南昌至赣州铁路客运专线站后牵引变电所等配套设施、经开区文化艺术中心、赣州大广高速公路太窝互通、名芯半导体芯片、研创光电等一大批基础设施、民生工程及工业产业项目用地。

【土地节约集约利用】 贯彻省、市关于推进土地节约集约利用精神，印发《赣州经济技术开发区2020年度批而未用土地消化处置实施方案》，明确目标任务、责任单位、责任人及消化期限。全年消化批而未用土地77宗479.93公顷。坚持资源高效利用，大力开展闲置低效用地处置工作。通过收回、促开工等方式盘活闲置低效用地17宗约80公顷，其中收回13宗约60公顷，促开工4宗约20公顷。

【矿山开发整治】 根据赣州经开区矿山开发整治专项行动方案，组织相关部门对辖区内4个矿山开展联合检查和采矿权省级监测工作，推动矿业经济全面转型升级和高质量发展。建立矿业权人履行保护和治理恢复矿山地质环境法定义务的约束机制，依法依规收取采矿权出让收益124.99万元。充分发挥非金属资源优势，有力保障中心城区砂石资源开采供应。向上争取中央生态修复治理专项资金30万元，完成长江经济带废弃露天矿山治理2座，修复治理面积4.33公顷。

【农村房地一体确权登记】 组织推进农村房地一体确权登记工

1月，不动产登记中心错峰办证，延长服务时间，坚决推进服务型政府建设，提高群众满意度 （区自然资源分局供图）

作，先后印发《赣州经济技术开发区关于加快推进农村房地一体确权登记发证工作的实施方案》《赣州经济技术开发区农村宅基地和集体建设用地使用权确权登记工作实施细则》。采取上门服务、全程代办等措施，加快农房登记工作进度，实现便民发证。全年发放农村房地一体不动产权证书1.5万本。

【用地执法监察】 通过移动执法App等工具定期开展土地动态巡查工作，对国家下发土地卫片图斑、卫星遥感监测图斑以及群众举报、执法巡查等方式发现的违法用地线索及时核查处理；建立健全执法监察工作机制，实现违法行为早发现、早制止、早查处。全年下发责令停止违法行为通知书10份，有效制止违法用地行为。

【城乡规划监管】 全年办理建筑类《建设工程竣工规划核实合格意见单》45件，核实竣工建筑面积约141万平方米；完成工业类规划核实项目26个，建筑面积约86.7万平方米；完成返迁房、公建类规划核实项目19个，建筑面积约54.3万平方米。严肃查处违法（规）建设行为，确保取得建设工程规划许可证后的项目违法（章）行为的“零增量”。发现属城乡规划职责内违法（章）案件13件，全部移交城管执法部门查处，查处率100%。

（曾　玲）

城市日常管理

【概况】 2020年，区城管分局围绕城市管理中心工作和年度目标任务，精益求精，创新长效管理机制，突出重点，在疫情防控、“六稳六保”、“保文创卫”、市容环境整治、查违拆违和大气污染防治等重点中心工作中攻坚克难，争做先锋，营造良好营商环境，有效提升赣州经开区形象。

【提升城市管理水平】 对餐饮企业油烟净化设施安装运行情况进行专项排查，全区安装油烟净化设施1082处，安装率100%；执法队员每日常态化开展油烟净化器开启运行情况督查，督促295家餐饮企业清洗油烟净化器。落实定人、定时、定岗、定责的“四定”区域监管责任制，强化日常巡查和限时整改，确保主次干道及重点街巷整洁有序。加强辖区户外广告规范化管理，建立“户外广告编码”制度，为每块广告牌确定“身份”标识。全年清理市容市貌难点部位92处、占道经营2430余起；劝阻违规停放车辆9800余辆，拖移车辆2100余辆；制作喷绘布宣传标语1万余平方米、高炮广告2000余平方米、宣传标语横幅47条。常态化开展道路扬尘整治工作，加大对渣土运输车辆未按规定线路、不覆盖或者覆盖不完善导致抛洒滴漏污染路面及带泥上路等违法违规行为的查处力度，督促施工单位进出工地车辆除污清洗，做到“轮胎不沾泥，污水不外流”。全年依法查处渣土车辆城区强运、撒漏、带泥上路等违规现象56起，处罚10余万元。

【城市管理行政执法重心下移】 强化基层服务意识，按照“乡镇吹哨，部门报到”和“城管进社区，服务面对面”统一部署，推进城市管理行政执法工作重心下移，解决城市管理行政执法工作服务基层、服务群众“最后一千米”难题。开展“三进”工作（宣传服务进社区、管理进社区、执法进社区）及住宅小区环境专项整治行动，集中清理小区内流动摊贩、乱贴乱挂、乱停乱放等市容市貌乱象。构建城管社区快速响应处置机制，提高社区居民对城市管理工作的认同感。推进城市精细化管理向社区延伸，营造整洁有序的社区环境。年内，派出执法人员进社区22人次，在社区发放宣传单页1000余份，清理“牛皮癣”小广告300余处；整治车辆违停42起，纠正占道经营120起，拆除违章建筑12处，城管执法真正做到根植社区、融入社区、服务社区。

7月，区城管分局清除违规广告（区城管分局供图）

【公共环境管理】 加强市容市貌精细化管理。区城管分局全面部署、全员作战、快速出击，落实“门前三包”责任制。集中时间、人力、精力对全区范围内“门前三包”进行全方位、全覆盖、全天候的突击攻坚，做到一户不落、一处不留、一个不少。督促沿街经营户做好卫生保洁、绿化管护和出店经营整改工作。安排人员到各路段开展“门前三包”责任落实专项整治和监管工作，对不接受管理的经营户，以教育为主、处罚为辅和边宣传、边督促的方式，确保各“门前三包”责任对象履行责任书职责，自觉管理包保范围内市容环境及秩序，保持门前环境整洁有序。全年整治商铺出店经营1.36万余起、游商摊贩320余起、人行道违规停放车辆1.38万余辆次，拆除遮阳伞100余处；处置乱挂横幅现象100余处，收缴违规设置的立式广告500余个，清除破旧广告招牌1200余块、“牛皮癣”18390余处。按季节集中开展夜市规范整治行动，规范管理夜宵店35家，查处违规店铺13家，有效改善晚间夜市噪音扰民和环境污染问题。加快推进污水管网建设进度，年内城区污水管网建设项目21个，完成建设23.86千米，完成投资8575.69万元；加快推进华坚路周边雨污管网分流改造和滨江路沿江排水口改造工程、章江左岸沿江截污工程、赣州高铁西站周边地面道路及配套设施工程截污干管、赣州新能源科技城污水处理厂（一期）项目污水干管及提升泵站等城镇污水处理设施及污水干管项目建设。

（陈　婷）

公用事业服务管理

【概况】 2020年，区公管处贯彻落实习近平总书记“人民城市人民建、人民城市为人民”的重要指示精神，紧扣深化全国文明城市建设和创建国家卫生城市考评要求，抓好市政道路维修、环境卫生保洁、园林绿化管理、管线协调、路灯管理等城市管理工作，巩固全国文明城市建设成果，推进国家卫生城市创建，实现城市功能与品质双提升。获2019年度首届江西省环卫行业“最美公厕”功能完善奖、外观设计奖省级表彰；获“赣州市2019年厕所革命先进单位”“2019年度深化全国文明城市建设工作先进集体”市级表彰；获“2019年度赣州经开区绩效考核先进单位”“赣州经开区宣传报道先进集体”“赣州经开区服务企业优秀单位一等奖”区级表彰。

【市政道路管养】 按照深化全国文明城市建设和创建国家卫生城市考评要求，做好河坝等3座污水泵站管理运行。以市政道路为单位，按照主次干道集中治理为主、零星破损点位整治为辅的点、线、面相结合的方式，持续治理道路破损、井盖沉降等市政道路设施各类病害。年内，修复道路5.8万平方米，更换路沿石8141米、树围3898座，维修井盖及雨水篦子等1000余套。开展市政地下雨污管网排查整治，对区内9#11#排水口、赣通大道等地下雨污管网开展排查，排查管网203千米，排查缺陷4972处、错接私接181处，更换破损污水管道

3月5日，区公管处整改积水点，保障排水畅通　（区公管处供图）

171米，维修、改建市政地下雨污管网868米，疏通雨污管道8000米。推进积水点改造工程，完成清溪南路与蟠龙路交汇处等4处的积水点整改，保障排水畅通。

【城市绿化品质提升】 对迎宾大道与金潭大道交汇处等5个荒地进行提升改造。通过翻土堆坡、植绿造景、添桌加椅等方式开展小游园改造，建设金潭小游园南园等5个休憩小游园，现代城市气息更加浓厚。开展黄土裸露专项整治行动，覆绿行道树树池3900余个，覆绿绿地裸土面积3.29万平方米，主次干道两侧有行道树且树根平整、区内绿地无黄土裸露的目标基本实现。实施园区绿化"一清一补"行动，补种苗木5000余株，清理枯枝死树1300余株，基本消除缺株断垄现象。对香江大道与黄金大道渠化岛等区域绿化莳花美化更新5次，更换莳花面积9000余平方米。

【城市卫生管理】 紧抓城区环境卫生保洁及公厕建设等工作，完成城区新建、改建国家二类公厕20座，均实行统一编号，配备专人管理。依托"赣服通"平台，市民可线上搜索方圆500米至5000米范围内的公厕，群众上厕所从"闹心"转变为"舒心"，得到客家新闻网、江西日报、信息日报等媒体报道。金赣公厕、中盛公园公厕在2019年度首届江西省环卫行业"最美公厕"评选中分获功能完善奖、外观设计奖。实施"变扫为吸"作业，"以克论净，路见本色"行动在中心城区排名领先。常态化开展环境卫生整治活动，清理各类卫生死角6501处，清洗围栏护栏1315.2千米，清扫路基8.69万千米。建立健全长效常态管理模式，中心城区机械化清扫率实现85%以上；开展雾化抑尘、夜间"洗城"作业，城区环境综合整治实现常态化、长效化；开展"撤桶入巷、撤桶换箱"行动，撤出1600个大型塑料垃圾桶，配备3700个果壳箱，推进"上门定时、定点收集"和巡回收集服务。

【道路照明工程】 坚持"路灯亮化、服务人民"的理念，抓好路灯设施管理维护，常态化排除线路故障，实现道路照明亮灯率96%以上的年度工作目标。更换地下主电缆线1572米，维修路灯561盏，检修路灯控制柜51台，恢复亮灯1248盏，更换华坚路、金岭路等道路老旧光源104盏。

【管线迁移】 抓好"一城一园两区""高铁核心区"等建设项目线路迁改及服务新建企业用水、用电的协调工作，对接各建设开发公司完成各乡镇征地拆迁项目的线路迁改，配合工业用水、用电接驳建设项目办理城区道路挖掘许可证。启动管线迁改项目194个，其中电力126个，供水43个，通信20个，燃气5个。完成蟠龙公园110千伏高压线路迁改工程等82个项目；拆除供电线路25.95千米、供水管7.51千米、通信光缆68.48千米、通信塔2座、燃气管道0.1千米；新建供电线路35.19千米、供水管11.67千米、燃气管道9.98千米，新增通信光缆61.21千米。

（廖万茂）

房地产管理

【概况】 2020年，区房管所贯彻落实国家房地产调控政策，规范房地产市场秩序，稳步做好保障性住房管理工作，推动赣州经开区房地产市场平稳健康发展。

【稳控政策落实】 继续执行中心城区商品住房限购、限价、限贷等调控政策及区房地产市场调控的13条措施（赣经开办字〔2017〕194号）。申报预售的商品住宅项目，一律进行预售备案价格审批，价格联席会根据项目实际建设情况和房价调控目标综合考虑确定商品住宅备案价格。首次办理预售的项目，参照同地段其他项目同类型住宅上月实际成交均价；无参照对象的，报市住建局提供指导价。全年召开价格联席会议13次，指导九里蓝湾、保利天汇等23个项目商品房住宅定价。全区商品住宅均价9874元/平方米，与2019年（9459元/平方米）相比上涨4.39%，处于房地产稳控目标8%内，价格平稳。

【房地产市场秩序整顿】 对全区项目进行摸排，做到底数清、问题明，建立项目台账，实现销号管理。针对可能出现问题的项目，召开项目现场调度会，研究解决开发项目建设中的困难，实行“提前介入”；加强对各开发项目的实际情况研究，根据交房日期提前下发预警函，要求倒排工期，强化施工人员管理。围绕项目验收开展提前指导，加速验收进度；围绕工程质量进行现场督促，提高整改效率。加强园林绿化设计指导和验收备案工作。房地产开发企业在项目审批工程施工阶段，提交城市绿化工程设计方案及工程建设项目附属绿化设计（变更）方案和图纸。加强项目附属绿化设计（变更）方案和图纸的备案、指导工作，提前介入指导建设单位完善园林绿化方案和施工图设计，督促建设单位按图施工，加强园林绿化施工过程监管，核实园林绿化用地面积，发现未按图施工情况及时要求企业整改。

【商品房预售资金管理】 预售资金监管系统与全市各商业银行实现数据对接，预售资金监管线上化，提高监管水平及效率。全区监管项目22个，监管金额24.98亿元，在账金额18.52亿元，保函金额6.79亿元，监管比例101.32%。

【房地产项目帮扶机制落实】 在全区开展领导干部挂点服务房地产项目活动，实行区领导、部门、挂点责任人三级联动挂点服务机制。对全区建成在售、在建在售、在建未售的41个房地产项目挂点服务全覆盖，帮助房地产项目解决问题，督促供地项目加快建设进度，防范房地产市场风险发生。

【棚改建设任务完成】 紧扣2020年度1259套（户）棚户区改造开工、824套（户）基本建成目标任务要求，全面推进棚改项目建设。1259套（户）开工目标任务按时间节点要求完成，824套（户）基本建成目标任务全面完成。

【人才住房建设】 年内，全区新建人才住房任务2000套，开工建设3089套，其中政府投资新建859套，企事业单位自建1138套，商品房配建1092套，开工率154.45%。

【公共租赁住房管理】 年内，全区分配公租房6302套，分配率100%；入住6032套，入住率96%。办理后续管理相关业务484户，其中办理承租权变更手续74户，办理承租资格或轮候资格放弃手续37户，办理退房手续233户，办理公租房房源互换手续140户；开展公租房违规转租问题专项整治工作，查处转租、转借、空置公租房家庭59户；开展常态化公租房申请受理工作，受理审核公租户申请678户。

（凌 海）

交通管治

【概况】 2020年，全区有建成并命名的城市道路126条，道路里程282.07千米，平交路口241个，国道19.01千米，省道12.5千米，县道49.66千米，乡村道路358.77千米，高架路31.90千米，公路总里程636.77千米。辖区机动车保有量74261辆，驾驶人保有量114871人。

【交通安全隐患排查】 区交警大队按照“属地管理、分级负责”的原则，构建道路交通“网格单元”，设置一级网格9个、二级网格7个、三级网格125个，实现道路隐患排查、交通设施完善等工作一级抓一级、层层抓落实。召开区道路交通安全专业委员会全体成员会议3次。及时向相关责任单位下发隐患整改告知书8份；治理道路安全隐患100处，隐患整改率70.4%。针对重要时间节点、重点道路及易产生交通事故和拥堵的重点区域，提前做好安全风险预警预测，撰写道路交通安全形势研判报告1篇、迎宾高架及东江源大道交通分析报告2篇、道路交通事故研判报告15篇。严把“大吨小标”、非法改装和安全性能不符合标准的车辆的“查验关”，扎实做好“两客一危一校、重货、挂车、面包车”等6类重点车辆隐患“清零”工作，从源头降低道路安全隐患风险。针对柴油货车源头监管问题，及时约谈企业负责人召开座谈会，督促企业建立和完善车辆维护、燃油和车用尿素添加等使用台账。每月常态化走访辖区重点运输企业，排查隐患32起，企业自查隐患126起，均完成整改。

【交通违法行为整治】 科学合理部署警力，常态化推进酒驾醉驾、违法载人、违法停车、涉牌涉证等交通秩序整治工作。全年查获各类交通违法行为315270起，其中超员3586起、违法停车56818起、酒驾387起、醉驾108起、二次酒驾31起；办理行政案件34起、刑事案件144起，行政拘留34人、刑事拘留19人。扎实推进“一盔一带”安全守护行动，查处二、三轮车骑乘人员不按规定佩戴安全头盔11858起、汽车驾乘人员不按规定使用安全带28953起，现场教育未佩戴头盔者16042人次、未使用安全带者4608人次，全面助推事故预防“减量控大”工作。充分发挥“两站两员”作用，结合农村圩日和集市活动，加强农村地区交通违法行为劝导，引导农村群众自觉摒弃交通陋习、抵制危险驾驶行为，维护好农村道路通行秩序。结合辖区渣土车交通违法规律特点，出动警力3500人次，设置执勤站点126个，对渣土运输车实施全天候、多方位联合执法管理，年内检查车辆2700辆次，查处改型改造302起、其他违法行为1320起。全面落实时段和区域禁限行措施，查处违反禁限行规定2356起、“冒黑烟”机动车76辆次。

【疏堵保畅运行机制】 推进城区道路交通信号灯配时智能化、交通标志标线标准化工作，施划交通标线36万平方米，安装各类

5月14日，开展交通安全宣传“进农村”活动　（区交警大队供图）

1月，进行暴雨天交通疏导　（区交警大队供图）

交通标志2100套，设置交通护栏1.68万米。通过优化12条车道、渠化改造14个瓶颈路口、设置9个“左转弯待转区”、开启7个信号灯“单点自适应”路口、构建4条主干道“绿波带”等方式，打好疏堵保畅“组合拳”。依托路面前端警务通和集成指挥平台，通过对大数据的分析研判、关联比对、解构整合，向一线作战单元和执法民警推送预警信息855条，实现对人、车及其隐患的同步盯防和精确打击。在有条件的女警中队和机动中队（筹）试点建设路况巡查室，提升基层一线信息化应用水平。继续推行直升机救援模式，联合医院、相关公司开展应急救援培训和演练3次。根据“警力有限，民力无穷”的思路构想，组建辖区“交通秩序治堵建议群”“重点车辆安全管理群”“学校交通安全群”，借助其收发同步、传递快捷、图文并茂等优势，快速收集交通动态，及时发现安全隐患和堵点问题，开展矛盾调处，提供答疑咨询，发布宣传提示，曝光违法行为。

【交管业务服务】 全年办理各类机动车业务173027件，各类驾驶证业务12856件。进一步延伸服务触角，与区法院开通“警法”专网，推进3类15项高频交管业务在辖区8所派出所服务站办理。以群众需求为导向，在金岭大道建立区内首个非机动车登记服务站，有效应对新冠肺炎疫情造成群众购车上牌困难等问题。为提高执法办案质量和服务群众水平，深推简易事故“快处快撤”机制，结合“交管12123”信息化处理、“一站式”定损理赔、“一厅一庭三室”速裁调解和“道交一体化”大数据平台运用，实现道路交通事故矛盾纠纷多元化解。高度重视交管业务“双提升”回访，对10件人大建议、政协提案及428件社情民意办件，全部落实多级回访。利用互联网短信平台，对49732名办事群众进行短信抽访，对“不满意”的办件与当事人做好解释沟通。加强交通安全新媒体矩阵建设与宣传联动，开展“七进”宣讲活动320余场次，不断提高群众安全意识。

（曾　珺）

应急管理

安全生产监管

【概况】 2020年，赣州经开区未发生较大及以上安全生产事故，发生一般生产安全责任事故2起，造成2人死亡，事故起数同比下降2起，死亡人数下降3人。其中，建筑施工领域1起，死亡1人，同比下降1起，死亡下降2人；商贸领域1起，死亡1人，同比增加1起，死亡增加1人。道路交通领域发生生产经营性道路交通事故6起，死亡7人，同比增加4起，死亡增加5人。消防领域发生火灾53起，同比下降56起，未发生亡人火灾。其他行业领域未发生亡人安全生产事故。

【安全生产责任制】 根据职能变化及时调整安委会及13个专业委员会，增设能源专业委员会；建立安全生产领导挂点责任制，制定年度安全生产工作要点，明确全年工作任务、责任部门及“一控制、三确保”工作要求；开展安全生产巡查督导工作，根据全区安全生产巡查工作制度要求，对赣州综保区、黄金岭街道办事处等9个单位开展安全生产巡查督导，压实各地、各部门（单位）安全生产责任；实施安全生产约谈，根据《安全生产约谈实施办法》，对相关部门（单位）企业实施问责约谈，推动各地、各部门（单位）尽责履职；按照《江西省企业安全生产主体责任履职报告与检查暂行办法》要求，落实企业安全生产履职报告“一报告、双签字”措施，推动企业线上管理隐患排查治理工作。

7月1日，区应急管理局挂牌仪式举行　（区应急管理局供图）

【安全生产专项整治】 开展小微企业专项整治行动及安全生产专项整治三年行动、安全生产“夏季攻势”专项行动，隐患挂图作战和“强一线保安全”等专项行动，着力强化元旦、春节等重要时期安全管控工作；开展隐患排查治理、惩治违法违规行为。截至年底，排查整治隐患6181条，实施行政处罚752.03万元，责令停产整顿42家，约谈149家，曝光违法违规企业（个人）28家。

危险化学品领域。企业自查自改隐患70条，监管部门排查整治隐患71条，实施行政处罚17万元，责令停产1家，取缔关闭1家。爆炸品领域。监管部门收缴违规存储的各类烟花爆竹100余件，并予以集中销毁。工贸领域。企业自查自改隐患1214条，监管部门排查整治隐患286条，责令停产1家，实施行政处罚40.5万元。非煤矿山领域。企业自查自改隐患34条，监管部门排查整治隐患40条，责令停产整顿1家，实施行政处罚1万元。建筑施工领域。企业自查自改隐患600余条，监管部门排查整治隐患2333条，涉及行政处罚568.5万元（其中区应急管理局处罚223.5万元），责令停工整顿33个，约谈企业9家。交通运输领域。路面查处货车交通违法15161起、二三轮车交通违法83050起、超员3278起、违法停车15843起、酒驾醉驾358起。运输企业自查隐患120条，排查整治隐患30条，均整改到位。排查道路安全隐患117处，整改104处，对事故企业实施行政处罚67.76万元。消防安全领域。企业自查自改隐患418条，监管部门排查整治隐患357条，实施行政处罚13.2万元，临时查封企业3家，“三停”（停产、停业、停止施工）单位3家，约谈社会单位134家。城市运行领域。企业自查自改隐患45条，监管部门排查整治隐患20条，实施行政处罚3.6万元，约谈企业2家。特种设备领域。企业自查自改隐患32条，监管部门排查整治隐患67条，拆除封停不符合要求设备6台，实施行政处罚40余万元。危险废物领域。企业自查自改隐患33条，监管部门排查整治隐患23条。商贸领域。排查整治隐患167处，均整改到位。旅游、校园、能源等其他行业领域。开展隐患排查治理，有效净化安全生产环境。

【规范安全生产制度】 将生产经营性道路交通事故纳入事故调查范畴，制定《赣州经济技术开发区生产安全事故整改措施落实效果评估暂行办法》，规范事故调查。全区各负有安全生产监管职责的部门实施安全生产“双随机一公开”执法检查，建立安全生产行政执法公示制度等，通过“互联网+监管”系统，规范安全生产执法检查。对重大行政执法决定和规范性文件实行严格法制审核制度，年内，审核重大行政执法决定17件，包含22个行政相对人，涉及行政处罚金金额216.26万元。规范安全生产执法程序，对涉及刑事犯罪的依法实行行政执法和刑事司法衔接，加强与公安、检察院、法院的配合，严肃查处违法犯罪行为。

建立项目联审联批制度，实行重大风险“一票否决”制度。组织开展安全生产领域中介机构乱象整治，切实帮助企业改善发展环境。年内，新办证10件（含带储存设施经营1件），延期7件（含带仓储设施经营2件、含变更2件），非药品类易制毒经营备案4件。

制定印发《全面推进全区生产经营单位安全生产标准化达标创建工作实施方案》，将安全生产标准化创建范围从规模以上企业延伸至小微企业及其他行业领域，将创建工作责任落实到各行业主管部门。截至年底，全区通过三级以上安全生产标准化企业334家。

探索安全生产领域信用体系建设办法，稳步推进信用体系建设，推动工作从“管理”向“服务”转变，年内在省、市信用信息平台公示行政许可21件，纳入信用惩戒企业5家。

【安全生产宣传培训】 按照线上为主、线下为辅的原则，认真制定并印发活动方案，组织各乡（镇、街道）、各行业部门召开动员部署会。在辖区综合体、主要干道和区政中心的LED大屏播放宣传活动标语，安装固定安全教育宣传牌200余处，印制各类安全宣传教育资料汇编2000余册，发放宣传彩页万余份。

在赣州经开区供电公司、金岭科技园、华泰钢结构公司举办职业技能提升行动（电工、焊工）培训班5期，23家企业175名企业职工顺利完成培训任务并取得“培训合格证”“特种作业操作证书”。组织工贸行业企业主要负责人和安全管理人员培训班2期，全区160余家工贸企业，243名企业主要负责人和安全管理人员参加培训。

（张　璇）

防灾减灾救灾

【概况】 2020年，区应急管理局稳步推进安全生产、应急救灾、防火防汛等工作。全年发放棉被500床，发放冬春救助款55.5万元，实际救助663人。在香江科技园内建设约1000平方米的区本级救灾储备库，对各类救灾物资进行采购补充。

【应急管理体制机制建设】 逐步完善应急管理体制机制。7月，区安监局改为区应急管理局。整合相关部门应急管理、防灾减灾救灾、森林防灭火、防汛抗旱、地质灾害等职能，实现由单一的安全生产监督管理到全方位综合协调应急管理的转变。12月，增挂赣州经开区专业森林消防大队牌子。

区安监局党组改设应急管理局党委，改科为股，并增设应急与救灾股、防火与防汛股，成立赣州经开区专业森林消防大队。制定印发《赣州经济技术开发区应急管理综合考核办法》，将安全生产、防灾减灾救灾、森林防灭火等工作进行综合考核。进一步强化基层应急管理建设，将派驻乡镇安全员队伍整合，按区域划分成立区安监大队3个执法中队，实现统一管理、统一调度。组建一支专业化的应急管理队伍，面向社会公开招聘3名雇员和4名专职安全员，解决基层一线应急管理力量不足的突出问题。

【应急救援能力提升】 牵头组织修订全区应急预案，在对应急资源进行统计更新和专家评审的基础上，印发《赣州经开区安全生产事故灾难应急预案（修订稿）》。全年开展全区性综合实战演练5次，参与市级应急救援演练1次，各地、各行业应急演练123场，参与人数3322人次，提升各类应急救援队伍救援能力。

优化调整减灾委组织架构，修订出台《工作规则》《单位职责》，进一步健全防灾减灾体制机制。组织开展灾害综合风险普查工作，修订森林防火、防汛抗旱、地质灾害等应急预案，进一步强化风险管控。开展防洪工程设施建设、地质灾害风险调查、隐患排查整治和综合应急力量的整合，推进全区自然灾害防治能力建设工作。更新灾害信息员数据库，开展防灾减灾救灾培训，推广灾害事故"e键通"系统，强化突发事件和灾情应急人员的业务基础。开展防灾减灾日"六个一"系列宣传教育活动，上门摸底排查并实施农房保险工作，强化群众防灾减灾救灾基础。加强救灾、地质和地震灾害补助资金管理，及时启动本季应急响应，迅速开展灾害处置和灾后救助。

（张　璇）

消防救援

【概况】 2020年是消防救援队伍深化改革、转型升级的关键之年。区消防大队全年接处警587起，出动车辆1264辆次，出动警力7265人次，抢救被困人员41人次，疏散被困人员37人次，抢救财产

12月，区应急管理局增挂赣州经开区专业森林消防大队牌子

（区应急管理局供图）

价值 5386.7 万元，实现火灾形势和队伍管理“双稳定”。

【消防工作责任制落实】 年内，区党工委、管委会召开消防工作专题会 4 次，印发行动方案 7 个。在重大节日或活动前，区主要领导率队对社会单位开展消防监督检查。在消防安全三年整治行动中，明确相关部门职责和具体工作目标，全区行业部门召开会议对本系统的消防安全工作进行部署，制定工作方案，开展检查工作。全区消防工作坚持以政府为主导，部门各司其职，形成合力，为落实消防安全责任制度奠定基础。

【火灾隐患排查整治】 加大执法力度，明确工作目标。联合多部门开展打通消防生命通道工程、高层建筑消防安全、“九小”场所及老旧社区消防安全、电动自行车违规停放充电等多项重点专项整治行动；联合下发《赣州经开区 2020 年养老院服务质量建设专项行动实施方案》《赣州经开区老旧小区“一城一策、一区一策”消防车通道治理实施方案》，协调区党政办，开展全区公共消防设施建设、老旧住宅小区内电动车违规停放及充电、畅通生命通道整治。全年检查社会单位 666 家，发现火灾隐患 416 处，整改隐患 391 处；下发行政处罚决定书 10 份，临时查封决定书 3 份，“三停”单位 3 家；开展联合执法 30 余次，整治违法停车、堵塞通道等违法行为 157 处，排查“九小”场所 7936 家，增加充电桩 36 处。

11 月 11 日，区消防大队联合区经发局、区应急管理局、赣州综保区派出所到仓储物流企业开展消防安全专项检查行动　（区消防大队供图）

【消防宣传教育】 创新宣传手段，立体化加大多媒体、网络宣传力度。全年发送消防安全手机警示短信 3000 余条，在微信公众号上发布新闻 450 条；每月向社会单位、学校开放消防站，年内开放 12 次，到站教育宣传 500 余人次；各小型站点每日开展消防车巡街宣传工作，通过发放宣传册、消防广播等方式为沿街居民开展消防安全宣传。区消防大队“一警六员”累计培训 4392 人，社会火灾防控能力提升。

（陈文生）

（本栏编辑：马思媛）

社会事业

医疗卫生

医疗卫生服务机构

【概况】 2020年，赣州经开区有医疗卫生机构192家，其中公立基层医疗机构5家，民营医院4家，社区卫生服务站8家，疾病预防控制中心1家，门诊部、诊所、医务室、村卫生室174家；赣南医学院第一附属医院黄金院区（省管）驻赣州经开区。

【赣南医学院第一附属医院黄金院区】 赣南医学院第一附属医院创办于1958年，是赣州市唯一一家省直省管三级甲等医院，江西省第三周期医院评审首批三级甲等综合医院，有黄金、章贡两大院区，编制床位3000张。2019年5月正式全面启动的黄金院区坐落于交通便捷的赣州经开区金岭路西侧，占地面积11公顷，设有主医疗区、康复保健区和教学科研区三大功能区。2020年，全院门急诊116万余人次，出院10万余人次，医疗收入同比增长5.67%。

狠抓医疗质量与安全，持续提高急危重症、疑难病症诊疗水平。医院拥有全国省会城市外第一台最新一代达芬奇Xi型机器人，并有区域内唯一的海扶微无创治疗中心落户。常态化开展空地一体化紧急医学救援，执行航空救援任务18例，牵头组建成立江西省医疗应急6队。

推进“人才强院”战略，打造区域内医学高端人才高地。年内，全院有职工3200余人，其中专业技术人员3000余人，高级职称人员500余人，博士及博士后近90人，在读博士80余人，硕士800余人，博士研究生导师7名，硕士研究生导师131名。有教育部高等学校麻醉学专业教指委委员1人，全国卫生系统先进工作者1人，“中国医师奖”专家1人，全国卫生健康系统新冠肺炎疫情防控工作先进个人1人，享受国务院及省、市政府特殊津贴专家6人。

拥有一批优势学科群和科研平台，区域内综合优势明显。临床医学学科为硕士学位授权学科（学术学位和专业学位），系江西高校“一流学科”建设项目；泌尿外科、疼痛医学科系国家临床重点专科入围科室、江西省医学领先学科；心血管内科、普外科、神经外科、重症医学科为省级临床重点专科建设项目；普通外科、消化内科、骨科、心血管内科、内分泌科、肾脏内科、泌尿外科、麻醉科、神经内科、口腔科、儿科、急诊科为省医学学科省县共建计划项目援建学科。各学科努力探索国内外相关学科发展的新思路、新技术、新方法，通过创新提升医疗服务品质，涌现出以享誉国内外的泌尿外科NOTES、LESS及重症医学ECMO为代表的一大批高、精、尖技术，填补众多省市及国内、国际空白。

夯实硬件设施，打造智慧医院。拥有高强度聚焦超声肿瘤治疗系统（海扶刀）、美国GE Infinia Hawkeye 4型SPECT、新一代3.0T核磁共振系统等大批高精尖医疗设备，整体配套齐全，达国内同类医院先进水平。医院建立以电子病历为核心信息系统，成为全市首家通过电子病历四级、互联互通成熟度测评四乙的医院，为患者提供全流程的移动便捷服务、人性化的智慧病房医疗服务，构筑起国内先进的数字化医院信息平台。2020年自主创新“互联网+智慧住院服务中心平台建设实践”项目在中国第四届智慧创新大赛中获得三等奖。

勇担社会责任，不断提升服务能力。新冠肺炎疫情发生以来，医院派出省内规模第三、市内规模第一的“逆行天团”109位英勇战友驰援湖北武汉、随州，其中2名院领导作为江西省第九批援鄂医疗队队长、江西省对口支援随州市医疗队队长带队出征。医院大力支援地方抗疫，负责赣州、吉安两地的疫情防控医疗救治会诊和赣州市的疫情防控期间院感管理督导工作，派出3名医疗队员支援赣州市第五人民医院抗疫工作。有省级医疗救治专家组10人，市级医疗救护专家组9人，是赣州市入选省、市两级专家组成员最多，江西省会城市外唯一拥有省级专家的医院。

【黄金岭街道社区卫生服务中心】 黄金岭街道社区卫生服务中心是集社区预防、保健、医疗为一体的综合性公立基层医疗机构。中心占地面积约0.28公顷，有业务用房1300平方米，设置床位30张，开放床位10张。开设内科、妇科、儿科、外科、中医理疗康复科等科室。主要设备有DR、全自动血球分析仪、自动生化分析仪、尿液分析仪、彩超、B超、心电图机等。

年内，中心有职工65人，专业技术人员53人，中级职称11人。全年门诊人次4.92万余人，住院患者17人。基本公共卫生管理人口37332人，建立电子居民档案28882份，建档率100%，健康档案动态使用9907人，管理并体检0—6岁儿童5990人、65岁以上老年人938人、高血压患者1148人、糖尿病患者289人，管理精神病患者167人、孕产妇432人，预防接种62234针次。

开展贫困人口家庭签约服务，完成签约服务383户1034人。做好贫困人口健康管理，其中管理65岁以上老年人114人、0—6岁儿童36人、孕产妇1人、高血压患者138人、糖尿病患者39人、严重精神障碍患者74人、结核病患者1人。

【蟠龙镇中心卫生院】 蟠龙镇中心卫生院是集预防、医疗、保健于一体的综合性基层医院，占地0.42公顷，有业务用房5591.46平方米，开放床位70张，分蟠龙分院和杨坑分院。设有门诊部和住院部，开设内科、妇科、儿科、外科、口腔科等科室。主要设备有彩超、DR机、进口B超、全自动生化分析仪、电解质分析仪、碎石机LEEP刀等。在2020年赣州市乡镇卫生院一级医院等级评审中，成为全区唯一一家达到一级甲等医院标准的乡镇卫生院。

年内，全院有职工97人，专业技术人员85人，副高职称2人，中级职称27人。全年门诊人次117416人次，住院1438人次。基本公共卫生管理人口数25011人，建立电子居民健康档案22791份，建档率91%。管理65岁以上老年人1826人、高血压患者1596人、糖尿病患者417人、严重精神障碍患者110人、0—6岁儿童4274人、孕产妇504人，新生儿访视304人，老年人中医药健康管理服务1826人，0—36个月儿童中医药管理982人，预防接种20457针次。

开展贫困人口家庭医生签约服务，签约1759人，履约1668人。成立家庭医生签约团队10组，重点管理辖区内65岁老人317人、0—

6岁儿童77人、高血压患者317人、糖尿病患者53人、严重精神障碍患者63人、肺结核患者2人。

【湖边镇卫生院】 湖边镇卫生院是集医疗、预防、保健、健康教育为一体的综合性公立基层医疗机构。占地面积0.91公顷，有业务用房3652.43平方米，二期业务用房约9800平方米建设中。开放床位50张，设有门诊部和住院部，开设内科、外科、急诊科、妇产科、骨伤科等部门。主要设备有数字化X摄影（DR）、彩色B超、心电图机、全自动生化分析仪、全自动化学发光免疫分析仪等。11月，增挂赣州经济技术开发区第二人民医院牌子。

年内，全院有职工69人，专业技术人员62人，副高职称1人，中级职称15人。全年门诊人次58773人次，住院服务564人。基本公共卫生管理32866人，建立电子居民档案37548份。管理65岁以上老年人1599人、高血压患者1756人、糖尿病患者413人、精神病患者155人、孕产妇250人，新生儿访视250人，儿童中医调养1183人，预防接种28339针次。

开展贫困人口家庭签约服务，签约2588人，履约2277人。做好贫困人口健康管理，其中管理65岁老人405人、0—6岁儿童156人、高血压患者448人、糖尿病患者63人、严重精神障碍患者81人、结核病患者7人。定期对贫困户进行入户随访，年内开展入户随访8次。

【凤岗镇中心卫生院】 凤岗镇中心卫生院是集医疗、预防为一体的综合性医疗机构。占地面积0.57公顷，有业务用房4083平方米。开放床位60张，设有门诊部、住院部和中医服务区，开设内科、外科、儿科、妇产科、全科医学等科室。主要设备有DR、进口彩色B超、计算机X线成像系统、进口电子胃镜、全自动血球仪、全自动生化分析仪、自动尿分析仪等。

年内，全院有职工66人，专业技术人员61人，副高职称2人，中级职称20人。全年门诊人次4.55万余人，住院患者1276人次，其中中医门诊3396人次，住院58人次。基本公共卫生管理人口数45248人，建立电子居民档案43942份，建档率97.11%。管理65岁以上老年人4765人、糖尿病患者884人、精神病患者235人、孕产妇339人，新生儿访视336人；中医药健康管理人数3924人，其中0—6岁儿童516人、65岁以上老人3408人，预防接种16920次。

开展贫困人口家庭签约服务，签约5100人，履约5100人。做好贫困人口健康管理，其中管理65岁以上老年人806人、高血压患者866人、糖尿病患者147人、肺结核患者12人、严重精神障碍患者171人、0—6岁儿童286人。定期对贫困户进行入户随访，年内开展入户随访6次。

【三江乡卫生院】 三江乡卫生院是集医疗、预防、保健为一体的综合性公立基层医疗机构。占地面积0.65公顷，有业务用房2632平方米，开放床位55张。设有门

8月，三江乡卫生院通过“优质服务基层行”活动市级评估复核
（区社管局供图）

诊部和住院部，开设内科、妇科、儿科、外科、口腔科等科室。主要设备有全自动免疫化学发光分析仪、半自动血凝分析仪、全自动生化分析仪、全自动血液分析仪、显微镜、彩超、经颅多普勒等。

年内，全院有职工 59 人，专业技术人员 50 人，副高职称 1 人，中级职称 8 人。全年门诊人次 28964 人次，住院 1713 人次。基本公共卫生管理人口 54363 人，建档 49216 份，建档率 90.06%，更新健康档案 26276 份。管理 65 岁以上老年人 4297 人、高血压患者 4858 人、糖尿病患者 1010 人、严重精神障碍患者 304 人，新生儿访视 272 人，儿童中医药调养 1850 人，预防接种 5652 针次。

开展贫困人口家庭医生签约服务，签约 8359 人，履约 8359 人。为签约贫困户中的重点人群提供入户走访服务 6 次，针对慢性病患者进行用药指导，并开展个性化健康指导服务。

（黎志伟）

卫生和计划生育

【概况】 2020 年，赣州经开区扎实推进医药卫生体制改革，有序开展卫生惠民工作，完善医疗机构基础设施建设。推进卫生计生服务能力建设，有序实施国家基本公共卫生服务；组建专业医疗队伍，逐步构建设施先进、功能完善、队伍强大的卫生服务体系。全区各基层医院编制床位数 1203 张，每千人口拥有病床数 7.3 张；每千人口拥有执业（助理）医师 1.75 人、执业护士 2.32 人。

【公共卫生服务体系建设】 有序开展传染病防治工作。年内报告病例数 2375 例，报告发病率 620.26 / 10 万，发病数同比下降 28.57%。扎实开展 13 项基本公共卫生服务，通过“世界家庭医生日”、公共卫生宣传月等活动宣传服务内容，提高居民知晓度。开展职业健康工作，推进赣州经开区尘肺病防治攻坚行动落实。开展粉尘危害专项治理工作，基本掌握辖区内规模以上企业存在较重职业病危害的用人单位底数约 200 余家，建立用人单位职业病危害因素数据库，并纳入管理；开展尘肺病患者救治救助行动，完成职业病患者随访调查 131 例；完成 17 家企业的职业病危害因素采样与录入，完成率 100%；推进矿山、冶金、化工等重点行业 22 家用人单位粉尘危害专项治理工作，全部纳入粉尘危害专项治理范围。建立赣州经开区应对新型冠状病毒感染的肺炎疫情联防联控工作机制，加强部门间信息沟通与措施联动。

【医疗人才队伍建设】 年内，通过全省卫生专业技术人员招聘考试和“三支一扶”统一招聘考试招录卫生专业技术人员 8 名；选派 14 名医技人员到上级医院进修；举办新冠病毒肺炎防控知识、中医适宜技术、基本公卫、健康扶贫、职业病危害现状调查等各类基层医务人员培训班 10 场。开展卫生人才双向交流工作，赣州经开区各乡镇卫生院（社区卫生服务中心）选派 5 人到赣州市立医院和赣州市中医院进修，赣州市立医院下派 4

9 月，赣州仲易骨科医院项目主体封顶 （区社管局供图）

人挂职指导，充分发挥下派人员专业优势到临床一线。各级各类医疗机构在册执业（助理）医师423人，执业护士547人，副高及以上高级职称卫计人员15人。

【深化医药卫生体制改革】 逐步推进分级诊疗制度建设，落实家庭医生签约履约服务工作。全年贫困人口签约18731人，签约率98.6%；履约18619人，履约率99.4%。

强化医疗机构基础设施建设。继续推进区人民医院项目、赣州仲易骨科医院项目、湖边镇卫生院住院楼项目、赣州新能源科技城医院项目、黄金岭街道社区卫生服务大楼项目建设。完善全区各乡镇卫生院（社区卫生服务中心）中医药综合服务区、中医科（馆）的基础设施建设和人才建设。各乡镇卫生院（社区卫生服务中心）均建成中医临床科室、中药房集中设置、多种中医药方法和手段综合使用、中医药文化氛围浓郁并相对独立的中医药综合服务区。

完善城乡居民医保制度，推进医保支付方式改革。取消原城乡居民基本医疗保险个人账户制度，在原有门诊统筹制度基础上改革，全面实行大门诊统筹制度；全面开通辖区内村卫生室门诊统筹刷卡报账功能。门诊特殊慢性病报销比例由60%提高到70%。

规范异地就医即时结算。简化异地就医备案流程，多渠道办理医保待遇，通过赣服通、微信公众号等渠道进行异地就医备案、医保参保缴费等。加强医保基金管理，推进定点医疗机构医疗基金监管信用体系平台的建设，完成对辖区内一级及以上定点医疗机构相关信息和数据的采集工作。

完善药品供应保障制度。全区所有公立医疗机构均加入赣州市联合议价采购，实施基本药物制度，落实药品采购“两票制”，实行药品销售“零差率”。

落实乡村卫生健康服务能力建设工作。履行政府举办基层医疗机构责任，将基层医疗机构在编人员基本工资、基本绩效、养老保险、职业年金、职工医疗保险、住房公积金纳入财政全额保障范围。按照每所基层医疗机构50万元的标准安排专项资金用于基层医疗机构配齐或更新医疗设备。加强基层卫生健康服务能力建设。落实《关于完善基层医疗卫生机构绩效工资政策保障家庭医生签约服务工作有关事项的通知》（赣经开区人社字〔2018〕70号）文件要求，重新核定基层医疗卫生机构绩效工资总量，落实“两个允许”。

加强村级卫生健康服务能力建设。出台《赣州经济技术开发区乡村医疗机构一体化管理实施方案（试行）》（赣经开办字〔2020〕126号），采取乡聘村用的方式将乡村医生纳入乡镇卫生院、社区卫生服务中心统一管理。除整村拆迁和卫生院所在地行政村外，所有行政村均有1所卫生室纳入一体化管理。年内，42所公有产权卫生室实现全部纳入，一体化率100%。

【开展医政管理】 加强院感管理，督促各医疗机构开展医疗安全隐患自查自纠；规范医疗废物处置管理，对辖区内各级各类医疗机构开展专项检查。抓好严重精神障碍患者管理工作，年内严重精神障碍患者报告患病人数983人，报告患病率4.82‰；规范管理人数948人，规范管理率96.43%；面访人数949人，面访率96.54%；规律服药人数867人，规律服药率88.20%；在管患者病情稳定率100%。扎实推进社会心理服务体系建设工作，开展各类心理健康宣传活动30场，对心理工作者、心理咨询师进行专业技能培训14场，对重点人员（信访人员、学生、严重精神障碍患者、新冠确诊治愈患者等）开展个案服务22人次。加强卫生健康综合执法监督，全年立案查处44起，其中打击非法行医3起，有效净化医疗市场秩序，规范医疗机构依法执业行为。

【重大疾病免费救治及审批】 年内，全区办理贫困家庭重性精神病免费救治审批551例；办理儿童两病免费救治审批8例，其中儿童白血病2例，先天性心脏病6例；办理尿毒症免费救治审批89例；实施“光明·微笑”工程，办理唇腭裂免费救治审批3例、白内障免费救治审批118例。

【妇幼保健管理】 免费发放叶酸预防神经管缺陷980人，免费婚前医学检查861对，孕前优生健康检查240对，并为851对新婚夫妇和2名新生儿开展免费基因检查健康筛查。

【人口家庭服务】 全年开展宣传活动38场，发放宣传资料1.2万余份，参与群众1.5万余人；实行网上办证，让群众“最多跑一次”；办理生育登记2194例。

关怀关爱计生家庭，提高群众满意度。全年为计生家庭发放各项利导资金500.54万元，办理特殊家庭住院护理补贴保险64名。推进母婴设施建设，在赣南医学院第一附属医院黄金院区、黄金机场、高铁西站、企服中心、新都汇商场等公共场所设置母婴室17个，配置率100%。提供免费药具服务。在人口密集的医院、社区、企业安装避孕药具自助发放机24台，每台平均发放300余盒；在各村（居）安装避孕药具自取箱，并随时保证供应量。

按照“托管为主，收费低廉”的原则，大力发展普惠性托育机构。年内，赣州经开区登记注册的托育机构有3家（其中通过备案1家），收费标准为2200—2600元/月，均低于城镇常住居民人均可支配收入，符合市民的经济承受能力。

（黎志伟）

疾病预防控制

【概况】 2020年，区疾控中心按照国家政策规定，加强疾病监测和传染病疫情预警工作。针对重点传染病及时开展疫情研判与分析，预防控制相关疾病的发生与流行，落实和开展辖区内突发公共卫生事件处置和救灾防病的应急准备；抓好职业病防治工作，开展健康教育、健康促进宣传，普及卫生防病知识，对公众进行健康指导；开展辖区业务培训，指导基层医疗服务机构的疾病预防控制工作。全年未发生因防控措施不力导致的甲、乙类传染病暴发流行。年内，获得“赣州市第十届文明单位”“2019年度社会治安综合治理先进单位”“2019年度健康教育与健康促进工作先进单位”“2019年区级无烟单位”“区疫情防控嘉奖先进集体”等荣誉。

【免疫规划管理】 落实扩大国家免疫规划工作。国家免疫规划疫苗累计接种78465剂次，非免疫规划疫苗累计接种70042剂次。其中，含麻疹成分疫苗常规免疫2剂次接种率95%以上，乙肝疫苗、卡介苗、脊灰疫苗、百白破、白破疫苗、流脑疫苗、乙脑疫苗等免疫规划疫苗接种率均在95%以上，建卡率96%。3—

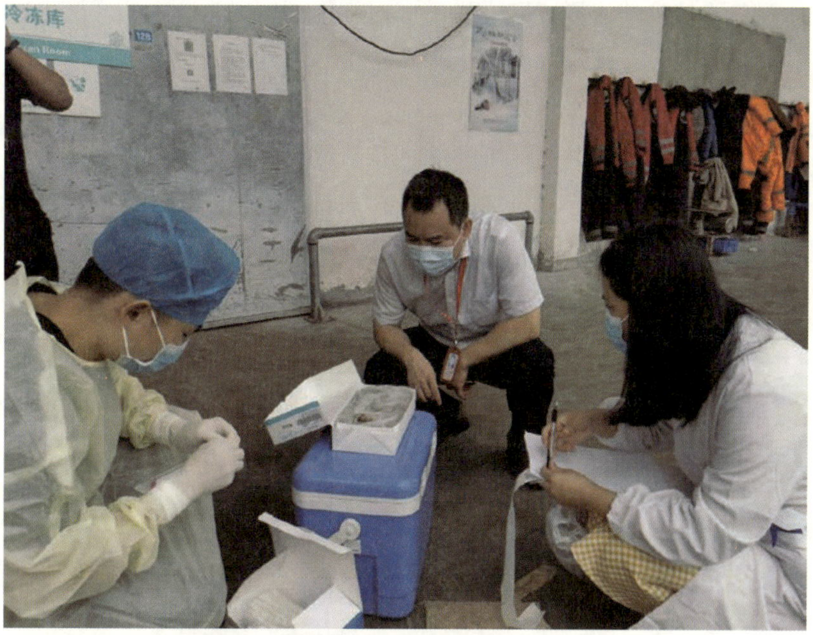

7月10日，区疾控中心工作人员对进口冷链食品及其外包装进行核酸检测采样　（区疾控中心供图）

4月，在区内开展新冠肺炎疫情特殊时期麻疹成分疫苗查漏补种工作，全区摸底2005—2019年出生的儿童54028人，其中应种人数1341人，实种人数1283人，接种率95.67%。加强冷链、疫苗和注射器使用管理，全年投入30余万元用于全区冷链监测系统的建设。加强AFP、麻疹、白喉、百日咳、乙脑、流脑等免疫规划疫苗针对传染病的监测，对相关病例进行追踪并做好相应管理工作，全年全区未发生接种差错事故。

【传染病防控】 以预防传染病和突发公共卫生事件为工作重点，针对新冠肺炎、甲型H7N9禽流感、登革热、疟疾、手足口病、结核病、艾滋病等重点传染病进行防控。加强传染病疫情监测预警，及时对疫情信息进行汇总分析，准确掌握传染病疫情动态和突发公共卫生事件发生趋势，及时作出预警。加大对各级医疗机构疾病报告质量的检查指导力度，对各级医疗机构发热门诊、肠道门诊传染病防控情况工作进行专项督导并提出整改意见。加强学校传染病监测工作，对多起涉及幼儿园、小学等集体聚集性疫情进行流行病学调查处置，并及时采取控制措施，年内未发生学校传染病的暴发与流行。

【疫情报告管理】 强化法定传染病网络直报工作，加强医疗机构疫情报告的监督指导与技术培训，对辖区5家疫情直报单位开展传染病报告质量和现状调查。全年全区未发生甲类传染病，收到全区5家直报单位及赣州市其他直报单位通过网络直报系统报告的乙类及丙类传染病2375例，报告发病率620.26/10万。

【结核病防控】 对结核病或疑似结核病病人进行追踪随访，确保每位病人均能转诊到区定点医院（赣州市第五人民医院）进行诊疗。全年追踪病例199人，排除活动性肺结核44人；新确诊入项病例146人，全程督导随访管理，确保每名确诊病例都能按时服药、定期复查，达到预期治疗效果。对辖区乡镇卫生院、社区卫生服务中心的结核病防治工作进行督导检查，年内开展督导20次。因疫情影响，“3·24”世界防治结核病日活动主要通过微信、微博公众号平台、微信朋友圈、单位电子显示屏等方式进行宣传，宣传主题是“携手抗疫防痨，守护健康呼吸”。

【地慢性病防控】 加强死因监测工作，积极与赣南医学院第一附属医院对接，增加区内死亡监测信息任务。全面开展肿瘤登记工作，为每个卫生院分配肿瘤登记账号。在各个卫生日进入社区、学校等地开展地方病、慢性病主题宣传活动，包括4月15—21日全国肿瘤防治宣传周、5月17—23日全民营养周、9月1日全民健康生活方式行动日等，通过发放宣传册、召开健康讲座、发放控油限盐勺等多种形式进行宣传。

【艾滋病防控】 以宣传教育和行为干预为重点，以阻断传播为目的，全面落实各项综合防治措施，将艾滋病防治工作纳入中心重点工作。对所有符合相关条例的患者实施“四免一关怀”“三免一补助”政策。全年管理艾滋病患者94例，有效随访227人次，救助支出金额11.57万元。4—6月，按时完成国家级哨点监测工作；6月8日，在赣州科技学校举办艾滋病警示教育专题讲座；定时对区内娱乐场所人员开展艾滋病防控宣传教育工作；12月1日，举办主题为“携手防艾抗疫 共担健康责任”大型宣传活动；12月，组织区内各中小学开展艾滋病相关知识宣传教育活动。

【病媒生物防制】 开展鼠、蚊、蝇、蟑生态学密度监测工作，根据市级要求科学设置监测点，涵盖病媒生物危害主要场所。全年开展鼠类夹夜法监测6次，成蚊诱蚊灯法监测16次，幼蚊路径法监测6次，伊蚊双层叠帐法监测9

次，伊蚊布雷图指数法监测 9 次，蝇类笼诱法监测 8 次，蟑螂粘捕法监测 6 次。6 月，邀请市创卫办专家开展病媒生物预防控制工作业务专项培训会；开展病媒生物预防控制技术指导工作，配合区市场监管分局、区招商局等行业主管部门对辖区农贸市场、超市、餐饮店等重点场所病媒生物防制工作进行技术指导；开展全区滋生地调查工作，制定科学、详细且操作性强的方案，建立全年全区病媒生物滋生地台账。

【健康宣传教育】 组织开展“消除疟疾控新冠，同防输入再传播”为主题的“4·26”全国疟疾日、“5·31”世界无烟日、“7·28”世界肝炎日、“9·20”全国爱牙日、“10·29”世界卒中日、“12·1”世界艾滋病日等内容丰富、形式多样的大型宣传活动和健康知识讲座。6 月，在蟠龙镇蟠龙村、水碓村启动市级点健康素养监测工作，完成有效问卷 81 份，真实率 100%；利用各种形式广泛宣传“新型冠状病毒肺炎”疫情防控知识和内容；11 月，顺利举办全区健康科普讲解大赛，2 名选手在市级组织的健康科普讲解大赛中，分别获乡镇（社区）医疗机构组二等奖和优秀奖。

【职业健康保障】 全年全区纳入尘毒危害专项治理的用人单位 24 家，完成粉尘危害申报的 23 家，申报率 95.83%；开展粉尘浓度定期检测的 23 家，粉尘浓度定期检测率 95.83%。用人单位负责人、职业健康管理人员、劳动者培训率 100%，开展职业健康体检的企业 24 家，体检率 100%。全年有 74 家企业完成职业危害因素申报工作，完成职业性尘肺病患者随访与回顾性调查工作 131 人；组织召开全区职业健康工作培训会，参会企业 170 余家，培训职业健康管理人员 278 人；对 17 家存在水泥粉尘、铅、苯、噪声等危害因素的企业开展工作场所职业病危害因素监测工作；开展重点行业创卫技术评估指导工作；开展职业病危害现状调查，对辖区内采矿业，制造业，电力、燃气及水的生产和供应业等 3 个门类的 500 多家存在职业危害的企业开展全面摸排现状调查工作；开展职业病监督执法工作，走访企业 140 余家，下达监督意见书 140 余份；完成年度职业健康监督执法，下达警告处罚 1 家。

【卫生综合监督执法】 全年办理各类行政卫生许可申请 197 件，其中公共场所类申请 194 件，二次供水申请 1 件，集中式供水申请 1 件，消毒产品申请 1 件。加强与食品安全部门联系，做好餐饮具集中消毒服务单位卫生监督检查。根据区市场监管分局违法案件移送函，对区内 2 家出厂的餐具抽检检验不合格的集中式餐饮具消毒服务单位进行立案查处并罚款 4000 元，保障人民饮食安全。开展学校卫生专项监督检查，查处 2 起学校教室采光照明设置不达标案件。强化医疗机构监督，规范医疗机构依法执业。年内，立案查处计划生育类、医疗卫生类、传染病防治类案件 29 起，其中打击无证行医 3 起，罚没金额 21.43 万元，有效净化医疗市场秩序。疫情期间，围绕卫生城市创

3 月 4 日，赣州经开区境外疫情输入防控工作调度会召开

（区融媒体中心供图）

建工作，对全区所有公共场所开展从业人员持《健康证》上岗、办理《公共场所卫生许可证》方可经营的“两证”综合治理工作。下达卫生监督意见书1000余份，责令公共场所限期整改；处理公共场所类案件13起，罚款1.1万元，有序规范公共场所卫生环境；作出行政处罚46件，罚没金额22.93万元。

（曾紫薇 聂汉文）

新冠肺炎疫情防控工作

【概况】 2020年新冠肺炎疫情发生后，赣州经开区全面打响疫情防控的阻击战，用28天实现区内确诊病例全部“清零”。

【新冠肺炎疫情防控重要会议】 1月26日，赣州经开区新型冠状病毒感染的肺炎疫情防控工作调度会召开。区党工委书记李明生出席并讲话，并对疫情防控工作作紧急调度和部署。要求全区干部职工停止春节休假、迅速返回工作岗位，开展疫情联防联控。

1月27日，赣州经开区党工委（扩大）会议暨疫情防控领导小组第一次会议召开。区党工委书记李明生出席并讲话，区党工委副书记、管委会主任陈水连主持，全体在家区领导，区应对新型冠状病毒感染的肺炎疫情工作领导小组、新型冠状病毒感染的肺炎疫情防控应急指挥部成员单位主要负责同志参会。会上，区疾控中心、区社管局分别就流行病学调查情况和疫情防控场所隔离情况作汇报。

1月29日，赣州经开区应对新型冠状病毒感染的肺炎疫情防控工作领导小组第二次会议召开。区党工委书记李明生主持并讲话，区党工委副书记、管委会主任陈水连出席并讲话，全体在家区领导，区应对新型冠状病毒感染的肺炎疫情工作领导小组、新型冠状病毒感染的肺炎疫情防控应急指挥部成员单位主要负责人参会。会议传达学习习近平总书记重要指示精神和中共中央政治局常务委员会会议精神，区社管局报告全区疫情防控工作情况，区指挥部督导问责组通报全区疫情防控工作督查情况，并对当前疫情防控重点工作进行相关布置。

2月1日，赣州经开区应对新型冠状病毒感染的肺炎疫情防控工作领导小组第三次会议召开。区领导卓邦友主持会议并讲话，区应对新型冠状病毒感染的肺炎疫情工作领导小组、新型冠状病毒感染的肺炎疫情防控应急指挥部成员单位主要负责人参会。会议传达市指挥部视频会议精神，听取各乡镇疫情防控工作情况汇报。

2月5日，赣州经开区党工委会议暨应对新型冠状病毒感染的肺炎疫情工作领导小组第四次会议召开。区党工委书记李明生主持并讲话，区党工委副书记、管委会主任陈水连出席并讲话，全体在家区领导，区应对新型冠状病毒感染的肺炎疫情工作领导小组、新型冠状病毒感染的肺炎疫情防控应急指挥部成员单位主要负责人参会。会议传达学习习近平总书记主持召开中央政治局常务委员会时重要讲话精神，中央应对新型冠状病毒感染肺炎疫情工作领导小组会议精神，省委常委会、省疫情防控有关会议精神和市委常委会主要精神、市疫情防控有关会议精神，区社管局通报疫情防控工作情况，区指挥部排查监测组、重点场所管控组和各乡（镇、街道、管理处）汇报工作中存在的问题、意见建议和下一步打算。

2月7日，赣州经开区党工委第155次会议暨区应对新型冠状病毒感染的肺炎疫情工作领导小组第五次会议召开。区党工委书记李明生主持并讲话，区党工委副书记、管委会主任陈水连出席并讲话，全体在家区领导，区应对新型冠状病毒感染的肺炎疫情工作领导小组、新型冠状病毒感染的肺炎疫情防控应急指挥部成员单位主要负责人参会。会议传达市委书记在区内调研时的讲话精神，区社管局汇报全区疫情防控工作情况，区企工局汇报全区企业防控疫情及复工情况。

2月10日，赣州经开区党工委会议暨区应对新型冠状病毒感染的肺炎疫情工作领导小组第六次会议召开。区党工委书记李明生主持并讲话，区党工委副书记、管委会主任陈水连出席并讲话，全体在家区领导，区直、驻区各部门（单位）、各乡（镇、街道、管理处）主要负责人参加会议。会上通报全区疫情防控工作情况，区农办、区社管局、区企工局、区住建局、区招商局分别汇报5个专门工作组工作情况，并研究部署企业复工复产相关工作。

2月14日，赣州经开区应对新型冠状病毒感染的肺炎疫情防控工作领导小组第七次会议召开。区党工委书记李明生主持并讲话，区党工委副书记、管委会主任陈水连出席并讲话，全体在家区领导，区直、驻区各部门（单位）、各乡（镇、街道、管理处）主要负责人参加会议。会上，区企工局围绕企业疫情防控和复工存在的问题作发言，黄金岭街道、三江乡就做好小区和村庄疫情防控工作作发言。

2月17日，赣州经开区应对新型冠状病毒感染的肺炎疫情防控工作领导小组第八次会议召开。区党工委书记李明生主持并讲话，区党工委副书记、管委会主任陈水连出席并讲话，全体在家区领导，区直、驻区各部门（单位）、各乡（镇、街道、管理处）主要负责人参加会议。会上学习省指挥部第14号令，并就企业复工复产和疫情防控工作作部署。

2月23日，湖北籍计划返回赣州经开区人员劝返工作布置会议召开。区党工委副书记、管委会主任陈水连出席并讲话，区领导郭声琪、刘福海、卓邦友、吴汉波，区相关部门（单位）和乡镇（街道）主要负责人参加会议。会议对湖北籍计划返回赣州经开区人员劝返工作作部署。

2月26日，赣州经开区党工委第159次会议暨区应对新型冠状病毒感染的肺炎疫情工作领导小组第九次会议召开。区党工委书记李明生主持并讲话，区党工委副书记、管委会主任陈水连出席并讲话，全体在家区领导，区直、驻区各部门（单位）、各乡（镇、街道、管理处）主要负责人参加会议。会议传达学习习近平总书记对新冠肺炎疫情防控工作作出的重要指示、重要讲话精神和省委常委会（扩大）会议、市委常委会会议精神，及中央、省委、市委应对新冠肺炎疫情领导小组有关会议精神。会上通报有关工作情况，区农办、区社管局、区企工局、区住建局、区招商局、黄金岭街道、蟠龙镇、湖边镇就有关工作情况作汇报。

3月4日，赣州经开区境外疫情输入防控工作调度会召开。区领导卓邦友主持会议，区党工委副书记、管委会主任陈水连出席并讲话。会上，区党工委副书记、管委会主任郭声琪通报全区境外人员摸排情况以及返回和计划返回人员情况，区企工局、区公安局分局、区经发局、凤岗镇作发言，并对境外疫情输入防控工作作部署。

3月7日，赣州经开区应对新型冠状病毒感染的肺炎疫情工作领导小组第十次会议召开。区党工委书记李明生主持并讲话，区党工委副书记、管委会主任陈水连出席并讲话，全体在家区领导，区直、驻区各部门（单位）、各乡（镇、街道、管理处）主要负责人参加会议。会上传达学习习近平总书记在中央政治局常委会议上的重要讲话精神和省委常委会会议、市委常委会会议精神，以及省委副书记、市委书记李炳军3月5日调度全市疫情防控和商贸服务业复工复产工作时的讲话精神；中央应对新冠肺炎疫情工作领导小组及国务院常务会议会议精神、省新冠肺炎疫情防控应急指挥部会议和市疫情防控工作调度会议精神。会上，区社管局通报全区新冠肺炎疫情防控工作情况，区党政办、区招商局、区市监分局就做好当前工作作发言。

3月12日，全区决战决胜脱贫攻坚动员会暨新冠肺炎疫情防控工作部署会召开。区党工委书记李明生出席并讲话，区党工委副书记、管委会主任陈水连主持，全体在家区领导出席会议。会议对决战决胜脱贫攻坚收官工作进行全面部署，对当前全区疫情防控工作提最新要求。

3月30日，赣州经开区应对新型冠状病毒感染的肺炎疫情工作领导小组第十一次会议暨复学疫情防控工作部署会召开。区党工委书记李明生主持并讲话，区领导傅小新、刘群英、华晓斌、卓邦友，区应对新型冠状病毒感染的肺炎疫情工作领导小组、新型冠状病毒感染的肺炎疫情防控应急指挥部成员单位主要负责人、辖区内各大中专院校和职业学校校长参加会议。会上，收听收看市委应对新冠肺炎疫情工作领导小组第九次会议暨全市复学疫情防控工作部署会，区社管局汇报区内复学疫情防控准备情况，并就做好学校复学、清明节疫情防控工作作部署。

6月13日，赣州经开区保文创卫暨新冠肺炎疫情常态化防控工作调度会召开。区党工委书记李明生出席并讲话，区党工委副书记、管委会主任陈水连主持，全体在家区领导，区直、驻区各部门（单位）、各乡（镇、街道、管理处）主要负责人参加会议。会议要求要全力打好保文、创卫、常态化疫情防控“三场战役”。

6月22日，赣州经开区应对新型冠状病毒感染的肺炎疫情工作领导小组第十二次会议召开。区党工委书记李明生主持并讲话，区党工委副书记、管委会主任陈水连出席并讲话，全体在家区领导，区直、驻区各部门（单位）、各乡（镇、街道、管理处）主要负责人参加会议。会议传达学习近期上级有关会议精神。会上，区社管局通报全区新冠肺炎疫情防控工作情况，区指挥部市场疫情防控组、北京排查组、北京车辆排查组作发言。

11月3日，赣州经开区应对新型冠状病毒感染的肺炎疫情工作领导小组第十三次会议召开。区党工委书记陈水连出席并讲话，全体在家区领导，区直、驻区各部门（单位）、各乡（镇、街道、管理处）主要负责人参加会议。会上，区社管局通报疫情形势，区指挥部涉外疫情防控组、市场疫情防控组分别就做好涉外人员防控、冷链食品和新疆食品等人物同防作发言。会议要求各地各部门要强化防控意识，做到慎终如始，时刻保持备战状态。

12月29日，赣州经开区应对新型冠状病毒感染的肺炎疫情工作领导小组第十四次会议召开。区领导卓邦友主持会议，区党工委书记陈水连出席并讲话。

【新冠肺炎疫情防控重要活动】 1月21日，区党工委副书记、管委会主任陈水连连夜主持召开全区新型冠状病毒感染的肺炎疫情防控工作紧急会议，部署各项疫情防控措施。22日，区党工委书记李明生主持召开党工委会议，专题研究部署新型冠状病毒感染的肺炎防控工作，就当前全区防控工作明确具体措施和要求。成立由区党工委书记李明生任总指挥，党工委副书记、管委会主任陈水连任指挥长的赣州经济技术开发区新型冠状病毒感染的肺炎疫情防控应急指挥部，指挥部下设9个工作组。24日，全区确诊首例输入性新冠肺炎病例。全区启动突发公共卫生事件一级响应。25日，区财政下拨第一批疫情防控经费620万元。派出医务人员在赣州高铁西站、黄金机场、厦蓉高速西出入口等交通枢纽开展防控排查。全区影剧院、KTV、网吧等娱乐场所全部暂停营业。26日，全区有关部门和单位中止休假，全力投入疫情防控。启用首个集中隔离医学观察点（康家新宿酒店）。27日，建立保供企业复工报备绿色通道，为20家保供企业快速办理复工复产手续。30日，启用第二个集中隔离医学观察点（城市便捷酒店）。收到第一批爱心企业疫情防控物资捐赠（江西洁康海尔斯环保科技有限公司捐赠84消毒液1800瓶）。此后陆续收到各爱心企业疫情防控物资捐赠。实行单位办公区和住宅小区临时封闭管理。

2月1日，收到第一笔社会爱

心人士的资金捐赠5万元。8日，全区中小学幼儿园2020年春季学期延期开学。首期企业疫情防控知识培训班举办，重点对工业企业复工报备、疫情防控等内容进行宣传培训。9日，全区首例确诊新冠肺炎患者华某治愈出院。上线启用流入赣州人员信息采集系统二维码。国机智骏汽车有限公司捐赠智享410纯电动汽车2辆。11日，建立疫情防控网格化驻企联络制度，从全区抽调443名干部常驻企业，指导企业落实落细疫情防控措施。13日，全面取消国道、省道、高速公路出入口设置的疫情防控检疫点或监测点，保障道路交通通畅。18日，全区首批自产医用口罩面世（江西曼妮芬服装有限公司）。21日，全区确诊病例实现全部清零，自1月24日全区首次确诊病例起，到2月21日确诊病例清零，用时28天。全区201家规模以上工业企业全部实现复工。25日，对康家新宿酒店隔离班组等27个集体和142名个人给予嘉奖。

3月12日，调整突发公共卫生事件为二级响应。20日，调整突发公共卫生事件为三级响应。

4月3日，累计收到社会爱心人士捐款325万元。7日，全区各中小学幼儿园陆续复学。

5月9日，累计收到爱心企业捐赠价值316.83万元的疫情防控物资。13日，江西曼妮芬服装有限公司防疫物资通关成功，发往赞比亚共和国，成为全区首个出口自主生产防疫物资的企业。

6月18日，成立赣州经济技术开发区疫情防控应急指挥部三个专项工作组（市场疫情防控组、北京排查组、北京车辆排查组）。

9月18日，区疫情防控指挥部在杨梅小学开展应对秋冬季新冠肺炎疫情应急演练。30日，区疾控中心实验室通过核酸检测能力建设验收。

11月2日，区疾控中心实验室第一次开展核酸检测。

12月30日，凤岗镇中心卫生院蒋英斌、蟠龙镇中心卫生院李秀旺、湖边镇卫生院魏秀芬、区疾控中心曾凡春、区公安分局李春、区企工局罗文6人获全省抗击新冠肺炎疫情先进个人表彰，区社管局、黄金岭街道办事处获全省抗击新冠肺炎疫情先进集体表彰。率先在全市开展新冠病毒疫苗接种。

【新冠肺炎疫情防控文件选目】

《关于印发〈赣州经济技术开发区新型冠状病毒感染的肺炎疫情防控应急指挥部工作组具体职责分工〉的通知》（赣经开新冠指字〔2020〕12号）

《关于成立五个疫情防控工作组的通知》（赣经开新冠指字〔2020〕18号）

《关于印发〈赣州经济技术开发区新冠肺炎疫情防控期间农业及农业企业复工工作方案〉等五个工作方案的通知》（赣经开新冠指字〔2020〕25号）

《关于成立区新冠肺炎疫情防控应急指挥部四个专项工作组的通知》（赣经开新冠指字〔2020〕34号）

《关于设立涉外疫情防控工作组有关事项的通知》（赣经开新冠指字〔2020〕45号）

《关于印发〈区应对新冠肺炎疫情工作领导小组会议和区新冠肺炎疫情防控应急指挥部会议制度〉的通知》（赣经开新冠指办字〔2020〕47号）

《关于成立赣州经济技术开发区新型冠状病毒感染的肺炎疫情防控应急指挥部三个专项工作组的通知》（赣经开新冠指字〔2020〕58号）

《关于印发〈2020年赣州经开区流感疫苗预防接种工作实施方案〉的通知》（赣经开新冠指办字〔2020〕114号）

《关于印发〈赣州经济技术开发区新冠肺炎疫情核酸检测应急预案〉的通知》（赣经开新冠指办字〔2020〕125号）

《关于印发〈赣州经开区新冠病毒疫苗应急接种实施工作方案〉的通知》（赣经开新冠指办字〔2020〕142号）

（赖圣亮　王　露　陈振芳）

教育 文化 体育

教育

【概况】 2020年，赣州经开区内有各级各类学校162所，其中完全中学1所、九年一贯制学校2所（城区1所、农村1所）、初中6所（城区3所、农村3所）、小学50所（城区10所、农村完全小学24所、教学点16所）、公办幼儿园54所、民办幼儿园47所、民办十二年一贯制学校2所。全区有义务教育学生43762人，其中公办中小学在校学生35017人，民办学校在校学生8745人；全区在园幼儿12923人（其中公办7348人、民办5575人）；全区公办中小学、幼儿园教职工2524人。

【学校建设】 全年全区完成建设投资约2.6亿元，完成校建资金支付1.72亿元。赣州一中西城校区、赣州市第十中学、灌婴小学一期、紫荆路小学一期、水碓小学二期、湖边中心小学二期等学校建成投入使用，新增学位11550个；有效控制“大班额”比例在5%以内，全面消除“超大班额”。赣州市第六中学完成主体建设，进入装修及市政收尾阶段；赣州市第十二中学、兴国路中学、香江路中学、牡丹亭路小学、凤岗中学等5个项目完成招标，施工单位进场施工；暑假期间对凤岗天子小学校舍和赣州市第五中学运动场进行维修改造，继续改善学校办学条件。

【教师队伍建设】 面向社会公开招聘中小学教师162名（其中公开遴选高中教师52人，通过全省统一考试招聘初中教师57人、幼儿园备案制教师53人），接收师范定向生26名。推进教师素养提升工程，做好校长教师交流轮岗、城乡教师顶岗支教工作。强化“实在、实干、实绩”用人导向，提拔正校级人员3名，副校级人员19名，安排副校级轮岗交流11名。

【教师培训提升】 紧扣培养高素质专业化教师队伍的战略目标，以研训结合为抓手，创新教师培训模式，落实分级、分类、分岗培训。全面完成“国培”“省培”任务的同时，组织开展14期区级统筹培训。8月，组织113名新招聘教师开展为期2天的岗前入职培训；8—10月，组织2184名中小学、幼儿园教师参加江西省2019—2020学年“互联网+教师专业发展”全员培训，合格率100%；9—12月，组织中小学幼儿园学科骨干教师、思政课教师、班主任、名师工作室成员、教育

10月15日，区教招办配合区社管局组织区内多个学科教学名师到三江乡新江小学、凤岗镇天子小学、湖边镇实验小学、蟠龙镇车头小学开展名师送教下乡活动　（区教招办供图）

督导工作站成员、校长（园长）赴南昌、深圳等地开展区级自主集中培训11期，培训人员872人次；10—11月，邀请江西师范大学继续教育学院专家到赣州经开区中小学开展英语、数学、语文等学科教学进校指导活动；12月，邀请4名广东省专家开展为期3天的“粤港澳大湾区名师送培下乡”活动，全区1625名教师参加培训。

【教育信息化】 投资1960万元采购第十六中学、紫荆路小学、灌婴小学、区第一保育院等新建学校的教育装备。完成中小学高质量班班通建设，全区1054个班级的网络环境、终端设备、集控软件全部达标。制定赣州经开区“三个课堂”常态化教学应用实施方案，全区15个教学点开展音乐、美术等学科的“专递课堂”常态化教学活动。构建起区级和校级数字化校园平台，疫情期间通过钉钉平台开展常态化线上教学活动。组织开展全区教学通2.0全员教师培训、2020年中小学教师优质教学资源展示、第七届中小学教师信息化教学展示、第四届中小学校长（副校长）信息化教学展示等信息化系列活动。

【学前教育】 扩充普惠性学前教育资源，解决“入园难”“入园贵”问题。开展城镇住宅小区配套幼儿园治理工作，新开中海天玺、梨园、蓝翔、和信广场4个小区配套幼儿园，增加普惠性幼儿园学位900个；新建赣州市保育院经开区分院，改扩建乡镇村小附属幼儿园1所，利用村小闲置校舍新增附属幼儿班15个，增加普惠性幼儿园学位630个。遴选租赁11家优质民办园举办公办园，增加普惠性幼儿园学位3630个。公开招聘幼儿园备案制教师53名，扩充幼儿园教师队伍。全区幼儿园101所，在园幼儿12923人，其中公办幼儿园54所，在园幼儿7348人，占比56%；普惠园77所，在园幼儿10363人，占比80.2%；学前教育三年毛入园率94%。

【教育教学研究】 紧扣“教学有活力、教师有动力、学生有潜力”总体目标，将教学管理、教学常规、教师专业成长、学生学业水平考试与监测等纳入学校办学绩效考评指标。实施教学教研定量与定性评价、过程与结果评价，推动教学常规管理规范、精细、高效。常态化组织名师工作室、名班主任工作室及教育督导工作站成员坚持“教学一线工作法”，开展“推门听课”活动，加强教学视导和专题调研，提升教学研究实效。

按照“校级初赛选拔—区级决赛”模式，组织举办2020年“助力赣州经济技术开发区腾飞”幼儿园教师专业能力展示活动，开展全学科教师板书设计比赛，345名教师参加并获奖。组织教师参加各级各类教学竞赛，获国家级奖项30个、省级奖项207个、市级奖项299个。章倩妮、刘祎娴、李冬华、张苏娟4名教师的课例被省教育厅评为“防疫期间线上教学优质课”；教师班豹获第16届江西省中学物理青年教师教学大赛初中组一等奖；教师凌小珍的作文教学课例《舌尖上的爱》成为2020年新媒体新技术教学应用研讨会暨第十三届全国中小学创新课堂教学实践观摩活动“入围课例”。全年省教育科学“十三五”规划课题结项2个，“十四五”规划中小学系列2021年度课题立项1个并被列为省学科带头人专项重点课题；省基础教育研究课题立项5个；市基础教育研究课题结项15个，立项16个；区教育教学研究课题结项24个，立项26个。将课题研究成果应用推广到课程建设、教学管理、课堂改革、学法指导等各个领域，教学改革走深走实。

【课程改革】 秉持“五育并举”教学理念，引导学校科学构建基于办学理念和特色的校本课程。各中小学在遵循学科教学基本要求基础上，自主安排教学计划、运用教学方式、组织研训活动、实施教学评价，校本课程建设各具特色。赣州市第五中学的陶艺、计算机编程课程，赣州市黄金实验小学的心智课程，赣州市天骄小学的《攀岩基础》，赣州市赞贤路小学针对阅读课编写的校本教材《诗语相伴》《思维益智》和开设的毽球特色课程，赣州市杨梅小学的“梅花”主题课程和旱地冰球，赣州市田心明德小学的花样跳绳、数独等一大批特色鲜明、科学健康的校本课程陆续开发实施，“一校一品”特色办学格局日渐成型。

【教育教学质量】 完善《赣州经济技术开发区2019—2020学年度中小学（幼儿园）办学绩效考核评估方案》中关于教学质量考核的评价标准；制定《赣州经济技术开发区中小学（幼儿园）教育教学奖励方案（试行）》，严格兑现奖优罚劣措施；常态化进行中小学教学质量抽测、诊断，引导教师主动培尖、扶中、辅差，促进全体学生“不落一科”全面发展；幼儿教育“去小学化”落地见效。落实“教学一线工作法”成为学校教学领导团队的常态化工作机制，重点对备课、课堂教学、作业批改、考试小结、落伍生辅导等环节提出严格要求，确保每个环节易于操作、便于检查。倡导“以生为本，以学定教，先学后教，当堂训练”教学模式及小组探究合作模式，创新有效课堂教学，实现教学“减负增效”。

注重学生学科兴趣培养和竞赛辅导。全市初中数学、物理、化学、生物研学活动中，全区有14名学生获市一等奖，18名学生获市二等奖，研学活动积分位列全市第三。继续推进全区各学科“名师送教下乡”活动全覆盖，注重强弱学校、城乡学校结对教研，推动全区教育均衡、优质发展。

10月28日，全区中小学（幼儿园）2020-2021学年教育教学工作会议在赣州市第五中学召开 （区教招办供图）

推进区内各中学与赣州市第一中学联考工作，全年开展联考研讨活动3次。

年内，赣州经开区中考参考学生2749人，总分高分段（720分及以上）人数258人，占比与章贡区并列全市第一；优秀段（640分及以上）人数986人，占比位列全市第二；及格段（480分及以上）人数2150人，占比位列全市第二，获评2019—2020学年度“县（市、区）初中教学质量先进单位”。

【招生】 制定《2020年赣州经济技术开发区中小学招生工作实施方案》，明确招生基本原则、学区划分、招生办法和程序、日程安排等工作要求。实行“户籍优先，住、户、产权一致，划片招生”办法，合理划定、调优招生学区范围，科学制订各校招生计划和服务范围，实现本区户籍与外来随迁子女都按照生源类别依序进入学区学校接受义务教育。秋季义务教育阶段学生顺利入学41793名，其中外来随迁子女17511人，占比42%。落实义务教育阶段学生入（转）学公示制度、学位预警制度、咨询制度、网络预报名制度、社会监督制度，推动学区公开、学位公开、学区内适龄儿童少年信息公开、招生过程公开、招生结果公开、投诉举报电话公开，提供全方位咨询指导服务，群众满意度持续攀升。坚持公办民办同步招生，民办学校按照“学生自愿报名、学校自招和电脑派位相结合”方式进行，有效防止择优招生。执行班级容量限额管理制度，全区义务教育阶段66所学校1005个班级控制在55人以内，全面消除大班额。组织全区学籍管理员培训，严抓学籍异动管理，及时梳理、纠正学籍建档中的不规范行为，严控学生非正常流动，“一人一籍，籍随人走”执行到位。

严格按照省市中等学校招生工作规定，大力推动中招工作“阳光工程”。全面落实招生政策公开、招生资格公开、招生计划公开、录取信息公开、考生咨询及申诉渠道公开，招生工作严谨规范、平稳有序。坚持“疫情防控”和“考试组织”两手抓，理化实验操作考查和文化科目考试开展有序。年内，顺利组织全区2749名考生参加中考；完成定向培养乡村教师招生录取20人，其中学前教育教师10人，特殊教育教师10人；市内重点高中录取1024人，市内一般高中录取749人。新开办的赣州市第十六中学录取高一新生404人，文清外国语学校录取高一新生727人。推动中等职校招生，协调区内各中学与市区职校对接，强化宣传动员，创新招生方法。春季674名初三学生自愿分流进入普通中专、职业高中，秋季就读省内外职业学校初中毕业生数再创新高。

【教育督导】 强化教育督导体制机制改革。对教育督导委员会进行调整充实，明晰成员单位职责，实行联络员制度。着力推动义务教育教师平均收入水平不低于当地公务员平均工资收入水平；大班额化解、控辍保学、幼儿教育“三率”“两治理”等工作落地见效。研究拟定《赣州经济技术开发区学年度中小学（幼儿园）办学绩效考核评估方案》，评选赣州市第五中学、赣州市黄金实验小学、办事处中心幼儿园等12所学校（园）为办学绩效先进单位。强化责任督学挂牌督导，到各类学校开展经常性督导、专项督导与综合督导，抓实督导反馈问题整改，有效解决教育信息化、教育工程项目建设、教育教学质量、校园及周边安全、学校特色发展等实际问题；加强教育督导信息动态管理，在省教育督导信息平台中，赣州经开区“工作计划”“督导纪实”“听课记录”“整改通知”“整改报告”“督导报告”“督导快报”等各项指标均居全省前列。对幼儿园、中小学教育督导工作站进行调整，将原来的7个教育督导工作站调整为3个片区教育督导工作站和1个幼儿园教育督导工作站，教育督导实现全区覆盖；通过业务知识培训、专家讲座培训、外出（南昌）学习培训和督导站长述职等形式，推进责任督学工作能力提升；落实教育督导奖励机制，表彰全区3个优秀教育督导工作站。年内，安排教育督导工作经费30万元，解决教育督导产生的相关费用。通过微信群、QQ群、微信公众号等向省、市媒体推介区内教育督导工作中的特色亮点和创新做法，提升赣州经开区教育督导工作社会影响力。

【校园德育】 开展爱国主义教育活动，倡导全区中小学组织“开学第一课”“向国旗敬礼”“红色、绿色、古色文化教育征文和视频征集”等爱国主义主题教育活动。实施思想政治理论课创优行动，全区中小学开全开齐道德与法治课程、思想政治课程，一、二年级每周3课时，三至六年级每周2课时，初中每周2课时，德育课程100%落实。推进未成年人思想道德建设和师德师风建设，在全区校园营造崇德向善、文明有礼的校园环境。广泛开展文明校园创建活动，各学校参与率100%。倡导节约粮食、制止餐饮浪费。全区中小学充分发挥课堂主渠道作用，将培养勤俭节约习惯教育纳入课堂教学。组织中小学师生开展“争做环保小卫士”“防疫有我，爱卫同行”等主题校园志愿服务活动，志愿服务领域不断拓展，志愿服务覆盖面持续扩大。

【学校安全综合治理】 成立防溺水、心理健康安全、交通安全、环境整治、校园安全督导5个专项工作组，形成缜密严实的管理体系。召开校园安全专题部署会6次，部署心理危机干预、防学生溺水、交通安全、食品安全等校园安全工作。以强化教育体验为导向，加强安全教育和管理培训；以“三个百分之百”为目标，抓严抓实平安校园建设。全区有70所公办学校完成“三个百分百”、校园安检设施、会见室及“人车分流”设施建设。整治校园及周边环境，全年全区排查治安乱点75个、整治68个，排查安全事故隐患点54个、整治54个，排查重点管控人员32人，学校周边环境进一步优化。以校园安全突出问题为导向，持续开展防溺水、消防、食品、交通专项行动，抓细各项安全措施，补短板、堵漏洞、强弱项，维护全区师生安全和校园稳定。

【扶贫助学】 发放建档立卡家庭经济困难学生资助资金8044人次514.19万元，保障学生不因贫失学辍学；国家生源地信用助学贷1258人次（其中建档立卡家庭学生202人）1045.95万元。全区义务教育适龄学生入学率100%，没有适龄学生因家庭贫困而失学。

【赣州市文清外国语学校】 赣州市文清外国语学校创办于2015年，位于赣州经开区蟠龙路16号，是集幼儿园、小学、初中、高中、国际高中（A—level国际课程）于一体、寄宿与走读相结合的新型全日制学校，也是赣南地区第一所十五年一贯制的现代化国际学校。校园占地面积18.2公顷，总建筑面积25万余平方米，总投资约8亿元，2020年有学生5000余名。2017年学校高中部成立，2020年首届高中毕业生高考超一本分数线55人，其中7人高考成绩超过600分；文化分达二本分数线的学生114人，艺术生超过本科录取分数线的学生31人，本科上线总人数145人，上线率75%，获“2019—2020学年度一般普通高中教学质量综合评价先进单位”。2020年初中毕业生中考729分以上54人，尖优率16.7%；700分以上122人，占比37.7%；648分以上218人，优秀率67.3%。以上各分数段学生占考生比例均居全区榜首，全市前列。年内，成立校艺术高中部，与广州江山艺术学校合作办学，实现艺术专业和文化学习两手抓，培养艺体专业的高质量人才。五大学科竞赛中，学校有10名学生获江西省一等奖，并在学科竞赛国赛获得两银一铜。李书羽获得第三十七届全国青少年信息学奥林匹克竞赛银牌；李雨珍获得第二十九届全国青少年信息学奥林匹克竞赛银牌；王梓获得第三十七届全国青少年信息学奥林匹克竞赛铜牌。成立校游泳队，代表赣州市在2020年江西省青少年游泳锦标赛中取得2块金牌、3块银牌、4块铜牌的优异成绩。多位教师获得各类级别奖项和表彰。

【赣州市厚德学校】 赣州市厚德学校创办于2017年，位于赣州经开区香江大道南侧与金东路东侧交汇处，占地面积2.67公顷。2020年有小学生2270人、中学生1252人、专职教师233人。年内，厚德学校党支部升格为党总支，以“三化”建设抓党建，以党建引领学校内涵发展，传承红色基因，育德树人。积极应对新形势新挑战，全面推进办学管理机制和育人模式改革，即小学“三好四有零作业”，初中“综合素质零掉队”，高中“分层选科零遗憾”，开启厚德内涵式高质量发展3.0时代。疫情期间，集团升级“厚德在线”网校平台容量，面向社会小、初、高12个年级学生全部免费开放各学科双师直播课堂，特别是省“赣教云”平台空缺的初三、高三各科复习课程，每天最高在线学习人数近10万人，27位教师的在线课程被评为全省抗疫线上教学优质课。开展“抗疫情、献爱心、厚德人在行动”捐资活动，全校捐集善款151.6万元，全部用于购买物资捐赠给湖北相关医院和赣州市红十字会，被江西省红十字会授予“榜样集体”。2020年中考720分以上高分段总人数204人，实现全市领先。

【赣州市第十六中学】 赣州市第十六中学（原赣州市峨眉中学，又名“赣州一中西城校区”）创办于1972年，位于赣州经开区飞翔路以北、山孜下路以西，占地面积7.39公顷，总建筑面积4.2万平方米。2020年，有教学班24个，在校学生1162人；教职工86人，其中专任教师82个，本科及以上学历78人，学历达标率100%；高级教师19人，一级教师44人。年内，区管委会与赣州市第一中学签订联合办学协议，赣州市第十六中学由公办初中变成完全中学，成为区内第一所公办高中。年内，有3名教师被评为区级教学能手；区级教师创新教学板书设计比赛中一等奖3人，二等奖9人次；市级教学成果展示二等奖2人次；市级学生生物竞赛一等奖1人次；区教育脱贫“先进个人”1人次；区教育关工委“先进个人”1人次；区中等职业学校春招工作“先进个人”3人次。获赣州市第三届“文明校园”荣誉称号，获赣州经开区中等职业学校春招工作“先进集体”、教育脱贫攻坚“先进单位”、教育系统关工委“先进单位”。

【赣州市第五中学】 赣州市第五中学创办于2009年，位于赣州经开区金邮路6号，学校占地面积5.07公顷，建筑面积近3.6万平方米。2020年，有教学班64个，在校学生2979人，教职工203人。学校坚持“以活动为载体，实现师生共同成长”的办学理念，全力打造科技智能校园、书香文化校园、红色传承校园。注重教师队伍建设，有省市区各级学科带头人及骨干教师64人；教学科研在各级各类教学竞赛中获奖100余人次；中考质量在赣州中心城区名列前茅，重点高中上线率62%以上，普通高中上线率82%以上，其中2020届学生江楠以中考775分的成绩名列经开区第一名。学校发扬“敢为人先”的首创精神，注重特色教育。成立创客教室、篮球教育基地、赣南采茶戏传承基地、陶艺教室、合唱队等特色项目并取得优异成绩，被评为“2018年全国篮球教育基地”和区“田径教育基地”“篮球教育基地”。年内，获“赣州市绿色学校”“区教学质量先进单位”“办学绩效先进单位”“关心下一代先进单位”和“‘助力赣州经济技术开发区腾飞’中小学教师创新教学板书设计比赛优秀组织奖”等荣誉称号。

【赣州市第八中学】 赣州市第八中学创办于2018年，位于赣州经开区紫荆路与华裕路交汇处，学校占地面积约6.07公顷，总建筑面积3.4万平方米。2020年，有教学班42个，在校学生2117人，教职工138人，其中高级教师18人，市区学科带头人和骨干教师12人。学校秉承“和谐治校、质量强校、特色立校、科研兴校”的办学理念，旨在培养自强不息，行健志美的德智体美劳全面发展的青少年。年内，学校教师参加省市区各类比赛获奖60余人次，获区级以上表彰20余人次，发表教育科研论文论著40余篇；学生参与省、市、区各类比赛获奖160余人次。学校获评第三届赣州市文明校园；承办赣州经开区第五届中小学生暨职工运动会，团体总分获初中组第三名、职工组一等奖；获2019—2020学年度全区办学绩效先进单位、全区教学质量先进单位。

【赣州市第十中学】 赣州市第十中学创办于2019年，位于赣州经开区客家大道以北，谷雨路以东，占地面积2.71公顷，总建筑面积2.4万平方米。规划设计教学班36个，可容纳学生1800名，有效缓解城区入学难和大班额问题。学校实行人车分流，是一所环境优美、布置合理、教学设施一流的现代化学校。2020年，有七、八2个年级教学班16个，在校学生746人；教职工52人，其中党员教职工16名，中小学高级职称教师8人，省骨干教师1人，市骨干教师1人，市优秀班主任1人，区学科带头人1人。年内，被评为赣州市“健康促进学校”“钉钉未来校园示范学校”。

【赣州市金岭学校】 赣州市金岭学校创办于2019年，位于赣州经开区杨梅渡公园西南侧，黄金岭上、天宝塔下、章江水滨。学校占地5.67公顷，总建筑面积4.8万平方米。办学规模为小学部教学班30个，初中部教学班24个，可容纳学生2550名。2020年，学校开设教学班34个，其中小学部21个、初中部13个，有学生1505名，教师98人。学校以“培养具有中华底蕴的世界公民”为育人目标，以“用心呵护生命，用爱陪伴成长”为办学理念。在2020年江西省青少年网球锦标赛中，学生郭镇萱获女子团体冠军、单打亚军，学生胡浩然获单打、双打亚军。教师冷兴获第九届全国初中语文教师教学基本功大赛优秀课例评比活动全国一等奖。学生曾雨佳获2020年江西省第四届红领巾讲解员风采大赛决赛特等奖第一名，并被授予“江西省五星红领巾讲解员”荣誉称号。

【赣州市湖边中学】 赣州市湖边中学创办于1958年，位于赣州经开区湖边镇湖边村，占地面积3.72公顷，总建筑面积1.2万平方米。2020年，学校有教学班16个，在校学生713人，教职工65人。学校坚持“用心匠造每一个教育细节”的办学理念，全面实施素质教育，努力实现“行以求知，学以致用”知行合一的教育目标。年内，中考多项考核指标在全区农村初中名列前茅，获得2020年度全区教育质量综合考评先进单位等多个荣誉称号。教研组建设进一步加强，青蓝结对工程初见成效，各学科培养出一批青年骨干，邬正青、罗娟、杨赛等青年教师获区板书设计大赛一等奖。开展“不忘初心，牢记使命”主题教育活动，充分利用“党建+教研”等方式推动学校工作开展。学生森林实验基地在建设中，学校田径场建成并投入使用，完成举办2020年赣州市湖边中学秋季田径运动会。

【赣州市蟠龙中学】 赣州市蟠龙中学创办于1908年（清光绪三十四年），位于赣州经开区蟠龙镇蟠龙村，学校占地面积3.25公顷，总建筑面积1.2万平方米。2020年，有教学班19个，在校学生908人，教职工77人，其中本科学历教师45人，研究生学历2人。学校坚持“人人皆可成龙”的办学理念，与社会、家庭教育相结合，形成教书育人、管理育人、服务育人的全面育人环境。年内，蟠龙中学党支部被评为“先进基层党组织”，学校被评为“2019—2020学年度全区办学绩效先进单位”；涌现出市“优秀教师”、区“优秀党务工作者”方巧玲，区“优秀党员”刘继华，区“优秀教师”廖姣、陈静，区“优秀班主任”温辉林等一批优秀教师。

【赣州市凤岗中学】 赣州市凤岗中学创办于1958年，位于赣州经开区凤岗镇，东依凤岗镇东隅的凤头岭，南傍上犹江水。学校占地面积4.56公顷，校舍面积1.26万平方米。2020年，有在校学生360人，教职工33人，教师学历达标率100%。学校始终以立德树人为根本，教学成绩突出，被区社管局评为“教学质量先进单位”。11月，凤岗中学异地新建项目正式开工建设，学校位于凤岗片区FG06—31—02地块，在高铁西站广场的右侧（原朱家小学地块），规划用地约3.73公顷，主要建设普通教学楼、综合教学楼（含生物、化学、物理实验室）、行政办公楼、体育馆、报告厅、食堂、教工宿舍、田径场、篮球场、排球场等，配套建设地下停车场、绿化、道路硬化、给排水、供配电、消防等基础设施工程。

【赣州市三江学校】 赣州市三江学校于2017年8月由三江乡中心小学和三江中学合并，2020年伍岭中学合并至三江学校，更名为三江学校伍岭校区。三江学校是农村九年一贯制学校，位于赣州经开区三江乡东红村，占地面积4.13公顷。2020年，有教学班32个，学生1371人，教职工111人；下辖5个村完全小学、5个教学点和1个中心幼儿园，有教学班75个，在校学生2187人，教职工198人。学校秉承“和合尚德，知行合一”的校训，践行“和美教育”，以教研促教学。教师在各级各类刊物上发表论文28篇，其中国家级论文8篇，获奖作品占65%；参加各类教学教研竞赛获奖85人，其中国家级奖项1人，省市级28人，区级56人。

【赣州市灌婴小学】 赣州市灌婴小学创办于2020年，位于赣州经开区工业路东侧、客家大道北侧，校园占地面积3.77公顷，总建筑面积2.7万平方米，总投资9229万元。设计办学规模教学班50个，可容纳2250名学生。学校于2018年1月开始动工，2020年9月开始招生并投入使用。年内，有一年级教学班6个，学生269名，教师17名，其中党员教职工7名、中小学高级职称教师1人、省骨干教师1人、区骨干教师1人。学校以“国学启蒙，科学启智”为办学特色，用博大精深的国学文化作为学生的启蒙之源，弘扬和传播优秀的中华传统文化，让学生成为新的文化传人，激发学生的爱国热情；培养学生的科学态度和科学精神，激发学生学习科学的兴趣，引领学生走上科学探索之路。学校以办人民满意教育为宗旨，以推行素质教育为主线，以促进优质均衡发展为目标，努力打造一所师生向往、社会认可的标准化、现代化学校。2020年，在“助力赣州经济技术开发区腾飞教师创新板书比赛”中，教师肖娟获板书设计比赛一等奖第一名；教师容骏骐获区数学素养大赛一等奖；在第四届全省中小学微视频征集展播中，教师刘云飞获省级一等奖。

【赣州市紫荆路小学】 赣州市紫荆路小学创办于2020年9月，位于赣州经开区金潭大道以东、紫荆路以南，占地面积约2.77公顷，建筑面积约2.2万平方米。年内，有教学班25个，在校学生1164人，教职工61人。学校坚持以“办学有特色、教师有特点、学生有特长”为总体工作思路目标，突出强化学校管理和提高教学质量两大中心工作，努力抓好立德树人、提高队伍素质、加强建设三大主题工程，以特色发展激发办学活力，实现新学校创办迈上新台阶。年内，学校获区级教育教学类活动一等奖7人次、二等奖12人次；获区小学数学教师素养大赛“团体二等奖”、区少先队辅导员风采大赛团体二等奖；成为“赣州广播电视台红孩子电视艺术团少儿艺术人才输送基地”。

【赣州经开区第二保育院】 赣州经济技术开发区第二保育院创办于2020年，位于赣州经开区金星村石门路，占地面积约0.93公顷，建筑面积约1.1万平方米。采用区社管局和市保育院联合办学模式，由市保育院负责院长派遣及师资管理、培训及教育课程实施，充分发挥市保育院学前教育品牌

12月31日，赣州市保育院经开院区（赣州经开区第二保育院）揭牌仪式举行 （区融媒体中心供图）

优势和辐射作用。年内，开设小班6个，招收幼儿143名，全院职工31人。拥有音乐室、科学探索屋、美术室、亲子活动室、阅读室、多功能厅、大型户外活动场地等，确保幼儿健康、愉快地成长。课程秉承“崇尚童真，回归自然”的教育理念，把最宝贵的东西给予儿童，培养孩子健康的身心、活跃的思维、好学的态度、宽阔的胸襟、开拓的视野、文明的行为习惯。年内，先后开展家长会、家长开放日、教研活动等大型活动。

（陈坤杰　邹　赟）

文化

【概况】 2020年，赣州经开区文化事业建设工作有序推进，文化基础设施更加完善，文化艺术中心建设稳步进行。全区村（社区）综合文化服务中心建成70个，开展各类送戏下乡活动80余场，受益人数4万余人。非物质文化遗产获得突破，“抬毛老爷”“蓝氏中医正骨疗法”成功申报市级非遗项目；文化产业快步发展，区内文化企业17家，文化产值30余亿元，区域文化软实力持续提升。

【文化市场管理】 经营许可规范管理，办理行政审批26家；文化执法管理进一步夯实，文化市场综合执法权移交市文化市场综合执法支队，开展各类检查行动，出动工作人员1000余人次，下发责令整改通知书12份，立案查办案件5件，其中市支队办理4件；组织2020年“绿书签行动”暨版权宣传活动，受益群众1000余人；建立赣州经开区首个“扫黄打非”进基层示范点龙岭村工作站，填补全区“扫黄打非”基层示范点的空白；配合开展非法卫星电视广播地面接收设施治理行动，拆除非法安装地面接收设施5套。

（曾　斌）

体育

【概况】 2020年，赣州经开区全面落实《赣州经济技术开发区全民健身实施计划（2016—2020年）》，不断强化“以人民为中心”的指导思想，着力提升体育公共服务水平，增强竞技体育综合实力，加快体育产业发展，较好完成各项工作任务。

【体育协会疫情防控】 疫情期间，全区各单项体育协会（健身操舞协会、武术协会、羽毛球协会）取消一切群体性体育活动和对外交流活动计划；对国内中高风险区返赣会员进行全面摸排，确保不漏一人。广泛利用微信群等各类媒体宣传居家健身的重要性，推广居家健身方法，普及科学健身知识，并创编录播视频参加市级网上评比，多个居家健身小视频在各乡（镇、街道、管理处）取得较好反响。

【引导区内各体育类健身经营场所复工复产】 3月21日，根据《关于印发〈江西省全面恢复正常生产生活秩序工作指引〉的通知》要求，区社管局到全区各体育营业场所开展现场督查，引导各场所在落实好防控措施、做好场馆消毒和人流管控的前提下，有序复工复业，提振体育类企业经营信心。

【老年人体育活动】 全区各级老年人体育协会按照经常自愿、重在参与、就地就近、小型多样、文体结合、科学文明、有益健康的原则，继续办好全区第七届全民健身广场舞大赛、全区第二届门球赛等品牌赛事，老年健身体育活动实现“年有计划、月有安排、日有活动、重大节日有比赛”。

【体育场地普查】 全年全区有序开展体育场地统计调查工作2次，出台《赣州经开区体育场地统计调查工作实施方案》，成立赣州经开区体育场地统计调查工作领导小组，召开赣州经开区体育场地统计调查培训班，全面摸清全区2019—2020年体育场地的数量、结构、分布、使用和管理情况。

（韩中平）

社会生活

创建全国文明城市工作

【概况】 2020年是全国文明城市复评迎检的关键之年，按照市委、市政府关于创建全国文明城市（简称“创文”）的工作部署，区党工委、管委会高度重视，常态化开展各项创文工作，不断提升全区文明城市创建水平，城市文明素养迈向新台阶，群众满意度、获得感、幸福感显著提升。年底，赣州市顺利通过全国文明城市复评。

【精神文明建设】 扎实推进新时代文明实践建设工作。推行“五合一”打造模式，下拨231万元高标准打造新时代文明实践站示范点15个。围绕学习、服务、活动三大功能，积极开展理论学习宣讲活动120场，“我们的节日”、“传承好家风”宣讲、普法宣传教育等活动620余场。依托新时代文明实践站开展“扶德扶志 感恩奋进”活动100场，组织参加就业技能培训的贫困劳动力群众125人。深入推进“五大创建”工作，以践行社会主义核心价值观为引领，积极开展各项群众性精神文明创建活动。年内，全区有1个村获评“国家级文明村镇”，4个村（镇）获评“市级文明村镇”；25个单位获评省、市级文明单位称号，11所学校获评省、市级文明校园称号，4户家庭获评市级文明家庭称号；5人获评“赣州好人”，1人获评市级“新时代好少年”。强力推进乡风文明建设工作。全年全区开展道德红黑榜评议4期，各类“扶德扶志 感恩奋进”“百善孝为先”主题教育活动150余场。通过“赣南新妇女”运动表彰“孝老爱亲”家庭10户，评选优秀妇女小组长20名、巾帼志愿者10名。

【文明城市常态化建设】 深入推进全国文明城市创建工作。下发公益广告和《赣州市民文明手册》1.2万余份、《实地操作指南》950余份。区级层面打造宝塔农贸市场、香江大道、赣州第五中学、赣南医学院第一附属医院、舒米超市、金岭路社区、天空之城、锦江国际酒店、企服中心等9类10个文明示范点。依托市文明城市智能化平台，整改问题清单2503个，下发督办函55份。开展文明城市常态化管理工作测评考核，评选季度考核单位。A类分别是黄金岭街道办事处、湖边镇、蟠龙镇；B类分别是区城管分局、区公管处、区交警大队；C类分别是区纪工委、区党群部、区财政局。大力推进志愿服务工作常态化。全区每周四开展常态化志愿服务活动，网上注册志愿者37837

赣州经开区开展“保文创卫”工作，强化疏堵保畅机制建设。图为8月9日区交警大队进行交通文明引导　（区交警大队供图）

人，其中一星级志愿者36人，三星级志愿者2人，五星级志愿者1人，3家单位成功申报一星志愿服务组织星级，分别是区税务局学雷锋志愿服务队、区纪工委学雷锋志愿服务队、区市场监管分局学雷锋志愿服务队。围绕国际志愿者日主题，全区开展疫情防控、普法宣传、清洁赣州、文明劝导等志愿服务活动260余场。

【创文文件选目】 关于印发《2020年赣州经开区文明城市常态化精细化智能化管理工作方案》的通知（赣经开创字〔2020〕1号）

关于印发《赣州经开区文明城市月（季）度测评考核办法》的通知（赣经开创字〔2020〕2号）

关于印发《2020年赣州经开区文明城市创建示范点建设工作实施方案》的通知（赣经开创办字〔2020〕3号）

关于印发《学习宣传贯彻〈赣州市文明行为促进条例〉实施方案》的通知（赣经开文明办〔2020〕1号）

（黄　涛）

创建国家卫生城市工作

【概况】 2020年是赣州市创建国家卫生城市（简称"创国卫"）的决胜之年。赣州经开区作为赣州市创国卫的主战场、主阵地，在国家技术评估考核阶段的关键时期，上下联动、全力以赴，充分展现各方面的创国卫成果和特色。高分通过8大类别的技术评估考核，受到国家、市级专家的一致好评；打响全市迎国检的"第一枪"，为赣州市顺利通过国家技术评估考核做出积极贡献。

年内，赣州经开区各项创国卫指标全面达标，圆满完成国家暗访问题整改验收、国家技术评估考核、国家技术评估考核问题整改验收、综合评审各个环节工作任务，助力赣州市成功获评"国家卫生城市"。

【创国卫重要会议】 国家暗访反馈问题整改工作部署会。1月10日，全区创建国家卫生城市国家暗访反馈问题整改工作部署会召开。区党工委副书记、管委会主任陈水连出席并讲话，区领导傅小新、黎佐绩、卓邦友、曾辉参加。各乡（镇、街道）相关行业部门（单位）分管领导，区创卫一办三部工作人员参加会议。

推进爱国卫生运动暨城乡环境综合整治工作会议。4月2日，全区深入推进爱国卫生运动暨城乡环境综合整治工作会议召开。区党工委书记李明生主持并讲话，区党工委副书记、管委会主任陈水连对下一阶段爱国卫生运动、创国卫和城乡环境综合整治工作作部署，区领导卓主任、曾辉出席。赣州综合保税区，各乡（镇、街道、管理处），区直、驻区各部门（单位），区属各国有企业创卫分管领导及具体工作人员62人参加会议。

创国卫迎检工作布置会。5月14日，全区创国卫迎检工作布置会召开。区社管局局长、区爱卫办主任王会东传达市创国卫迎检工作布置会精神和市督导问责部在赣州经开区督导检查时提出的工作要求，布置下一步重点工作；区社管局副局长聂慧洁对与会人员进行创国卫资料建档工作培训。各镇（街道）、相关行业部门（单位）分管领导25人参加会议。

城乡环境综合整治工作部署会。5月18日，全区城乡环境综合整治工作部署会召开。区党工委书记李明生出席并讲话，区党工委副书记、管委会主任陈水连作具体工作部署，区领导傅小新主持，区领导黎佐绩参加。与会人员共同观看城乡环境暗访视频，城乡环境综合整治三个工作组分别作表态发言。各乡（镇、街道）相关行业部门（单位）负责人、区创卫一办三部工作人员参加会议。

创国卫国家技术评估工作布置会。5月24日，全区创建国家卫生城市迎接国家技术评估工作布置会召开。区创卫副总指挥、区管委会调研员卓邦友主持并讲话。全区各示范点责任单位分管领导、区创卫办、爱卫办全体工作人员参加会议。会议通报各示范点当前存在的问题，完成国家

5月27日，赣州经开区迎接市第一次模拟国家技术评估现场反馈会召开　（区融媒体中心供图）

技术评估迎检工作部署。

市级模拟国家技术评估情况反馈会。5月27日，赣州市创卫办专职副主任、市第一次模拟国家技术评估检查组组长戴艳春率检查组一行到赣州经开区开展模拟国家技术评估考核检查，并召开评估反馈会。区党工委副书记、管委会主任陈水连出席并对下一步工作进行表态，区领导卓邦友参加并作全区创国卫情况报告。各创卫示范点责任单位负责人、区创卫一办三部全体工作人员参加会议。

保文创卫暨新冠肺炎疫情常态化防控工作调度会。6月13日，全区保文创卫暨新冠肺炎疫情常态化防控工作调度会召开。区党工委书记李明生出席并讲话，区党工委副书记、管委会主任陈水连主持会议，全体在家区领导参加。区有关部门（单位）、各乡（镇、街道、管理处）主要负责人，区创卫一办三部全体工作人员参加会议。

城乡环境综合整治工作推进会。7月11日，全区城乡环境综合整治工作推进会召开。区党工委书记李明生出席并讲话，赣州经开区党工委副书记、管委会主任陈水连主持，区领导傅小新、华晓斌、黎佐绩、曾辉出席会议。区有关部门（单位）、各乡（镇、街道、管理处）主要负责人，72个村（居）书记（主任）参加。

创卫工作推进会。7月28日，全区创卫工作推进会召开。区社管局局长、区爱卫办主任王会东出席并布置国家技术评估迎检工作。创国卫示范点责任单位分管领导、区创卫办全体工作人员136人参加会议。会议约谈在全区第二次模拟技术评估考核八大类倒数第一名的点位责任单位。

医改暨保文创卫工作布置会。8月6日，全区医改暨保文创卫工作布置会召开。区党工委书记李明生出席并讲话，区党工委副书记、管委会主任陈水连主持会议，全体在家区领导出席。各相关部门（单位）、各乡（镇、街道）及建成区范围内各村（社区）、学校、医院等负责同志，区创卫指挥部“一办三部”全体人员200余人参加。会议观看市中心城区创建国家卫生城市第一次模拟技术评估问题实录视频；传达全市医改暨保文创卫工作推进会精神。区领导傅小新同志部署民保文工作；区领导卓邦友部署医改工作和创国卫工作。

保文创卫模拟测评反馈会。8月10日，全区保文创卫模拟测评反馈会召开。区党工委副书记、管委会主任陈水连出席并讲话，区领导宋鹏主持会议，全体在家区领导等出席。区领导傅小新传达在文明城市省模拟测评中的问题反馈要点；区领导卓邦友传达市中心城区创国卫第二次模拟国家技术评估问题清单。会议分析研判赣州经开区存在的问题，对下一步保文创卫工作进行再动员、再调度、再部署。

国家卫生城市技术评估反馈问题整改工作布置会。11月3日，全区创建国家卫生城市技术评估反馈问题整改工作布置会召开。区领导卓邦友主持并就国家技术评估反馈问题整改工作进行部署和强调。各创国卫示范点相关责

4月17日，赣州经开区干部群众在东江源大道—宋城路开展爱国卫生月“全民净城”大清扫活动 （区社管局供图）

任单位分管领导、区创卫办全体工作人员参加会议。

【创国卫重要活动】 “健康促进助力脱贫攻坚宣传”活动。1月11日，区疾控中心在懒得社区开展以“控油限盐·助力脱贫攻坚”“健康中国行·律动赣鄱地”为主题的大型宣传活动。活动旨在广泛传播健康知识，引导居民建立起健康饮食理念，保护和促进个人或群体健康，降低高血压及心脑血管等疾病的发病率，减少因病致贫返贫现象的发生。

第32个“爱国卫生月”活动。4月1—24日，区爱卫办积极开展第32个爱国卫生月活动，以“防疫有我，爱卫同行”为主题，通过张贴海报、悬挂横幅、LED显示屏播放、发放倡议书等形式，在各村（居）、小区、商场、超市、企业、建筑工地、医院、机关单位等地进行宣传，张贴海报1万余份、发放倡议书4万余张、悬挂横幅200余条。

“爱国卫生运动”网上知识竞赛活动。4月24—30日，区爱卫办依托“赣州经开区社会事务管理”和“赣州经开区微新闻”微信公众号，开展为期一周的网上知识有奖竞赛活动。通过在线答题普及爱国卫生运动、疫情防控、病媒生物防制、文明餐桌等健康知识，吸引6500余人次参与。

国家技术评估工作培训班。6月6日，区创卫办组织开展迎国家技术评估工作培训班。赣州综合保税区，各乡（镇、街道、管理处），区直、驻区各部门（单位），区属各国有企业创卫分管领导及具体工作人员，建成区各中小学校、幼儿园、医院创卫分管领导，建成区有关村、居（社区）创卫工作人员，各农贸市场及专业市场物业管理公司工作人员，各示范点责任人员或工作人员，区创卫办、区爱卫办工作人员参加培训。培训班着重对资料建档、健康教育与健康促进、病媒生物预防控制、重点场所卫生等方面进行培训。

创国卫交流活动。6月29日，章贡区创国卫考察组一行到赣州经开区进行创国卫学习交流。考察组先后到宝塔农贸市场、金榜路社区、区财政局等地进行实地参观。结束参观后，两地创国卫骨干进行座谈，对创国卫8大类别方面内容进行面对面的经验交流和工作探讨。

国家技术评估迎检点位讲解培训。8月14日，区创卫办举办迎国家技术评估讲解员礼仪培训。区社管局副局长聂慧洁出席并讲话。培训班邀请礼仪专家通过集中授课、现场讲解等形式，对各迎检点位讲解员进行接待礼仪、形态、语言等方面内容的培训。课堂结束后，礼仪专家在黄金岭街道、区财政局进行实地示范讲解和指导。

“健康科普”讲解大赛。11月10日，区社管局、区疾控中心（健康教育所）联合开展“2020年度赣州经开区卫健系统健康科普讲解大赛”。区疾控中心和各乡镇卫生院（社区卫生服务中心）的优秀选手围绕“健康素养66条”、健康生活方式、慢性病、优生优育等主题进行比赛，有效提高全区卫健系统工作人员的科普讲解能力和水平。

“世界肝炎日”活动。7月27日，在第十个“世界肝炎日”到来之际，区疾控中心、健康教育所联合赣州市疾控中心开展“世界肝炎日”活动，在江西中烟工业有限责任公司赣州卷烟厂开展肝炎、艾滋病防治宣传活动，受到企业领导和员工的热烈欢迎和支持。活动发放宣传折页1000余份、宣传礼品1000余份。

【创国卫文件选目】 《赣州经开区创建国家卫生城市技术评估考核评比工作方案》（赣经开创卫字〔2020〕1号）

《全区创建国家卫生城市技术评估考核评比结果通报》（赣经开创卫字〔2020〕2号）

《赣州经开区创建国家卫生城市技术评估第二轮考核评比方案》（赣经开创卫字〔2020〕3号）

《全区创建国家卫生城市技术评估第二轮考核评比结果通报》（赣经开创卫字〔2020〕4号）

《关于春节期间开展“干净整洁过大年持续巩固创国卫成果”系列活动的通知》（赣经开创卫办字〔2020〕1号）

《赣州经开区春节期间开展创国卫调查问卷活动方案的通知》（赣经开创卫办字〔2020〕2号）

《关于印发〈赣州经济技术开发区创建国家卫生城市工作考核办法〉的通知》（赣经开创卫办字〔2020〕3号）

《关于调整赣州经济技术开发区创建国家卫生城市“路长”的通知》（赣经开创卫办字〔2020〕4号）

《关于迅速开展全国爱卫办对我区创建国家卫生城市技术评估反馈问题整改工作的通知》（赣经开创卫办字〔2020〕38号）

（黄　赞）

城镇脱贫解困

【概况】 2020年是脱贫攻坚收官之年，也是城镇困难群众与全区人民同步迈入小康社会的关键一年。赣州经开区扎实做好城镇贫困群众脱贫解困工作，纵深推进“两不愁三保障”政策落实，着力解决帮扶力量薄弱、帮扶渠道单一的问题，为全区社会救助事业开创新局面。

【动态管理】 坚持“低保纳入精准，致贫原因识别精准”的要求，线上线下两手抓。线上，利用社会救助综合管理服务平台，对每一位低保申请人进行大数据比对，确定申请人家庭经济符合纳入条件；线下，由社区民政工作人员通过入户核实、邻里问询、电话询访的方式再一次确认家庭人口、生活状况、致贫原因、就业等情况，保证“识别精准，调整及时”。全年动态调整77人，清退21人，新增56人。年内，认定244户431人，其中因教育98人、因病108人、因住房12人、因残115人，分布于黄金岭街道79户153人、湖边镇77户131人、凤岗镇45户70人、蟠龙镇35户63人、三江乡5户10人、新能源汽车科技城3户4人。

【科学调度】 按照上级统一部署，转变工作思路，在做好防疫工作的同时，科学调度城镇贫困群众脱贫解困工作。落实城镇贫困群众提标提补工作，提高保障对象保障标准和补差水平，及时补发提标提补金额。2020年度城市低保每人每月725元，月人均保障标准提高65元，月人均补差水平提高40元；加大摸排力度，及时将符合条件的对象纳入保障；简化审核审批流程，通过“先行救助”方式及时纳入保障范围，全年新增保障对象56人。发挥临时救助兜底保障功能，采取“先行救助、后补手续”方式；推行“物质＋帮扶”的救助模式，年内为城镇贫困家庭发放口罩2970个、消毒液224瓶及油、米等生活物资。对受疫情影响大的企业困难职工开展医疗救助、助学救助或送温暖活动，提升就业信心和战胜疫情的决心。压实义务教育阶段“控辍保学”工作，坚决防止城镇贫困家庭学生辍学。通过线上教育、心理疏导、提前教育资助等方式保障学生受教育的权利。落实医疗保障政策。对疑似和确诊的新冠肺炎患者发生的医疗费用，在基本医保、大病保险、医疗救助等按规定支付后，个人负担部分由财政给予兜底补助。简化住房保障审批流程，缩短审批时限，提前发放廉租住房租赁补贴，将每季度第三个月发放改为首月发放。转换结对帮扶工作方式，根据疫情风险等级，分别采取入户探访或电话、短信、微信探访等方式加强与结对帮扶对象联系，增加探访频次，及时了解掌握贫困对象生产、生活、身体状况。

【政策落实】 落实“两不愁三保障”政策，兜住民生底线。全年发放城镇低保资金257.55万元，特困供养金8.43万元，残疾人“两项补贴”12.13万元；实施城镇临时救助11户33人次2.34万元；发放城镇劳动力岗位补贴30人6.92万元，交通补贴46人1.71万元；资助城镇贫困学生222名79205元，其中学前教育25人18750元，义务教育187人54375元，普高8人6080元；代缴城镇贫困群众城乡居民基本医疗保险431人12.07万元，购买大病保险3.23万元，购买疾病医疗补充保险11.21万元；诊治城镇贫困群众1405人次（包含住院及门诊特殊慢性病就诊人员），总医疗费用276.47万元，其中医保报账243.5万元，自付32.97万元；扎实推进“先诊疗、后付费”政策，确保城镇贫困群众享受农村贫困人口同等医疗保障待遇。全年城镇贫困人员住院总金额204.1万元，自付20.14万元，报销比例90%以上；为5户因住房致贫的群众解决住房问题，1户家庭享受租赁补贴，4户落实实物配租。

【拓宽帮扶渠道】 大胆探索帮扶路径，拓宽帮扶渠道，将市场力量引入帮扶工作。8月6日，为500名城镇困难群众购买“精准防贫责任保险”，有效破解城镇困难群众帮扶渠道单一、帮扶力量薄弱的难题。全年协助困难家庭申请防贫保险理赔14户35940.63元，其中凤岗镇肖峰户因病理赔金额6756.11元。

（何瑞昌）

就业服务管理

【概况】 2020年，全区新增城镇就业3815名，其中就业困难人员再就业163人，新增农村转移劳动力3368名，城镇登记失业率控制在4.5%以内，保持零就业家庭动态清零。

【就业政策落实】 加大省市高校毕业生就业促进计划落实力度，全年新吸纳离校2年内高校毕业生及16—24岁失业青年见习人员95人，发放见习补贴84.59万元。加强对就业困难人员的援助帮扶，把下岗失业人员、复员转业退役军人、残疾人等就业困难群体作为主要服务对象；为18家企业发放吸纳就业困难人员社保补贴67.5万元；全年开发各类公益性岗位1160个，发放公益性岗位补贴784.44万元。

【江西赣州人力资源服务产业园】 充分发挥人力资源服务产业园服务企业作用，以服务企业为导向开展产业园招商及运营工作，已入驻人力资源服务企业35家，组织开展人力资源业态培训及沙龙活动16场，11月认定为省级人力资源服务产业园，服务企业招工1.5万人。落实赣州人力资源服务产业园入驻机构房住补贴优惠政策，为入驻企业房租补贴67.62万元，落实赣州人力资源服务产业园入驻机构地方贡献奖奖励74.2万元。

【职业技能开发】 年内，全面推进职业技能提升行动，培训总人数完成10473人次，拨付技能提升资金1256.74万元，超额完成全年任务。其中，开展以工代训6159人，补贴984.42万元；开展岗前培训2852人，补贴142.6万元；开展新型学徒制培训118人，补贴23.6万元；企业职工技能提升培训8期，发放补贴22.16万元，补贴182人；消防大队消防安全员培训5期179人，补贴17.9万元；开展就业技能及创业培训14期，发放培训补贴37.56万元，补贴384人；招商局培训补贴110人，补贴11万元；应急管理局培训175人，补贴17.5万元。

【服务创业带动就业】 全年新增发放创业担保贷款5229万元，其中扶持企业9家，发放企业贷款3968万元，扶持个体户113家，发放个贷1261万元。完成新增创业担保基金50万元。新增认定赣州恒科产业园和赣州市创新者公园为区级创业孵化基地，新增江西环境工程学院大学生科技园为市级孵化基地，新增赣州人力资源产业园为省级人力资源服务产业园，赣州市科技创业中心为省级孵化基地，赣州国际企业中心申报国家级孵化基地，入驻创业实体462家，带动就业6000余人，发放孵化企业运行费补贴65家，补贴金额79.38万元。通过建设创业孵化基地为创业者提供物理空间、创业指导、创业培训、公共服务等全方位立体化的平台。

【服务企业用工】 围绕"六稳""六保"，统筹疫情防控和经济社会发展等方面先后出台《赣州经济技术开发区"防疫 暖企"八条政策》《关于应对疫情影响促进商贸消费市场复苏的若干措施》《应对中美贸易摩擦稳定就业系列政策措施》等政策文件，支持企业发展用工。建立由区招工用工和人才引进协调小组牵头，企业挂点负责人负责第一时间跟进企业招工动态的服务机制，每月印发《招工信息》。全年召开大型招聘会4场，并在春节期间组织部分企业到周边圩镇开展流动招聘会24场，为区内300余家园区企业招工15655人。建立赣州经开区就业网及其微信公众号，用于发布各类招聘信息、就业政策、就业新闻等。发放各类企业用工补贴757.72万元，其中招工宣传补贴347家，补贴资金137.44万元；招工补贴116家，补贴资金620.28万元。

【就业帮扶促脱贫】 年内，通过打造就业扶贫五大平台，全区有就业能力和就业意愿贫困家庭4532户，16岁以上、有劳动能力的贫困劳动力10917人，其中已就业贫困家庭4532户，已就业9070人。贫困家庭就业率（实现1人以上就业的户数占具备就业能力并有就业意愿的劳动力的贫困户户数的比率）达到100%；开发保洁员、护林员、治安巡逻员、公路养护员等就业扶贫公益性岗位1031个；扶持扶贫车间建设49家，吸纳贫困劳动力就业501人；培训贫困劳动力235人；召开3场大型就业扶贫岗位对接会和24场就业扶贫"送岗下乡"活动；发放贫困劳动力外出务工交通补贴8340人，285.15万元；就业岗位补贴2318人，635.05万元；培训学员156人次，培育创业致富带头人101人，1132户贫困户联结到产业链上、吸纳到就业上，年户均增收1万元以上。

【社会保障卡】 为加大社会保障卡及电子社保卡宣传力度，切实提高群众对社会保障卡及电子社保卡的认知度，全区各单位完成电子社保卡申领工作，同时为亲友申领电子社保卡，大力推进社会保障工作。全年完成72.76%以上电子社保卡签发工作。

（易国乐）

劳动保障

【概况】 2020年，区劳动监察局牢固树立"严格执法、热情服务"工作理念，多措并举提升劳动监察、劳动仲裁水平，维护园区劳动关系和谐稳定，9月24日被江西省政府授予"2017—2019年度全省依法行政先进单位"荣誉称号。

【根治欠薪落实】 严格依法行政，开展根治欠薪工作。全年接待各类劳资纠纷举报投诉358次，其中立案受理23起，办结23起，为1122人追回工资1918.73万元；受理并调查工伤认定案件335起，受理伤残鉴定案件125起，参与调处工亡案件8起；开展农民工工资支付等各类专项检查4次。

【矛盾纠纷调解】 创新工作方法，提升劳动仲裁效能。全年受理劳动仲裁案件430件，调解案件150件，调解率35%。引入“智慧仲裁”信息系统，通过网络受理劳动仲裁案件10件，完结6件，完成率60%。打造“和合”调解推动矛盾化解，面向社会招聘18名法律服务人员、劳动关系协调师为兼职人民调解员，共同参与矛盾纠纷调解工作，快速调解劳资纠纷25件。

【劳资纠纷信访维稳】 处理群众诉求，妥善做好信访维稳。全年处理各类劳资纠纷信访件1112件，办结率100%。通过“两法衔接”机制，移送拒不支付劳动报酬案件1起。联合住建、公安等部门共同成立赣州经开区劳资纠纷调解平台，调处案件近40个，进一步巩固和谐劳动关系。

【农民工实名制信息监管】 围绕根治欠薪目标任务，做好农民工工资“实名制”工作。协助全区在建工地项目办理实名制专户预存工资金97660.13万元，通过实名制工资预存专户发放农民工工资88317.3万元，民工工资发放总量全市第一。

2月，区医保局工作人员到医保定点药店开展稽核工作
（区医保局供图）

【根治欠薪宣传】 全年开展劳动法律法规知识业务培训及宣传10余次。结合欠薪摸排工作走进企业宣讲法律政策，发放根治欠薪宣传册3000余份，每个建筑工地悬挂根治欠薪宣传标语2条以上。在全区各项目工地入口处设置欠薪投诉宣传牌，营造根治欠薪工作的强大声势。

（唐紫玲）

医疗保险

【概况】 2020年，区医保局以确保基金安全为前提，以保障参保人员切身利益为重点，以控制医疗费用不合理增长和加强定点医疗机构监管为核心，履行服务、管理、监管职能，推动各项工作全面协调、快速发展。

【医保健康扶贫】 紧扣健康扶贫薄弱环节，加大政策供给和投入支持力度，医保扶贫应保尽保，四重保障兜住民生底线。全年为19867名贫困人口代缴基本医疗保险496.68万元，购买大病保险149万元，购买疾病医疗补充保险516.54万元。对动态调整的建档立卡贫困人口实现“随时认定、随时标识、随时参保、随时享受待遇”。巩固“四道医疗保障线”“先诊疗后付费”和“一站式结算”，确保贫困患者住院医疗自付费用控制在10%以下。建立健康扶贫长效机制，实现健康扶贫可持续发展。全年诊治贫困人员28045人次，总医疗费用6599.86万元，其中贫困人员自付736.97万元。贫困人员住院总费用5657.83万元，住院自付费用554.39万元，住院人员自付比例为9.8%。

【医保基金征缴】 全年赣州经开区城乡居民医疗保险参保人数183733人，参保率98%。成功申报各级财政基金配套资金1.14亿元，基本医保基金运行平稳，居民医疗获得保障。

【“两定”机构监管】 规范定点医疗机构医疗服务行为，保障医保基金的安全运行。对区内“两定”机构进行常态化、地毯式检查，从医药机构延伸至医保经办机构，严厉打击欺诈骗保行为；加大智能审核监控力度，及时预警，尽早发现、尽早处理，规范医药服务行为。全年追缴定点医药机构违规金额37.63万元。

（张婷婷）

养老保险

【概况】 2020年，区医保局推进城乡居民养老保险工作稳步发展，配合区税务局做好保费征缴及全区年满60周岁以上城乡居民基础养老金发放等工作。

【城乡居民养老保险参保】 年内，全区城乡居民社会养老保险正常参保人员79007人，足额缴纳保费人员36651人，民生任务参保率100%，待遇发放率100%；为全区符合城乡居民养老保险政府代缴兜底保障的8733人进行代缴，实现贫困人员应保尽保。

【养老保险待遇发放及核查】 全年全区城乡居民养老保险金发放5405.71万元，申拨被征地农民城乡居民养老保险被征地缴费补贴8304.45万元，丧葬补助金支出104.17万元。对符合城乡居民养老保险待遇发放条件的3199名贫困人员做到应发尽发，保障城乡居民养老保险享受待遇人员的社保权益。

【养老保险代缴】 全面核查并落实全区城乡居民养老保险政府代缴的建档立卡对象、城镇脱贫解困人员、低保人员、特困人员及其他特殊人员政府代缴兜底政策，为全区符合城乡居民养老保险政府代缴兜底保障的8799人进行代缴，政府代缴参保率100%。

（张婷婷）

民政事务

【概况】 年内，全区践行“民政为民、民政爱民”工作理念，统筹推进疫情防控和民政事业改革发展，扎实做好“六稳”工作、全面落实“六保”任务，推进新时代江西大爱民政建设，推动民政事业高质量发展。

【社会救助】 2020年，全区城乡低保2566户4954人，其中城镇266户463人，农村2300户4491人；城乡低保标准分别为725元/月、470元/月，全年发放低保资金2022.43万元。五保对象（特困供养人员）401人，其中集中供养89人，分散供养312人，城乡供养标准分别为943元/月、615元/月，全年发放供养资金310.33万元。有孤儿8人，均为分散供养，供养标准950元/月，发放资金8.93万元。规范临时救助受理、审批、发放程序，实施临时救助460户1580人次，发放临时救助资金61万元。

【基层民主和社区建设】 年内，赣州经开区有村（社区）居委会83个（新增设社区居委会9个，在筹建中）；建有城乡社区服务站74个，占比100%，其中城镇社区服务站面积高于300平方米占比84.6%，设有协商功能区比例100%。在推进城乡社区和居家养老服务示范点建设上，统筹推进、分类指导，培育特色社区。确定6个城乡社区和36个居家养老服务中心作为示范点，按“五室两厅一中心”“8+X”的标准进行建设。74个村（居）均成立理事会，建立健全民主议事、民主管理机制，完善矛盾纠纷排查和调处等制度，把村（居）民理事会引入制度化、规范化的轨道，确保村（居）理事会按章理事，发挥作用。74个村（居）委会均设立协商议事场所，73个村（社区）推选产生村（居）务监督委员会成员，实行社区党务、居务、事务、财务、综治“五公开”，强化民主监督。

【婚姻登记】 年内，区社管局婚姻登记处办理婚姻登记业务2098对，其中结婚登记1119对（含补办结婚登记27对），离婚登记564对，补发结婚证404对，补发离婚证11对。

【未成年人保护】 年内，发放事实无人抚养儿童基本生活补贴38名19.56万元，为纳入“福彩圆梦·孤儿助学工程”的孤儿发放助学金2万元；开展农村留守儿童和困境儿童关爱保护“政策宣讲进村（居）”活动，在黄金岭街道金岭路社区、蟠龙镇蟠龙村、湖边镇龙岭村开展儿童主任履职宣讲。

【残疾人保障】 推进落实困难残疾人生活补贴和重度残疾人护理补贴制度。1月起统一城乡“两补”标准，发放困难残疾人生活补贴2250名228.41万元；推进2020年残疾人“民生工程”项目，为18名残疾人装配假肢和矫形器；购买公益性岗位9个；聘请农家书屋残疾人管理员21名；落实残疾儿童康复救助工作，对在康复机构训练的25名0—6岁儿童康复救助42.75万元；为25名精神、智力和重度残疾人提供居家托养服务，100名建档立卡贫困残疾人享受居家照护补助，按照每人每月600元标准发放资金55.92万元。

【养老服务】 年内，赣州经开区60周岁以上户籍老人3.4万人，占户籍总人口的14.8%，其中70岁以上老人1.6万人，80岁及以上老人4310名。发放高龄补贴4310人429.22万元，发放困难高龄和失能老人养老服务补贴和护理补贴327名41.63万元。全区有养老服务机构4所，床位316张。建成居家养老服务中心、具备助餐功能的农村互助养老服务中心52个，新建36个。完成30个居家和社区养老服务中心与乡镇卫生院、社区卫生服务中心的医养合作协议；推进金凤梅园养老服务中心项目建设。

在三康医院、湖边镇敬老院建立医养结合试点，保证老年人养老服务需求；在凤岗镇中心卫生院及三江乡卫生院建立安宁疗护试点，提供末期患者临终前照料和关怀服务13人次；组织基层医疗机构与7个社区居家养老服务中心、24个农村居家养老服务中心及3个养老机构签订合作协议书，在蟠龙镇西城广场等6个居家养老服务中心打造健康小屋，开展医养结合服务，逐步完善健康养老体系，提升老年人生活质量。

【殡葬改革】 落实5项基本殡葬服务免费制度及直接核免等殡葬惠民政策，为453名群众实行基本殡葬免费服务，金额35.1万元。清明期间开展“清明代祭扫”活动，引导移风易俗，摒弃祭扫陋习。开展墓区墓穴建设、绿化等工程，新建1.2万穴位，基本满足城乡死亡群众的骨灰安置和“三沿六区”迁坟需要；推进“三沿六区”专项整治工作，全年整治可视坟墓4000余座。

【社会组织管理】 年内，赣州经开区登记备案社会组织91个，其中民办非企业单位80个，社会团体11个；新增民办非企业21个，社会团体3个。参加2020年度年检的社会组织51个。

【边界管理】 推进地名路牌环境整治，对倾斜、损坏、混乱的路名牌进行维护和更换，并督促责任单位对赣州新能源汽车科技城管理处建成未建牌的7条道路统一安装路名牌；落实章贡区水西镇蛤湖村以事权调整方式划归赣州经开区湖边镇管理工作，自7月13日起由湖边镇接管，事权交接工作于7月底全面完成；开展不规范地名清理整治工作，将圣地亚哥、塞纳春天小区纳入清理整治范围；按时完成湖边镇与章贡区南外街道行政区域边界联合检查工作。

（徐 强）

（本栏编辑：马思媛）

生态文明

环境管理

环境影响评价

【概况】 2020年，区生态环境局落实省、市生态环境部门“放管服”政策措施，围绕环评审批，简化办事流程，优化服务质量，创优发展环境，实现环评审批提质增效，重点做好建设项目环境影响评价、排污许可证核发等工作。

【建设项目环境影响评价】 加强环评审批，提高环保审批质量和效率，严格控制新增污染源，指导、配合企业办理项目环境影响评价手续。全年审批环评报告书5个、环评报告表41个，企业自行登记备案项目87个。

【排污许可证发放】 组织乡（镇、街道、管理处）和企业工作人员进行排污许可发证登记培训，委托第三方机构协助开展审核工作，指导督促全区企业在国家平台进行排污申请、登记。全年完成排污许可证网上申报企业58家，完成排污登记企业582家。

（邹保平）

污染防治

【概况】 2020年，区生态环境局坚持以习近平生态文明思想为指导，贯彻省、市污染防治攻坚战决策部署，推进八大标志性战役专项行动30个，开展环保督察问题整改，推动生态环境质量持续改善，大气、水、土壤各项环境质量全面达标，环保督察反馈问题和信访件整改销号达到时序进度。

【大气污染防治】 强化扬尘污染防治，行政处罚建设项目2个，行政处罚道路扬尘污染问题95起；持续开展“洗城行动”，清扫路基尘土17万余千米。开展工业企业污染治理，查处涉气企业违法行为29起。统筹“油路车”污染治理，查处车辆闯禁行592起、排放不合格（冒黑烟）51起；建成2套黑烟车电子抓拍系统。强化餐饮油烟治理，完成油烟净化器设施清洗不到位企业整改60家；完成大型餐饮企业餐饮油烟在线监测系统建设3家。全年全区实行烟花爆竹禁燃禁放，查处违规燃放烟花爆竹案件5起，收缴烟花爆竹651件。全年空气质量优良天数比例97.89%，较上年提高4.54个百分点；$PM_{2.5}$浓度26微克/立方米，同比下降13.33%；空气质量优良率、$PM_{2.5}$浓度均优于省、市下达的考核目标值，$PM_{2.5}$连续2年达到国家二级标准。

【水污染防治】 突出中心城区第二水厂饮用水水源地环境保护，清理河岸菜地8块，新增宣传牌4块，完成汇水范围雨污管网错接企业整改3家。落实流域横向生态环境保护补偿制度，和蓉江新区、章贡区签订《章江流域上下游横向生态保护补偿协议》。狠抓入河排污口整治，制定“一口一策”整改措施，完成入河排污口整治清单中的11个入河排污口整改。年内，武陵大桥市级考核断面地表水水质优良率100%（达到或优于Ⅲ类），中心城区第二水厂饮用水水源水质达标率100%。

7月18日，赣州经开区窑背国家水质自动监测站完成建设并接入国家地表水水质自动监管平台　（区生态环境局供图）

【土壤污染防治】 完善建设用地污染防治，动态更新疑似污染地块名单并上传污染地块信息系统，完成调查并排除疑似污染地块1块。强化涉重金属行业污染防控，完成重点行业企业排查全口径清单调查及基础排放量核算，严格控制重金属污染物排放量，完成重金属总量10%的消减任务。完成受污染耕地13.33公顷的安全利用治理管控任务。

【环保督察问题整改】 中央环保督察及“回头看”和省环保督察反馈问题整改方面，涉及整改问题34个，全部完成整改，其中华坚南路排污口问题和香港工业园规划环评问题完成销号；交办信访件38件，全部完成整改并销号。省环保督察“回头看”反馈问题整改方面，涉及整改问题19个，完成整改7个，其余12个达到时序进度要求，其中工业污水处理厂问题整改完成；转办信访件11件，完成整改7件，推进整改4件。

（邹保平）

环境治理

【概况】 2020年，区生态环境局坚持精准治污、科学治污、依法治污，利用科技、行政、宣教手段系统开展环境管理，推动污染源自动监控系统的安装和应用；落实行业监管责任，打击环境污染行为，提升企业、单位和个人环保意识。

【环境监控】 全区安装污染源自动监控系统企业8家，并与生态环境部门进行联网，执法人员定期对企业自动在线监控设施进行现场检查，督促数据异常的企业开展整改。

【环境监管与执法】 常态化开展“散乱污”企业整治，完成“散乱污”企业整治25家。化解环境信访投诉，全年接到环境信访件241件，办结241件，办结率100%。开展突发环境事件应急演练，提高企业应对能力。打击各类环境违法行为，下达《责令改正违法行为决定书》43份，罚款企业3家，罚款金额96.37万元。

【宣传教育】 以“6·5环境日”“企业服务日”“质量月”“12·4宪法日”等特殊时间节点为契机，结合环保执法监管日常工作，采取多种形式加强线上线下环保宣传。年内，公开环保政务信息260余条，微信公众号推送信息150余次，政务微博推送信息300余条，省市媒体报道30余篇，区内媒体上稿40篇。

（邹保平）

环境保护

林业

【概况】 2020年，赣州经开区林地面积6698.7公顷，其中森林面积5924.3公顷，森林覆盖率26.89%；活立木总蓄积量24.2万立方米，其中乔木林蓄积量21.37万立方米，乔木林面积5448.2公顷。

【营林绿化】 大力实施以低质低效林改造为主的营林绿化工作，出台《关于＜印发赣州经济技术开发区2019—2020年度低质低效林改造实施方案＞的通知》，3月下旬，全区完成2019—2020年度低质低效林改造点苗木种植97公顷。3月10日，省委副书记、市委书记李炳军，市委副书记、市长曾文明，市政协主席刘建平，市委副书记刘文华等市四套班子，区党工委书记、区总林长李明生，区党工委副书记、管委会主任、区副总林长陈水连及全体在家区领导，与市直有关单位和区内部分干部职工一起，在赣州高铁西站新时代广场参加2020年义务植树活动。

【森林资源保护】 以林长制为抓手，深入推进林长制工作。全年召开总林长会议1次，签发总林长令2次，区级林长累计开展巡林和现场调度29次。全区“两长两员”森林资源源头管理体系进一步完善，将全区森林资源划分成76个网格，落实专职护林员、明确责任区，实现森林资源网格化管理全覆盖。进一步强化《森林法》《森林防火条例》等森林资源保护方面法律法规的宣传，区林业主管部门全年发放《禁火令》《禁火通告》《宣传画》《致广大林农朋友们的一封信》等宣传资料7万余份。

【森林防火】 完成湖边镇和凤岗镇各林区村山脊生物防火林带扩宽建设（扩宽度10米，总宽度25米），扩宽总里程40千米。年内，采购2辆森林防火特用车辆分配至湖边镇、凤岗镇使用，林区镇的半专业队伍机动性进一步增强。添置20余万元森林防火物资，区森林防火物资储备库新增背负式风力灭火机10台、手提式风力灭火机13台、油锯4台、扑火服装120套、喊话喇叭80台、二号工具1000把、砍刀100把。

【野生动物保护】 加强野生动物保护宣传活动，全面贯彻落实《全国人大常委会关于全面禁止非法野生动物交易 革除滥食野生动物陋习 切实保障人民群众生命健康安全的决定》，持续抓好野生动物保护专项行动，严厉打击乱捕滥猎野生动物违法犯罪行为。全年发放野生动物保护宣传资料2万余份，悬挂宣传标语80余条，拆除捕鸟网2处，依法依规处置禁食人工驯养野生动物271只（涉及竹鼠、海狸鼠、豚鼠），拨付17户养殖户补偿款61180元，养殖户通过务工、养殖家禽全部实现转型转产。

【林业有害生物防治检疫】 开展松材线虫病防控歼灭战行动，2019—2020年度除治松材线虫病死树（含旱死松树）2.77万株，防治松林面积2600公顷。大力实施松褐天牛综合治理工作，通过悬挂诱捕器、设置诱木等方式大幅降低下一年度传播媒介生物的虫口密度，全年悬挂诱捕器100个、设置诱木800株，治理松林面积866.67公顷。大力开展林业有害生物防治宣传，印制并发放《松材线虫病防治宣传年历》《宣传手册》《致广大林农朋友们的一封信》《关于开展松材线虫病疫木集中除治工作的通告》等宣传资料4万份。

（朱 键）

水利

【概况】 2020年，区农办围绕“水利行业强监管、水利工程补短板”工作要求，通过制定水利发展改革的路线图、时间表、任务书，将水利改革发展的总基调变为实实在在的工作成果。通过聚焦河湖管理中的突出问题，实现河湖面貌的基本改善。对照省、市考核要求，围绕关键点、薄弱点、风险点，细挖细查找问题，逐项落实到位，水利工作取得实质性成效。

【农村安全饮水】 把农村饮水安全工程当作让群众既得实惠又称心满意的“民心工程”来抓，规划、设计、建设到管理的每一个环节进行精心策划和悉心运作，让广大农民喝上安全水、放心水。投入农村安全饮水工作资金2000万元，对赣州新能源汽车科技城管理处、湖边镇、凤岗镇等地继续实施自来水管网延伸工程，解决官田、范塘等地因旱缺水问题，基本实现全区农村地区自来水管网全覆盖。

【水利建设与管理】 完成五河治理唐江堤、三江圩堤整治等防洪工程招投标工作，堤防建设长度约4千米，项目建成后将形成上犹江右岸三江大桥至大广高速桥的闭合防洪圈，保护人口约3万人。

【河长制落实】 调整河（湖）长制组织体系，落实区级河长1人、镇级河长20人、村级河长46人，设立巡查员或专管员60人，保洁员46人，确保河（湖）长、专管员、巡查员与保洁员全域覆盖。更新河（湖）长制公示牌28块，维护全区水生态环境安全及河湖健康。武陵大桥市考断面地表水水质优良率（达到或优于Ⅲ类）100%，中心城区二水厂饮用水水源水质达标率100%，未出现劣Ⅴ类水。“清河行动”、河湖“清四乱”取得实效。根据《关于印发＜赣州经济技术开发区2020年“清河行动”实施方案＞的通知》（赣经开河办字〔2020〕7号）文件提出的14项任务工作，针对河流湖泊突出存在的乱占、乱采、乱堆、乱建问题，开展沿线日常巡查工作，并安排部署多次“清洁河流，畅通河道”主题活动，对章江流域（赣州经开区段）约13千米范围内水域及沿岸周边垃圾、水域漂浮物、水生植物等进行集中清理。行动投入人力200余人次，清理水葫芦约205吨，发现的4项问题全部整改到位。持续清理河滩非法种植，对全区河道非法采砂和沿岸滩涂非法种植行为加以打击。全区水环境综合治理。由区河长办牵头，联合区生态环境局及各乡、镇对9个水库开展水库水环境专项整治工作，对存在问题的水库提出整改要求，对存在网箱养殖行为的水库下发《督办函》，在水库库区范围内全面禁止饲料养殖和肥水养殖并限期拆除网箱，相关问题均整改到位。不定期对水库养殖情况进行“回头看”，防止问题反弹。

（黎柏茜 张 藤 邱世君）

（本栏编辑：廖宝建）

乡 镇 街道 科技城 高铁新区

乡 镇 街道建设

三江乡

【概况】 三江乡地处赣州经开区中部，上犹江与章江在境东汇合，形成三江交叉口。东与赣州蓉江新区潭东镇交界，西与南康区唐江镇为邻，南与赣州蓉江新区潭口镇 、潭东镇及南康区太窝乡3个乡镇接壤，北与凤岗镇隔河相望。全乡面积27.35平方千米，辖11个行政村，127个村民小组、人口34573人。整体地势南高北低，沿江地势低洼，上犹江和章江沿岸为冲积平原，其余属丘陵。最低点为东红村三江口，海拔106米。三江乡气候温和，年均温19℃，无霜期约286天（2月中旬至11月下旬），年降水量1314毫米左右。全乡耕地面积为913.73公顷，山林面积660.93公顷，水面面积31.33公顷。经济以农业为主，主种水稻、兼种花生、豆类、黄麻、瓜果蔬菜等。全乡有敬老院、卫生院、派出所等站所各1个。有九年一贯制学校1所，含小学部、中学部、伍岭校区、中心幼儿园，下辖村小10所。

【基层党建“三化”建设】 启动基层党建“三化”建设，组建由乡党委书记任组长的基层党建“三化”建设工作领导小组，采取党政班子成员包村负责制，以工作方案为蓝本，对全乡党政领导、党支部书记、党务工作者进行全覆盖培训。先后召开专题调度会5次、流动现场会4次解决存在问题。对照基层党建“三化”建设标准，坚持“建”是为“用”原则，讲究实用性和有效性，按照可复制、可借鉴推广的目标，在伍岭村率先开展示范试点建设。根据11个村的不同情况，分为示范点村、一般村、需要改造的重点村3个批次推进，提出目标措施和完成时限。年内，伍岭村党支部成为“三化”建设市级示范点，制作的“一图三单”作为农村领域“三化”建设范本全市推广；新江村党总支被列为区级示范点，所辖党组织“三化”建设全部高标准完成验收并保持常态。

【脱贫攻坚】 开展建档立卡“查漏补缺”和历年建档立卡动态管理工作，年内脱贫24户46人，摸排认定“两类人群”7户27人，根据“一户一策”制订风险消除计划，确保监测户不返贫、边缘户不致贫。全面完成全乡自来水网管全覆盖，安装自来水1506户，其中贫困户707户，非贫困户1046户。实施健康扶贫，落实“四道医疗保障线”、先诊疗后付费、“一站式”结算服务，全年贫困人口住院1316人次850.3万元，报账770.1万元，贫困人口住院报销比例保持在90%以上。实施教育扶贫，全年发放教育补助1637人次108.9万元。实施安居扶贫，聘请第三方专业鉴定机构逐户定期鉴定房屋安全状况，投入4.8万元巩固提升6户，解决住房安全问题。实施兜底保障扶贫，全年发放农村低保资金886人次304.9万元，城市低保18人次9.5万元，分散五保资金64人次45.1万元，集中五保资金32人次24.9万元，城市分散五保资金1人次1.4万元；发放残疾人“两项补贴”454人次42.9万元，发放临时救助68户次5.4万元。实施产业扶贫，鼓励有劳动能力、有意愿的贫困户自主发展农业产业，奖补697户次46万元。实施小额信贷，发放“农业产业振兴信贷通”3户130万元。指导各村细化村级光伏收益分配办法，设置光伏公益性岗位4类，吸纳贫困户10人，光伏收益分配中公益岗位与小型公益事业劳务支出占比86.36%；为4个光伏电站及112个户用光伏电站购买专门保险。实施就业扶贫，开展就业扶贫岗位对接会2场、“送岗下乡”小型对接会13场，发放贫困户岗位补贴699人83.2万元，发放贫困户交通补贴1871人62.7万元，发放扶贫车间运行补贴企业4家4.8万元，发放疫情期间扶贫车间防疫补贴企业4家0.8万元，发放疫情期间扶贫车间新增贫困劳动力一次性用工补贴企业4家1万元，扶贫车间就业补贴22人2.2万元，扶贫车间以工代训补贴55人次2.9万元，发放疫情期间就业援助补贴65人1.8万元，发放疫情期间一次性就业补贴16人1.6万元，发放培训补贴85人5.3万元，发放贫困劳动力一次性求职补贴56人2.8万元，发放扶贫公益性岗位补贴307人38.7万元。发放能人创业担保贷款165万元，带动贫困人口就业10人。

全年实施涉农扶贫资金项目6个195万元，开工6个，完工5个，完工率83.3%；验收5个，送结审5个，支出资金155.67万元，投资完成率79.8%。开展“感党恩 话脱贫”主题宣讲，涌现“田螺哥严来春”“种植大户肖心权”“蔬菜大户李勤学”“好人伍明明”等脱贫致富典型，举办宣讲活动60余场，受众4000余人次。募集社会资金15万余元，举办首届廉（莲）文化节“一村一台戏”系列文艺晚会、“七一”红歌合唱比赛、中学生暑期诗词朗诵大赛等活动15场次。

【人居环境改善】 提升各村以一种花或一种主题建设的小游园。把改善农村人居环境作为实施乡村振兴战略的突破口，常态化开展农村人居环境整治，各村以若干自然组为单位划定整治区，每周召开现场会逐点“网格式”推进。完成道路杂草清理40余千米，主干道及环境示范点种植苗木9000余珠、铺设草皮2万余平方米。

持续开展“两违”整治，拆除历史“两违”建筑17栋、新开基“两违”建筑2栋、违章加层1层、违章搭棚8处。

完成中央（省）环保督察组交办的信访件整改2起。落实“河长制”，开展上犹江、章江、谷山水库水污染治理工作，清理河道水葫芦等垃圾100余吨、非法采砂船1艘、非法运输船1艘、饲料投放机4台。开展大气污染巡查工作，安排22名网格员开展巡查230余次，境内施工地扬尘治理达标。

【“四个千亩”产业发展】 千亩水产基地。肖边、斜角鲈鱼养殖基地初具规模，总养殖面积达到18.67公顷。一期建成并投入生产，产品有加州鲈鱼、台湾泥鳅、甲鱼等，销往赣州本地及广东等沿海省份。南坑、新江对虾养殖基地养殖面积7.13公顷，是赣州地区首个南美白对虾养殖项目。新江村利用水面资源丰富的优势，组建新江水产合作社，种养面积1.33余公顷，引进经营主体种植菜藕、套养鲫鱼和小龙虾。在肖边、新江、斜角等村主要发展生态甲鱼养殖，通过养殖协会、合作社的形式，发动全乡157户农户参

7月的三江乡南坑村莲园 （三江乡供图）

与甲鱼养殖，养殖面积20余公顷。南坑廉（莲）园基地6.67公顷，种植莲花。田螺基地占地2.87公顷，养殖田螺、鲢鱼、草鱼等。新江、肖边、南坑、斜角等村的水产养殖基地形成连片发展态势。

千亩草皮基地。新红村7.33公顷、伍岭村6.67公顷、饶家陂村16公顷、谷山村7.33公顷、赤湖村4.67公顷草皮种植基地已全部建成投产，总种植面积42公顷。年产2季半，每亩年产草皮1250平方米，以均价9元/平方米计算，单亩年产值11250元，草皮产业年产值700万元。

千亩果业基地。全乡脐橙、甜柚、蜜橘、葡萄种植面积221.33公顷，种植农户400余户。其中，脐橙种植面积133.33公顷，甜柚种植面积73.33公顷，蜜橘4.67公顷，葡萄10公顷。全年三江脐橙总产量300万公斤，总产值2400万元；甜柚产量110万公斤，总产值550万元。

千亩蔬菜基地。全乡有蔬菜基地4个，总种植面积71.33公顷，其中杨兴萍蔬菜基地43.33公顷，伍村味蕾蔬菜基地14公顷，谷山万户农场7.33公顷，新江凯大蔬菜基地6.67公顷。种植的主要有茄子、黄瓜、辣椒、青菜、包菜、西瓜、香瓜等蔬菜瓜果，销往上海、武汉、广州、赣州等地。全年全乡蔬菜基地产值2100万元。

（曾 晋）

蟠龙镇

【概况】 蟠龙镇位于赣州经开区中部，105国道、赣丰公路、昆厦高速、赣粤高速公路与市区的挂线纵横贯境而过，紧邻赣州机场和京九铁路，有全省最大的提水工程章江水轮泵站，是江西省100个重点建设的小城镇之一。下辖蟠龙居委会、西城广场社区、金凤社区、栖凤社区等4个社区和桃芫、水碓、杨坑、车头、田心、杨边、蟠龙、章甫、河坝等9个行政村，户籍人口29204人，流动人口25000人，区域面积27.915平方千米，耕地0.35平方千米，林地1.76平方千米，水面0.08平方千米。主要民族为汉族、畲族，车头村兰屋、谢塘2个村民小组成员为兰姓畲族村民。

辖区内有金力永磁、孚能科技、赣南卷烟厂、章贡王酒业、燕京啤酒厂、文清国际学校等大中小企业170余家；有住建局、经开区第一人民医院、司法所、国土所、派出所、兽医站等机关单位和站所各1个；有农业银行、赣州银行、农商银行等银行网点3个；蟠龙镇卫生院1所；有中经开区第一中学和蟠龙中学等中学2所；有蟠龙中心小学、田心明德小学、车头小学、水碓小学、灌婴小学等小学5所；有蟠龙中心幼儿园、经开区第一保育院各1所；及汉字文化主题公园1座。

【基层党建“三化”建设】 解决田心村、车头村、蟠龙村和杨边村等村级党组织架构不合理、结构不完善等共性问题，抓好田心村软弱涣散村党组织整顿工作，完成11个村（居）党组织书记、村委会主任“一肩挑”工作。

全年发展党员22名，其中女性6名，大专及以上学历11名，35岁及以下18名，少数民族1名，现有村干部中发展党员6名。在各党组织设立共产党员示范岗（先锋岗）34个，每月流动评比。年内，各党组织开展“党课开讲啦”活动34次、党员培训700余人次，农村工匠技能培训60人次。

组建成立赣州经济技术开发区蟠龙镇非公有制企业联合党支部，下派党支部书记1名和党建指导员2名，支部现有流动党员2名，递交入党申请书员工8名，拟吸纳入党积极分子1名。

开展新能源汽车、区块链、民法典等为主题的专题讲座3次。有12人被区级评定为学习强国学习之星。全年赣州经开区手机报上稿79条，区微信公众号上稿20条，市级及以上媒体上稿102篇，人民网刊登3篇。其中，党建类新闻作品在省级以上媒体刊发6篇（人民日报2篇、新华网1篇、学习强国3篇），市级刊发24篇，区级刊发13篇。拍摄党建宣传片《“空壳村”破壳换新颜》《蟠龙政务服务》展示蟠龙镇村集体经济发展和政务服务改革方面所取得的成效。

做好省委巡视反馈问题整改回头看工作，开展好国旗、中华传统文化等“四进”宗教场所工作，引导原在车头村聚会点的信教群众至镇沐恩堂参加活动。

利用镇、村新时代文明实践站（所）和农家书屋，开展习近平新时代中国特色社会主义思想宣传教育10余次；常态化开展群众性精神文明创建活动，开展蟠龙镇身边好人评选10期。重点开展身边好人推荐评选、道德红黑榜发布工作。蟠龙中学教师陈林斌家庭被评为赣州第二届文明家庭候选家庭推荐，水堆村曾祥荣张卿兰夫妇被评为赣州好人，河坝村李阳林获全国“敬老爱老助老模范人物”称号。

【脱贫攻坚】 蟠龙镇有建档立卡贫困户588户1821人，年内脱贫3户5人，全镇贫困户在2020年实现全面脱贫。边缘易致贫户1户2人，脱贫不稳定户1户5人，均通过风险评估消除风险。落实教育扶贫政策，全年资助705人次54.31万元，申报雨露计划21人次补助2.15万元；强化基本医疗保障，代缴城乡居民基本医疗保险、大病保险和疾病医疗商业补充保险1828人98.71万元；落实“四道保障线”“一站式”结算服务等政策，全年贫困人口住院2057人次518.9万元，报账459.48万元，住院报销比例90%。

统筹打好疫情防控阻击战和脱贫攻坚战，帮助田心村贫困户销售鸭子60余只，销售金额1.1万元；镇机关食堂购买杨坑村贫困户花生油150千克，镇干部个人采购100余千克，帮助解决农产品滞销问题；协助6个扶贫车间和45户自主创业贫困户做好复工复产工作；成功推荐10余名贫困劳动力到附近企业就业；协助杨坑村新冠肺炎感染者治愈出院，并发放救助款2万元。

加大消费扶贫力度，通过扶贫产品“六进”和动员机关干部个人消费等举措，实现消费扶贫28万余元，其中帮助贫困户销售滞销农副产品1万元，镇政府爱心超市团长（章甫村贫困户）收益1万余元。

【征地拆迁与安置】 坚持以征地拆迁为重要抓手，为“蟠龙核心区”发展提供充足土地资源。年内，区管委会下达征迁任务9批次26个项目，实际开征市公租房、龙岗路（章贡王路—栖凤山路）、蟠龙农贸市场、高铁新区等21个项目。签订房屋拆迁协议530户429栋12.07万平方米，征地94.75公顷，迁坟952穴；腾空拆除房屋441户362栋8.51万平方米；完成蟠龙大桥、金岭路延伸（保税大道－凤岗大道）、市公租房、水碓返迁安置小区及农贸市场等13个项目的销号；河坝预留地、社官背河截污干管、保税大道3个项目完成征拆工作。

全年完成公寓楼分配2088套20.32万平方米，其中车头金岭西路小区5-8#楼189套2.07万平方米，车头蓝翔小区621套4.76万平方米，河坝陈屋安置小区1278套13.49万平方米。完成店面、杂间分配587间，其中车头金岭西路店面40间，车头蓝翔小区杂间390间，水碓村杂间157间。

加大违法建设查处力度。全年接到并处理群众举报投诉案件1起，办结率100%；拆除违建76处6718.06平方米，其中历史违建57处5920.56平方米、新开基2处240平方米、违章加层3处160平方米、违章搭建14处397.5平方米；省委第六巡视组巡视反馈的“依法对辖区内现存54处5855.05平方米违章建筑进行拆除”问题整改到位。

【“放管服”改革】 按照便民服务中心建设标准，优化服务中心设施，镇服务大厅新配置排队机、叫号机、好差评评价器，设置咨询区、自助区、填单区。整合便民服务中心，实现一岗多责。将群众经常需要办理的日常业务部门“窗口化”，集中在一楼办事大厅办公服务。民政、劳动保障、医保、社保、计生、信访、农林水、国土资源、派出所等均已入驻便民服务中心，实现一站式服务。提供志愿者服务、紧急医疗箱、无障碍卫生间和母婴室，为人民群众办理各项业务提供方便。

构建服务便民化体系，拓展服务渠道，精简办事程序，推行“一窗多办制”和“最多跑一次”提高办事效率，按照“集中、精简、高效、便捷”的要求提供更好的利民惠民的政府便民服务。

【人居环境改善】 实行城乡环卫“全域一体化”，通过购买社会公共服务实现市场化运作，增强环卫保洁及垃圾清运能力，提高环卫保洁工作效率。镇环卫保洁工作人员及司机有108人，其中贫困户33人；垃圾清运车3辆，每日清理生活垃圾8车约40吨，全年投入环卫经费395.36万元、服务费用432万元，实现路面随时有人清扫，生活垃圾清运及时，日产日清。

1月，蟠龙镇车头村分房现场 （蟠龙镇供图）

对圩镇、居民小区、村庄、农贸市场等重点区域开展城乡环境攻坚行动。开展环境整治志愿服务200余次，发动群众参与环境整治1500人，其中党员400人，妇女小组长120人。全年清理生活垃圾约1.46万余吨、建筑垃圾800余吨、大件垃圾150余吨，清理沟渠60余千米、水塘49口、乱堆乱放2760余处、车辆乱停乱放3750余处，牛皮癣、破损广告630余处，开展“五净一规范”整治727户。

【民生保障】 实施农村公路助力脱贫攻坚暨乡村振兴提升工程，推进“四好农村路”建设。投入88万元完成桃芫村至长田村1.12千米主干道路面拓宽改造，桃芫村通组路新建0.56千米，方便村民的日常出行。

投入48万元推进新农村建设示范点桃芫村的建设，安装太阳能路灯53盏、新修水沟3907米、铺设涵管70米、硬化入户路90平方米，推进农村“厕所革命”，打造美丽新桃芫。

以圩镇城乡环境提升改造为目标，集中整治好蟠龙圩镇强弱线缆下地，主要采取“入地、捆套、剪除、扣盒、拆除、更新”等方式集中整治“空中蜘蛛网”杂乱线路。全年集中整治圩镇主次道路及周边居民小区的杂乱线缆5条和杂乱通讯线缆67处，投入1500万元对强电线缆进行下地改造。

加快养老产业发展，建设区域性养老服务中心和日间照料中心。已建成蟠龙街道社区、西城广场社区、蟠龙村、车头村、河坝村、田心村、章甫村、桃芫村和杨坑村居家养老服务站点，按照“四助五有”全方位为老年人提供文体休闲的服务。

推进农村社区蟠龙村、河坝村、章甫村，西城广场社区居委会和蟠龙街道社区居委会等5社区建设。在实现“五室两厅一中心”的基本功能配置的基础上，独立设置接待室、矛盾纠纷讲解室、司法行政工作室、网格化管理室等场所。配置电脑、调解室关爱留守儿童之家等配套服务设施，健全日常管理、维护、运行机制，提高管理效益和服务质量。

强化社区管理，各村返迁安置小区组建3—5人的物业管理队伍，成立临时物业管理服务办公室。每个小区设立1至2个出入卡口，对建成的安置小区进行封闭式管理，增设停车位500余个，解决小区停车难、乱停车问题。

【平安建设】 全年接待群众来信、来访76余批189余人次；受理市转办、区转办、镇访等信访件98件，办结86件。召开矛盾纠纷排查工作会19次，摸排300人次，摸排矛盾纠纷105起。西城广场社区外来流动人口服务平台“枫桥经验”项目上线运行以来收到群众诉求76条，全部处理完成。镇、村两级组织各类矛盾纠纷调解35次，把各种社会矛盾化解在基层。开展平安建设集中宣传活动，在蟠龙镇各主要路口、村委会等地悬挂各式标语20余条，举办宣传活动20余次，发放宣传单1万余份。做好精神障碍患者、涉军人员、农校委培生等特殊群体和人员的摸排、走访、稳控工作。全年蟠龙镇联合蟠龙镇中心卫生院、蟠龙派出所走访精神障碍患者1680人次，送往医院治疗6人次，续签精神障碍患者有奖监护协议85份，新签订精神障碍患者有奖监护协议8份，申报精神病患者送治经费0.5万元，发放有奖监护资金8万元。

11月5日，蟠龙镇西城广场社区孝老食堂，老人们在开心用餐
（蟠龙镇供图）

制定《蟠龙镇落实中央扫黑除恶督导“回头看”反馈意见整改方案》。通过组织集中宣传、宣传进村（社区）全覆盖活动、专题讲座等活动形式，动员居民群众参与扫黑除恶专项斗争。全年组织集中宣传10余次，专题宣传进村（社区）全覆盖活动1次，专题讲座4次。启动村（社区）党组织书记备案工作，并对照村（社区）党组织书记备案清单逐步形成村级党组织书记个人档案。全镇干部职工、各村（社区）两委班子成员填写廉政档案，扫黑办联合纪检监察室针对所有人员档案进行审核，对可能涉及利益线索人员进行排查，从源头铲除黑恶势力滋生土壤。重新按照“三书一函”工作清单，针对蟠龙镇车头村“一案一整改”工作台账进行梳理，重新整合“一案一整改”数据报表和台账，行业治理和建章立制情况资料。落实蟠龙镇扫黑除恶工作联席会议制度，听取

各有关部门行业治理工作情况，收集汇总月工作情况，对存在的问题及时研判解决，推进行业专项整治工作。

（黄金河）

湖边镇

【概况】 湖边镇位于赣州经开区北部、章江下游，东北面与章贡区水西镇毗邻，西南面与蟠龙镇、凤岗镇交接，南面与黄金岭办事处、蟠龙镇接壤。境内有105国道、厦蓉（瑞赣）高速及昌赣客运三大交通干线。镇政府驻宋城路117号。全镇总面积为70.6平方千米。辖湖边、龙岭、社前、叶山、梨园、涌泉、官田、善边、岗边、横江、坍头、蛤湖等12个行政村和湖边社区、803社区、金榜路社区、华昌路社区、华裕路社区等5个社区居委会，173个村民小组，25个居民小组，户籍人口40167人，其中农业人口7460户28246人。

辖区内有江西理工大学（西区）、江西环境工程学院2所大专院校，中学2所，小学3所，公办幼儿园2所。文化活动场所16个，有梨园民居（九井十八厅）、贺焕文墓等市级文物保护单位。

【基层党建“三化”建设】 中共湖边镇党委下设党委1个，党（总）支部20个（其中非公党支部2个），党员人数1159人。

基层党建方面，落实基层党建“三化”建设。各村（社区）党组织4个标准、6个规范基本达标，16个村（社区）党组织均通过区党群部的核查验收。通过租用场所、收回店面、置换场所等方式，打造或改造一楼党群服务中心8个；所有村（社区）实现一楼集中办公服务，让群众少跑腿、少操心；按照“两站两中心五室”进行功能布局，规范各类标牌悬挂。组织设置标准化，对村内组织进行梳理，建立党支部领导、村自治组织、配套组织各司其职的组织体系。突出镇村两级领导班子，召开理论中心组学习12次，下发《关于加强各村（社区）党组织领导班子学习的通知》，明确每月第一周周五的学习要求，为村领导班子学习立规矩、制规范，提升学习效果。坚持“三会一课”、主题党日制度，运用“3+X”模式进行学习，召开支部学习会200余次，覆盖全体党员。党员点单、党委接单，邀请区内外党员干部39人进行授课，培训党员1038名。

党风廉政建设方面，全年镇党委专题研究党风廉政建设和反腐败工作2次，党委书记对党风廉政建设和反腐败工作进行专项部署2次。开展疫情防控监督10次，发现问题23个，查处5人；开展脱贫攻坚专项巡视“回头看”反馈问题整改监督3次，发现问题13个；开展落实“六稳”“六保”政策监督1次，发现问题1个；开展党的惠农惠民政策落实情况监督检查1次，查处问题3个；开展防火防汛抗旱等重要时期值班值守监督检查12次，查处问题1个。

意识形态工作方面，建成新时代文明实践站（所）17个，各文明实践所（站）开展理论宣讲和文明实践活动，组织党员干部、邀请结对共建单位干部为党员群众进行理论宣讲。组织党员群众志愿者开展疫情防控、创卫、城乡环境整治、关爱特殊群体等活动，全年开展宣讲和活动100余场，受教育群众2000余人。

人才工作方面，建立在外乡贤人才库31人，落实定期走访联系制度。建立江西理工大学行政管理专业实践基地及高校毕业生见习基地。加强农村实用人才培养，形成一批影响力大、带富能力强的“龙头”经济大户；组织7名致富带头人赴广西、福建培训。

【脱贫攻坚】 全镇有建档立卡贫困户814户2585人，2020年湖边镇贫困户人均纯收入15842.81元，相比2019年提高2413元，稳定超过国家脱贫标准4000元，实现全面脱贫目标。

产业扶贫方面。贫困户通过土地流转、务工带动等方式，参与产业发展获得收益。草皮、花卉等5个产业扶贫项目带动贫困劳动力就业100人次。

就业扶贫方面。全年开发扶

贫公益性岗位129个，开展贫困劳动力就业培训2期，培训21人；发放就业培训补贴1.37万元。吸纳贫困劳动力在区内就业593人次，发放岗位补贴50.09万元；发放贫困劳动力交通补贴286人10.59万元。

消费扶贫方面。在区内懒得社区电商平台开设扶贫产品专区，发展十荟团团长10名，实现电商配送全覆盖，助力团长脱贫增收。创建爱心超市，鼓励干部群众购买扶贫产品，全镇干部职工采购区内扶贫户上架产品6万余元。

【征地拆迁与安置】 全年征收土地281.9公顷，征拆房屋1417户（栋）、迁坟2178穴。启动征迁项目21个，完成销号项目14个；完成征地71.33公顷，签订房屋协议300栋79624平方米，拆除房屋215栋61427平方米，搬迁企业5家，迁坟691穴。完成梨园安居社区房屋分配538套，安置点在梨园的325户拆迁户，除60平方米的户型外，剩余户型已全部安置完毕；完成湖边城中村安居社区返迁房的分配工作，其中协议安置点在湖边城中村的238套，申请提前安置在湖边城中村安置点的191套。

【城乡管理】 以“保文创卫”、农村人居环境整治、“两高”沿线环境整治等专项整治活动为抓手，拆除违章建筑550余处1.8万余平方米，保持违章建筑“零”增长；提升农村人居环境，投资50余万元对存在安全隐患的2235米道路安装防护栏，加装广角镜76处，增设减速带6处，基础交通条件进一步改善；创卫工作成效突出，在全区创建国家卫生城市工作阶段性考核评比中连续三次获得第一名，并顺利通过省、市创建国家卫生城市工作考核。

【民生保障】 劳动就业方面，疫情期间为解决劳动力就业，每月定期发布企业需工信息，组织劳动力参加招聘会4次，其中贫困家庭劳动力共500余人参加。安置公益性岗位188名并召开公益性岗位培训会2次。全镇1227人贫困劳动力实现稳定就业，其中区内就业946人，省内区外就业230人，省外就业51人，基本实现有劳动能力贫困家庭人口就业全覆盖。

社会保障方面，全年新增收入不稳定的建档立卡贫困户80人。对新办证、残疾等级变更的残疾人分析甄别，全年纳入残疾人两项补贴保障范围179人。全年发放农村低保资金 2702080元，城市低保资金712960元，发放特困人员供养资金439484元，其中农村特困人员分散供养313395元，集中供养90131元，城镇特困人员补助35958元。

退役军人方面，常态化组织开展政治理论学习，用习近平新时代中国特色社会主义思想武装退役军人头脑，形成一月一学习、一人一包干联系村居制度，全年组织镇级常态化学习11次，16个村居常态化学习150余次。全年举办退役军人专题座谈会3次，上门解决问题5件，发动各村居举办专题座谈会20余次，解决问题30余件。

劳动保障方面，审核失地农民参加职工保险和城乡居民社会

6月，湖边城中村安居社区返迁房 （区融媒体中心供图）

养老保险补贴174人。非失地农民城乡居民社会养老保险通过手机扫码缴费完成2770人，发放基础养老金2046人，完成城乡居民养老保险待遇认证1964人，建档立卡贫困户、城镇困难群众及特殊身份代缴核查975人。

医疗保障方面，全年审批重点优抚对象和城乡居民大病医疗救助18人次，救助资金100680元。

其他方面，发放高龄老人补贴3052人次72.47万元；发放殡葬改革补贴9人7482元；发放农村建档立卡残疾人两项补贴2921人22.89万元，城市建档立卡残疾人两项补贴483人5.11万元，未纳入城乡建档立卡残疾人两项补贴899人75080元；离任两老补助65人次35520元；发放临时救助126950元。

【平安建设】 践行“枫桥经验”，提升矛盾调解成效。根据《赣州经开区关于创建“和合”调解品牌的实施方案》推进“和合调解室”建设，建成梨园、蛤湖2个试点村。争取司法所、法院、律师事务所、公安以及各职能专业部门单位的政策法律支持，调解法院转来的诉调对接案件4起。调解龙岭村老棚下电表分装到户纠纷等矛盾纠纷50余起。

厉行扫黑除恶，肃清社会风气。全年投入专项资金1万余元；镇司法所、派出所等部门联合在农贸市场等人员密集场所设点宣传10余次，组织各村（居）设点宣传60余次，发放宣传资料1万余份，悬挂、张贴宣传标语、海报100余份。依托综治信息平台、平安江西App、“12345”市民热线、问政赣州等平台，及时处理群众的问题，提升群众满意度。全年受理12345市民热线案件295件，办结282件，按期办结率为100%。

（吴 琼）

凤岗镇

【概况】 凤岗镇位于赣州经开区西部，东与蟠龙镇相依，西与南康区唐江镇为邻，南临上犹江与三江乡隔河相望，北与南康区十八塘乡相连。版图呈弯长条形，辖区东西最大距离8千米，南北最大距离14千米，总面积63平方千米。其中，陆地54.6平方千米，占86.6%；水域8.4平方千米，占13.4%。凤岗镇已融入赣州主城区，夏蓉高速、大广高速、赣丰线、迎宾高架快速路穿境而过，辖区内有黄金机场、赣州西站。

凤岗镇辖居委会1个，行政村16个，村民小组246个，总人口约5.1万人。经济以农业为主，年内全镇耕地面积289.77公顷，主要农作物为水稻，兼种花生、豆类、瓜果蔬菜等。早稻种植面积211.32公顷，产量2540吨，晚稻种植面积143.24公顷，产量1720吨。

全镇驻有市场监督管理所1个，邮政所1个，农村商业银行网点2个，农业银行支行1个，赣商村镇银行1个。新时代文明实践站17个，农家（社区）书屋17个，灯光篮球场3个，棋类活动室2个。中学2所，小学、教学点16所，幼儿园11所，适龄儿童入学率100%。乡镇卫生院1所，村级卫生所32家。

【基层党建“三化”建设】 打造长江村“三化”建设暨党的阵地资源整合示范点，全镇17个村（社区）的“三化”建设工作通过区级验收。优化村（社区）班子结构，对5个村（社区）的党组织书记进行调整，实现村（社区）党组织书记主任100%“一肩挑”，提高村（社区）党组织的组织力和战斗力。加大村级后备干部的选育力度，每个村均培养后备干部3名以上，村党组织书记后备人选1名以上。壮大党员队伍，提高党员发展质量，发展党员26名；督促各村严格执行“四议两公开”“三务公开”、村务监督委员会等制度，广泛接受群众监督。推动村集体经济收入增长，完成每个村集体经济经营性收入达到10万元的目标。培育党员致富带头人，全年申报党员贴息贷款52人。

围绕“四个方面定标准，六个方面立规范”，提升党组织的组织力和战斗力。全年召开党建

“三化”流动现场会3场，举办“三化”建设业务培训班4期，听取17个村（社区）党组织书记的党建“三化”建设情况汇报，组织党务知识测试3次，提升村（社区）党组织书记及党务工作者的党建工作水平。路塘村、塘屋村党组织书记通过2020年从优秀村（社区）干部中公开选聘乡镇（街道）事业编制人员考试考取事业编。改建、提升村（社区）党群服务中心17个，增强基层党组织活动场所的便民服务能力，打通服务群众“最后一公里”。各村（社区）围绕标准化和规范化，查摆、整改问题254个。发挥新时代文明实践站政策宣讲功能，组织党员干部群众学习习近平新时代中国特色社会主义思想和中共十九届五中全会精神，开展科技、法律明白人培训53次，培训4690人次；长江村被定为区级基层党建“三化”建设示范点；天子地村、龙泉村被评为江西省农村社区建设试点示范村。

【脱贫攻坚】 全镇1487户5309个建档立卡贫困人口全部脱贫，“两不愁三保障”全面实现，“十三五”省级贫困村长田村实现脱贫摘帽。

就业扶贫。组织贫困户参加免费就业技能培训4批，培训111人；全年发放交通补贴2163人次75.24万元，发放岗位补贴1436人次130.93万元；开展园区企业“送岗下乡”招聘会2次，圩镇流动招聘会1次，参与组织大型招聘会2场，贫困劳动力参与人数近千人，发放就业招聘报纸近2.5万张、张贴就业海报及悬挂就业横幅近100份，为各企业输送劳动力420人，其中贫困劳动力209人。全年创业担保上报材料33份，放款161余万元；开发农村保洁员、农家书屋管理员、社会治安巡逻员、公路养护员、护林员、乡风文明监督员、社保治安维稳员、卫生协助保洁员、“赣南新妇女”运动宣传员等公益性岗位，安置贫困户318人；发挥扶贫车间吸收就业作用，10个扶贫车间带动劳动力就业1377人，其中贫困劳动力70人。

教育扶贫。落实教育扶贫相关政策，完成教育资助1475人次106.44万元；完成雨露计划申报195人次51.2万元；继续做好控辍保学工作，全年未发生贫困户子女因贫辍学。

医疗扶贫。实现贫困户城乡居民医保全覆盖，5309个贫困人口全部参保，参保率100%，全镇贫困人口住院报销比例90%；全年鉴定慢性病申请审核表709份，其中合格511份。

产业扶贫。全镇有扶贫产业基地5个，培育创业致富带头人29人，带动贫困户就业179人，带动贫困户发展产业112人，人均增收1500元/年；落实产业奖补政策，贫困户申请产业补助501户，发放产业补助金32.72万元。

【征地拆迁与安置】 2020年，下达凤岗镇征地拆迁项目31个，因资金问题未启动项目2个，实际应完成项目29个，其中省级高铁项目1个，市级（含结转、遗留）项目21个，区级（含结转）项目5个。征地总面积66.82公顷，拆迁房屋678栋，搬迁企业18家，迁坟662穴。全年完成征地63.02公顷；签订房屋拆迁协议668栋27.75平方米，拆除房屋537栋19.77万平方米；搬迁企业12家，迁坟662穴。年内完成（含销号）项目24个，其中凤岗派出所、金岭西路（岗边大道－保税大道）项目提前一个月销号。

【人居环境改善】 推进城乡环境综合治理，落实“林长制”“河长制”，打好打赢“蓝天、碧水、净土”保卫战，做好污染防治工作。整治农村和小区环境，农村生活垃圾日产日清；加强对农村畜禽养殖、河流水源地水体、水库的管理，开展镇村两级河长制巡查工作；启动上犹江和禾斋河河道清理工作，提升河道环境。结合新农村示范点建设，对影响村容村貌的破旧房屋、乱搭乱建进行拆除。城乡人居环境攻坚整治行动以来完成立行立改事项2927处，攻坚克难事项500处。其中，全面清理乱堆乱放1100处，农村生活污水治理304处，农村“厕所革命”123处，改善路域环境386处，农村公共空间治理、其他乱象127处，乱搭乱建254处。对蔗山村安置小区、大塘安置小区、大塘口安置小区进行集中整治，拆除违建110处，面积2500余平方米；清除菜园260余处面积4000余平方米，清除乱堆乱放320余处，300余吨；投入20余万元用于整治后的提升改造。

推进圩镇建设，对圩镇及农贸市场周边的违建进行统一拆除，拆除各种违建40余处500平方米。安排人员对圩镇及农贸市场进行每日巡查，及时纠正不良行为。整治占道出店经营1000余起，乱摆乱放600余处；落实商户“门前三包”责任制200余户，清理卫生死角、小广告1200余处；劝导整治乱停乱放及规范二轮车摆放1500余辆。全年摸排出户外线缆问题129处，完成整改126处，整改率97.6%。

推进民生工程建设，完成投资约125万元的长田村枫坑水渠项目、长田村杨梅基地项目、长胜村艾草项目3个专项扶贫项目。新建通组公路4条，拓宽改造1条，新建盖板函1座，路面破损维修及新建错车道4700平方米。开工建设南边村铜锣口至长田村双丰组农村公路。投入约70万元，对全镇34千米县道、14千米乡道、30千米村道进行日常养护及安全隐患排查与整改，排查道路安全隐患152处，完成整改150处；清理水沟10.6千米，路面破损维修3600平方米。7月底开通322公交线路，结束北部6村未通公交车的历史。推进厕所革命，完成农户改厕验收94户、改水验收31户；完成并验收公厕项目4个。投入约450万元建设5个村15个新农村建设点，完成13个村707盏太阳能路灯安装。

【民生保障】 根据“应保尽保、应退尽退”的原则，每月对城乡低保进行动态调整。全年清退农村低保58人、城市低保4人，新增农村低保89人、城市低保8人。全镇有农村低保683户1224人、城市低保51户81人。全年开展临时救助20个批次，救助62人次8.75万元；发放大病救助4批次36人次14.11万元。加快推进计生转型发展，深化全面实施两孩政策后生育引导、政策衔接工作，推广微信公众号、赣服通办理生育登记，实行“一次登记、全程服务”。全年网上办理生育服务证430件，网上参评满意率100%。为57对夫妇提供免费孕前健康检查，为44名流动人口办理生育服务卡，建立流动人口健康档案67人；发放兑现各类计划生育奖励金286人36.77万元。

防控疫情稳定生产，对重点人员实现全闭环管理，织牢“外防输入，内防扩散”的防线。开创“一图三线三网”防治法，在发生1例确诊病例的情况下417名密切接触者无一感染，5万余名群众的生命安全得以保障。统筹做好疫情防控和经济社会发展工作，实现舆论稳定、物资稳定、服务到位，处理好堵与封、放与松、管与控的矛盾。全面恢复生产生活秩序，推动企业商户复工复产。3月上旬实现辖区20家企业，28个在建项目全面复工，4月底圩镇商业网点复工425家，生产生活秩序全面恢复。

【平安建设】 推进扫黑除恶专项斗争，优化矛盾纠纷调解机制，落实专职人民调解员队伍建设，选聘镇级专职调解员2名，村级专职调解员17名，化解矛盾纠纷20起。强化信访工作，疏通民情民意。全年镇信访室受理“江西网上信访—赣州平台”转来信访件91件、“网络问政平台”转来信访件6件、“12345市民服务热线”转来信访件264件，受理来镇访88批，其中来镇登记65批，直接劝访62批。推进综治“三项建设”，充分发挥综治网格的作用。加强对现有的192个建档精神障碍患者的服务管理，全年未发生精神障碍患者肇事肇祸案（事）件。

（陈杨菁）

黄金岭街道

【概况】 黄金岭街道位于赣州经开区东部，东毗章贡区章江街道，西接蟠龙镇，南临章江，北靠湖边镇，辖区面积16.54平方千米。下辖金星、黄金、大坪和杨梅等4个行政村，金岭路、金东南路、香江路、金辉路、民生路、七一九、金丰路、金东北路和金坪路等9个社区。其中，年内新增金丰路社区、金东北路社区和金坪路社区等3个社区。有商住小区83个，村民小区23个，党组织13个，非公党组织4个，党员1211人，常住人口近14万人。

【基层党建“三化”建设】 对照“四个方面定标准、六个方面立规范、一张网络连整体”总体要求，所有村（社区）党组织通过上级“三化”建设验收。组织设置更加标准化，4个村（社区）党支部升格为党委，下设22个党支部，解决党组织弱化、虚化、边缘化的问题；配强村（社区）“两委”班子，调整村（社区）“两委”干部17人；6个村（社区）实现交叉任职，9个村（社区）实现书记、主任“一肩挑”。各项机制更加规范化，坚持问题导向，各村（社区）党组织查摆和整改问题91个，实现组织活动开展、党员队伍建设更加规范化，街道845名党员轮训全覆盖。建立健全村（社区）“两委”集中办公、值班制度，规范建设村（社区）“三务”公开栏，村级重大事项一律实行“四议两公开”制度。

【脱贫攻坚】 实施产业+就业扶贫。全年贫困劳动力就业374人，发放贫困劳动力就业岗位补贴365人次36.18万元；发放就业交通补贴358人次11.19万元，设定扶贫专岗58人，发放公益性岗位工资56.6万元；3个村企共建扶贫车间吸纳贫困劳动力22人。实施消费扶贫，开展消费扶贫“六进”活动，围绕“三专两平台”（专柜、专区、专馆、消费扶贫江西馆、扶贫832平台）建设，引导企业、单位及个人优先购买扶贫产品，缓解贫困群众农产品滞销困境。开展扶贫扶志感恩行动，各村驻村工作队组织贫困户、帮扶干部、村干部开展“扶德扶志、感恩奋进”主体教育实践活动，参加活动的贫困人员389人。

【村集体经济发展】 通过党建引领带动，指导各村采取“自建+租赁”“土地租金+建设经营移交”“租金抵扣工程款”等开发模式，推动村集体经济不断壮大。全年4个村实现村集体收入1950万元，同比增长30%。

【“五型”政府建设】 实行工作任务“三化”（项目化、清单化、责任化）动态管理，主要领导抓调度、分管领导领任务、一般干部抓落实，层层压责任，11类83条清单任务按工作节奏有序开展。坚持项目为王，推进工作理念创新、管理创新、制度创新，在征迁工作中，实行分管领导全权负责制，打破原先各自为营局

黄金岭街道村集体经济不断壮大，图为8月的大坪村出租地段
（黄金岭街道供图）

面，对拆迁办、档案室、工作组工作统一指挥。践行“一线工作法”“践诺工作法”，勤走访调研、勤调度推进。转变工作职能，搭建街道便民服务大厅平台，将各项便民服务责任下沉，梳理公共服务事项清单及流程30项，制作《综合便民服务中心办事指南》折页。

按照“赋权、下沉、增效”原则，推广城市基层党建“10分钟为民服务圈”，促进社区服务由单建向共建转变、由管理向治理转变、由被动向主动转变。城市基层党建“10分钟为民服务圈”信息系统全年收集问题591件，解决问题585件，正在处理6件，切实打通服务群众“最后一公里”。

【征迁遗留问题“清零”】 在解决21个征迁遗留难点项目的基础上，完成登峰大道（客家大道—赞贤路）项目、H-08-03地块、E3、A8和A5地块等征拆问题，实现辖区内所有征拆遗留问题全部“清零”。

【章江左岸滨江公园形改造】 章江左岸滨江公园改造项目涉及赣州经开区范围为章江左岸武陵大桥至涌泉路沿河岸，长约2千米，需拆除祠堂和庙宇13座，涉及黄金村、金星村20多个姓氏2000余户1万余人。项目于10月9日启动，黄金岭街道抽调33名干部组建7个工作组，以“5+2”“白加黑”的干劲挂图作战，同步依法开展征收评估、协商签约、补偿决定等程序。最终用40余天完成，比区里要求提前37天。黄金岭街道受到区管委会通报嘉奖，获全区项目建设百日攻坚大会战“奔牛奖”。

【民生保障】 为园区工业企业输送区内新增劳动力237人，其中建档立卡贫困劳动力53人，扶贫车间吸纳辖区贫困劳动力就业13人，公益性岗位安置贫困劳动力就业困难人员51人。对受疫情影响到期还款困难的个人创业担保贷款，继续给予贴息支持，申请创业担保贷款28人，贷款金额328万元，带动就业152人。全年发放贫困劳动力岗位补贴365人次36.18万元，申报失地农民重病救助11人27.68万元、失地农民子女教育补助982人175.38万元、失地农民养老生活补助金发放1078人96.45万元；新增城乡低保15户33人，提供临时社会救助59户。

【平安建设】 全年化解矛盾纠纷75起，矛盾纠纷云平台上传案件1790件。根据信访工作要求，实现网上“受理、交办、督办、回复、测评”一站式服务，全年办理省长信箱、市长信箱等阳光信访89起，按期办结率100%。本级接访240余起350人次，回复率100%。对于信访积案，严格落实包案责任制，每个积案都组建包案专班，依法依规化解信访积案3批。全年辖区未发生较大及以上安全事故，未发生街道主管范围内的一般安全事故。

加大宣传力度，悬挂宣传横幅80余条、张贴宣传海报1200张、发送宣传手册1200余份。落实中央扫黑除恶专项斗争督导整改6个方面16种具体表现，整改率100%。组织各部门、各村（居）开展扫黑除恶线索摸排，黄金岭派出所开展专项清扫行动，全年接警4196起，办理行政案件155起，行政拘留193人，办理刑事案件88起，刑事拘留54人。

（王定忠）

功能区建设

赣州新能源汽车科技城

【概况】 2020年，赣州新能源汽车科技城辖区总面积33.6平方千米，下辖章良村、中边村、高山村、横江村、洋田村、村尾村、太窝村、范塘村、龙潭村9个行政村及唐龙社区，户籍人口2.6万余人，流动人口0.7万人。

【基层党建“三化”建设】 坚持“每月学习日”的工作制度，全年召开党委中心组学习会11次；落实“三会一课”学习制度，严格按照“3+X”学习模式组织全体党员集中学习，组织开展党员大会110余次，支委会160余次，党小组会360余次；推进“党员活动日”制度化、规范化，组织党员和入党积极分子前往寻乌调查纪念馆参观学习。严把党员发展质量关，着重发展年轻、学历高的人员入党，全年发展党员14名，其中35岁及以下12名，大专及以上学历7名；做好入党积极分子和发展对象的培养，全年吸收入党积极分子23名，其中35岁以下16名，大专及以上12名。对标党建工作“责任田”，通过抓住关键，查摆及完成整改党建工作中的短板弱项117个，让党建主体责任落地生根。抓细抓实党员教育，以班子成员为重点，坚持每月集中开展为期1天的学习，按照主题教育工作要求和安排，逐项落到实处；对流动党员、年老体弱党员，通过微信群、电话等方式开展“送教上门”的活动，提高主题教育覆盖面，并结合“党员活动日”“三会一课”“3+X”学习模式开展“五红”“讲心得”活动，确保集中学习教育不打折扣。抓好干部和农村党员教育培训工作，完成辖区450名农村党员和33名机关党员集中轮训工作，确保每个党员轮训时间不少于32个学时。

【脱贫攻坚】 年内，科技城有建档立卡贫困户946户3587人，全部实现脱贫，贫困发生率0%。

按照聚集发展上规模有效益的思路，通过“龙头企业+村集体+农户”模式，大力发展产业。打造30公顷草皮种植基地，年产值450万元。打造千余亩蔬菜基地，通过土地流转，促进239户村民受益，其中贫困户41户，带动就业增收贫困户15名，务工收入每月2400元左右，每年可为范塘村增加村集体经济收入7.9万元。在基地建设扶贫车间，为周边贫困户提供就业岗位20余个，做到在家门口就业。

全年申报就业岗位补贴305人次31.68万元，组织贫困户参加各级组织的各类就业招聘会4次，安置贫困人员就业93名，开展电商、家政等技能培训2次47人；新开发农村保洁员、公路养护员、乡风文明监督员、卫生保洁员、社会治安维稳员、图书管理员、新妇女运动宣传员等公益性岗位21个。

实施教育扶贫，做好控辍保学，确保义务教育阶段贫困家庭学生“零”辍学，全年申请教育补助511人次43.09万元。

实施健康扶贫，开展送医下乡、健康宣教、随访体检、大病筛查等活动，执行贫困人口“先诊疗、后付费”和“一站式结算”服务，全年享受“四道保障线”政策907人次651.07万元，建档立卡贫困人口住院医疗费用报销比例90%以上。

做好扶贫项目实施，在设计、预算编制、监理等环节聘请第三方机构进行，施工单位按照《江西省脱贫攻坚工程项目“绿色通道”实施方案》的规定以“三重一大”的方式确定，扶贫项目资金按合同和工程进度及时拨付到位，聘请第三方机构做好质量检测、项目验收和工程结算。全年安排扶贫项目7个，改善农村基础设施建设。

开展感恩奋进宣传教育，进村入户开展“我的脱贫故事”宣讲活动。结合“机关干部下基层，连心连情促脱贫”活动，组织帮扶干部、驻村干部通过进村入户、深入田间地头等方式，与所帮扶的贫困户同吃同住同劳动，面对面交心谈心，宣讲党的方针，解读精准扶贫政策，提高群众政策知晓率和满意度，全年开展扶贫政策宣讲活动82次。

抓好巡视反馈问题整，对标区级方案的79个问题，进行全面整改。全年完成整改中央脱贫攻坚专项巡视“回头看”反馈问题55个；完成整改“不忘初心、牢记使命”主题教育检视问题9个；完成整改成效考核指出问题28个。

【征地拆迁与安置】 全年完成征地135公顷，签订房屋协议700栋31.11万平方米，拆除房屋283栋13.43万平方米，搬迁企业24家，迁坟5穴；完成孚能三期、江西理工大学、中航新能源、凯马新能源、城西大道机场快速路、唐龙大桥、原职教园区地皮回购等7个项目结算工作；完成2016年征地拆迁项目核拨留用地指标第一批次资产收益的拨付工作。

【人居环境改善】 利用广播、文化墙、宣传栏、微信公众号等方式，宣传城乡人居环境整治工作内容和有关要求，传播典型事例和经验做法。全年印发倡议书6000余份，提高群众知晓率，营造全民共创的良好氛围。对农村道路路障、占道堆放、路肩边坡杂草和垃圾、边沟堵塞等影响交通安全和道路环境的现象进行集中清理整治，杜绝建筑垃圾乱倒乱弃。对村庄河流、沟塘以及房前屋后、道路两侧排水沟定期清淤，全面清理污水沟、臭水塘等黑臭水体。以村为单位，每月开展全覆盖、拉网式的集中清理整治行动1次。全年清理生活垃圾4950吨，清理村内水塘25口，清理村内沟渠12千米，清理畜禽养殖粪污等农业生产废弃物12吨，清理乱搭乱建125处，清理路面张贴小广告3000余处。对村庄内私搭乱建、空心房、残垣断壁、破旧棚屋、废弃厂房等进行拆除。加强拆后土地平整利用，因地制宜建设“三园”，加大农村超高超大建房日常巡查、督查整治力度。引导村民勤洗、勤扫、勤擦、勤收拾，达到“五净一规范”标准。对柴草、物品、生产工具、生活用具、建筑材料等进行分类规范收置，对散养的鸡、鸭等家禽进行集中圈养，开展房前屋后环境卫生大清扫，实现庭院内外干净整洁。将“门前三包”情况纳入“村规民约”，对村民违反“门前三包”责任内容的行为，按照“村规民

10月6日，区党工委书记陈水连到赣州新能源汽车科技城调度飞翔路项目征迁工作 （赣州新能源汽车科技城供图）

约”进行处理。开展农村线缆“空中蜘蛛网”乱象整治，采取“入地、捆套、剪除、拆除、更新”等方式，规范电线电缆管理。整治各种线缆违章乱拉乱架行为，美化线缆架设形态。全年完成范塘、横江、龙潭等6个村的线缆整治工作。

坚持把“两违整治”工作作为一项重要工作来抓，通过舆论宣传、巡查遏制新增违建和拆除典型历史违章建筑相结合的工作方法开展“两违整治”工作。按照“两违建筑”形成时限、性质，区别对待、分类处置。全年拆除违章建筑122处，面积4.02万平方米。

【民生保障】 全年发放慰问款37.2万元，兑付大病救助17人次7.56万元，救济38户141人次6.5万元，发放低保款项219.1万元，发放高龄补贴51.5万元。组织500余人参加高山村、洋田村送岗小型招聘会、秋季招聘会及冬季招聘会，新增专岗人员21名，组织中式面点技能培训71人次，保健理疗按摩技能培训6人，发放一次性求职补贴及生活费补贴1.49万元，为扶贫车间企业办理各项补贴17.91万元。发放交通补贴45.49万元，岗位补贴44.86万元，一次性创业补助0.5万元。

征缴社保参保人数1.8万人，保费517.75万元，办理建档立卡贫困人口慢性病审核159人。为育龄妇女办理生育服务卡270余张，发放“生育关怀、爱心救助”款2.7万元，发放阳光助学、高考奖励、失独家庭一次性抚慰金0.14万元，发放国家教育奖扶政策资金13.17万元，发放退役军人各类优抚补助123.89万元。

聚焦落实“六保”“六稳”，抓牢粮食生产，翻耕种植面积327.2公顷，落实早稻种植面积99.6公顷、晚稻55.78公顷，总产量313.75吨，落实薯类、豆类等旱作物种植面积约100公顷，全年发放粮食生产补贴240余万元。

全年安装路灯434盏，改厕47户。投入资金710万元引进横江、范塘、高山、龙潭4个村自来水工程，管网铺设总长120千米；投资476万元，完成农村公路建设项目10个，总长3980.2米；投资149万元，完成机耕道建设，总长5440.7米。

【平安建设】 选聘专职人民调解员11名、专职治安巡防队员20名，协调科技城派出所配齐“一村一辅警”，组建普法讲师团、普法志愿者和法律明白人骨干18名及农村法律明白人队伍821名，选聘平安志愿者管理员3名和组建平安志愿者438名，成立10支由综治专干、村干部、村民小组长、平安志愿者为主体的“一长三员”队伍。完善社会综合治理基础设施建设，建成综治中心示范点4个、“和合”调解室10个和心理咨询室10个，配合上级加快推进“智慧云眼”建设，布局摄像头监控点位41个，涉及7个村，1个商贸体。

推进“民事民议、民事民办、民事民管”制度，化解矛盾纠纷，全年排查并化解民事矛盾纠纷224起，化解率100%。加强精神障碍患者管理，协助家属做好送治工作，送治一般患者10名，严重患者2名，有效防止民转刑事件发生。开展信访积案化解，通过法律介入、心理咨询、人民调解等多种手段，与公安、司法、征迁、自然资源、信访等部门联调联动，召开信访积案化解专题研判会，对10余件积案进行逐一研判，化解赖某等陈年信访积案3件，其余信访积案正有序推进。以法治建设为先导促稳定保安全，开展青年普法志愿者法治文化基层行活动，先后开展“7·5”普法、“宪法宣传日”“综治集中宣传”“反邪宣传”“禁毒宣传”“扫黑除恶专项斗争”“民法典宣传”等普法宣传活动12场，法治讲座6场，法律服务8场，线上普法15场，发放普法材料2000余份，发动平安志愿者开展普法活动42场。

建立健全公共安全管理机制，制定公共安全应急预案，加大对违法犯罪问题的打击力度。全年打击刑事违法案件68起，行政案件60起，行政拘留36人，刑事拘留14人。

（肖永强）

高铁新区

8月的赣州西站 （陈浩光 摄）

【概况】 赣州经开区高铁新区位于赣州经开区西部，东与蟠龙镇相依，西与凤岗镇龙江村为邻，南临上犹江与三江乡隔河相望，北与夏蓉高速为界。管辖范围为东至规划保税大道和虎笑岭路、南至章江和上犹江、西至规划齐岭路和机场大道、北至厦蓉高速，范围占地面积约14.77平方千米，辖凤岗社区和路塘村、朱家村、塘屋村、岗孜村、横岭村、大塘村、蔗山村、龙泉村等8个行政村。其中赣州西站建成面积约10万平方米。年内，批准设立复兴路和朝阳路2个社区居民委员会，管辖面积约5.45平方千米，人口约39700人。

【辖区规划】 根据赣州市城投集团建设进度及整体规划，在高铁新区范围内“三年完成核心区建设、四年拉开新区框架、六年初步形成、八年基本建成”，将高铁新区打造成区域综合交通枢纽、旅游休闲、商务金融、物流仓储、生态居住等功能齐全的城市新区。

高铁新区辖区内规划有：赣州西站站房（一期）、预留轨道交通通道工程、客家大道西延高架段、创业路高架段、赣州西站东广场、站前落客高架、在建社区有绿地城际空间站和凤岗之星、凤岗佳苑返迁安置点。

【协同工作机制】 建立和铁路、市、区相关部门高效有序的协同工作机制，做到有组织、有会商、有分工、有协作，保障辖区内各部门的日常管理服务工作正常开展。建立有效应对突发事件应急机制，在春运、暑运及其他节假日高峰期期间，牵头制定联合应急处置工作方案，保障特殊事件节点突发事件应急处置工作。建立市、区执法部门联合联动会议制度，配合执法队伍开展行政执法行动。

【高铁运营】 赣州西站是一座大型高架跨线式火车站，配套建设有赣州西动车运用所，距赣州经开区中心约8千米，距蓉江新区中心约8千米，距章江新区中心约12千米，距河套老城区中心约13千米，距南康区中心约18千米，距赣县区中心约20千米，距赣州站约15千米，距赣州黄金机场约4千米。赣州西站是国家《中长期铁路网规划》〞八纵八横〞高速铁路主通道中京港通道与厦渝通道的交汇点，未来昌赣、赣深、厦昆、成厦、赣韶等诸多高铁线将在此交汇。全年赣州西站旅客出行人次约210万人次。

（陈 俊）

（本栏编辑：廖宝建）

附录

人物 荣誉

2020年任免区领导

陈水连 男，汉族，原任赣州经济技术开发区党工委副书记、管委会主任，2020年8月任赣州经济技术开发区党工委书记，2020年9月免去其赣州经济技术开发区管委会主任职务。

宋鹏 男，汉族，原任赣州经济技术开发区党工委副书记、管委会副主任（挂职），2020年5月任赣州经济技术开发区党工委副书记、管委会副主任、一级调研员。

郭书珑 男，汉族，2020年9月任赣州经济技术开发区党工委委员、党群工作部部长。

李其成 男，汉族，2020年7月挂职任赣州经济技术开发区党工委委员、管委会副主任。

杨小妹 女，汉族，原任赣州经济技术开发区党工委委员、管委会副主任。2020年5月免去其赣州经济技术开发区党工委委员、管委会副主任职务。

闫勇 男，汉族，原任赣州经济技术开发区党工委委员、管委会副主任（挂职）。2020年6月免去其原任赣州经济技术开发区党工委委员、管委会副主任（挂职）职务。

刘福海 男，汉族，原任赣州经济技术开发区管委会副主任，2020年6月免去其赣州经济技术开发区管委会副主任职务，不予正式任职。

符艳冬 女，汉族，原任赣州市人大常委会赣州经济技术开发区联络处主任。2020年7月免去其赣州市人大常委会赣州经济技术开发区联络处主任。

李明生 男，汉族，原任赣州经济技术开发区党工委书记，2020年8月免去其赣州经济技术开发区党工委书记职务。

雷鸣 男，汉族，原任赣州经济技术开发区管委会二级调研员，2020年12月免去其赣州经济技术开发区管委会二级调研员职级。

2020年全国“爱老敬老模范人物”

李林阳 女，1985年10月生，江西省赣州市蟠龙镇河坝村曹屋组村民。李林阳是名平凡的农村家庭妇女，2005年结婚以来，家庭历经重重变故，但是始终以孝道为先，默默地照顾公公、婆婆、叔叔。自从未婚独居的叔叔中风后，10多年如一日，不分寒暑，照顾他的一食一行。2015年，65岁的公公患上脑中风，婆婆也体弱多病，李林阳无暇他顾，专职照顾家庭、赡养老人。李林阳身上展现了中国好儿媳的优良品质，勤劳、善良、孝顺，弘扬了好媳妇、好妻子、好母亲的高贵品质，在平凡的生活中演绎了令人感佩的人间大爱。2020年12月获全国“敬老爱老助老模范人物”称号。

2020年全国劳动模范

邱联昌 男，汉族，1982年8月出生，中共党员，研究生学历，工学博士，赣州澳克泰工具技术有限公司研发工程师。他从事硬质合金刀具涂层技术研发工作近10年，使公司成为赣南第一家掌握多弧离子镀、磁控溅射、高温中温化学气相沉积技术工业化制备单层、多层、纳米复合涂层的企业，填补赣南硬质合金刀具涂层技术的空白。主导开发化学气相沉积和物理气相沉积涂层产品16款用于工业化生产，有部分产品在全国处于领先水平，为企业2019年实现销售额1.5亿元做出重大贡献。作为主要成员成功申报工信部“工业强基工程”项目1项、江西省科技计划重点研发项目3项。2016年创建“邱联昌劳模创新工作室”，工作室积极响应公司的降本增效政策，节约生产成本240万元。其个人先后获得赣州市五一劳动奖章、江西省劳动模范、全国五一劳动奖章和“赣鄱时代先锋”等荣誉称号。2016年当选为赣州市党代表，2017年受聘为物理气相沉积国际标准分委会专家委员会委员。2020年11月，获“全国劳动模范”荣誉称号。

2020年江西省劳动模范

朱小芸 男，汉族，1989年4月出生，群众，大学专科学历，赣州市同兴达电子科技有限公司设备主任，自赣州同兴达开厂以来，调试完成第一条模组生产线。2017年完成华为全自动专线设备联机调试，成功通过华为各项审核，为赣州工厂突破华为订单空缺的局面。公司二期扩建，又引进150个新进设备现场管理技术型人才，保证设备运行效率最大化，完成2019年营收68亿元目标。2020年10月，获“江西省劳动模范”荣誉称号。

邱建民 男，汉族，1968年11月出生，中共党员，大学本科学历，赣州嘉通新材料有限公司研发中心主任兼副总经理。主持或参与授权4项发明专利和34项实用新型专利的创新研发，承担科技部创新基金1项、工信部项目1项、省科技项目2项、省专利示范计划1项、市科技计划3项，参与起草制定市有色金属学会团体标准1项。通过优化生产工艺、缩短生产时间、解决实际问题等措施，节约生产成本330余万元。2020年10月，获“江西省劳动模范”荣誉称号。

刘丽荣 男，汉族，1969年9月出生，群众，大学专科学历，孚能科技（赣州）股份有限公司研究院副院长。带领团队成员放弃无数节假日，对产品在高温、高寒、高原等恶劣环境下进行极端测试，全面排查隐患，实现顺利上市。独特安全的设计、卓越的动力性能、优异的能量密度让孚能产品在市场表现亮眼，开拓的客户包含几乎全部海内外知名的乘用车主机厂，通过戴姆勒、大众等客户的审核。2020年10月，获“江西省劳动模范”荣誉称号。

黄治亮 男，汉族，1971年5月出生，中共党员，大学专科学历，赣州市东磁稀土有限公司动力设备科科长，主导改进三工位磨床改连续式送料，使产能提高30%以上；改进气流磨分离改造收得率产生效益7.8万元；完成多线磁力泵改用热油离心泵、4台磨床连线改造、环氧线烘道改造等设备改造，每年为企业节省成本约70余万元。2020年10月，获“江西省劳动模范”荣誉称号。

2020年江西省先进工作者

王玉椿 女，汉族，1973年3月出生，中共党员，研究生学历，赣州市市场监督管理局赣州经济技术开发区分局党组书记、局长。2019年带领全体干部职工依法全面履职，质量工作在全市县、市、区考核中位列第一，商标工作受到国家知识产权局表彰，受到赣州经开区管委会嘉奖2次、通报表扬1次，被评为全区综合工作先进单位。引进项目5个，总投资16亿元。2020年10月，获“江西省先进工作者”荣誉称号。

李　鑫　男，汉族，1976年9月出生，中共党员，研究生学历，原赣州经济技术开发区招商局党组书记、局长，现任章贡区副区长、章贡高新区党工委书记。通过招大引强，重大产业项目纷至沓来。引进国机智骏年产30万辆新能源汽车、凯马10万辆汽车、总投资200亿元的名冠功率半导体（全省第一条8英寸晶圆线）、总投资260亿元中车生一伦IGBT及动力包项目。2020年10月，获“江西省先进工作者”荣誉称号。

2020年获省部级以上表彰的先进集体

表4

单位名称	荣誉称号	颁奖部门
区社管局	江西省抗击新冠肺炎疫情先进集体	省委、省政府
黄金岭街道办事处	江西省抗击新冠肺炎疫情先进集体	省委、省政府
区劳动监察局	2017—2019年度全省依法行政先进单位	省政府
湖边人民法庭	2018—2019年度“全省优秀法庭”	省高级人民法院

2020年获省部级以上表彰的先进个人

表5

姓　名	单位名称	荣誉称号	颁奖部门
蒋英斌	凤岗镇中心卫生院	江西省抗击新冠肺炎疫情先进个人	省委、省政府
李秀旺	蟠龙镇中心卫生院	江西省抗击新冠肺炎疫情先进个人	省委、省政府
魏秀芬	湖边镇卫生院	江西省抗击新冠肺炎疫情先进个人	省委、省政府
曾凡春	区疾控中心	江西省抗击新冠肺炎疫情先进个人	省委、省政府
李　春	凤岗派出所	江西省抗击新冠肺炎疫情先进个人	省委、省政府
罗　文	区企工局	江西省抗击新冠肺炎疫情先进个人	省委、省政府
黄　明	三江乡人民调解委员会	全国模范人民调解员	司法部
丁　娟	区法院	2018-2019年度“全省优秀法官”	省高级人民法院

媒体聚焦

众志成城 再攀新高——赣州经开区高质量发展纪实

国机智骏汽车、山东凯马汽车生产车间开足马力，冲刺销售；同兴达电子继续扩产扩能不断满足市场需求；中电汽车、中车生一伦等重点项目加快建设……启动复工复产后，赣州经开区再现火热的建设场面。

去年，该区实现规模以上工业增加值增长11%；财政总收入50.56亿元，增长9%；进出口总额74亿元，增长42.1%，8项主要经济指标总量继续领跑赣州市。在2019年国家级经济技术开发区综合发展水平考核评价中位列全国开发区第51位。

昂起产业发展“双龙头”

3月上旬，赣州经开区集中签约项目9个，总投资116.51亿元，涵盖大数据、5G、芯片半导体、跨境电商等领域。这是该区聚焦工业主责，克服疫情影响，突出招大引强，补齐产业链条的真实写照。

紧盯新能源汽车和电子信息“双首位”产业，纵深开展“大干项目年”、集群式项目“满园扩园”行动，推动产业集群发展。新能源汽车产业抢占风口，国机智骏汽车、凯马汽车同日实现整车投产，圆赣南苏区人民的“造车梦”。电子信息产业独占鳌头，轰天炮光电、讯康电子等15个项目实现新开工；视鼎科技、中望科技等12个项目实现新投产；同兴达科技赣州工厂实现产值超60亿元，亩均产值达1亿元，在国内民营企业触控显示一体化模组行业领先；该区正向全省一流的芯片制造基地和国内知名的显示屏模组制造集散地迈进。

据统计，2019年，赣州经开区新能源汽车及其配套产业规模以上企业达22家，实现主营业务收入120亿元，增长20%；2019年电子信息产业主营业务收入超235亿元，占赣州电子信息产业带主营业务收入的“半壁江山”。双首位产业产值占全区工业总产值45%，集聚度显著提高。

绘制“富农美村”新画卷

凤岗镇长田村的扶贫车间复工复产，村民朱爱华正在清洗纯净水水桶。家门口有稳定的工作岗位，朱爱华摆脱原先四处打零工的日子。她是该区实施就业扶贫措施的受益者之一，在该区，有8000余个贫困劳动力实现就业。

近年来，该区在精准实施十大扶贫措施、聚焦解决“两不愁三保障”突出问题的同时，发挥园区企业多的优势，抓好“产业+就业”扶贫，使贫困家庭就业率达到99.49%，4306名贫困人口脱贫。

该区引导全区183家企业与61个乡村开展“一对一”帮扶，鼓励企业设立扶贫车间、增开服务岗位，给贫困劳动力创造更多就业机会。同时，对贫困户开展技能培训，增强其自我脱贫能力。目前，全区建成45间扶贫车间，建成蔬菜、草皮、柑橘、水产养殖等4个千亩基地，全区贫困发生率从5.05%下降至0.14%。

高标准建设北部农旅产业园，加速推进台湾部落、五彩城花博园、共享农庄等农旅项目和旅游公路建设；大力开展农村人居环境整治，40个新农村建设点和“空心房”整治全面完成；加快培育新型农业经营主体，推进9家农企（基地）建设农业技能大师工作坊，农业科技应用水平不断提升……眼下，一幅欣欣向荣、干净整洁、农旅结合的美丽乡村新画卷在赣州经开区铺开。

铺就高质量发展“快速路”

2019年12月26日，昌赣高

铁正式通车，位于赣州经开区的赣州西站正式启用。昌赣高铁的开通，赋予赣州经开区厚积薄发的良机，北上南下不再遥远。

近年来，该区紧紧围绕建设赣粤闽湘四省通衢区域性现代化中心城市的战略目标，高质量推进基础设施建设。完成机场改扩建、高铁新区、东江源大道、客家大道西延、创业路（高架段）、国际会展中心等省、市重大项目征拆任务。

如今，赣州高铁西站全面建成投入使用，赣州国际机场与高速路口实现互联互通，迎宾高架等快速路顺利通车。大广高速科技城互通、厦蓉高速保税区互通稳步推进，唐龙大桥及连接线项目顺利通车。该区还纵深推进“一城两园两区”建设，加速融入五区一体化，助力赣州建设省域副中心城市，建成区面积增至49.36平方千米，城镇化率达68%，国家级产城融合示范区建设取得突破性成效。

高标准编制《迎宾大道城市设计》《赣州新能源科技城首期控制性详细规划》等规划；在全省率先打造“无证明”办事环境，“赣州通”经开区分厅正式运营，创建全省首个“无证明”营商环境，“最多一次办结”事项占比提高至95%；高标准新（改、扩）建7个农贸市场、32座二类以上公厕、4个小游园；启动141座公厕新（改）建；提升改造113条背街小巷、9个老旧小区，提升改造6个垃圾中转站、113条背街小巷；污染防治攻坚战成效显著，获评“国家级绿色园区”。2020年全区干部群众铆足劲头再出发，众志成城攀新高，奋力夺取疫情防控和经济社会发展双胜利。

（2020年4月19日 江西日报）

江西赣州经开区：招大引强交出“硬核”答卷

“我们与中车株洲所公司、生一伦公司、南方稀土集团签署合作框架协议，将在风电领域、特种装备领域、乘用车电驱动系统领域、智轨列车领域展开紧密合作，实现共同发展。其实，中车集团已在我区投资生一伦电机项目，目前正在建设，这次签约是中车进一步与我区‘联姻’，延伸产业链、扩大合作的战略举措。”江西赣州经开区招商局局长李鑫说。日前，中车生一伦、同兴达偏光片、增立机电、赣州流量数字经济产业园、怡亚通供应链、鑫亚区域数字供应链平台与泽鑫劳务总部经济等9个项目与赣州经开区签约。这些项目涉及高端装备电机生产、5G零售产业、电子消费等多个领域，进一步补足经开区电子信息产业链链条，丰富该区现代服务业业态。

此次集中签约是近2个月以来赣州经开区的第三次集中签约。今年，新冠肺炎疫情让招商工作遭遇“大考”。经开区保持定力抓发展，全力以赴招大引强，招商工作呈现氛围更浓、措施更实、成效更佳的较好成绩。截至目前，该区3次集中签约项目共计30个，累计签约资金178.92亿元。

“不见面招商卓有成效。”赣州经开区招商干部告诉记者。为降低疫情带来的不利影响，该区积极研判招商形势，转变招商模式，变“面对面”为“屏对屏”，做到了交通中断、联系不断，洽谈常态化、落地有成效。据不完全统计，今年2月和3月，全区通过不见面招商对接项目110多个。

主动外出取得先机。3月初，疫情好转，该区坚持疫情防控工作力度不减，招商引资工作不停，主动出击，“北上南下”积极对接项目、考察企业。3月13日，该区举行2020年的第二次集中签约仪式，签约项目7个，签约金额106.51亿元。

引进项目势头强劲。在签约的30个项目中，既有保供应急的口罩生产项目，也有急需补短板、补空白的芯片研发、生产制造项目，还有高层次人才项目、国际进出口项目等，这些项目对于补齐该区产业短板、丰富经济业态能起到重要作用。此外，该区还与金港汽车文化有限公司签订了战略合作框架协议，这标志着一汽红旗汽车小镇项目取得突破性进展。

项目储备后劲十足。2019年底，赣州经开区就已经储备240余个在谈项目。这些储备项目为该区的招大引强提供充足的“粮草”，是该区在疫情期间依然能够取得优异成绩的坚强保障。

招商方向保持聚焦。赣州经开区开展招商工作始终保持定力，坚持主攻工业地位不动摇，聚焦新能源汽车、电子信息产业首位产业招商。已签约项目中，工业类的占签约总数的70%，新能源汽车、电子信息首位产业项目占签约总数的57.14%。

（2020年5月16日　经济日报）

挂图作战 精准发力——赣州经开区加速推进重点项目建设见实效

泉岗科技园12.65万平方米标准厂房及配套设施完成建设，中电汽车进入试生产阶段，睿宁新材料二期等28个项目开工建设……

走进赣州经开区，一个个重点项目正加快推进。正是这一个个重点项目的稳步推进，为赣州经开区高质量发展按下加速键。截至9月底，该区36个省大中型项目全部开工建设，完成年度投资115.47亿元，占全年投资计划的121.69%。列入市级调度的11个重点工程项目累计完成年度投资170亿元，完成年度投资计划的137.65%。

凝聚力量服务项目

为推进项目建设，赣州经开区主要领导通过每半月现场调度、每月组织召开一次全区重点项目建设推进会等方式，为项目推动把脉问诊，及时解决项目建设过程中遇到的堵点卡点问题。成立重大项目推进工作专班，对重大项目制订时间表、实行“挂图作战”，要求责任单位、业主单位、施工单位“一项一策”制定任务清单、进度清单、问题清单、责任清单，大力推行“践诺工作法”，严格兑现各项工作承诺，确保项目建设落地落细见实效。各行业审批部门持续深化“放管服”改革，不断提升办事效能，为项目建设提供更加优质的服务。

统筹要素保障项目

项目推进到哪里，要素保障就要跟进到哪里。

赣州经开区按照“要素跟着项目走”原则，把土地报批、企业融资、企业用工等问题考虑在前，积极盘活存量土地，努力向上级争取用地指标，确保土地报批走在项目建设前头；持续打好征收搬迁、杆线迁移硬仗，确保重大项目顺利进场；积极开展政银企对接活动，引导金融机构加大对重大项目建设的信贷支持；开展多种形式的招工活动，着力解决企业用工难题。今年以来，全区已开展3期专项债申报工作，共为14个项目争取专项债券资金25亿元。

抢抓时机推进项目

为确保各项目建设按节奏、有时序推进，赣州经开区每月通报项目开竣工情况、投资完成情况、前期工作进展情况，每季度开展一次重大项目建设“大比武”活动，将活动评选结果纳入年底绩效考核，营造比学赶超、争先创优的浓厚氛围，推动项目早开工、早建设、早投产、早见效。此外，为营造大干快上的建设氛围，每两个月推进一批重大项目集中开工，每季度推进一批重大项目竣工投产。

截至目前，赣州经开区共组织开展项目集中开工活动4次，集中开工项目80个，项目总投资981.91亿元；开展项目集中竣工活动2次，集中竣工项目37个，项目总投资159.08亿元。

（2020年10月27日　江西日报）

赣州加快融入粤港澳大湾区

自从江西赣州南康格力小镇今年7月份开工，项目建设指挥部办公室副主任何鹏鹏就一直在工地上忙碌。格力智能制造基地落户带来索菲亚、大自然等一批大湾区优质家具家装企业和配套企业，何鹏鹏说，“小镇投产后，千亿级体量的‘南康家具’将升级为国内领先的泛家居产业链新平台”。

同样忙碌的，还有返乡兴业的

东莞讯康电子科技股份有限公司董事长杨逢春。新基建方兴未艾，讯康电子的网络变压器、5G滤波器产品供不应求，他们在赣州经开区新上的生产线9月份投产后，三班倒都搞不赢。杨逢春说，自己一周在东莞和赣州间跑好几个来回。

随着今年6月江西省政府出台《关于支持赣州打造对接融入粤港澳大湾区桥头堡的若干政策措施》，赣州对接融入粤港澳大湾区按下“快进键”，一批协同发展项目“次第花开”。

赣州与粤港澳大湾区地缘相近、人文相亲、产业相连，是大湾区联动内陆发展的直接腹地。赣州发改委副主任马晓聪介绍，赣州常年有200万人在大湾区城市就业创业。在他看来，深度对接融入大湾区，既是赣州全市脱贫后巩固脱贫成果、获取接续动力、增强“造血”功能的现实路径，也是赣州建设省域副中心城市，形成与之相匹配的城市体量、经济实力和辐射带动能力的迫切需求，“仅7月份以来，市领导就5次带队到大湾区进行对接”。

赣州对接融入大湾区，呈现出良好态势。一方面，基础设施加速互联互通。在赣州国际陆港，一列满载进口木材的列车缓缓驶进货场。这批以铁海联运方式运抵的木材，检疫检验合格后将分拨至南康及周边县市。赣州港是广州港、盐田港、大铲湾港的内陆腹地港，经过6年多的运行，已与大湾区港口实现“同港同价同效率”，并从最初的木材进境口岸，扩容为汽车整车、肉类进口指定口岸。今年截至10月，这条“出海通道”已开行深赣欧班列200列，完成跨境电商300多万票。与“出海通道”的扩容齐头并进，赣州加快建设赣深高铁、大广高速复线等陆路通道，拓展至香港、澳门、珠海、佛山等地空中联络线，构建融入大湾区2小时经济圈立体化交通网络。

另一方面，优势产业协同稳步推进。8月20日，赣州“三南（龙南市、全南县、定南县）”园区一体化暨对接融入粤港澳大湾区电子信息产业合作推介会在深圳举行。作为承接大湾区产业最前沿的龙南经开区，一举拿下230亿元签约额。

“2018年以来，赣州共引进大湾区内资项目428个，占所有内资项目的47.45%；引进大湾区外资项目110个，占所有外资项目的71.9%。”赣州商务局四级调研员张卫东介绍，赣州围绕赣粤电子信息产业带、新能源汽车、现代家居、钨和稀土精深加工、生物医药、纺织服装等主导产业，积极承接优质产业转移。赣州还主动对接“广州—深圳—香港—澳门”科技创新走廊和港深创新及科技园建设，高标准搭建科技成果转化平台。赣州经开区在全国率先开展的区块链城市治理等创新成果，已在大湾区部分城市落地应用。

双方产业深度交融态势明显，共建共享生态文明成果方面也不断取得新进展。在龙南市出赣入粤高速入口，满载蔬果的卡车不断驶入。龙南水利局局长蔡立宁说，龙南实施最严格的河长制、林长制，确保优质农产品输送粤港。而在高速的相反方向，则是为数众多的旅游车辆。这些来自大湾区的游客，或为体验龙南、安远的客家围屋文化，或为参加瑞金、兴国的红色研修之旅，或为感受崇义、上犹的绿水青山。上犹县一直有着赣州后花园的美誉，现在当地把目标对准建设大湾区休闲度假后花园，开展全域景区化建设。阳明湖每周举行的路亚垂钓比赛成为知名旅游品牌，上犹文广新旅局局长曾德坤告诉记者，“其中很大一部分参赛选手和游客都来自大湾区城市”。

“未来，赣州将按照建设革命老区与大湾区合作样板区、内陆与大湾区双向开放先行区、承接大湾区产业转型创新区、大湾区生态康养旅游后花园的‘三区一园’定位，努力打造跨区域合作高质量发展的典范。”赣州市市长曾文明说。

（2020年12月22日 经济日报）

会议 文件

主要会议

1月4—5日，赣州经开区党工委理论学习中心组学习（扩大）会暨2020年工作务虚会召开。会议总结2019年工作，研究谋划2020年及“十四五”规划工作思路。区党工委书记李明生主持并讲话。区党工委副书记、管委会主任陈水连、全体在家区领导出席。

1月14日，赣州经开区2019年度党委（党组）书记抓基层党建工作述职评议会召开。区党工委书记李明生主持会议并讲话。在家区党工委委员出席会议。市委组织部有关负责人到会指导。

1月20日，赣州经开区“不忘初心、牢记使命”主题教育总结会议召开。区党工委书记李明生出席会议并讲话。他强调，要以习近平新时代中国特色社会主义思想为指导，坚决贯彻党中央和省委、市委决策部署，以此次主题教育为新的起点，总结好、运用好、巩固好主题教育成果，结合经开区实际，着力推动“不忘初心、牢记使命”主题教育常态化、制度化、长效化，为加快“一区三基地”建设，在赣州建设革命老区高质量发展示范区中当先锋、作表率注入强大动力。市委第一巡回指导组组长魏明耕到会指导并讲话，区党工委副书记、管委会主任陈水连主持，市委第一巡回指导组副组长何华辉，在家区领导出席。

1月22日，赣州经开区2019年工作总结表彰暨2020年工作动员会召开。区党工委书记李明生出席会议并讲话。他强调，全区上下要不忘初心、牢记使命，只争朝夕、不负韶华，坚定不移打好中央三大攻坚战，纵深推进六大攻坚战，奋力建设“一区三基地”，确保赣州经开区高水平全面建成小康社会和“十三五”规划圆满收官，以优异成绩庆祝赣州经开区成立30周年、升格国家级经开区10周年。区党工委副书记、管委会主任陈水连作工作部署。会议对先进企业、先进单位和先进个人进行表彰，书面通报2020年民生实事安排。

1月23日，赣州经开区2020年党风廉政建设和反腐败工作会议召开。会议总结全区2019年党风廉政建设和反腐败工作，并对2020年工作进行部署。区党工委书记李明生出席并讲话。区党工委副书记、管委会主任陈水连主持，全体在家区领导参加。区党工委委员、纪工委书记、监察组组长符艳冬代表区纪工委作工作报告。

3月12日，全区安全生产工作会议召开，会议通报2019年全区安全生产情况，安排部署2020年安全生产工作；表彰2019年度安全生产先进企业和先进个人。区党工委副书记、管委会主任陈水连出席会议。

3月18日，赣州经开区新冠肺炎疫情防控工作专题调度会召开。区党工委书记李明生主持并讲话，区党工委副书记、管委会主任陈水连出席，全体在家区领导，区直、驻区各部门（单位）主要负责人，各产业办、区属各国有企业主要负责人，各乡（镇、街道、管理处）党委书记参加。

3月22日，赣州经开区2020年武装工作会议召开。会议深入学习贯彻习近平强军思想和省军区党委、市军分区党委有关会议精神，总结2019年全区武装工作，表彰先进，部署2020年全区武装工作，推动全区武装工作再上新台阶。区党工委书记李明生出席并讲话，区党工委副书记、管委会主任陈水连主持，区领导郭声琪作工作总结和部署。

5月12日，赣州经开区组织、宣传、统战、群团和人社工作会议召开。传达贯彻落实全国、全省、全市组织部长、宣传部长、统战部长会议精神，并总结上年工作，研究部署本年赣州经开区的组织、宣传、统战、群团和人社工作。区党工委书记李明生对全区组织、宣传、统战、群团和人社工作提出要求，区党工委副书记、管委会副主任傅小新出席。

5月21日，省委第六巡视组巡视赣州经开区工作动员会召开。会前，省委第六巡视组组长曾亦冰主持召开与区党政主要负责人的见面沟通会，传达全省巡视巡察工作会议暨十四届省委第八轮巡视动员部署会精神，通报有关工作安排。会上，曾亦冰作动员讲话，对做好巡视工作提出要求。区党工委书记李明生主持会议并讲话。

6月2日，全区中央脱贫攻坚专项巡视“回头看”反馈意见整改工作推进会暨脱贫攻坚普查领导小组（扩大）会议召开。会议听取各地各有关单位关于问题整改、挂牌督战、十个清零、普查清查等工作进展情况的汇报。区精准扶贫工作领导小组各成员单位、区脱贫攻坚普查领导小组各成员单位有关负责人参加。

7月14日，赣州经开区返迁安置房（保障性住房）项目建设三年行动工作推进会召开。区党工委副书记、管委会主任陈水连出席并讲话，区领导刘群英、黎佐绩、吴汉波、曾辉参加。会议通报全区返迁安置房（保障性住房）项目建设三年行动计划工作进展情况、803厂棚户区改造项目进展情况；区返迁安置房（保障性住房）项目建设推进领导小组各有关单位汇报当前工作进展、存在的问题及下一步工作打算；有关单位主要负责人递交关于返迁安置房建设工作责任状。

7月23日，赣州经开区安全生产委员会全体（扩大）会议暨安全生产排查整治夏季攻势动员部署会召开。区党工委副书记、管委会主任陈水连出席并讲话，区领导郭声琪主持。会议通报上半年赣州经开区安全生产工作情况及“流动红旗”评选结果，部署安全生产集中巡查及安全生产排查整治夏季攻势工作。

8月28日，赣州经开区省委巡视反馈问题整改动员部署会召开。区党工委书记李明生出席并讲话。他强调，要深入学习贯彻习近平总书记关于巡视工作的重要论述，充分认清巡视工作的极端重要性，切实把抓好巡视整改作为当前和今后一个时期最大的政治任务，坚决抓好巡视整改工作，以实实在在的整改成效推动全区经济社会高质量发展进入新阶段，向省委和全区人民交上一份满意的答卷。区党工委副书记、管委会主任陈水连主持会议。区领导傅小新传达中央、省委、市委巡视巡察工作新精神新要求。区领导谢卫东、刘群英、符艳冬、华晓斌、黎佐绩、卓邦友、曾辉等出席会议。

9月12日，赣州经开区领导干部大会召开。宣布省委关于赣州经开区党政主要领导职务调整的决定：陈水连任赣州经开区党工委书记，不再担任赣州经开区管委会主任职务；李明生不再担任赣州市委常委、赣州经开区党工委书记职务，另有任用。

9月29日，赣州经开区2020年第三季度六大攻坚战项目建设“大比武”暨“大干一百天，夺取全年胜”百日攻坚大会战动员部署会召开，动员全区上下进一步凝聚共识、鼓舞士气，以更加饱满的激情、更加昂扬的斗志、更加务实的作风，奋力夺取六个百日攻坚大会战全面胜利。区党工委书记陈水连出席并讲话。

9月30日，赣州经开区金融工作会议召开。会议主要目的是总结经验、分析不足、部署工作，采取超常规举措、谋求突破性进展，推动全区金融工作再出发、开新局、创新高。区党工委书记陈水连出席会议并讲话。全体在家区领导，省、市相关金融机构负责人，赣州综保区领导班子成员，各乡镇、区直（驻区）单位，区属部分国有企业的主要负责人，驻区银行、保险、证券等金融机构负责人，区内地方类金融机构负责人和部分企业家代表等参加。

10月18日，赣州经开区党工委理论学习中心组专题学习（扩大）会暨落实省委巡视反馈意见整改工作推进会召开。会议听取赣州经开区巡视整改工作进展情况汇报，对下一步巡视整改工作进行再动员、再部署，确保按时保质完成各项整改任务。区党工委书记陈水连出席并讲话，区党工委理论学习中心组成员，各乡（镇、街道、管理处）、区直、驻区各部门（单位）、区属各国有企业党委（党组）、各片区公司主要负责人，区党工委整改办全体工作人员等参加。

10月29日，全区2020年前三季度经济运行分析会暨百日攻坚大会战第一阶段推进调度会召开。会议全面总结前三季度经济工作，分析研判重点、热点、难点问题，深入落实“六稳”“六保”，动员全区上下进一步统一思想、坚定信心，全力以赴投入百日攻坚大会战主战场，奋力夺取疫情防控和经济社会发展双胜利。区党工委书记陈水连出席并讲话。全体在家区领导，赣州综保区党政班子成员，区直、驻区各部门（单位）、区属各国有企业、区供电公司主要负责人，各乡（镇、街道、管理处）党政主要负责人，市政公用集团有关负责人，区内劳模代表和部分企业家代表等参加。

10月30日，区党政领导班子省委第六巡视组巡视整改专题民主生活会召开。区党工委书记陈水连主持会议并讲话。省纪委、监委和省委组织部委派的市纪委监委、市委组织部有关同志到会指导。

11月2日，全区基层党建“三化”建设暨党的阵地资源整合和新时代文明实践中心试点工作现场推进会召开。主要目的是深入学习贯彻落实中央和省委、市委有关文件和会议精神，对全区工作进行再研究、再部署、再落实，推动全区基层党组织全面进步、全面过硬。区党工委书记陈水连出席并讲话。区领导傅小新、符艳冬、郭书珑，区直、驻区各部门（单位）主要负责人、分管负责人，赣州综保区党工委分管负责人，各乡（镇、街道、管理处）党（工）委书记、组织委员和宣传委员等参加会议。

11月4日，全区国资国企监管工作会议召开。深入贯彻落实全市国资国企监管工作会议精神，推动省委巡视发现区属国有企业问题的整改落实，进一步加强和完善国资国企监管工作，推动全区国资国企高质量发展。区党工委书记陈水连出席并讲话。区领导刘群英主持，区领导符艳冬通报有关情况。区领导郭书珑、温荣喜，区直、驻区各部门（单位），各乡（镇、街道、管理处）主要负责人，区属各国有企业负责人等参加。

11月16日，全区优化小微企业营商环境工作座谈会召开。区党工委书记陈水连主持。座谈会上听取企业意见建议，协调解决发展过程中遇到的困难和难题，鼓励企业增强信心，战胜困难，勠力同心谋发展，危中寻机求突破，携手共创高质量跨越式发展的美好明天。会议强调，各地各有关部门（单位）要严格兑现给予企业的各项纾困惠企政策和作出的承诺，确保不变样、不走样、不打折，坚决做到有诺必践，有言必行，以诚信取信于企业。

11月19日，赣州经开区百日攻坚大会战重点项目“干部蹲点工地‘三同’”活动动员部署会召开。区党工委副书记、管委会副主任宋鹏主持。会议要求全体派驻干部要认清形势、提高站位，充分认识开展活动的重要意义；要精准发力、强力攻坚，抓重点、抓难点、抓保障，再次掀起项目建设的大热潮；要压实责任、狠抓落实，强化督查考核、作风保障、宣传引导，确保“三同”活动取得实效。

11月25日，全区征地拆迁领域突出问题整改会议召开。会议强调要深入推进省委巡视反馈整改，切实做好全区征地拆迁领域突出问题整改工作，加强区内征地拆迁领域干部的纪法教育、警示教育，增强党员干部的责任意识、纪律意识、规矩意识和法律意识。区党工委书记陈水连主持，区领导刘群英、符艳冬、郭书珑、吴汉波、曾辉出席会议。

11月29日，赣州经开区六大百日攻坚大会战第二阶段推进大会召开。会议总结经验、部署工作，动员全区上下进一步振奋精神、咬定目标，一鼓作气、越战越勇，坚决打好打赢六个百日攻坚大会战，以优异成绩确保年度目标任务和“十三五”圆满收官，乘势开启赣州经开区“十四五”新征程。区党工委书记陈水连出席并讲话。区领导郭声琪主持，区党政领导班子成员，赣州综保区党政领导班子成员，赣州综保区、赣州经开区直各部门（单位），区属各国有企业，各乡（镇、街道、管理处）全体副科以上人员（含六级主办），驻区各部门（单位）班子成员，区供电公司、市政公用集团相关负责人，以及企业家代表，农村人居环境整治先进村（社区）代表等参加会议。

12月9日，赣州经开区优化营商环境工作推进大会召开。动员经开区上下统一思想、凝聚共识，主动对标全国一流标准，把营商环境打造成为赣州经开区的金字招牌，推进全区经济社会高质量发展。区党工委书记陈水连出席并讲话。区领导谢卫东主持，在家区领导，赣州综保区党政领导班子成员，赣州综保区、区直、驻区各部门（单位），区属各国有企业，各乡（镇、街道、管理处）全体副科以上干部（含六级主办），区工商联（企业协会）负责人等参加。

重要文件选目

表6

发文字号	文件标题	发文时间
赣经开党字〔2020〕5号	关于印发《2020年赣州经济技术开发区39件民生实事项目安排计划》的通知	1月21日
赣经开党字〔2020〕6号	关于表彰2019年度争先创优工作先进集体和先进个人的决定	1月22日
赣经开政字〔2020〕24号	关于印发《赣州经济技术开发区“防疫暖企”八条政策》的通知	2月13日
赣经开政字〔2020〕39号	关于印发《赣州经开区工业园区标准厂房管理暂行办法》的通知	3月23日
赣经开政字〔2020〕43号	印发《赣州经开区2020年“五型”政府建设“一个聚焦、三个延伸”实施方案》的通知	3月30日
赣经开政字〔2020〕47号	关于印发《赣州经开区区块链金融产业沙盒园（赣州区块链技术产业园）发展扶持政策（试行）》的通知	4月5日
赣经开政字〔2020〕55号	印发关于应对新冠肺炎疫情冲击解决全区“六稳”突出问题推动经济社会平稳健康发展的若干措施的通知	4月30日
赣经开政字〔2020〕68号	关于印发《赣州经开区2020年度加快工业企业入规入统的若干措施》的通知	6月2日

续表 6

发文字号	文件标题	发文时间
赣经开政字〔2020〕71 号	关于印发《赣州经济技术开发区苏区振兴发展 2020 年工作要点》的通知	6 月 4 日
赣经开政字〔2020〕77 号	印发《关于支持龙头企业发展的若干政策措施》的通知	6 月 12 日
赣经开政字〔2020〕81 号	印发《关于进一步促进赣州经开区建筑业发展的若干措施》的通知	6 月 22 日
赣经开政字〔2020〕88 号	印发《关于支持跨境电商产业发展的若干政策（试行）》的通知	7 月 1 日
赣经开政字〔2020〕89 号	印发《关于支持赣州综合保税区高质量发展的若干政策》的通知	7 月 1 日
赣经开政字〔2020〕177 号	关于印发《赣州经济技术开发区关于进一步优化营商环境更好服务市场主体的若干措施》的通知	12 月 2 日
赣经开办字〔2020〕1 号	关于印发《赣州经开区“十四五”规划编制工作方案》的通知	1 月 2 日
赣经开办字〔2020〕14 号	关于印发《2020 年全区“六大攻坚战”项目计划》的通知	1 月 22 日
赣经开办字〔2020〕15 号	关于印发《赣州经济技术开发区 2020 年国民经济和社会发展计划》的通知	1 月 22 日
赣经开办字〔2020〕16 号	关于贯彻落实《赣州市建立和实行及时奖励制度激励担当作为工作方案（试行）》的通知	1 月 22 日
赣经开办字〔2020〕25 号	关于印发《赣州经济技术开发区“项目建设提速年”活动实施方案》的通知	2 月 20 日
赣经开办字〔2020〕27 号	关于印发《赣州经济技术开发区 2020 年集群式项目“满园扩园”行动方案》的通知	2 月 21 日
赣经开办字〔2020〕39 号	关于印发《赣州经济技术开发区物业服务企业新型冠状病毒感染的肺炎疫情防控工作奖补办法》的通知	3 月 10 日
赣经开办字〔2020〕42 号	关于印发《赣州经济技术开发区 2020 年开展领导干部挂点服务房地产项目活动方案》的通知	3 月 13 日
赣经开办字〔2020〕47 号	印发《关于进一步支持文化产业发展的若干措施》的通知	3 月 17 日
赣经开办字〔2020〕51 号	关于印发《关于统筹安排专项扶贫资金支持非贫困村贫困人口脱贫的若干措施》的通知	3 月 19 日
赣经开办字〔2020〕60 号	关于印发《赣州经济技术开发区有效应对疫情影响稳定贫困户收入的若干措施》的通知	3 月 27 日

续表 6

发文字号	文件标题	发文时间
赣经开办字〔2020〕74 号	关于印发《加快推进“项目建设提速年”活动若干措施》的通知	4 月 15 日
赣经开办字〔2020〕80 号	印发《关于应对疫情影响促进商贸消费市场复苏的若干措施》的通知	4 月 22 日
赣经开办字〔2020〕90 号	关于印发《赣州经济技术开发区电子信息产业招大引强支持政策》的通知	5 月 4 日
赣经开办字〔2020〕91 号	印发《关于加快恢复生产生活秩序努力实现全年经济社会发展目标的若干措施》的通知	5 月 6 日
赣经开办字〔2020〕99 号	关于印发《赣州经济技术开发区高层次人才子女入学管理暂行办法》的通知	5 月 19 日
赣经开办字〔2020〕107 号	关于印发《关于加快推进“新基建”的行动方案（2020—2022 年）》的通知	6 月 2 日
赣经开办字〔2020〕109 号	关于印发《赣州经济技术开发区新能源汽车产业发展支持政策》的通知	6 月 4 日
赣经开办字〔2020〕112 号	关于印发《赣州经济技术开发区数字经济发展三年行动方案（2020—2022 年）》的通知	6 月 11 日
赣经开办字〔2020〕117 号	关于印发《赣州经济技术开发区创新发展三年倍增行动计划工作方案（2020—2022 年）》的通知	6 月 24 日
赣经开办字〔2020〕124 号	印发关于做好“六稳”工作落实“六保”任务的若干措施的通知	7 月 8 日
赣经开办字〔2020〕135 号	关于印发《赣州经济技术开发区重点产业链链长制工作方案》的通知	7 月 27 日
赣经开办字〔2020〕148 号	关于印发《关于支持赣州经开区中小企业持续健康发展的十条政策措施》的通知	8 月 20 日
赣经开办字〔2020〕152 号	关于贯彻落实过紧日子 严格财政支出管理的通知	8 月 26 日
赣经开办字〔2020〕158 号	关于印发《赣州经济技术开发区“大干一百天，夺取全年胜”百日攻坚大会战工作方案》的通知	9 月 22 日
赣经开办字〔2020〕166 号	印发《赣州经开区关于创建“和合”调解品牌的实施方案》的通知	9 月 30 日
赣经开办字〔2020〕168 号	关于印发《赣州经技术开发区“大干一百天，夺取全年胜”招大引强百日攻坚大会战工作方案》的通知	10 月 2 日
赣经开办字〔2020〕169 号	关于印发《赣州经济技术开发区进一步支持科技创新的若干措施》的通知	9 月 30 日

续表 6

发文字号	文件标题	发文时间
赣经开办字〔2020〕171 号	关于印发《赣州经济技术开发区“大干一百天，夺取全年胜”扶持企业百日攻坚大会战工作方案》的通知	9 月 30 日
赣经开办字〔2020〕172 号	关于印发《赣州经济技术开发区“大干一百天，夺取全年胜”金融创新百日攻坚大会战工作方案》的通知	9 月 30 日
赣经开办字〔2020〕173 号	关于印发《赣州经济技术开发区“大干一百天，夺取全年胜”民生实事百日攻坚大会战工作方案》的通知	9 月 30 日
赣经开办字〔2020〕178 号	印发《赣州经济技术开发区金融服务业发展扶持奖励办法》的通知	10 月 13 日
赣经开办字〔2020〕181 号	关于印发《岗位聘用管理办法（修订）》的通知	10 月 20 日
赣经开办字〔2020〕182 号	关于印发《特殊岗位自聘人员管理办法（修订）》的通知	10 月 20 日
赣经开办字〔2020〕186 号	关于印发《赣州经济技术开发区项目建设百日攻坚大会战工作方案》的通知	10 月 21 日
赣经开办字〔2020〕207 号	印发《赣州经济技术开发区关于支持物流行业发展的若干政策》的通知	11 月 8 日
赣经开办字〔2020〕211 号	关于印发《赣州经济技术开发区特色农业产业三年行动方案（2021—2023）》的通知	11 月 10 日
赣经开办字〔2020〕214 号	关于印发《赣州经开区“奔牛奖”“蜗牛奖”奖惩认定工作暂行办法》的通知	11 月 17 日
赣经开办字〔2020〕224 号	关于印发《赣州经开区乡镇建设三年行动工作方案（2021—2023 年）》的通知	11 月 27 日
赣经开办字〔2020〕230 号	关于印发《赣州经济技术开发区支持行业协会发展若干政策》的通知	12 月 14 日
赣经开办字〔2020〕231 号	关于印发《加强金融工作的实施意见》的通知	12 月 16 日
赣经开办字〔2020〕232 号	关于印发《促进供应链金融发展的若干政策》的通知	12 月 16 日

统计资料

表7

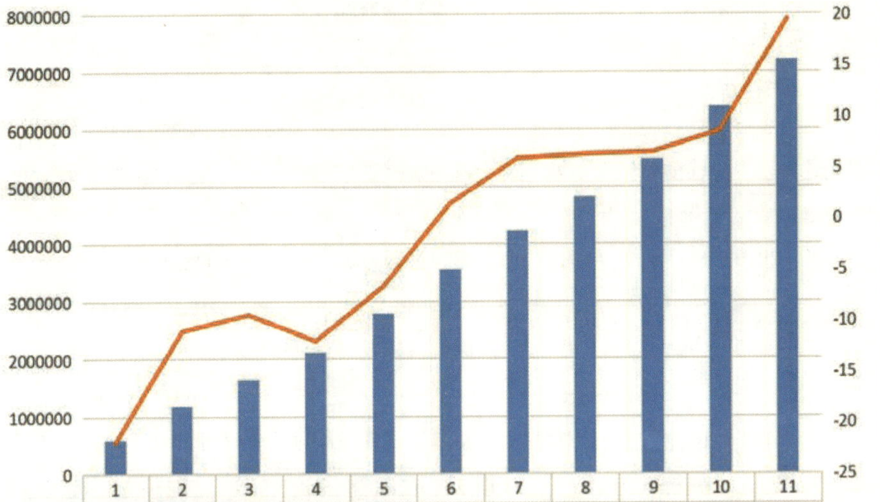

	1	2	3	4	5	6	7	8	9	10	11
规模以上工业营业收入（万元）	595067	1180570	1642459	2106158	2791991	3556250	4223925	4817407	5474164	6400990	7204764
同比增幅（%）	-21.9	-11.0	-9.4	-12.0	-6.6	1.5	5.9	6.3	6.5	8.6	19.5

2020年规模以上工业营业收入完成情况

表8

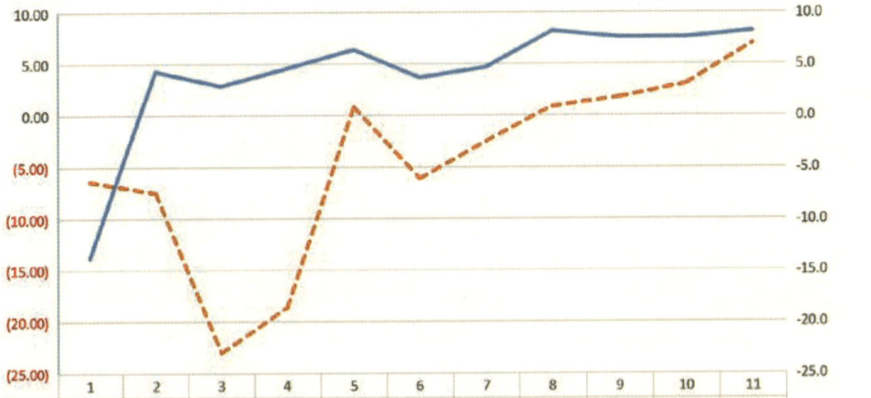

	1	2	3	4	5	6	7	8	9	10	11
固定资产投资同比增幅（%）	-13.8	4.3	2.9	4.6	6.4	3.7	4.7	8.2	7.6	7.6	8.2
工业固定资产投资同比增幅（%）	-6.4	-7.5	-23.0	-18.6	0.8	-6.1	-2.5	0.9	1.8	3.1	7.0

固定资产投资同比增幅（%） 工业固定资产投资同比增幅（%）

2020年固定资产投资及工业固定资产投资完成情况

规模以上工业主要指标

表 9

指标	单位	2020 年	同比增长 %
1. 企业单位数	个	232.00	16.00
2. 工业增加值	万元	-	5.00
3. 工业总产值	万元	7072544.30	9.06
轻工业	万元	2351363.10	5.00
重工业	万元	4721181.20	11.20
4. 利润总额	万元	344463.90	9.10
5. 产品销售收入	万元	7033433.40	9.20
6. 工业产品销售率	%	99.50	0.10
7. 主要产品产量			
饲料	万吨	319.80	40.00
白酒	千升	4451.00	9.10

索 引

说 明

一、索引采用主题分析法编制，大部分选用关键词。

二、索引按标引词汉语拼音字母顺序排列。

三、由篇目、类目、分目提取的索引采用黑体字，条目采用宋体字。标引词后面的数字表示内容所在页码，数字后的 a、b、c 分别表示页码从左至右的第一、二、三栏。标引词后第二个页码起，表示该索引同一主题参见内容所在位置。

四、为便于读者检索，“概况”和在赣州经开区发生的事件名称前的“赣州经开区”五字，除非产生歧义，均省略。特载、大事记及附录等内容未作索引。

主题索引

W

X

Y

Z